U1069647

中国期货业发展报告

2012

CHINA FUTURES INDUSTRY ANNUAL REPORT (2012)

中国期货业协会 编

中国财政经济出版社

图书在版编目（CIP）数据

中国期货业发展报告. 2012/中国期货业协会编. —北京：中国财政经济出版社，2012. 6

ISBN 978 - 7 - 5095 - 3734 - 3

Ⅰ. ①中… Ⅱ. ①中… Ⅲ. ①期货市场 - 经济发展 - 研究报告 - 中国 - 2012 Ⅳ. ①F832. 5

中国版本图书馆 CIP 数据核字（2012）第 126788 号

责任编辑：贾延平　胡　懿　　责任校对：徐艳丽

封面设计：田　晗　　版式设计：兰　波

中国财政经济出版社出版

URL： http：//www. cfeph. cn

E - mail：cfeph @ cfeph. cn

社址：北京市海淀区阜成路甲 28 号　邮政编码：100142

营销中心电话：88190406　北京财经书店电话：64033436　84041336

北京中兴印刷有限公司印刷　各地新华书店经销

787 × 1092 毫米　16 开　22. 25 印张　409 000 字

2012 年 7 月第 1 版　2012 年 7 月北京第 1 次印刷

定价：56. 00 元

ISBN 978 - 7 - 5095 - 3734 - 3/F · 3063

（图书出现印装问题，本社负责调换）

本社质量投诉电话：010 - 88190744

《中国期货业发展报告（2012）》

编　委　会

《中国期货业发展报告（2012）》
编　写　组

编写组组长： 党　剑

编写组成员：（按姓名拼音排序）

常　青	陈静怡	陈锐刚	陈细谦	程惠鑫
丛小虎	丁振华	董文旭	符国宗	符文翔
高钢杰	海　洋	红　妹	黄昌来	姬广坡
蒋晓全	鞠成鑫	康　乐	乐思祥	林　慧
刘　俊	刘　茜	刘　涛	刘铁斌	刘志红
刘忠会	栾自强	马　瑾	牛云鹭	潘伟春
潘崴伟	邱蕊仪	孙海霞	施利敏	苏　涛
孙振强	王春卿	王　曦	王智勇	魏　童
奚丽娜	许国新	杨　楠	杨友明	姚德良
张静静	张　森	张一伟	张志海	张志勇
庄　青				

前　言

中国期货业协会会长　刘志超

近年来，在党中央和国务院关于“稳步发展期货市场”精神的指引下，我国期货市场取得了令人瞩目的成绩。经过二十年来不断地探索与完善，我国期货市场服务实体经济的能力不断增强，已经成为我国资本市场和市场经济体系中不可或缺的重要组成部分。

2011年是我国“十二五”规划实施的第一年，面对美欧债务危机持续深化、全球通货膨胀的范围日益扩大、大宗商品价格剧烈波动等复杂多变的新市场环境，期货市场按照“十二五”规划关于“坚持金融创新，推进期货和金融衍生品市场发展”精神的指引，努力探索服务加快转变经济增长方式的手段和途径，积极稳妥推进期货品种和业务创新，期货市场发展基础不断巩固，期货市场的价格发现和风险管理功能得到了进一步发挥。

为了不断总结我国期货市场发展过程中的经验，正确分析和认识期货市场当前发展的基本特征和主要变化，把握期货市场发展的内在规律，在吸收前四册《中国期货业发展报告》编写经验的基础上，中国期货业协会组织相关专家编写了《中国期货业发展报告（2012）》（下面简称《发展报告（2012）》）。

为了保证《发展报告（2012）》的客观与严谨，协会继续邀请了证监会、期货交易所、期货公司以及业内专家学者等共同组成了一支优秀的编写团队，对报告的基本内容、框架、体例进行了认真的讨论和确定，在收集大量资料的基础上完成了报告的编写工作。在编写过程中，我们始终坚持以下几个原则：

一是以高度的行业责任感和历史使命感来对待报告的编写工作。始终站在行业发展的高度，对市场发展中出现的一些重要问题进行客观、准确的回顾和总结。

二是既要全面准确，又要重点突出。本报告在反映期货行业发展全貌的基础上，重点突出当年期货行业的重大事件、重大变化，体现出市场发展的时代特点和发展方向。

三是本报告引用的数据务求准确，避免主观臆断，尽量使用第一手数据，客观描述和分析行业发展状况。

四是注重报告的资料性，尽可能提供能够反映期货市场运行情况的各种数据资料，记录期货行业重大事件、重大变化的过程。

《发展报告（2012)》全面客观地记录和描述了2011年我国期货行业的发展状况。《发展报告（2012)》共由六个部分和附录组成。

第一部分是总报告，概述了2011年中国期货行业发展的宏观环境和形势，回顾了2011年中国期货行业发展的基本状况，使读者可以对过去一年期货行业的发展状况有一个比较全面的了解。

第二部分详细介绍了2011年全球期货市场的交易概况，以及交易所、期货经营机构、境外期货及金融市场的监管概况以及全球投资者的发展概况。

第三部分分节分类别、分品种对2011年我国期货市场上市品种的运行状况、影响因素、功能发挥情况进行了描述。

第四部分重点介绍了2011年我国期货中介机构的发展状况，包括期货公司经营情况、财务状况、从业人员情况以及期货公司风险控制及内控制度建设情况。

第五部分重点介绍了2011年我国期货市场法制与监管工作情况以及中国期货业协会、各地方期货业协会和期货交易所等自律组织的发展状况。

第六部分从交易所、期货公司等不同角度重点介绍了2011年我国期货业信息技术发展状况。

附录部分收录了2011年的期货市场大事、上市品种、市场成交情况、经营机构基本情况、自律组织名录、全球期货和期权合约排行、交易所排行、期货公司排行、中英期货词汇对照表等资料。

《发展报告（2012）》的成功出版，得到了中国证监会领导以及广大会员单位的大力支持，凝聚了中国期货业协会以及编写组专家的智慧和心血。我们深知，《发展报告（2012）》肯定还存在许多不完善和不尽如人意的地方，我们真诚地希望业内专家和广大读者提出宝贵的批评和建议，我们将在今后的报告编写中加以吸收和改进。

改革开放三十年来，我国经济发展取得了规模总量位居世界第二的瞩目成绩，实体经济飞速发展对中国期货市场提出了更加专业化、多样化的要求。这既给我们创造了历史性的发展机遇，同时也给我们提出了非常严峻的挑战。有效促进期货市场创新发展，打造一个规范稳定、功能健全的期货市场是社会各界的共同愿望，也是我国经济发展的客观要求，让我们共同承担起这一历史使命，为期货市场的稳步发展作出更大的努力和贡献！

2012年6月

目　录

第一部分

2011 年中国期货业发展总报告

第一节　中国期货业发展的宏观环境

一、世界经济发展形势

在经历了 2008 年的整体下跌，2009 年、2010 年的强势反弹和缓慢复苏后，2011 年是全球经济发展较为特殊的一年。世界各国经济发展表现不一，分化态势比较明显。美国经济虽经历了债务危机的考验，但仍展露出缓慢复苏的迹象。而欧洲各国还没有从主权债务危机的泥潭中摆脱出来，国内生产总值（GDP）、采购经理人指数（PMI）等一系列经济数据表现低迷，但政府迫于债务压力又不得不实行严厉的财政紧缩政策，这与危机后的经济重振相矛盾，使欧洲经济整体复苏更加困难。在经历了“3·11”大地震后，日本经济一直萎靡不振，但其国内的重建过程一定程度上刺激了经济增长。2011 年是中国经济结构性调整转变的关键期，从高速发展到抑制通货膨胀或许成为经济“软着陆”的起点，中国经济不可避免地受到经济减速的冲击。同时，其他的新兴经济体也普遍受到通货膨胀的困扰，但经济总体发展趋势保持良好。

（一）世界主要经济体经济概况

2011 年的世界主要经济体的经济发展状况并没有因为 2010 年的经济复苏而发生明显改观，反而几个主要经济体的经济发展喜忧参半。其中，新兴经济体保持了良好的发展态势，为全球经济的缓慢复苏起到了积极的推动作用。尽管美国的经济没有新兴经济体经济发展的势头强劲，但相比深陷欧债危机的欧洲，遭受地震海啸重创的日本等主要经济体来说已有明显好转，主要经济体经济发展状况表明，各自的经济复苏仍不均衡。

1. 美国经济出现回暖迹象，但速度和可持续性仍面临挑战。2011 年，美国国内生产总值按可比价格计算，同比增长 1.7%，增幅比 2010 年回落 1.3 个百分点。经季节调整后，四季度国内生产总值同比实际增长 1.6%，增幅比三季度加快 0.1 个百分点；环比来看，四季度较三季度增长 0.7%，增幅比三季度加快 0.2 个百分点。2011 年末，美国经济开始小幅回升。同样，就业市场的数据也在年末时转暖。2011 年 12 月，美国失业率为 8.5%，连续 4 个月出现下降，当月非农就业人数增加 22.3 万，好于预期。2011 年，美国全年总体消费者物价指数（CPI）升幅为 3.0%，较 2010 年的 1.5% 高出 1 倍，系 2007 年以来的最高年通货膨胀水平。但美国 2011 年 12 月份消费者价格水平基本持平，这是因为能源价格的下跌抵消了其他商品价格上涨的影响，也表明年末时通货膨胀压力有所缓解。美国贸易赤字及债务问题依然严峻，2011 年美国经常项目赤字占其 GDP 的比重为 3.1%。2011 财年，美国政府财政赤字为 1.299 万亿美元，比 2010 财年增加 500 亿美元，仅次于 2009 财年的 1.41 万亿美元，是历史第二高位。全年美国财政收入 2.3 万亿美元，增长 6.5%，财政支出 3.6 万亿美元，增加 4.2%。同时，美国消费数据的表现也是较为突出，其零售、餐饮服务销售总额及个人消费同比增长均回到了 2008 年危机前的水平。但同期而言，消费者信心指数却不甚理想，不论密歇根大学还是咨商局统计的数据都显示，美国消费者信心尚未回到危机前的水平。不能否认，经历了 2008 年的危机，美国人的消费观念发生了很大改变，透支消费的传统受到一定抑制，以至于美国经济整体恢复的速度及可持续性令市场较为担忧。

2. 欧元区经济萎靡不振，多国面临严峻考验。欧洲的焦点逐渐从欧债转向经济发展本身，但 2011 年，不管是工业生产、消费还是投资的经济数据均表明，欧洲经济正在面临巨大考验，且危机正向核心国家蔓延。如果说欧债是表面问题，那么欧债背后各国经济增速的放缓，则是真正的核心问题。由于债务所迫，各国不得不面临更为严格的财政紧缩措施，减少福利、增加税收在所难免，而这些举措将进一步减缓经济增速。据欧盟统计局公布数据显示，2011年欧元区国内生产总值同比增长为1.4%，欧盟为1.5%，均比2010年下降0.5个百分点。2011年第四季度欧元区国内生产总值环比更是下降了0.3%，显示其经济的进一步恶化。就业市场方面的数据也不容乐观。2011年1～12月，欧元区失业率基本维持在9.9%～10.4%，唯有4月份失业率低于10%，而2011年12月欧元区失业率高达10.4%，与11月持平，但高于2010年同期的10.0%。数据显示，2011年12月，欧盟27国失业率与11月相比也没有变化，仍为9.9%，但高于2010年同期的9.5%。截至2011年12月，欧元区失业人口总数约为1647万，同比增加75.1万人。在所有成员国中，失业率最高的仍为西班牙，达22.9%；失业率最低的国家是奥地利和荷兰，分别为4.1%和4.9%。此外，数据还显示，2011年12月，25岁以下年轻人的失业率依然远远高于平均水平，其中欧元区为21.3%，欧盟为22.1%。在欧盟27国中，有14个国家失业率同比下降，有12个国家比2010年同期上升，仅1个国家基本稳定。这表明由于欧元区各国深陷债务危机及金融市场持续动荡，就业形势依然严峻。

欧盟网站公布的数据显示，2011年欧元区经济景气指数持续下滑，从年初的106.50下降至年终的93.30，其中7月至8月跌幅最大，8月较7月下降4.9个点。2011年11月在经济景气指数的各个组成部分中，欧元区和欧盟工业信心指数分别下降0.8和1个点；消费者信心指数均下降0.5点；零售业信心指数分别下降1.3和1.4个点；服务业信心指数分别下降1.8和2.3个点；欧元区建筑业信心指数上升0.3个点，欧盟该指数与10月持平。主要成员国中，法国、荷兰、英国、德国当月经济景气指数分别较10月下降3.7、1.8、0.6和0.1个点；意大利和西班牙则分别上升0.8和0.2个点。当月，仅德国经济景气指数在长期平均水平以上运行。同月，欧元区商业环境指数为-0.44，较10月下降0.25个点，亦为连续第九个月下跌。

3. 日本经济复苏的可持续性是其经济发展面临最严峻的挑战。2011年，由于日本大地震和海啸等自然灾害，前两季度日本经济增长率出现萎缩。在此阶段，日元汇率还一度飙升，日元对美元汇率一度达到约76∶1，刷新了1995年4月创下的第二次世界大战后的最高水平。第三季度的经济数据显示出了其经济复苏的势头，日本2011年第三季度实现国内生产总值环比增长1.5%，按年率计算增长6.0%，是过去4个季度以来首次实现正增长，并创18个月以来新高。但第四季度经济又有所下滑，日本内阁府公布的2011年第四季度国内生产总值初步数据显示，剔除物价变动因素后的实际国内生产总值较第三季度下降0.6%，换算成年率为下滑2.3%，时隔一个季度出现负增长。同时发布的2011年日本实际国内生产总值较2010年下降0.9%，时隔一年出现负增长。具体来看，日本内需拉动国内生产总值增长0.1%，而外需拉动国内生产总值降低0.6%。在内需方面，地震后陷入不振的汽车消费开始恢复，天气严寒冬季衣物销售旺盛等促使个人消费增长0.3%，节能节电方面投入增加及智能手机消费旺盛致使设备投资增长1.9%。在外需方面，日元升值给日本出口企业带来了沉重打击，出口降低3.1%。

4. 新兴经济体经济发展速度有所放缓，但仍保持较高的绝对增速。2011年，新兴经济体经济增长速度有所减缓，但仍保持快速增长态势，总体保持良好态势，在世界经济中的地位进一步提升，但主要新兴经济体的经济增长表现各异。2011年，新兴与发展中经济体产出增长率为6.4%，与2010年相比下降了0.9个百分点，但仍远高于发达经济体的1.6%。从经济总量来看，2011年，新兴经济体按购买力评价和市场汇率计算的国内生产总值达到38.63万亿美元，在全球经济中的比重占到49%，比2010年提高1.1个百分点。主要新兴经济体的经济增长表现各不相同。其中，亚洲发展中国家的经济运行表现最好，2011年增长率为8.2%；中东欧地区、独联体国家、拉美加勒比地区、中东北非和撒哈拉以南非洲分别为4.3%、4.6%、4.5%、4.0%和5.2%；印度经济增长速度由2010年的10.1%下降至8%。而金融市场方面，各新兴经济体本国的市场在2011年下半年呈现出整体震荡下行态势。8月1日至12月16日，主要新兴市场股市整体震荡下行，“金砖四国”股市遭到重挫，其中巴西博维斯帕指数下跌4%，中国上证综指下跌18%，印度孟买指数下跌15%，俄罗斯指数下跌20%。

（二）世界金融市场概况

受欧债危机、各国经济刺激计划及客观因素等多重因素影响，世界金融市场震荡起伏，面临诸多压力。

1. 各国货币汇率表现分化明显。受欧美债务危机以及各国经济复苏不均衡影响，各国货币汇率也呈现出不同的走势。从欧债危机的跌宕起伏到美债谈判僵持，从日本地震核危机到利比亚战争，从日本、瑞士央行干预市场到全球汇率战，再到全球经济的二次探底风险，在各种利空、利好消息交替作用下，美元走势一波三折。2011年1～4月，受美联储第二轮量化宽松（QE2）政策影响，美元持续走弱，美元指数最低跌至73.03（4月29日），创金融危机以来的新低，较2011年初（1月3日）下跌7.76%。随后，美元指数步入长达4个月的低位震荡期，在74.6左右波动。9月美元对其他货币全面升值，美元指数一个月内飙升6.7%，最高至79.61。10月美元指数随欧元走强而回落至76左右。年中欧元、英镑汇率走高，欧元和英镑兑美元汇率分别达到1.4859（5月4日）和1.6745（4月29日），较年初上涨11.13%和7.75%。进入9月以后，欧元、英镑兑美元汇率在一个月的时间内便回吐年初的全部涨幅，最低分别跌至1.3145（10月4日）和1.5272（10月5日）。而10月，在欧洲央行重启大规模流动性举措支持受困银行、欧盟达成解决债务问题新方案等消息刺激下，欧元、英镑兑美元实现反弹。2011年二季度以后，日元、瑞士法郎对美元和欧元连续升值。日元、瑞士法郎对美元汇率在8月欧美债务危机最严重时一度升至75.96：1和0.7066：1，均刷新了历史高位。日元和瑞士法郎对欧元汇率在5月份之后也持续升值，尤其是瑞士法郎对欧元汇率在8月9日攀升至1.0096：1，创欧元面世以来的最高水平。而由于10月底日本内阁出台的日元干预措施不及预期，日元对美元汇率再次刷新历史记录，创出75.64的新高（10月27日）。进入2011年，澳元、加元对美元不断升值，4月29日，澳元兑美元、加元兑美元汇率也达到危机后的高点，分别达到1.0970和1.0516。之后，澳元、加元对美元汇率转而跌至年内低点，最低分别达到0.9529和0.9493（10月3日）。

2. 国际货币市场利率震荡显著。2011年上半年，美元伦敦银行同业拆借利率（Libor）走势平稳，4月开始小幅下降，资金面较为宽松。下半年，随着美债的爆发，欧债的恶化，资金面相对收紧，伦敦银行同业拆借利率明显上行。2011年12月30日，美元3月期伦敦银行同业拆借利率升至0.581%，比年初上升近0.3285个百分点；而欧元区伦敦银行同业拆借利率在1月至10月间一路走高，但从11月开始，随着欧洲央行及欧元区各国政府出台一系列措施拯救欧债危机，欧元伦敦银行同业拆借利率开始有所回落，但幅度甚微。截至2011年12月30日，欧元3月期伦敦银行同业拆借利率为1.2921%，比年初上升0.9369个百分点。日元伦敦银行同业拆借利率全年波动率最为明显，截至2011年12月30日，日元3月期伦敦银行同业拆借利率为0.19571%，比年初上升0.07304个百分点。

3. 主要国家国债收益率全体下跌。2011年，在欧债不断恶化，美债爆发，各主要经济体经济发展明显放缓甚至下滑，令市场避险情绪不断攀升，资金流入避险资产市场，美、英、德、法等主要经济体国债收益率整体保持下跌。特别是美国国债备受市场追捧，截至2011年12月30日，美国10期国债收益率报于1.8762%，比同年年初下降1.4562个百分点。英国10年期国债收益率报于1.804%，比同年年初下降1.731个百分点。另外，欧债问题导致欧元区各国发债成本整体上升，尤其是所谓“欧猪五国”，其国债收益率均处于4%以上，希腊5年期国债年收益率更是高于30%。

4. 各国股指保持震荡，且走势趋于分化。2011 年，各国债务危机层出不穷，经济数据喜忧参半，国际评级机构多次下调多国主权评级，在一系列消息的作用下，在 3 月、7 月及 11 月各主要国家股指均在震荡中出现明显下跌。但在年末时，各股指走势出现分化，美股在逐渐回暖的经济支撑下，开始走强，并在一定程度上拉升了欧股，但依然难改其全年下跌的总走势。中国股市在面临经济“软着陆”、经济结构改革等问题下，震荡下行。截至 2011 年 12 月 30 日，道琼斯指数报于 12217.56 点，较 2010 年年末上涨 640 点；英国金融时报指数报于 5572.28 点，较 2010 年年末下跌 328 点；法国巴黎指数报于 3159.81 点，较 2010 年年末下跌 645 点；德国法兰克福指数报于 5898.35 点，较 2010 年年末下跌 1016 点；中国上证综合指数报于 2330.41 点，较 2010 年年末下跌 385 点。

（三）世界主要经济体货币政策概况

全球货币政策转向宽松已成趋势，从欧元区、英国等发达经济体到澳大利亚、巴西、印度尼西亚等发展中经济体均转向宽松。这种宽松既有利率政策上的降息，也有数量政策上的量化宽松、长期资产购买以及扭转操作。

美联储在 2011 年 9 月份的议息会议后，宣布了对货币政策的调整措施：一是维持 0～0.25% 的基准利率不变；二是决定采用所谓的 4000 亿美元“扭曲操作”，即在 2012 年 6 月前，卖出 4000 亿美元的短期国债，买入等量的 6 至 30 年期长期国债。在不扩大资产负债表总规模的前提下，对所持有的国债资产进行“卖短买长”，从而延长所持国债资产的整体期限。

2011 年 11 月 3 日欧洲央行议息会议决定降低基准利率 25 基点，即主导再融资利率、边际贷款便利利率、存款便利利率分别下调 25 基点至 1.25%、0.5% 和 2%，再融资利率与存贷款利率之间宽度为 75 基点的利率差别仍然维持。降息之后，欧洲央行在向商业银行提供短期和长期流动性时的利率也相应下降。在数量宽松政策方面，2011 年 10 月英格兰央行实行第二轮量化宽松，其资产增长了 131.6 亿英镑，其他资产增长了 134.2 亿英镑，英格兰央行的量化宽松购买全部体现在其他资产项目中。

10 月和 11 月，主要新兴经济体国家央行利率政策也开始转向宽松。10 月巴西央行、印度尼西亚央行调低基准利率；11 月初澳大利亚联储、罗马尼亚央行降息。

二、中国宏观经济发展形势

2011 年是中国“十二五”规划的开局之年，中国经济继续沿着宏观调控的预期方向发展，运行态势整体保持良好，但处于经济转型时期，产业结构转型中的阵痛不可避免。整体而言，中国经济增速虽有所放缓，但运行仍然较为平稳。在外围经济普遍不景气的大环境下，我国的出口情况受到较大的负面影响；居民消费在年初出现短暂下滑后全年呈现小幅稳步回升；固定资产投资虽然整体出现下滑，但结构持续改善。农业生产形势继续较快发展，工业生产运行平稳，居民收入稳定增长，通货膨胀整体受到控制。2011 年，中国国内生产总值（GDP）达到 47.16 万亿元，同比增长 9.2%，较 2010 年下降 1.1 个百分点；居民消费价格指数（CPI）同比上涨 5.4%，较 2010 年高 2.1 个百分点；贸易顺差为 1551.4 亿美元，比 2010 年减少 263.7 亿美元。

（一）宏观经济指标概况

1. 城乡居民收入继续增长，国内消费规模稳中有升。2011 年全国城镇居民人均总收入为 2.40 万元，同比增长 14.0%，城镇居民家庭人均可支配收入为 2.18 万元，比 2010 年名义增长 14.1%，扣除价格因素后实际增长 8.4%。农村居民人均纯收入 6977 元，比 2010 年名义增长 17.9%，扣除价格因素后实际增长 11.4%。2011 年社会消费品零售总额为 18.12 万亿元，比 2010 年名义增长 17.1%，扣除价格因素后实际增长 11.6%。按消费形态分，餐饮收入为 2.05 万亿元，比 2010 年增长 16.9%；商品零售额为 16.07 万亿元，增长 17.2%。按城乡区域分，城镇消费品零售额为 15.69 万亿元，比 2010 年增长 17.2%，增速较 2010 年回落 1.6 个百分点；乡村消费品零售额为 2.43 万亿元，比 2010 年增长 16.7%，增速较 2010 年加快了 0.8 个百分点。

2. 固定资产投资增速总体继续出现回落，但第二产业增速较快。2011 年全社会固定资产投资 31.10 万亿元，比 2010 年增长 23.8%。从分产业角度看，2011 年第一产业的总投资额为 6792 亿元，比 2010 年增长 25%；第二产业的投资总额为 13.23 万亿元，比 2010 年增长 27.3%；第三产业的总投资额为 16.29 万亿元，比 2010 年增长 21.1%。2011 年工业生产总投资额为 12.90 万亿元，比 2010 年增长 26.9%；其中，采矿业投资 1.18 万亿元，增长 21.4%；制造业投资 10.26 万亿元，增长 31.8%；电力、燃气及水的生产和供应业投资 1.46 万亿元，增长 3.8%。分地区看，2011 年，东部地区投资 14.45 万亿元，比 2010 年增长 21.3%；中部地区投资 8.25 万亿元，增长 28.8%；西部地区投资 6.95 万亿元，增长 29.2%。从到位资金情况看，2011 年，到位资金为 33.42 万亿元，比 2010 年增长 20.3%。其中，国家预算内资金增长 10.8%，增速回落 1.6 个百分点；国内贷款增长 3.5%，增速回落 2.4 个百分点；自筹资金增长 28.6%，增速回落 1.1 个百分点；利用外资增长 8.2%，增速回落 2 个百分点；其他资金增长 9%，增速回落 6.5 个百分点。

3. 进出口总额整体保持较快增长，进口增速快于出口增速，贸易顺差明显收窄。2011 年，全年进出口商品总额达到了 3.64 万亿美元，比 2010 年增长 22.50%。其中，进口商品总额为 1.74 万亿美元，同比增长 24.90%，增速较 2010 年回落 6.4%；出口商品总额为 1.90 万亿美元，同比增长 20.30%，增速较 2010 年回落 18.6 个百分点。全年进出口贸易顺差 1551.41 美元，比 2010 年减少 279.59 亿美元，同比回落 15.27%，并创下 3 年来的新低。贸易顺差占国内生产总值的比重也从 2010 年的 3.1% 下降至 2011 年的 2.3% 左右的水平，表明中国的内需旺盛以及结构性调整正在逐步减少对外需的依赖。2011 年中国实施了一系列经贸政策，对外贸易结构调整明显。2011 年机电产品出口增长 16.3%，进口额增长 14.1%。中国钢坯及粗糙件出口数量、出口金额分别下降 96.5%、94%，原油、成品油出口数量分别减少 16.9%、4.3%；锯材数量进口数量、进口金额分别增长 46.1%、47.6%，纸浆进口数量、进口金额分别增长 27.1%、35.3%。2011 年，美国、欧盟以及日本仍然是我国对外出口的主要国家和区域，出口规模均出现一定的程度的增长，但是出口增速明显放缓。其中，对欧盟区域的出口增速回落幅度最大，从 2010 年的 31.80% 下降到 2011 年的 14.40%，增速回落达 17.40 个百分点；对美国的出口增速回落幅度次之，从 2010 年的 28.30% 下降到 2011 年的 14.50%，增速回落达 13.8 个百分点；对日本的出口增速回落幅度最小，从 2010 年 23.70% 下降到 2011 年 22.50%，增速回落仅 1.2 个百分点。

（二）工农业发展概况

2011 年，我国第一产业增加值为 47.71 万亿元，比 2010 年增长 4.5%；第二产业增加值为 22.06 万亿元，比 2010 年增长 10.6%；第三产业增加值为 20.33 万亿元，比 2010 年增长 8.9%。第一产业增加值占国内生产总值的比重为 10.1%，第二产业增加值的占比为 46.8%，第三产业增加值的占比为 43.1%。三者对国内生产总值增长的贡献与 2010 年比较接近。

2011 年我国农业发展形势良好，全年粮食产量再获丰收。在国内外经济形势复杂多变、不确定性加大的背景下，我国粮食产量连续第八年出现丰收，创下了半个世纪以来的新纪录。全年全国粮食总产量达到 5.71 亿吨，比 2010 年增产 2473 万吨，同比增长 4.5%。2011 年国家财政继续巩固、完善、强化强农惠农政策，不断加大资金投入力度，为粮食增产和农业发展提供有力的保证。2011 年工业增速呈现稳中见缓的运行态势。规模以上工业增加值同比增长 13.9%，增速比 2010 年减缓 1.8 个百分点，总体发展仍处在较快增长区间内。其中，全年轻、重工业增加值同比分别增长 13% 和 14.3%，而重工业增速比轻工业快 1.3 个百分点。

（三）生产和消费价格概况

2011年，我国价格涨幅呈现出前高后低的总体走势，全年全国居民消费价格总水平比2010年上涨5.4%（见图1－1－1）。其中，上半年通货膨胀水平较高，在6月、7月曾一度达到6.4%和6.5%的高位，但是随着中国人民银行采用持续调升基准利率以及存款准备金率等货币政策，通货膨胀水平在下半年出现一定程度的收窄，下降到了4.1%的水平。其中，食品价格的上涨是推动通货膨胀水平高企的主要因素，食品价格的同比增长速度基本维持在10%以上，全年增长11.8%。工业品价格全年呈现冲高后逐步下降的走势，年中生产者价格指数一度达7.50%的高位，随后在第四季度大幅下降，全年工业产品出厂价格指数（PPI）同比上涨6.0%，工业生产者购进价格比2010年上涨9.1%。

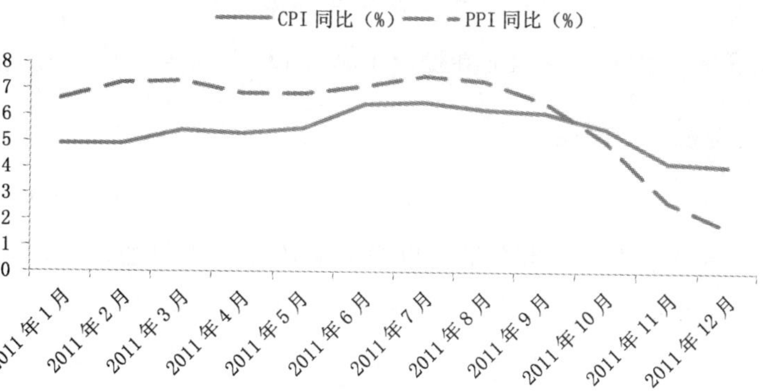

图1－1－1　2011年居民消费价格指数、工业产品出厂价格指数同比增速

资料来源：国家统计局数据。

生产成本的上升推动整体价格水平的上升。随着提高居民收入政策的逐步实施以及中国人口红利的逐渐收窄，我国的人力成本不断上升。同时，由于经济结构不平衡，生产率较低部门的工人需求向生产率较高的部门工人靠齐，结果导致整个社会工资实际增长率超过经济增长率，从而在一定程度上推高了整体物价水平。同时，较高的生产资料及原料购入价格也会向下游终端消费品传导，在此过程中的流通环节也会进一步推高价格的涨幅。流通环节生产资料价格以及原材料燃料动力购进价格的上涨将部分传导至下游产品，导致消费品价格整体上涨。输入性通货膨胀是另一推动价格上涨的因素。全球范围流动性的宽松以及一定程度上的经济复苏都导致了原油、铁矿石、粮食等大宗商品的价格在较高的位置徘徊，从而也推动了国内价格的上涨。我国经济的快速发展必然加大对国际资源类原材料的需求，因此，国际价格对我国物价水平的影响也逐步加深。

（四）国际收支概况

2011年，我国克服国内外不稳定、不确定因素的影响，涉外经济继续保持健康发展势头。对外经济交往更加活跃，全年国际收支交易总规模较2010年增长22%。国际收支继续保持经常项目与资本项目双顺差。

其中，经常项目顺差2017亿美元，资本和金融项目顺差2211亿美元。国际收支状况进一步改善，经常项目顺差与国内生产总值之比为2.8%，较2010年下降1.2个百分点；国际收支总顺差4228亿美元，下降19%。跨境资本流动波动较大，由前三季度资本净流入同比增长62%，转为第四季度净流出290亿美元；交易形成的外汇储备增加额由前三季度同比多增888亿美元，转为全年少增847亿美元。跨境证券投资流入延续下降，2011年我国证券投资项下跨境资金净流入196亿美元，较2010年下降18%。其中，我国对外证券投资净流入62亿美元，2010年为净流出67亿美元。境外对我国证券投资净流入134亿美元，较2010年下降58%。

三、中国金融市场发展形势

2011年是“十二五”时期的第一年，国家“十二五”规划纲要中明确提出，要有序拓展金融服务业，提出金融要以服务实体经济为目的，防范金融系统性风险，有序发展和创新金融组织、产品和服务，全面提升金融服务水平。在这一宏观经济政策的实施下，全年货币市场交易活跃，人民币汇率双向波动增强；债券市场指数稳步上升，债券发行规模进一步扩大。2011年5月4日，中国银行间债市首推非公开定向债务融资工具，发行规模达130亿元，不仅为企业提供了新的直接融资渠道，体现了银行间市场多维度创新能力的提升，同时也为商业银行带来了新的业务增长点。2011年全年，社会融资总量达12.83万亿元，较2010年下降10.09%。其中，人民币新增贷款占58.3%，较2010年上升2.2%，新增外币贷款占4.5%，比2010年上升1.6%。企业债券融资占10.60%，较2010年上升2.2个百分点，非金融企业股票融资占3.40%（见表1-1-1）。

表1-1-1　　2011年国内融资情况简表

	融资量（亿元人民币）		比重（%）	
	2011年	2010年	2011年	2010年
社会融资总量	128300	142700	100	100
其中：新增人民币贷款	74798.9	79341.2	58.30	55.60
新增外币贷款	5773.5	4138.3	4.50	2.90

续表

	融资量（亿元人民币）		比重（%）	
	2011 年	2010 年	2011 年	2010 年
企业债券融资	13599.8	11986.8	10.60	8.40
非金融企业股票融资	4362.2	5708	3.40	4.00

数据来源：中国人民银行。

（一）货币市场

1. 货币供应量增速继续回落。2011 年年末，广义货币供应量 M2 余额为 85.16 万亿元，同比增长 13.6%（见图 1-1-2）；狭义货币供应量 M1 余额为 28.98 万亿元，同比增长 7.9%；流通中货币 M0 余额为 5.07 万亿元，同比增长 13.8%。全年净投放现金 6161 亿元，同比少投放 214 亿元。

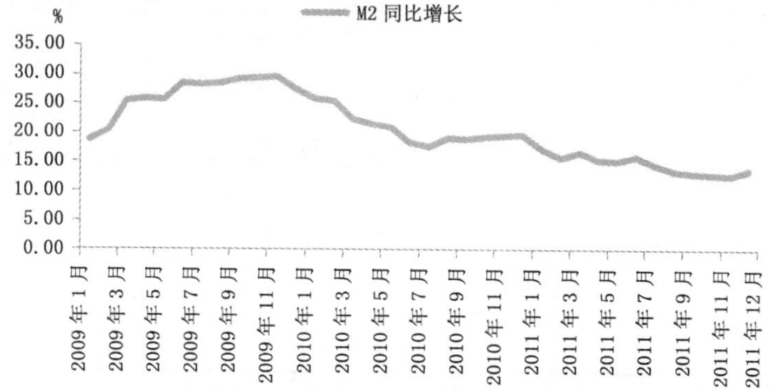

图 1-1-2　2009～2011 年广义货币供应量同比变化图

数据来源：中国人民银行。

2. 金融机构存款增长有所放缓。2011 年年末，全部金融机构（含外资金融机构，下同）本外币各项存款余额为 82.67 万亿元，同比增长 13.5%。人民币存款余额为 80.94 万亿元，同比增长 13.5%，比 2010 年年末低 6.7 个百分点。全年人民币存款增加 9.63 万亿元，同比少增 2.29 万亿元。年末，外币存款余额为 2751 亿美元，同比增长 19.0%，全年外币存款增加 494 亿美元。

3. 金融机构贷款增长向常态回归。2011 年年末，全部金融机构本外币贷款余额为 58.19 万亿元，同比增长 15.7%。人民币贷款余额为 54.79 万亿元，同比增长 15.8%，比 2010 年年末低 4.1 个百分点。全年人民币贷款增加 7.47 万亿元，同比少增 3901 亿元。年末，外币贷款余额为 5387 亿美元，同比增长 19.6%，全年外币贷款增加882亿美元。

4. 存贷款基准利率适时上调。中国人民银行分别于2011年2月9日、4月6日和7月7日上调金融机构人民币存贷款基准利率，1年期存款、贷款基准利率各上调0.25个百分点。三次上调后，1年期存款、贷款基准利率分别达到3.50%和6.56%。另外，为加强流动性管理，适度调控货币信贷投放，中国人民银行分别于2011年1月20日、2月24日、3月25日、4月21日、5月18日和6月20日6次上调大型存款类金融机构人民币存款准备金率各0.5个百分点，上调后大型存款类金融机构人民币存款准备金率为21.5%，达历史高点。12月5日，中国人民银行下调存款准备金率0.5个百分点。2011年我国存款准备金率调整时间表见表1－1－2。

表1－1－2　　2011年存款准备金率调整时间表

时　　间	大型金融机构	中型金融机构	小型金融机构
2011年12月5日	21.00	17.50	17.50
2011年6月20日	21.50	18.00	18.00
2011年5月18日	21.00	17.50	17.50
2011年4月21日	20.50	17.00	17.00
2011年3月25日	20.00	16.50	16.50
2011年2月24日	19.50	16.00	16.00
2011年1月20日	19.00	15.50	15.50

数据来源：中国人民银行。

5. 人民币汇率双向波动增强，人民币汇率单边升值预期被打破。2011年，银行间即期外汇市场人民币对美元交易价日间最大波动日均为96个基点，2010年为70个基点。交易价相对中间价的日间最大波幅日均为0.18%，2010年为0.10%。全年244个交易日中，交易价在71个交易日处于中间价升值区间波动，58个交易日处于中间价贬值区间波动，115个交易日围绕中间价上下波动，三个方向的分布更加平衡。2011年，人民币对美元双边汇率继续升值。2011年年末，人民币对美元汇率中间价收于6.3009元/美元，较2010年年末升值5.1%。2005年人民币汇率形成机制改革以来，人民币对美元汇率中间价累计升值31.4%。

6. 人民币有效汇率进一步升值。根据国际清算银行数据，2011年人民币对一篮子货币的名义有效汇率累计升值4.9%，扣除通货膨胀因素的实际有效汇率累计升值6.1%。2005年人民币汇率形成机制改革以来，人民币名义和实际有效汇率累计分别升值21.2%、30.3%。在国际清算银行监测的61个经济体货币中，2011年人民币名义和实际有效汇率的升值幅度分别居第三位和第二位。

（二）金融市场融资功能有效发挥

2011年，融资性债券品种的发行总量较2010年有较大幅度增加，国债、政策性金融债、政府支持机构债、政府支持债券和公司信用类债券的发行总量为5.97万亿元，同比增加23.14%。2011年，公司信用类债券共计发行了2.39万亿元，同比大幅增长46%。其中，商业银行债券、短期融资券、中期票据和集合票据分别发行3518.5亿元、8028.3亿元、7269.7亿元和66.23亿元，增幅分别为279%、19%、48%和42%。交易所市场可转债、可分离债和公司债发行总量为1707.40亿元，同比增加了29.3%。

2011年5月，银行间债券市场推出了非公开定向债务融资工具，截至年末，通过非公开定向方式累计发行债券899亿元，非公开定向债务融资工具期限覆盖0.5~5年，对企业各期限类型的融资需求形成较大支持。2011年11月，广东佛山、山东潍坊、江苏常州三地成功首批发行区域集优融资模式下的中小企业集合票据，全年共发行5只，累计为25家中小微型企业提供直接融资13.89亿元。

2011年股票市场融资功能进一步发挥，全年共有277家公司首次公开募股（IPO），共募集2720亿元，占股票融资总额的39%，186家公司进行增发融资，共募集3874亿元，占股票融资的55%，15家公司进行了配股，共募集416亿元，占股票融资的6%。首发新股方面，中小板募集的金额的总量最大，超过了1000亿元；而在首发家数方面，创业板处于较为突出的位置，有120多家企业登陆创业板。IPO募集资金规模相对于2010年有所减少，只有2700多亿元，但是发行的家数达到了277家，发行的市盈率达到46倍，仍然处于较高的位置。

（三）金融市场结构进一步优化

1. 市场发行结构进一步优化。从券种看，2011年，公司信用类债券共计发行2.39万亿元，同比大幅增长了46%，2010年年末推出的超短期融资券本年发行量达到了2090亿元，是公司信用类债券市场的一大增长点。2011年，银行间债券市场推出了非公开定向债务融资工具，有利于促使更多企业通过债券市场融资，促进我国融资结构的优化。

2. 市场交易结构变化明显，市场投资者类型进一步多元化。截至2011年年末，银行间债券市场参与者达到11162家，比2010年年末增加927家，增长了9.06%。此外，自2010年我国的香港、澳门地区人民币业务清算行，以及跨境贸易人民币结算境外参加银行和境外中央银行或货币当局等相关机构获准进入银行间债券市场投资试点以来，2011 年又有 38 家境外机构获得进入资格。2011 年，上海黄金交易所新增新加坡大华银行（中国）有限公司、英国巴克莱银行有限公司上海分行、摩根大通银行（中国）有限公司 3 家外资银行会员。

同时，股票市场融资融券业务的快速发展，进一步优化了股票市场的交易结构。2011 年，融资融券业务发展势头迅猛，余额达到 382.07 亿元，较 2010 年年末的 127.72 亿元增长了近两倍；各月融资买入额合计 2909 亿元，较 2010 年的 695.13 亿元增长了 3 倍多。

3. 市场存量结构有明显变化，信用产品占比继续上升。2011 年年末，公司信用类债券市场占比为 25.61%，较 2010 年年末上升 4 个百分点，规模增加了 1.41 万亿元。其中，规模增加最多的是中期票据，2011 年年末，市场余额为 1.97 万亿元，较 2010 年年末增加 6207 亿元，增幅为 45.9%。增速最快的是超短期融资券和集合票据，由于基数较低，同比分别增长了 2 倍和近 1 倍。

4. 银行间债券市场债券期限分布更为均匀。银行间债券市场短期债券余额占比下降，中长期债券余额占比上升，各期限分布更加均匀。2011 年年末，银行间债券市场 1 年期以下期限余额减少了 1.1 万亿元，占比从 2010 年的 26.01% 下降到 18.9%，1 年期以上的各期限品种债券余额均有所上升，其中，1 ~3 年期债券成为余额最高的品种，达到 5.04 万亿元，占比为 23.04%，较 2010 年的 21.16% 上升了约 2 个百分点；3 ~5 年期、5 ~7 年期、7 ~10 年期以及 10 年期以上品种的占比也分别较 2010 年年末有不同程度的增加。

（四）金融机构发展势头良好

金融机构盈利能力不一，但资产规模稳步增长。截至 2011 年年末，我国银行业金融机构的本外币资产总额为 113.3 万亿元，同比增长 18.9%；本外币负债总额为 106.1 万亿元，同比增长 18.6%。资本充足率为 12.7%，核心资本充足率达 10.2%。不良贷款率为 1%，拨备覆盖率达到 278.1%。2011 年，商业银行净利润达 1.04 万亿元，资产利润率为 1.3%。2011 年证券期货经营机构整体规模和盈利水平有所下降。截至 2011 年年末，我国 109 家证券公司总资产为 1.57 万亿元，净资产为 6302.55 亿元、净资本为 4634.02 亿元，受托管理资金本金总额为 2818.68 亿元。2011 年，109 家证券公司全年实现营业收入 1359.50 亿元，同比下滑 28.86%，净利润为 393.77 亿元，同比下滑 49.23%。保险业整体发展较为平稳。截至 2011 年年末，保险公司的资产总额为 5.9 万亿元，原保费收入为 1.43 万亿元，同比增长 10.4%，保险投资年化收益率为 3.6%。截至 2011 年年底，全国 161

家期货公司总资产为 1915.54 亿元（含客户资产），较 2010 年下降 0.37%；净资产为 352.45 亿元，净资本为 328.93 亿元，共吸纳客户保证金 1513.25 亿元。全国期货公司全年总利润为 29.79 亿元，净利润 23.06 亿元，分别较 2010 年下降了 4.79% 和 9.36%。

金融机构的境外业务加速开放。据初步统计，2011 年全年，跨境贸易人民币结算业务累计发生 2.08 万亿元，直接投资人民币结算业务累计发生 1109 亿元。其中，以人民币进行结算的跨境货物贸易、服务贸易及其他经常项目、对外直接投资、外商直接投资分别累计发生 1.56 万亿元、5212.7 亿元、201.5 亿元、907.2 亿元。从 8 月 17 日起，境外机构投资者获准以人民币境外合格机构投资者方式（RQFII）投资境内证券市场，起步金额为 200 亿元。根据中国证监会、中国人民银行、国家外汇管理局 12 月 16 日联合发布的《基金管理公司、证券公司人民币合格境外机构投资者境内证券投资试点办法》，允许符合条件的基金公司、证券公司在香港地区的子公司作为试点机构开展 RQFII 业务。RQFII 业务初期试点额度约人民币 200 亿元，试点机构投资于股票及股票类基金的资金不超过募集规模的 20%。

（五）金融市场发行、交易制度继续完善

2011 年，中国金融市场继续完善市场发行、交易制度等。中国人民银行于 2011 年 6 月发布规章，进一步规范发行人使用中国人民银行债券发行系统在银行间债券市场招标发行债券的行为；财政部于 2011 年 10 月发布规章，开展地方政府自行发行债券试点工作，首批有上海市、浙江省、广东省和深圳市试点自行发债。

2011 年，国家外汇管理局发布新指引，推出即期尝试做市机构或远期掉期尝试做市机构。截至年末，已有北京银行、中国邮政储蓄银行、南京银行、上海银行、星展银行（中国）、美国银行上海分行、摩根大通（中国）和瑞穗（中国）8 家机构成为人民币外汇即期市场尝试做市机构。中国人民银行、公安部、国家工商总局、中国证监会、中国银监会联合发布通知，对非法黄金交易及黄金衍生产品交易所进行清理，以促进黄金市场规范健康发展。2011 年 1 月，中国银监会发布了《银行业金融机构衍生产品交易业务管理暂行办法》，对此前发布实施的《金融机构衍生产品交易业务管理暂行办法》进行修订；8 月，中国银监会就《商业银行资本管理办法（征求意见稿）》向社会公开征求意见。中国证监会发布系列完善股票市场和期货市场交易制度的规章，主要包括：正式推出转融通制度，打通社会资金和证券的融通渠道；界定了期货咨询业务，从资本实力和合规角度对从事这项业务的条件作出了规定；对 QFII 参与股指期货的程序、投资与成交金额、业务范围等进行了综合规定。

第二节　中国期货业发展的基本情况

2011 年，受国内和国际宏观经济的影响，我国期货市场多数品种的价格和成交量均出现了一定程度的下降。全市场成交量下降了 30% 左右，成交金额下降了 10% 左右。随着我国期货市场的进一步成熟以及上市品种丰富，期货市场服务实体经济的广度和深度进一步得到提升，套期保值、价格发现、资源合理配置以及分散系统性风险等市场功能进一步发挥。我国商品期货的总体成交规模继续位居全球第一，金融期货成交量稳步增长。期货行业竞争进一步加剧，期货公司兼并重组态势出现。

一、2011 年中国期货市场规模及影响

（一）2011 年期货市场发展规模综述

在 2011 年美国经济持续复苏，但欧洲债务危机升级以及国内经济增速放缓的大背景下，我国期货市场没有延续 2010 年价量齐升的态势，在价格总体下降的同时，成交规模有所萎缩。2011 年，国内期货市场商品期货成交规模小幅减少，而金融期货成交规模持续放大，全年国内期货市场累计成交额为 137 万亿元。据中国期货业协会统计资料表明，2011 年全年全国期货市场累计成交期货合约 105408.87 万手①，比 2010 年减少 32.72%，累计成交金额为 137.52 万亿元，比 2010 年减少 11.03%。2011 年我国期货市场月度成交额、成交量情况见图 1－2－1。1993～2011 年我国期货市场年度成交额、成交量变化情况见图 1－2－2。

从价格上看，仅有上海期货交易所的燃料油和黄金全年收涨，其余各个品种都呈现价格下滑趋势。其中，上海期货交易所的天然橡胶，郑州商品交易所的棉花、PTA，中国金融期货交易所的股指期货的价格下降幅度较大。从各品种价格波动率上看，天然橡胶、铜、锌的波动较大。从成交量和持仓量上看，全年交易比较活跃的品种有铜、锌、天然橡胶、螺纹钢、棉花、白糖、PTA、豆粕、豆油、棕榈油、LLDPE 以及股指期货。从成交额上看，全年累计成交金额最高的前六大品种依次为：股指期货、棉花、天然橡胶、铜、白糖以及 PTA。沪深 300 股指期货全年累计

① 自 2011 年起，中国期货市场成交量、成交额均按单边统计。

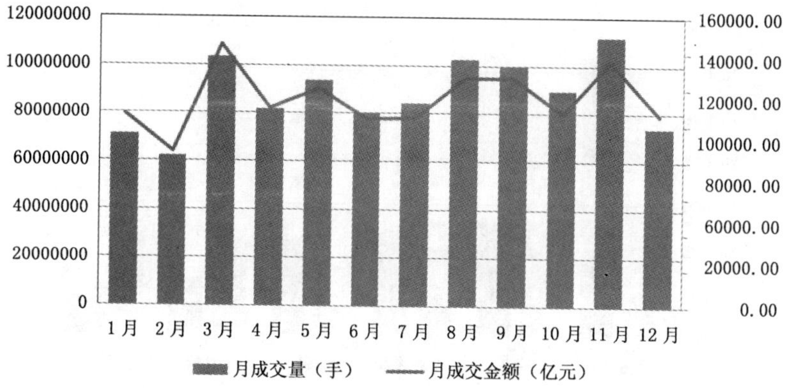

图 1－2－1　2011 年中国期货市场月度成交量、成交额变化情况

资料来源：中国期货业协会。

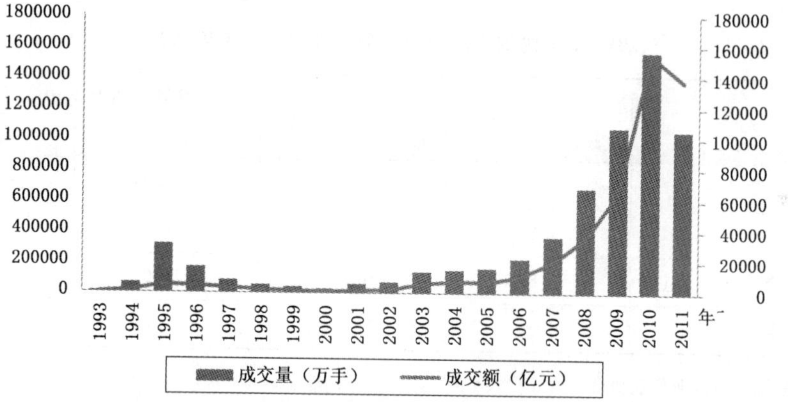

图 1－2－2　1993～2011 年中国期货市场年度成交量、成交额变化情况

资料来源：中国期货业协会。

成交量达 5041.19 万手，占全国期货市场总成交量的 4.78%；全年累计成交额达 437658.55 亿元，占全国期货市场总成交金额的 31.83%。除股指期货以外的五大品种，全年累计成交量为 54105.06 万手，占全国期货市场总成交量的 51.33%，其全年累计成交金额为 642619.13 亿元，占全国期货市场总成交金额的 46.73%（见图 1－2－3）。

从国内四家交易所的整体成交情况来看，商品期货交易所的总体成交量较 2010 年均出现一定的下滑，而中国金融期货交易所的成交量仅小幅攀升（见表 1－2－1）。

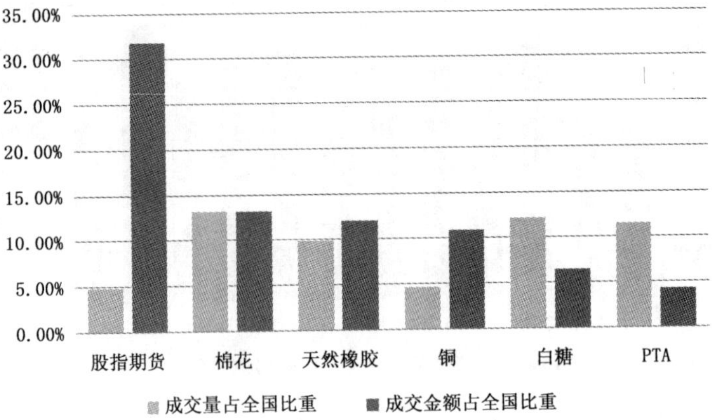

图 1-2-3 2011 年国内六个期货品种的成交量、成交额占全国期货市场的比重

资料来源：中国期货业协会。

表 1-2-1 **2011 年国内四家期货交易所成交量、成交额情况**

交易所	2011 年		较 2010 年增长幅度（%）	
	成交量（亿手）	成交额（万亿元）	成交量	成交额
上海期货交易所	3.08	43.45	-50.44	-29.62
郑州商品交易所	4.06	33.42	-18.04	8.17
大连商品交易所	2.89	16.88	-28.31	-19.07
中国金融期货交易所	0.50	43.77	9.89	6.56

资料来源：中国期货业协会。

上海期货交易所（SHFE）2011 年全年累计成交量为 30823.91 万手，比 2010 年下降 50.44%，占全国期货市场交易量的 29.24%；全年累计成交额为 434435.36 亿元，比 2010 年下降 29.62%，占全国期货市场累计成交额的 31.60%。

郑州商品期货交易所（ZCE）在 2011 年全年累计成交量为 40639.07 万手，比 2010 年下降 18.04%，占全国期货市场交易量的 38.56%；全年累计成交额为 334185.15 亿元，比 2010 年增长了 8.17%，占全国期货市场累计成交额的 24.30%。

大连商品期货交易所（DCE），2011 年全年累计成交量为 28904.7 万手，比 2010 年下降 28.31%，占全国期货市场交易量的 27.42%；全年累计成交额为 168756.19 亿元，比 2010 年下降了 19.07%，占全国期货市场累计成交额的

12.27%。

中国金融期货交易所由于沪深300股指期货市场的进一步发展，其成交金额规模有所增长。虽然其全年累计成交量达5041.19万手，仅占全国期货市场总成交量的4.78%，但全年累计成交额达437658.55亿元，占全国期货市场总成交金额的31.83%。

（二）2011年期货市场发展的影响因素

2011年我国期货市场发展速度有所放缓，一方面受制于中国经济增速的放缓，全年国内生产总值同比增长9.2%，四季度增速降为8.9%，创下两年来新低；另一方面，国际经济环境不确定性增加，欧债危机继续恶化，美国经济探底回升，大量海外资本流出，导致国内市场面临资金压力，国内期货市场增长速度因此放缓，成交量也有所萎缩，但棉花、PTA以及黄金等大宗商品表现较好，成交量同比增长达59.91%、96.25%以及112.59%；而锌、螺纹钢、白糖、豆粕等成交量下滑幅度较大。

1. 国内经济增速放缓，大宗商品需求依然旺盛。中国作为大宗商品的最大需求国，国际大宗商品价格的下滑使得国内的通货膨胀形势有所减轻，但2011年全年的消费者价格指数（CPI）仍然超出4%的调控预期目标。生产者价格指数（PPI）从下半年开始出现明显下滑，市场需求乏力，实体经济的活跃程度明显下降（见图1-2-4和图1-2-5）。2011年最终消费品需求出现了显著回落，2011年社会消费品零售总额同比增长17.1%，比2010年增幅也有所回落。这些都直接抑制了工业生产增长水平，使得2011年以来全国工业增加值同比增幅逐月下滑。尽管消费受到抑制，但中国的大宗商品需求依然旺盛，拉动国内产量大幅增长，同期市场价格高位宽幅震荡，创下新高后又大幅回落。重要商品中，除石油与铁矿石之外，其他品种进口水平普遍回落，尤其是有色金属与大豆下降幅度较大，这反映了国内紧缩政策的效应。

2. 国际经济形势面临较大不确定性，期货市场价格在震荡中下行。2011年以来，受美元等各国货币竞相贬值冲击，中东及北非政局动荡、自然灾害严重，以及新兴经济体需求旺盛，供求关系偏紧等多重因素推动，国际市场大宗商品价格波动加剧。受欧元区以及美国的债务危机恐慌气氛影响，国内大多数商品期货价格开始回落，而国内股指期货价格也是应声震荡下行。

3. 各类交易场所面临清理整顿。2011年11月24日，国务院公布了《国务院关于清理整顿各类交易场所切实防范金融风险的决定》（以下简称《决定》），对清理整顿各类交易场所作出明确部署，《决定》被业内称为“最严厉的清理整顿措

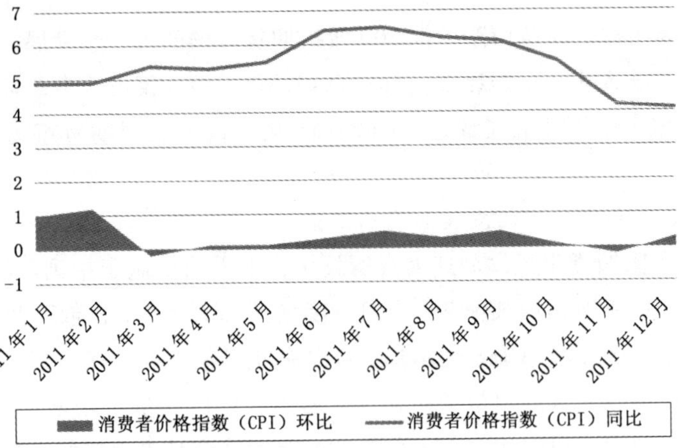

图1－2－4　2011年国内消费者物价指数CPI变化情况

数据来源：根据国家统计局数据整理。

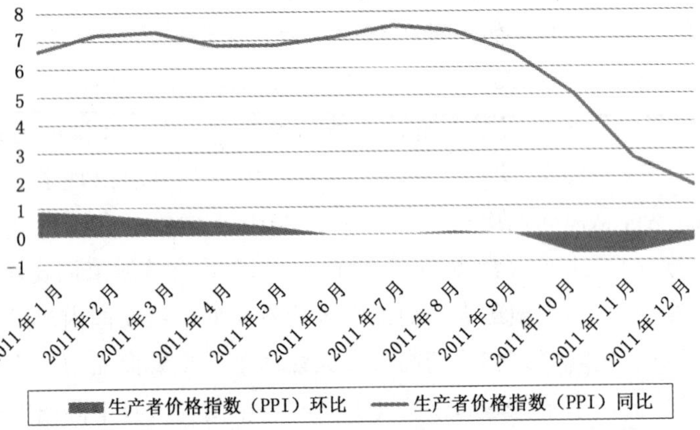

图1－2－5　2011年国内生产者价格指数（PPI）变化情况

数据来源：根据国家统计局数据整理。

施”。按照《决定》要求，除依法设立外，任何交易场所不得拆分权益发行、集中竞价、按标准化单位持续挂牌，不得以集中交易方式进行标准化合约交易。各地方被要求尽快制订清理整顿工作方案，并于年底前向国务院报备。

4. 新上市品种以大合约为主。2011年铅、焦炭以及甲醇期货先后上市。其中，铅期货于3月24日在上海期货交易所挂牌交易；焦炭期货于4月15日在大连商品交易所上市交易；甲醇期货于10月28日在郑州商品交易所上市。在服务机构客户、抑制过度投机以及与国际接轨的主导思想指引下，大合约成为2011年新上市品种的共同选择。

（三）2011年中国期货市场的国际影响力

2011年，我国期货市场套期保值、价格发现、资源合理配置以及分散系统性风险等功能的发挥进一步得到拓宽、深化。期货市场已经成为国民经济发展不可或缺的组成部分，其在国际市场上的影响力也稳步提升。从成交量的国际排名上看，2011年郑州商品交易所、上海期货交易所、大连商品交易所在全球场内衍生品交易所中分别排第十一、第十四、第十五名。我国三家商品期货交易所仍旧位居全球场内衍生品交易所前十五名，总体表现为一升两降，但整体交易规模有所减少。沪深300股指期货整体保持良性发展，成交量和持仓量稳步增长，持仓成交比稳步提升。可以说，在巩固全球最大商品期货交易市场（见表1-2-2）、第一大农产品期货交易市场（见表1-2-3）以及保持钢材、铜、锌、铝等金属期货较高国际影响力（见表1-2-4）的基础上，金融期货的国际地位也得到了稳步提升。在成交量前十名的农产品期货和期权合约中，郑州商品交易所的棉花、白糖和上海期货交易所的天然橡胶依次位居前三名。大连商品交易所的豆油、豆粕、玉米、黄大豆1号分列第五、六、九、十名。在成交量前十名的金属期货和期权合约中，上海期货交易所的螺纹钢依然排名第一，锌和铜则分别下滑至第五名和第七名①。

表1-2-2　2011年中国期货交易所成交量全球排名　单位：手

排名	交易所	2011年	2010年	同比增长（%）
11	郑州商品交易所	406390664	495904984	-18.1
14	上海期货交易所	308239140	621898215	-50.4
15	大连商品交易所	289047000	403167751	-28.3

资料来源：美国期货业协会（FIA）。

表1-2-3　2011年中国农产品期货品种成交量全球排名　单位：手

排名	品种名称及隶属交易所	2011年	2010年	同比增长（%）
1	棉花期货，ZCE	139044152	86955310	59.9

① 我国期货合约标的物单位较小。

续表

排名	品种名称及隶属交易所	2011 年	2010 年	同比增长（%）
2	白糖期货，ZCE	128193356	305303131	-58.0
3	天然橡胶期货，DCE	104286399	167414912	-37.7
5	豆油期货，DCE	58012550	91406238	-36.5
6	豆粕期货，DCE	50170334	125581888	-60.0
8	玉米期货期权，DCE	28950380	20810260	37.7
9	玉米期货，DCE	26849738	35999573	-25.4

资料来源：美国期货业协会（FIA）。

表 1-2-4　　2011 年中国各金属期货品种成交量全球排名

排名	品种名称及隶属交易所	2011 年	2010 年	同比增长（%）
1	螺纹钢期货，SHFE	81884789	225612417	-63.7
5	锌期货，SHFE	53663483	146589373	-63.4
7	铜期货，SHFE	48961130	50788568	-3.6

资料来源：美国期货业协会（FIA）。

二、期货品种运行情况

（一）农产品期货运行状况

2011 年，受年初宏观调控和年中欧洲债务危机影响，农产品演绎整体下挫行情，棉花领跌农产品市场，白糖、豆类、玉米和小麦后来大幅跟跌，农产品价格整体呈现回落态势。在整个宏观政策环境呈现外宽内紧的形势下，农产品市场呈现“外强内弱”的格局。随后，11 月前后，政府为了保护农民利益出台政策提高托市收储价格，农产品市场呈现出一定的反弹，但全年总体呈现价格回落的大格局。

2011 年农产品期货品种累计成交量为 46845.36 万手，累计成交额为 38.76 万亿元，分别占当年全国期货市场总量的 44.44% 和总金额的 28.18%。

2011 年，黄大豆 1 号期货全年累计成交量为 2523.95 万手，同比下降 32.50%，占全国总量的 2.39%；全年累计成交额为 1.14 万亿元，同比减少 26.32%，占全国总量的 0.83%。

2011 年，黄大豆 2 号期货全年累计成交量为 10662 手，同比下降 27.51%，占全国总量的 0.00%；全年累计成交额为 5.08 亿元，同比减少 17.68%，占全国总量的0.00%。

2011年，豆粕期货全年累计成交量为5017.03万手，同比下降60.05%，占全国总量的4.76%；全年累计成交额为1.63万亿元，同比减少57.91%，占全国总量的1.18%。

2011年，玉米期货全年累计成交量为2684.97万手，同比下降25.42%，占全国总量的2.55%；全年累计成交额为6304.49万亿元，同比减少17.95%，占全国总量的0.46%。

2011年，豆油期货全年累计成交量为5801.26万手，同比下降36.53%，占全国总量的5.50%；全年累计成交额为5.78万亿元，同比减少25.70%，占全国总量的4.20%。

2011年，棕榈油期货全年累计成交量为2259.39万手，同比下降45.95%，占全国总量的2.14%；全年累计成交额为2.02万亿元，同比减少35.44%，占全国总量的1.47%。

2011年，硬麦期货全年累计成交量为15.32万手，同比上升336.42%，占全国总量的0.01%；全年累计成交额为33.96亿元，同比增加345.44%，占全国总量的0.00%。

2011年，强麦期货全年累计成交量为791.17万手，同比上升36.30%，占全国总量的0.75%；全年累计成交额为2237.91亿元，同比增加49.43%，占全国总量的0.16%。

2011年，棉花期货全年累计成交量为13904.66万手，同比上升59.91%，占全国总量的13.19%；全年累计成交额为18.13万亿元，同比增加76.06%，占全国总量的13.18%。

2011年，白糖期货全年累计成交量为12820.99万手，同比下降58.01%，占全国总量的12.16%；全年累计成交额为8.84万亿元，同比减少47.41%，占全国总量的6.42%。

2011年，菜籽油期货全年累计成交量为432.79万手，同比下降54.58%，占全国总量的0.41%；全年累计成交额为2252.88亿元，同比减少47.38%，占全国总量的0.16%。

2011年，早籼稻期货全年累计成交量为592.74万手，同比下降77.93%，占全国总量的0.56%；全年累计成交额为1519.09亿元，同比减少76.01%，占全国总量的0.11%。

2011年主要农产品成交情况见表1-2-5。

表 1-2-5　　2011 年国内期货市场主要农产品期货成交情况

品种名称	2011 年成交量	2010 年成交量	同比增减	2011 年成交额	2010 年成交额	同比增减
黄大豆 1 号	25239532	37393600	-32.50%	11365.29	15426.01	-26.32%
玉米	26849736	35999573	-25.42%	6304.49	7683.41	-17.95%
豆粕	50170334	125581888	-60.05%	16267.90	38651.62	-57.91%
棕榈油	22593961	41799813	-45.95%	20194.25	31281.03	-35.44%
豆油	58012550	91406238	-36.53%	57775.74	77765.21	-25.70%
棉花	139046624	86955310	59.91%	181297.30	102976.10	76.06%
白糖	128209968	305303131	-58.01%	88335.38	167980.96	-47.41%
菜籽油	4327965	9527915	-54.58%	2252.88	4281.67	-47.38%
早籼稻	5927416	26854086	-77.93%	1519.09	6331.73	-76.01%
强麦	7911704	5804642	36.30%	2237.91	1497.67	49.43%
黄大豆 2 号	10662	14709	-27.51%	5.08	6.18	-17.68%
硬麦	153160	35095	336.42%	33.96	7.62	345.44%

说明：成交量：手；成交额：亿元。

资料来源：中国期货业协会。

（二）金属类期货运行状况

金属类期货品种包括有色金属、黑色金属和贵金属范畴的黄金。2011 年，在欧债危机及国内经济放缓的双重压力下，商品市场尤其是金属商品未能延续 2010 年的牛市行情，国内通货膨胀因素抬头和货币政策的双重压力使得商品期货市场的走势遭到了较大的压力。钢材市场在产量高企和需求低迷的双重压力下，在 2011 年形成了单边下跌的走势，共计两轮的下跌，使得螺纹钢期货价格指数全年最大跌幅超过了 25%，超过了 2010 年年初欧债危机刚刚爆发时的跌幅。国际钢材价格指数也从 4 月初下跌至年底，跌幅达 14.6%。

2011 年，金属类期货品种累计成交量为 20349.43 万手，累计成交额为 27.18 万亿元，分别占当年全国期货市场总量的 19.30% 和总额的 19.76%。

2011 年，铜期货全年累计成交量为 4896.11 万手，同比下降 3.60%，占全国总量的 4.64%；全年累计成交额为 14.97 万亿元，同比增加 0.98%，占全国总量的 10.88%。

2011 年，铝期货全年累计成交量为 995.39 万手，同比下降 42.34%，占全国总量的 0.94%；全年累计成交额为 8535.17 亿元，同比减少 39.77%，占全国总量的 0.62%。

2011 年，锌期货全年累计成交量为 5366.35 万手，同比下降 63.39%，占全国总量的 5.09%；全年累计成交额为 4.62 万亿元，同比减少 63.88%，占全国总量的 3.36%。

2011 年，铅期货全年累计成交量为 29.33 万手，占全国总量的 0.03%；全年累计成交额为 1280.80 亿元，占全国总量的 0.09%。

2011 年，螺纹钢期货全年累计成交量为 8188.48 万手，同比下降 63.71%，占全国总量的 7.77%；全年累计成交额为 3.72 万亿元，同比减少 62.73%，占全国总量的 2.70%。

2011 年，线材期货全年累计成交量为 3242 手，同比下降 97.86%，占全国总量的 0.00%；全年累计成交额为 1.49 亿元，同比减少 97.68%，占全国总量的 0.00%。

2011 年，黄金期货全年累计成交量为 722.18 万手，同比上升 112.59%，占全国总量的 0.69%；全年累计成交额为 2.55 万亿元，同比增加 178.68%，占全国总量的 1.85%。

2011 年，焦炭期货全年累计成交量为 151.27 万手，占全国总量的 0.14%；全年累计成交额为 3430.25 亿元，占全国总量的 0.25%。

2011 年主要金属期货成交情况见表 1－2－6。

表 1－2－6　　2011 年主要金属期货成交情况

品种名称	2011 年成交量	2010 年成交量	同比增减	2011 年成交额	2010 年成交额	同比增减
铜	48961130	50788568	－3.60%	149667.09	148218.77	0.98%
铝	9953918	17261995	－42.34%	8535.17	14171.24	－39.77%
锌	53663483	146589373	－63.39%	46182.75	127862.81	－63.88%
螺纹钢	81884789	225612417	－63.71%	37177.51	99758.58	－62.73%
黄金	7221758	3397044	112.59%	25488.04	9145.96	178.68%

说明：成交量：手；成交额：亿元。

资料来源：中国期货业协会。

（三）能源、化工类期货运行状况

2011 年，能源化工类期货整体走势以震荡下行为主。其中，以天然橡胶跌幅最大，2011年天然橡胶跌幅达到32%；塑料次之，年跌幅为23%；PTA表现中性，年跌幅为20%；而PVC由于成本因素支撑，表现相对抗跌，为17%。上海期货交易所天然橡胶成交依旧活跃，占上海期货交易所总成交量的33.83%，总交割金额为171238.15元，交割量为10080手，交割吨数为50400吨。交割比例相对低于往年，主要受到云南农垦改制影响，交易所顺应趋势，实行了品牌交割制度。

2011年，能源化工类期货品种累计成交量为33177.7649万手，累计成交额为27.8152万亿元，分别占当年全国期货市场总量的31.47%和总额的20.23%。

2011年，天然橡胶期货全年累计成交量为10428.640万手，同比下降37.71%，占全国总量的9.89%；全年累计成交额为16.524万亿元，同比减少22.51%，占全国总量的12.02%。

2011年，燃料油期货全年累计成交量为197.114万手，同比下降81.55%，占全国总量的0.19%；全年累计成交额为964.39亿元，同比减少80.49%，占全国总量的0.07%。

2011年，PTA期货全年累计成交量为12054.651万手，同比上升96.25%，占全国总量的11.44%；全年累计成交额为5.808万亿元，同比增加124.05%，占全国总量的4.22%。

2011年，LLDPE期货全年累计成交量为9521.906万手，同比上升52.38%，占全国总量的9.03%；全年累计成交额为4.966万亿元，同比增加44.56%，占全国总量的3.61%。

2011年，PVC期货全年累计成交量为943.843万手，同比上升11.25%，占全国总量的0.09%；全年累计成交额为3749.61亿元，同比增加11.58%，占全国总量的0.27%。

2011年，甲醇期货全年累计成交量为31.611万手，占全国总量的0.03%；全年累计成交额为454.60亿元，占全国总量的0.03%。

2011年主要能源、化工类期货成交情况见表1-2-7。

表1-2-7　　2011年主要能源、化工类期货成交情况

品种名称	2011年成交量	2010年成交量	同比增减	2011年成交额	2010年成交额	同比增减
天胶	104286399	167414912	-37.71%	165237.11	213232.41	-22.51%
燃料油	1971141	10682204	-81.55%	964.39	4943.18	-80.49%
PTA	120546513	61424805	96.25%	58082.25	25923.49	124.05%
LLDPE	95219058	62488306	52.38%	49663.56	34355.49	44.56%

续表

品种名称	2011 年成交量	2010 年成交量	同比增减	2011 年成交额	2010 年成交额	同比增减
PVC	9438431	8483624	11.25%	3749.61	3360.56	11.58%
甲醇	316107	—	—	454.60	—	—

说明：成交量：手；成交额：亿元。

资料来源：中国期货业协会。

（四）金融期货运行状况

2011 年是沪深 300 股指期货正式挂牌交易的第二年，也是第一个完整年度。与 2010 年相比较，2011 年沪深 300 股指期货涨跌幅明显减小，当月合约走势与标的沪深 300 指数走势拟合度进一步提高，最后交割日均表现较为平稳，没有出现"到期日效应"，期货市场不断成熟完善，交投更加理性与稳定。沪深 300 股指期货 1 ~ 12 月总成交量为 5041.186 万手，占全国期货市场 4.78%，同比增长 9.89%，日均成交量为 20.6606 万手；总成交金额为 437658.55 亿元，占全国期货市场 31.83%，同比增长 6.56%，日均成交金额为 1793.68 亿元；12 月底四个合约总持仓量为 48443 手，日均持仓量为 39373.83 手。

2011 年主要金融期货成交情况见表 1－2－8。

表 1－2－8　　2011 年主要金融期货成交情况

品种名称	2011 年成交量	2010 年成交量	同比增减	2011 年成交额	2010 年成交额	同比增减
沪深 300 股指	50411860	45873295	9.89%	437658.55	410698.77	6.56%

说明：成交量：手；成交额：亿元。

资料来源：中国期货业协会。

三、年度新上市品种运行情况

（一）铅

2011 年 3 月 24 日，铅期货合约正式在上海期货交易所挂牌交易。铅期货合约的上市，进一步完善了有色金属品种体系。另外，铅期货的上市为国内铅企业利用期货进行风险管理提供了更加便利的工具，一些善于运用期货工具管理风险的企业也脱颖而出。

铅期货合约与传统有色金属品种在合约设计上亦有所创新，铅期货合约采用的是与国际市场接轨的大合约设计，即铅期货合约为每手 25 吨。铅期货合约首日成交量高达7万多手，但后续几个交易日其成交量出现大幅下滑，而目前成交量平均在每日500手左右。从持仓量来看，自铅期货上市之日起，整体呈现缓慢递减态势，由首日的接近1万手缩至年底的2564手（见图1-2-6）。

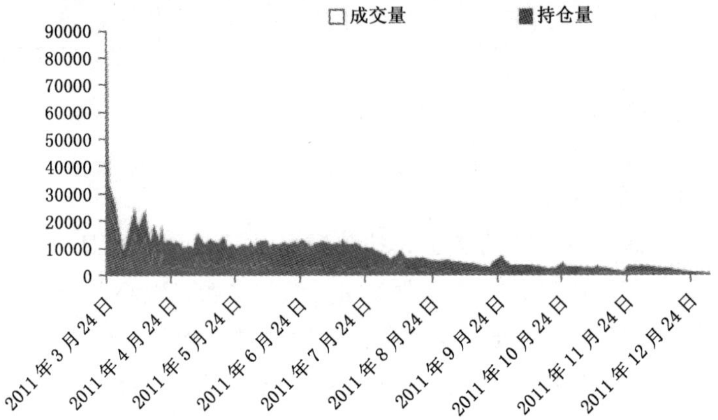

图1-2-6　2011年铅期货成交量及持仓量情况

单位：成交量：手；持仓量：手。

资料来源：上海期货交易所。

（二）焦炭

2011年4月15日，焦炭期货正式在大连商品交易所挂牌上市。大连商品交易所从服务现货和产业的角度出发，以大品种设计思路选择了冶金焦炭作为合约标的，参照冶金焦炭国家标准GB/T 1996～2003设计了期货交割质量指标体系。同时，大连商品交易所从遵循现货贸易习惯、降低交割成本、防范交割风险三方面出发，设计了交割细则、指定交割仓库管理办法和标准仓单管理办法。根据焦炭特点，大连商品交易所设计了厂库和港口仓库并行交割的制度，鼓励非标准仓单开展期转现交割，引入了第三方质检机构进行仲裁，优化了仓单流程。

焦炭合约首日成交57134手，持仓6404手，成交金额达128.87亿元。2011年焦炭期货有178个交易日，其中只有4个交易日前二十大持仓净头寸为多头头寸，剩余174个交易日皆为净空头寸，所有合约累计成交3024516手，成交总金额为68583137.28万元，日均成交16991手。2011年5月中旬至7月初，焦炭期货价格比现货升水200元/吨，引发大资金套利盘入场。继而，焦炭1109主力合约价格从历史高点2400元/吨下跌至2300元/吨。2011年8月初至8月底，期现价差大幅快速收敛，焦炭1109主力合约价格从2300元/吨跌至2000元/吨。2011年9月下旬至10月下旬，欧债危机持续发酵和美国信用评级下调，导致系统性风险打压所有商品价格，焦炭也难独善其身。焦炭 1201 主力合约价格从 2247 元/吨一路重挫至 1888 元/吨。2011 年 10 月 20 日至 2011 年 12 月 30 日，焦炭主力合约连续两次触及 1888 元/吨一线，再次下挫 1919 元/吨后反弹。

2011 年焦炭期货持仓量与收盘价见图 1－2－7。

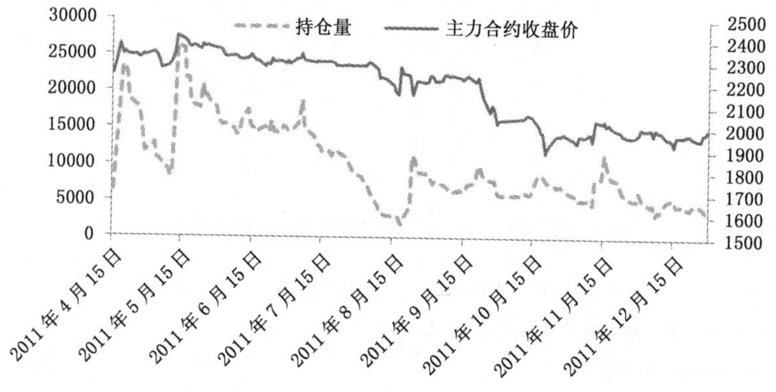

图 1－2－7　焦炭期货持仓量与收盘价

单位：持仓量：手；收盘价：元/吨。

数据来源：大连商品交易所。

（三）甲醇

2011 年 10 月 28 日，甲醇期货在郑州商品交易所挂牌上市，甲醇期货采用了 50 吨/手的合约设计，上市当日甲醇期货总成交 43746 手，此后成交量迅速下降，5 日内甲醇期货成交量持续下降至 3600 手左右。2011 年甲醇期货共成交 316107 手，成交金额为 454.6 亿元，占商品期货总成交量的 0.03%，占总成交额的 0.03%。2011 年内甲醇期货成交不甚活跃，46 个交易日中成交量小于 10000 手的交易日有 26 天，占整个交易天数的 56.52%。

2011 年甲醇期货成交量及持仓量情况见图 1－2－8。

四、中介机构的发展状况

2011 年，以期货公司为代表的中介机构整体维持稳步发展态势，介绍经纪商在经历了股指期货上市初期业务的快速推进之后，进入了温和发展的态势，介绍经纪商（IB）客户新增数量明显呈下降趋势，但 IB 业务在期货客户开发上仍然作出了较大贡献，特别是对于股指期货的贡献。

（一）期货公司

2011 年，受市场内外等多项因素的叠加影响，全国期货公司经营指标增降表

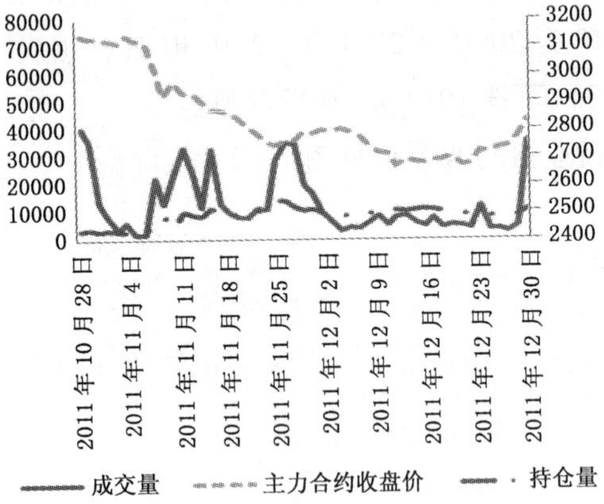

图 1－2－8　2011 年甲醇期货成交量及持仓量情况

单位：持仓量：手；成交量：手；收盘价：元/吨。

资料来源：郑州商品交易所。

现不一，导致总体经营情况有了较大的变化，商品期货市场交易有所萎缩，但金融期货交投依旧活跃，国内期货市场代理成交额达到 137.5 万亿元，较 2010 年 154.56 万亿元的成交金额同比减少了 11.03%；累计成交期货合约 10.54 亿手，较 2010 年 15.67 亿手的成交量同比减少了 32.74%；全国期货公司总资产规模达到 1915.54 亿元（含客户资产），较 2010 年小幅减少 0.37%；净资产为 352.45 亿元，净资本为 328.93 亿元，分别较 2010 年增长了 30.47% 和 30.92%，共有 65 家公司的净资本余额超 1 亿元。保证金规模、营业收入及手续费收入均小幅下滑，全国 161 家期货公司共吸纳客户保证金 1513.25 亿元，营业收入为 135.49 亿元，手续费收入为 101.36 亿元，分别较 2010 年减少了 6.50%、4.59% 和 4.09%。由于 2011 年整个期货市场交易规模的下滑，期货公司的利润在 2011 年也有所减少，利润总额为 29.79 亿元，净利润为 23.06 亿元，分别较 2010 年减少了 4.8% 和 9.36%。

（二）介绍经纪商

2011 年介绍经纪商（IB）开发客户数量继续增长，客户增速较 2010 年出现一定的下降，但 IB 业务在开发期货客户特别是股指期货客户上仍然贡献较大。截至 2011 年年底，IB 业务端开发的客户数量为 12.33 万户，占总客户量的 7.50%。

五、期货市场投资者状况

2011 年，中国期货市场的投资者整体数量出现稳步增长，在普通投资者数量上升的同时，机构投资者也被进一步引入期货市场，期货市场投资者结构日趋合理。

2011 年，商品期货投资者数量稳步增长，股指期货投资者队伍快速增加。但是就投资者结构来看，机构投资者占比仍然偏低，有进一步完善的空间。截至 2011 年年底，全国期货公司代理客户量为 141.14 万户，其中自然人客户为 137.06 万人，占比为 97.11%；法人客户为 4.08 万户，占比为 2.89%。

从客户权益结构来看，100 万元以下的客户数占比为 98.89%，权益额占比仅为 21.83%；1000 万元以上的客户数仅占 0.13%，但权益额占比却为 48.9%，即近一半的权益比例。

2009 ~ 2011 年我国期货投资者结构数据见表 1 - 2 - 9。

表 1 - 2 - 9　　2009 ~ 2011 年投资者结构数据表

年份	法人客户数（万户）	个人客户数（万人）	法人客户成交量（手）	个人客户成交量（手）	法人客户成交额（亿）	个人客户成交额（亿）	法人客户年末持仓量（手）	个人客户年末持仓量（手）
2008	2.10	59.54	129915707	1202996861	75440	628700	1341793	1773516
2009	2.86	88.76	186610958	1960918930	118290	1182160	4114660	4480750
2010	3.54	117.82	262925008	2863781661	215770	2869850	3076642	3298641
2011	4.08	137.06	204541441	1784125618	210506	2416945	3289746	3747965

数据来源：中国期货保证金监控中心。

六、期货市场法规制度建设

中国证监会于 2011 年 3 月 23 日颁布实施了《期货公司期货投资咨询业务试行办法》，并于 2011 年 5 月 1 日开始实行。其目的是为了引导期货公司为广大实体企业、产业客户以及机构投资者提供更多、更好的专业化服务，进一步提高期货市场对国民经济的服务质量和水平。该试行办法的发布有利于规范和加强对期货公司期货投资咨询业务的监管，引导期货行业加强专业人才队伍建设，促进期货投资咨询业务规范健康发展。2011 年 4 月 12 日，《期货公司分类监管规定》公布并施行；2011 年 8 月 25 日，中国证监会公布《关于开展期货市场账户规范工作的决定》，自 2011 年 9 月 2 日起施行。2011 年 11 月 3 日，中国证监会公布《期货营业部管理规定（试行）》，自 2012 年 5 月 1 日起施行。此外，国务院法制办在 2011 年 12 月 21 日公布了《国务院关于修改〈期货交易管理条例〉的决定（征求意见稿）》，拟对现行《期货交易管理条例》进行修改，进一步加强期货交易管理。征求意见稿删去了现行条例中有关“变相”期货交易的规定。此外，该征求意见稿将现行条例关于结算的规定修改为：结算是指根据期货交易所公布的结算价格对买卖双方的交易结果进行的资金清算和划转。该征求意见稿明确了“期货交易”的定义，进一步完善了期货交易制度，制止非法期货交易。

第三节 2011 年中国期货业行业监管与行业自律状况

一、期货市场监管工作情况

2011 年，我国期货市场监管不断强化，法规制度不断健全，市场机制不断完善，有力保障了期货市场平稳健康发展，促进了期货市场功能发挥和品种创新，有效提高了期货市场服务实体经济的功能发挥。整个监管工作可以总结为以下几个方面：

一是进一步提高了监管的规范化和科学化水平。推进程序化监管，明确监管标准，规范监管流程。在已有 10 个监管指引的基础上，2011 年发布了 5 个期货交易所业务活动监管工作指引，涉及期货品种功能发挥评估、实际控制关系账户的认定等方面。

二是稳步推进期货产品创新和制度创新。在广泛调研、充分论证的基础上，上市铅、焦炭和甲醇三个商品期货新品种。目前，商品期货品种总数已达 26 个，服务实体产业的深度和广度进一步得到拓展。

三是完善法规、规则体系，建设规则导向型市场。推动最高法院发布《关于审理期货纠纷案件若干问题的规定（二）》，积极推动国务院法制办修订《期货交易管理条例》，组织开展期货法立法的前期研究，组织期货交易所等系统内单位进行专题研究和课题评审，形成初步研究成果。

四是做精做细已上市期货品种，完成了天然橡胶、燃料油、硬麦、强麦合约及相关实施细则的修改，并对铅、黄金等期货品种试点套期保值制度改革。组织对棕榈油、PVC 等期货品种的交割规则修改和完善。

二、期货业监管工作情况

2011 年，中国证监会继续认真贯彻落实党中央、国务院关于各项工作的重要部署，继续加强和改善基础性制度建设，强化依法监管，促进期货公司合规建设水平的提高和业务规模的快速发展。在普遍提升行业合规运作水平的基础上，继续高度重视、扎实稳妥推进业务创新。期货业监管情况主要如下：

一是完善监管体系，提升期货公司整体合规运行水平和行业诚信度。研究制定了《期货营业部管理规定》，明确营业部监管标准。2011 年 7 月至 11 月组织开展了对全部 161 家期货公司及部分营业部的全面检查，指导中国期货业协会研究发布《期货业诚信建设实施指导意见》，同时向各证监局下发了《关于进一步加强期货业诚信建设的通知》。

二是坚持创新发展理念，提升期货公司服务能力。2011 年 5 月，中国证监会正式发布了《期货公司期货投资咨询业务管理办法》，推出期货公司投资咨询业务。截至 2011 年年底，中国证监会共核准了 47 家期货公司的投资咨询业务资格。积极研究推进期货公司境外期货经纪业务等试点创新工作。

三是注重防范风险，保护投资者合法权益，确保期货市场平稳运行。及时跟踪曼氏金融破产事件，采取相关措施防范风险，最大限度保护投资者利益，确保市场稳定。及时发布《关于防范配资业务风险的通知》，强化监管，严防配资业务扰乱期货市场秩序。

四是坚持以投资者为本，做好期货投资者保护与教育工作。系统研究并总结了 2010 年股指期货投资者调查工作。组织期货投资者保障基金开展 2011 年期货投资者调查工作，研究制定了《关于进一步加强期货投资者教育工作的通知》，提出了期货投资者教育工作的目的和要求，规定了投资者教育工作的组织与职责，明确了投资者教育工作的主要内容和形式。

三、交易所自律管理情况

2011 年国内外经济环境复杂多变，国家宏观调控加强，国际金融市场剧烈动荡，各类风险明显增多。在中国证监会的领导下，各个交易所坚决贯彻落实全国证券期货监管工作会议精神，切实履行一线监管职责，加强和完善市场日常监管，防范和化解市场风险，服从和服务于国家宏观调控大局。各交易所以科学发展观为统领，以确保市场稳健运行为重点，坚持“高标准、稳起步、强监管、防风险、重功能、促发展”的十八字方针，牢牢守住不发生系统性风险的底线，继续秉承强势监管理念不放松，在巩固和提升上下工夫，不断改进工作作风，全力确保期货市场安全平稳、健康、规范发展。

四家期货交易所在自律管理上，坚持强势监管理念，认真履行一线监管职责，严厉打击异常交易行为，及早采取措施遏制违规苗头，对违规行为“零容忍”；全面提升风险实时监控能力，不断强化实时监控手段，加强监控针对性，积极防范系统性风险；持续、深入开展督导检查，坚持标准不降、力度不减，在巩固基础和不留盲区上下工夫，严肃查处违反适当性制度的行为；加强跨市场联合研究，细化跨市场监管协作机制，防范和化解跨市场风险，打击跨市场操纵行为，确保市场平稳运行；深入开展会员合规管理培训，高度重视会员的合规管理，持续开展各种教育培训活动，培育行业合规文化、强化会员自律监管；持续深化投资者教育，推动教育培训工作向机制化、常态化纵深发展，培训工作继续沿着“机制化、常规化、高端化、学院化”的方向深化，帮助广大投资者树立正确的投资理念，强化投资者的风险防范意识；完善业务规则，加大资源投入，夯实自律监管基础，致力于构建科学完善的业务制度和规则体系，根据市场发展的实际需要，结合市场运行状况，不断完善相关制度规则，适时出台有针对性的监管措施。

四家交易所在自律管理上，加强制度创新，修订完善业务规则，发布实施市场监管指引；加强日常监控，严厉查处违规交易行为，加强交割环节管理，完善交割仓库监管，促进市场规范运行；强化风险意识，有效防范、化解重点合约风险隐患，加大对市场异常波动的排查力度，适时调整交易保证金标准和涨跌停板幅度；创新服务理念，举办期货市场服务“三农”系列活动，加强和完善会员服务系统功能，提高市场运行效率，加强业务培训和舆论宣传，树立期货市场的良好形象。始终坚持以服务实体经济为中心，创新改革理念，创新发展理念，创新监管理念，创新服务理念，坚持“三公”原则，加强市场一线监管，充分发挥市场功能，防范和化解市场风险，努力在更高层面上为国民经济发展服务。

四、保证金监控中心运行情况

2011 年，中国期货保证金监控中心的各项基础性工作进一步完善，重点工作有序推进，防范和化解市场风险的能力进一步提升。

一是认真落实有序推进账户规范工作。按照中国证监会《关于开展期货市场账户规范工作的决定》，对历史客户资料进行规范，并纳入统一开户系统，建立更加真实、准确、完整的期货市场客户资料库，满足了市场监管、风险防范、客户管理等各方面需要，进一步夯实了期货市场规范发展基础，有力促进了期货市场长远规范发展。通过休眠的特殊处理方式，将长期不活跃的账户从期货市场正常系统中剥离出去，解决了期货市场的基础数据失真、系统资源浪费等问题，有助于降低监管和运行成本，提升市场运行效率。实现历史账户与统一开户账户在开户流程、开户资料和开户审核标准上的统一，对历史客户资料进行实名制权威认证、一户一码检查等工作，使之达到统一开户制度要求，解决了一户多码等历史遗留问题，规范了市场交易秩序，提高了行业的整体诚信水平，促进了行业的规范发展。

二是使用保障基金开展投资者教育活动。为落实中国证监会《关于进一步加强期货投资者教育工作的通知》的要求，做好投资者教育工作，监控中心积极摸索，管好用好保障基金，举办投资者教育巡讲活动。在活动中，保障基金结合自身业务和功能，从风险教育角度，以“立足风险防范、助力安全投资”为主题，从金融行业投资者权益保障体系、期货公司监管制度体系两个视角对保障基金管理、风险处置政策与程序、投资者风险防范等内容进行了讲解。保障基金持续开展期货投资者教育巡讲系列活动，摸索建立投资者教育工作的长效机制，将“把风险讲够，把规则讲透”的原则贯穿于投资者教育工作始终，服务于投资者权益保障和实体经济发展。对于产业客户，加大风险管理与套期保值宣传力度，拓宽现货企业的发展思路，提高产业客户利用期货市场进行风险管理的深度和广度，实现期货市场与产业经济良性互动，促进实体企业稳健经营和期货市场避险保值功能的发挥；对于个人投资者，加大风险防范与风险管理知识的普及力度，提高投资者风险防范意识和风险管理水平。

三是开展期货投资者调查工作。为了充分了解期货市场投资者的风险认知程度、期货市场投资者教育工作开展的效果、期货中介机构对投资者的服务情况、期货市场功能发挥情况等，为市场监管与发展提供客观科学的数据支持，中国期货保证金监控中心开展了期货投资者调查工作。

五、期货业协会自律工作情况

2011 年，期货业协会以促进期货行业质量提升、深化期货市场服务国民经济功能为目标，全面发挥“自律、服务、传导”职能，进一步健全自律机制，提高服务质量，为我国期货市场的持续、稳步、健康发展作出新的贡献。

一是起草了《期货公司期货投资咨询合同必备条款》和《期货投资咨询风险揭示书》。为了配合期货公司期货投资咨询业务的顺利推出，指导和规范期货投资咨询合同的制定和使用，中国期货业协会按照中国证监会《期货公司期货投资咨询业务试行办法（征求意见稿）》的规定，完成了《期货公司期货投资咨询合同必备条款》和《期货投资咨询风险揭示书》的撰写，为期货投资咨询迅速有序的展开起到了积极的促进作用，同时也使整个期货行业对于投资咨询业务在风险揭示以及合规管理方面有了较为统一的标准。

二是对《中国期货业协会纪律惩戒程序（修订）》进行修订。为规范中国期货业协会的纪律惩戒程序，保障协会依法实施自律管理职责，维护协会会员和期货从业人员的合法权益，根据《期货交易管理条例》和《中国期货业协会章程》的有关规定，中国期货业协会修订了《中国期货业协会纪律惩戒程序（修订）》。协会对会员和期货从业人员违反协会自律规则的行为给予纪律惩戒的，将会依照该修订的规则执行。协会实施纪律惩戒，应遵循公开、公平、公正的原则，以事实为根据，严格执行协会的有关规定，坚持教育与惩戒相结合。

三是举办期货公司营业部技术人员培训班。中国期货业协会为全面提升期货公司营业部技术人员的技术水平及系统运行维护、管理能力，进一步规范期货公司营业部信息技术工作，举办七期针对期货公司营业部的相关内容培训班。要求各家期货公司所有营业部的信息技术人员必须参加其中一期培训。培训将纳入期货从业人员后续职业培训系列，经考核，成绩合格者的培训学时将记入期货从业人员后续职业培训学时记录。

四是根据中国证监会《中国证券期货市场诚信建设实施纲要》和《资本市场"十二五"规划（征求意见稿）》的要求，中国期货业协会制定了《期货业诚信建设实施指导意见》，并将其作为全行业诚信建设工作的指导性文件。该指导意见指出，守法合规经营是期货公司生存发展之本，诚实守信是行业发展的基石。随着法律、法规、制度的逐步完善，尤其是分类监管制度的实施，我国期货业的合规经营意识不断增强，行业诚信水平明显提升。

五是中国期货业协会于2011年开展期货投资者教育统计与调查工作。中国期货业协会拟对各会员单位2011年开展期货投资者教育的情况进行统计，并开展投资者问卷调查，切实从投资者层面了解和反馈行业开展投资者教育工作的情况。协会还配合三大商品交易所要求期货公司做好手续费减收的工作，手续费减收措施旨在支持期货公司提升结算和风控能力，增强期货公司在更高层次上服务国民经济发展的能力。督促各会员公司应严格遵守协会自律规则，不得以低于成本价收取客户手续费等方式从事不正当竞争行为。协会对此进行了监督检查，并对违反自律规则的行为给予纪律惩戒。

第二部分

2011年全球期货与场内衍生品市场发展报告

第一节 全球期货与场内衍生品市场交易概况

一、全球期货与场内衍生品市场总体发展概况

全球期货与场内衍生品市场在经历了2010年的成交量大幅增长之后，2011年继续保持稳步增长的态势，根据美国期货业协会（FIA）对全球81家交易所的期货与其他场内衍生品成交量统计结果显示，2011年全球在交易所交易的期货、期权交易总量为249.72亿手，同比增长11.39%。其中，期货成交量约为129.45亿手，同比增长了7.44%；期权成交量为120.27亿手，同比增长15.92%（见图2-1-1）。

（一）全球期货与其他衍生品成交量地域分布情况

从全球期货与其他衍生品交易情况的地域分布来看，亚太地区仍以39%的份额延续领先地位，但是增长幅度远低于2010年42.83%的增幅，只有9.2%；而北

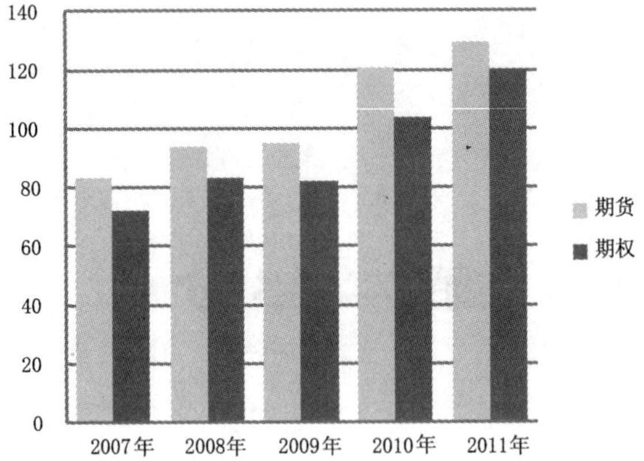

图 2-1-1　2007~2011 年全球交易所期货、期权成交量变化情况
单位：亿手，单边计算

资料来源：FIA。

美以及欧洲地区的增长幅度则略高于全球总体增长水平，分别为 14.2% 及 13.5%（见表 2-1-1）。2011 年全球期货与其他衍生品成交量地区分布情况与 2010 年相比基本上没有太大的变化，其中有 1% 的份额从亚太地区转移到北美地区，欧洲地区与南美地区的份额保持不变。

表 2-1-1　2009~2011 年全球期货与期权交易量（按地域分布）

地区	2009 年成交量（手）	2010 年成交量（手）	2011 年成交量（手）	同比增长
亚太地区	6206896074	8990583917	9815764742	9.2%
欧洲	3838022268	4422009307	5017124930	13.5%
北美	6353460256	7169695107	8185544285	14.2%
拉美	1020820724	1518883227	1603203726	5.6%
其他地区	325404696	323517719	350764885	8.4%
全球总量	17744604018	22424689277	24972402568	11.4%

注：地域分布按交易所注册地划分，单边统计。

资料来源：FIA。

2011 年全球期货与其他衍生品成交量地域分布见图 2-1-2。

（二）全球期货与其他场内衍生品成交量交易所分布情况

根据美国期货业协会（FIA）对 2011 全球期货与其他衍生品交易/清算的合约

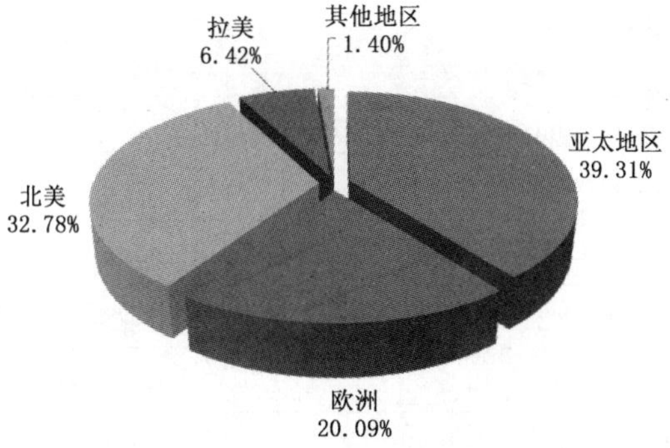

图 2－1－2　2011 年全球期货与其他衍生品成交量地域分布图

资料来源：FIA。

数量排名，位列前三甲的分别是韩国交易所（KRX）、芝加哥商业交易所集团（CME Group）和欧洲期货交易所（Eurex），与 2010 年排名相同。韩国交易所继续依靠 Kospi200 期权的成交量维持领先地位，而芝加哥商业交易所集团也以稳定的增长率紧随其后。值得注意的是，2011 年成交量增长最快的两家交易所为印度联合证券交易所（USE）和澳大利亚证券交易所集团（ASX Group），增长幅度分别为 181.0% 及 111.8%。

2011 年全球交易所期货与期权交易量前二十位排名见表 2－1－2。

表 2－1－2　　2011 年全球交易所期货与期权交量前二十位排名

排名	期货交易所	2010 年(手)	2011 年(手)	同比变化
1	韩国交易所（KRX）	3748861401	3927956666	4.8%
2	芝加哥商业交易所集团（CME Group），包括 CBOT 和 NYMEX	3080497016	3386986678	9.9%
3	欧洲期货交易所（Eurex），包括国际证券交易所（ISE）	2642092726	2821502018	6.8%
4	纽约—泛欧交易所集团（NYSE Euronext），包括欧盟和美国市场	2154742282	2283472810	6.0%
5	印度国家证券交易所（NSE）	1615790692	2200366650	36.2%
6	巴西证券期货交易所（BM&FBovespa）	1413753671	1500444003	6.1%
7	纳斯达克—OMX 集团（NASDAQ OMX），包括欧盟和美国分所	1099437223	1295641151	17.8%

续表

排名	期货交易所	2010年(手)	2011年(手)	同比变化
8	芝加哥期权交易所集团（CBOE Group）包括CBOE期货交易所（CFE）及C2期权交易所*	1123505008	1216922087	8.3%
9	印度多种商品交易所（MCX）包括MCX－SX	1081813643	1196322051	10.6%
10	俄罗斯证券交易所（RTS）	623992363	1082559225	73.5%
11	郑州商品交易所（ZCE）	495904984	406390664	－18.1%
12	洲际交易所（ICE）包括美国、英国和加拿大分所	328946083	381097787	15.9%
13	印度联合证券交易所（USE）	125360892	352318350	181.0%
14	上海期货交易所（SHFE）	621898215	308239140	－50.4%
15	大连商品交易所（DCE）	403167751	289047000	－28.3%
16	澳大利亚证券交易所集团（ASX Group）包括ASX及ASX24（澳大利亚证券交易所24小时交易平台）	106385077	225353623	111.8%
17	TMX集团（TMX Group）包括波士顿期权交易所（BOX）及蒙特利尔交易所（ME）	136051028	201660687	48.2%
18	大阪证券交易所（OSE）	196350279	194176001	－1.1%
19	台湾期货交易所（TAIFEX）	139792891	182995171	30.9%
20	南非约翰尼斯堡证券交易所（JSE）	169898609	166197652	－2.2%

资料来源：FIA。

注：* CBOE C2期权交易所是CBOE控股公司旗下的，持有单独交易所牌照运营的独资子公司。

（三）全球期货与其他衍生品交易品种成交量分布

在各品种的表现方面，2011年成交量增长最快的品种为贵金属，成交量同比增长95.1%，达到3.41亿手，而外汇成交量虽然没有2010年142.0%的增幅，也还是领先大部分品种，凭着24.6%的增长速度，使成交量达到31.47亿手。农产品与非贵金属则是仅有两个成交量出现下滑的品种，分别下降24.1%和32.4%。从成交量在各品种的分布中可以看出，成交量占比最大的仍是股票指数合约，占总成交量的33.9%，其次为个股合约，占总成交量比例为28.3%。

2010～2011年全球期货及期权成交量（按品种划分）见表2－1－3。

表 2-1-3　2010~2011 年全球期货及期权成交量（按品种划分）

品种种类	2010 年成交量（手）	2011 年成交量（手）	同比增长
股票指数	7416030134	8459520735	14.1%
个股	6295265079	7062363140	12.2%
利率	3202061602	3491200916	9.0%
外汇	2525942415	3147046787	24.6%
农产品	1305531145	991422529	-24.1%
能源产品	723614925	814767491	12.6%
非贵金属	643645225	435111149	-32.4%
贵金属	174943677	341256129	95.1%
其他	137655075	229713692	66.9%
总计	22424689277	24972402568	11.4%

资料来源：FIA。

2010~2011 年全球期货与场内衍生品各品种成交量分布对比见图 2-1-3。2011 年全球期货与其他衍生品各品种成交量分布见图 2-1-4。

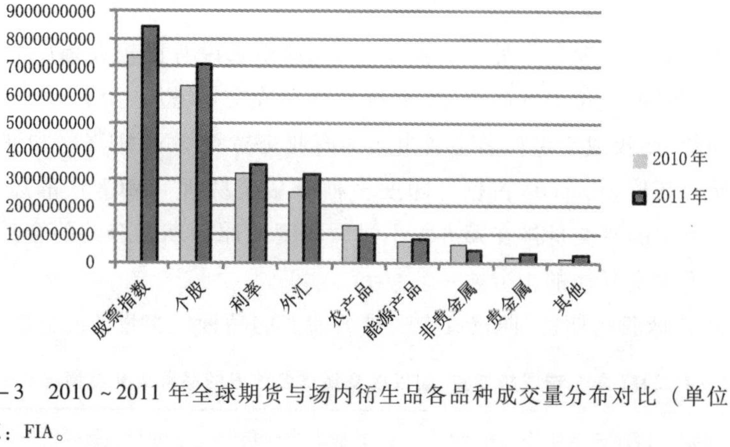

图 2-1-3　2010~2011 年全球期货与场内衍生品各品种成交量分布对比（单位：手）

资料来源：FIA。

根据美国期货行业协会（FIA）对股指、金属、利率、外汇、农产品和能源等期货、期权产品成交量的统计，名列各品种榜首的分别为：韩国交易所（KRX）的 Kospi 200 指数期权、上海期货交易所（SHFE）的螺纹钢期货、芝加哥商业交易所（CME）的欧洲美元期货、巴西证券期货交易所（BM&FBorespa）的美元期货、

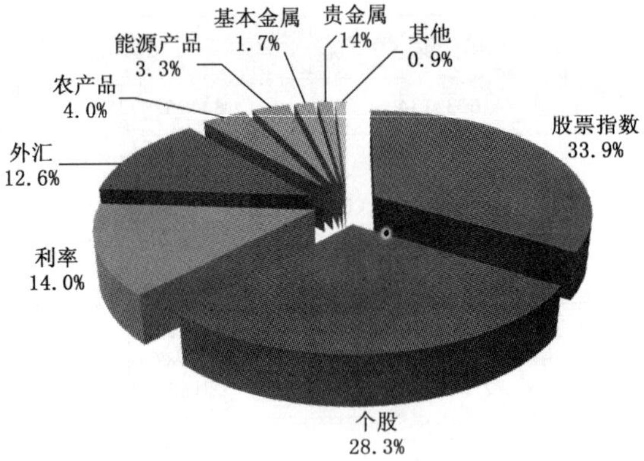

图 2－1－4　2011 年全球期货与其他衍生品各品种成交量分布

资料来源：FIA。

郑州商品交易所（ZCE）的棉花 1 号期货以及纽约商业交易所（NYMEX）的西德克萨斯轻质原油期货。

在外汇品种成交量排名前五位中，前四位均出自印度的交易所交易的美元/印度卢比期货合约。其中，印度联合证券交易所（USE）及印度国家证券交易所（NSE）的美元/印度卢比期货合约均在 2010 年下半年开始交易，在 2011 年便出现在成交量排名的前列。

虽然中国农产品期货品种成交量相对 2010 年来说有比较大幅度的下降，但仍然占据了成交量前五位中的四位，1 号棉花合约成交量增加了 59.9%。

能源期货/期权成交量排名主要由纽约商业交易所（NYMEX）和洲际交易所欧洲期货分所（ICE Europe）占据，印度多种商品交易所（MCX）的原油期货合约以 5475.37 万手的成交量排在第五。不过，印度的原油期货合约的合约大小为 100 桶，为其他两个交易所的十分之一。

2011 年全球股指期货/期权成交量排名前五的品种成交量情况见表 2－1－4。

表 2－1－4　2011 年全球股指期货/期权成交量排名前五的品种成交量情况　　单位：手

排名	交易品种及上市交易所	指数乘数	2010 年	2011 年	同比增长
1	Kospi200 指数期权，韩国交易所（KRX）	100000 韩元	3525898562	3671662258	4.1%
2	S&P CNX Nifty 指数期权，印度国家证券交易所（NSE）	100 印度卢比	528831609	868684582	64.39%
3	SPDR S&P500ETF 期权*	NA	456863881	729478419	59.7%

续表

排名	交易品种及上市交易所	指数乘数	2010 年	2011 年	同比增长
4	电子迷你 S&P500 指数期货，芝加哥商业交易所（CME）	50 美元	555328670	620368790	11.7%
5	欧元 Stoxx50 期货，欧洲期货交易所（Eurex）	10 欧元	372229766	408860002	9.8%

注：* 在美国多个期权交易所交易。

资料来源：FIA。

2011 年全球金属期货/期权成交量排名前五的品种成交量情况见表 2－1－5。

表 2－1－5　2011 年全球金属期货/期权成交量排名前五的品种成交量情况　　单位：手

排名	交易品种及上市交易所	合约大小	2010 年	2011 年	同比增长
1	螺纹钢期货，上海期货交易所（SHFE）	10 吨	225612417	81884789	－63.7%
2	iShares 白银基金 ETE 期权*	NA	21187121	79433438	274.9%
3	SPDR 黄金基金 ETF 期权*	NA	54737222	74967191	37.0%
4	高级原铝期货，伦敦金属交易所（LME）	25 吨	46537180	59558330	28.0%
5	锌期货，上海期货交易所（SHFE）	5 吨	146589373	53663483	－63.4%

注：* 在美国多个期权交易所交易。

资料来源：FIA。

2011 年全球利率期货/期权成交量排名前五的品种成交量情况见表 2－1－6。

表 2－1－6　2011 年全球利率期货/期权成交量排名前五的品种成交量情况　　单位：手

排名	交易品种及上市交易所	合约大小	2010 年	2011 年	同比增长
1	欧洲美元期货，芝加哥商业交易所（CME）	1000000 美元	510955113	564086746	10.4%
2	1 天期银行间存款期货，巴西证券期货交易所（BM&FBorespa）	100000 巴西里尔	293065417	320821062	9.5%
3	10 年期国债期货，芝加哥期货交易所（CBOT）	100000 美元	293718907	317402598	8.1%
4	3 月期欧元银行同业拆借利率（Euribor）期货，伦敦国际金融期货交易所（LIFFE）	1000000 欧元	248504960	241950875	－2.6%
5	长期欧元债券（Euro－Bund）期货，欧洲期货交易所（Eurex）	100000 欧元	231484529	236188831	2.0%

资料来源：FIA。

2011 年全球外汇期货/期权成交量排名前五的品种成交量情况见表 2－1－7。

表 2－1－7　2011 年全球外汇期货/期权成交量排名前五的品种成交量情况　　单位：手

排名	交易品种及上市交易所	合约大小	2010 年	2011 年	同比增长
1	美元/印度卢比期货，MCX 证券交易所（MCX－SX）	1000 美元	821254927	807559846	－1.7%
2	美元/印度卢比期货，印度国家证券交易所（NSE）	1000 美元	699042420	697825411	－0.2%
3	美元/印度卢比期货，印度联合证券交易所（USE）*	1000 美元	124766134	340576642	173.0%
4	美元/印度卢比期权，印度国家证券交易所（NSE）**	1000 美元	6277165	252807126	3927.4%
5	美元/俄罗斯卢布期货俄罗斯证券交易所（RTS）	1000 美元	81122195	206820695	154.9%

注：*2010 年 9 月开始交易。**2010 年 10 月开始交易。

资料来源：FIA。

2011 年全球农产品期货/期权成交量排名前五的品种成交量情况见表 2－1－8。

表 2－1－8　2011 年全球农产品期货/期权成交量排名前五的品种成交量情况　　单位：手

排名	交易品种及上市交易所	合约大小	2010 年	2011 年	同比增长
1	1 号棉花期货，郑州商品交易所（ZCE）	5 吨	86955310	139044152	59.9%
2	白糖期货，郑州商品交易所（ZCE）	10 吨	305303131	128193356	－58.0%
3	橡胶期货，上海期货交易所（SHFE）	10 吨*	167414912	104286399	－37.7%
4	玉米期货，芝加哥期货交易所（CBOT）	5000 蒲式耳	69841420	79004801	13.1%
5	豆油期货，大连商品交易所（DCE）	10 吨	91406238	58012550	－36.5%

注：*2011 年 7 月期合约大小由 5 吨改为 10 吨。

资料来源：FIA。

2011 年全球能源期货/期权成交量排名前五的品种成交量情况见表 2－1－9。

表 2-1-9　2011 年全球能源期货/期权成交量排名前五的品种成交量情况

单位：手

排名	交易品种及上市交易所	合约大小	2010 年	2011 年	同比增长
1	西德克萨斯轻质原油期货，纽约商业交易所（NYMEX）	1000 桶	168652141	175036216	3.8%
2	布伦特原油期货，洲际交易所欧洲期货分所（ICE Europe）	1000 桶	100022169	132045563	32.0%
3	天然气期货，纽约商业交易所（NYMEX）	10000 百万英国热量单位（MMBTU）	64323068	76864334	19.5%
4	汽油期货，洲际交易所欧洲期货分所（ICE Europe）	100 吨	52296582	65774151	25.8%
5	原油期货，印度多种商品交易所（MCX）	100 桶	41537053	54753722	31.8%

资料来源：FIA。

二、美国期货与其他衍生品市场发展概况

（一）美国期货与其他衍生品市场成交量概况

2011 年美国期货与其他衍生品市场延续 2010 年的复苏走势，成交量达到 77.23 亿手，同比增长 11.17%。其中，期权市场仍然占据着主要地位，2011 年成交量增长 11.56%，达到 46.67 亿手，占美国场内衍生品市场总成交量的 60.43%，份额与 2010 年相比稳中有升。与此同时，期货市场 2011 年成交量为 30.56 亿手，同比增长 10.57%。

2007～2011 年美国期货与期权成交情况对比见图 2-1-5。

（二）美国期货期权成交量在各交易所的分布情况

从美国期货、期权成交量在各交易所的分布情况来看，CME 集团仍然占据着主要地位，其成交量为美国各交易所总成交量的 43.8%，与 2010 年持平。该集团同时也是成交量位列全球成交量排名第二的交易所/交易所集团。集团旗下的三家交易所芝加哥商业交易所（CME）、芝加哥期货交易所（CBOT），以及纽约商业交易所（NYMEX）均实现稳定的增长，总成交量达到 33.87 亿手。而美国市场其他三家主要的交易所集团纳斯达克（NASDAQ）美国市场、芝加哥期权交易所集团（CBOE Group）以及纽约—泛欧交易所（NYSE Euronext）旗下美国市场则平分秋

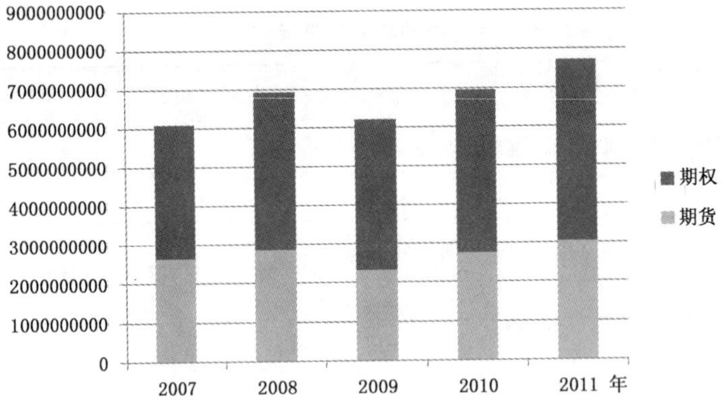

图 2-1-5　2007~2011 年美国期货与期权成交情况对比（单位：手）

资料来源：期货期权智库（Futures Options Intelligence，FOI）数据库。

色，分别占据 15.2%、15.1% 及 14.7% 的市场份额（见图 2-1-6）。

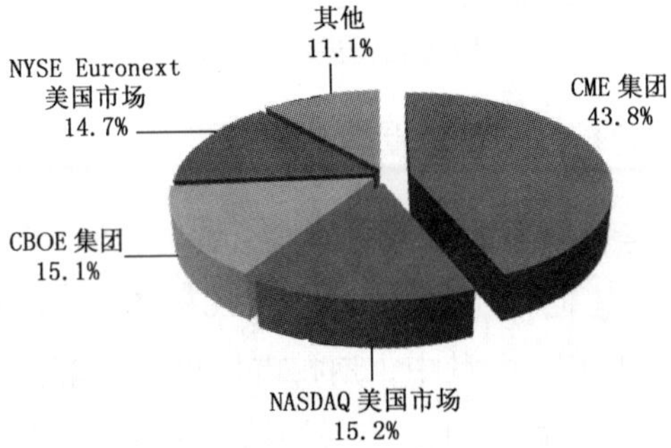

图 2-1-6　2011 年美国各交易所成交量分布情况

资料来源：期货期权智库（Futures Options Intelligence，FOI）数据库。

（三）美国期货与其他衍生品市场主要品种合约成交量情况

美国在全球期货与其他衍生品市场中的表现一直都相对较强，其主要品种合约的成交量均有位列全球前二十的品种。从各领先品种在全球的排名列表中可以看出，芝加哥商业交易所集团（CME Group）旗下的三家交易所——芝加哥商业交易所（CME）、芝加哥期货交易所（CBOT）以及纽约商业交易所（NYMEX）占据了绝大部分的位置。其中，在农产品、利率期货、期权品种中，主要由芝加哥期货交易所（CBOT）占据主导地位，能源期货、期权品种排名中，几乎都由纽约商业交易所上市的合约品种领先，而芝加哥商业交易所则是美国外汇市场的龙头，在其上市的 5 个外汇品种进入全球前二十，占绝对领先地位。

2011 年美国农产品期货、期权品种排名进入前二十情况见表 2－1－10。

表 2－1－10　2011 年美国农产品期货、期权品种排名进入前二十情况　单位：手

排名	交易品种及上市交易所	合约大小	2010 年	2011 年	同比变化
4	玉米期货，CBOT	5000 蒲式耳	69841420	79004801	13.1%
7	大豆期货，CBOT	5000 蒲式耳	36933960	45143755	22.2%
8	玉米期货期权，CBOT	5000 蒲式耳	20810260	28650380	37.7%
11	11 号原糖期货，ICE Futures U. S.	50 长吨	29052539	24629369	－15.2%
12	小麦期货，CBOT	5000 蒲式耳	23090255	24283331	5.2%
13	豆油期货，CBOT	60000 磅	20791164	24156509	16.2%
15	豆粕期货，CBOT	100 短吨	14052845	16920194	20.4%
16	活牛期货，CME	40000 磅	11332739	13532554	19.4%
17	大豆期货期权，CBOT	5000 蒲式耳	10046345	13236367	31.8%
18	瘦猪期货，CME	40000 磅	8076535	9969961	23.4%

资料来源：FIA。

2011 年美国能源期货、期权品种排名进入前二十情况见表 2－1－11。

表 2－1－11　2011 年美国能源期货、期权品种排名进入前二十情况　单位：手

排名	交易品种及上市交易所	合约大小	2010 年	2011 年	同比变化
1	轻质原油期货，NYMEX	1000 桶	168652141	175036216	3.8%
3	天然气期货，NYMEX	10000 百万英国热量单位（MMBTU）	64323068	76864334	19.5%
7	原油期货期权，NYMEX	1000 桶	32785267	36716805	12.0%
8	2 号取暖油期货，NYMEX	42000 加仑	26970106	31838626	18.1%
9	纽约港 RBOB 汽油期货，NYMEX	42000 加仑	27898698	31129256	11.6%
10	美国石油基金 ETF 期权*	NA	15191991	28881647	90.1%
11	天然气期货欧式期权，NYMEX	10000 百万英国热量单位（MMBTU）	23957725	23773183	－0.8%
12	Henry Hub 互换期货，NYMEX	2500 百万英国热量单位（MMBTU）	20417178	20825660	2.0%
14	美国天然气基金 ETF 基金*	NA	19180569	12818730	－33.2%
19	迷你原油期货，NYMEX	500 桶	3157814	3000140	－5.0%

注：＊于多个美国期权交易所交易。

资料来源：FIA。

2011 年美国股指期货、期权品种排名进入前二十情况见表 2－1－12。

表 2－1－12　　2011 年美国股指期货、期权品种排名进入前二十情况　　单位：手

排名	交易品种及上市交易所	指数乘数	2010 年	2011 年	同比变化
3	SPDR S&P 500 ETF 期权 *	NA	456863881	729478419	59.7%
4	电子迷你标准普尔 500 指数期货，CME	50 美元	555328670	620368790	11.7%
8	标准普尔 500 指数期权，CBOE	100 美元	175291508	197509449	12.7%
9	iShares 罗素 2000 指数 ETF 期权 *	NA	118975104	167040702	40.4%
10	Powershares QQQ ETF 期权 *	NA	121401264	137923379	13.6%
14	波动率指数期权，CBOE	100 美元	62452232	97988951	56.9%
17	金融行业 SPDR ETF 期权 *	NA	69351047	81871564	18.1%
18	电子迷你纳斯达克 100 指数期货，CME	20 美元	79637745	75165277	－5.6%

注：* 于多个美国期权交易所交易。

资料来源：FIA。

2011 年美国外汇期货、期权品种排名进入前二十情况见表 2－1－13。

表 2－1－13　　2011 年美国外汇期货、期权品种排名进入前二十情况　　单位：手

排名	交易品种及上市交易所	合约大小	2010 年	2011 年	同比变化
7	欧元外汇期货，CME	125000 欧元	86232358	84236825	－2.3%
13	澳元期货，CME	100000 澳元	25903355	30751538	18.7%
15	英镑期货，CME	62500 英磅	30220239	29028755	－3.9%
16	日元期货，CME	12500000 日元	31862793	28369147	－11.0%
18	加拿大元期货，CME	100000 加拿大元	22083807	22416680	1.5%

资料来源：FIA。

2011 年美国利率期货、期权品种排名进入前二十情况见表 2－1－14。

表 2－1－14　　2011 年美国利率期货、期权品种排名进入前二十情况　　单位：手

排名	交易品种及上市交易所	合约大小	2010 年	2011 年	同比变化
1	欧洲美元期货，CME	1000000 美元	510955113	564086746	10.4%
3	10 年期国债期货，CBOT	100000 美元	293718907	317402598	8.1%

续表

排名	交易品种及上市交易所	合约大小	2010年	2011年	同比变化
6	5年期国债期货，CBOT	100000美元	132149948	170563052	29.1%
11	欧洲美元期货期权，CME	1000000美元	106893369	100855181	-5.6%
13	欧洲美元期货中期曲线期权，CME	1000000美元	76490147	92429741	20.8%
14	30年期国债期货，CBOT	100000美元	83509754	92338638	10.6%
15	2年期国债期货，CBOT	200000美元	66977168	72178803	7.8%
16	10年期国债期货期权，CBOT	100000美元	55280257	50797081	-8.1%

资料来源：FIA。

2011年美国金属期货、期权品种排名进入前二十情况见表2-1-15。

表2-1-15　2011年美国金属期货、期权品种排名进入前二十情况　单位：手

排名	交易品种及上市交易所	合约大小	2010年	2011年	同比变化
2	iShares白银信托ETF期权*	NA	21187121	79433438	274.9%
3	SPDR黄金基金ETF期权*	NA	54737222	74967191	37.0%
6	黄金期货，NYMEX	100盎司	44730345	49175593	9.9%
16	白银期货，NYMEX	5000盎司	12826666	19608557	52.9%

注：*于多个美国期权交易所交易。

资料来源：FIA。

三、欧洲期货与其他衍生品市场发展概况

（一）欧洲期货与其他衍生品市场成交规模

欧洲期货与其他衍生品市场作为全球较为发达的市场之一，受金融危机的影响，2009年场内期货、期权衍生品总成交量相比2008年出现较大幅度下滑；2010年，欧洲期货与其他衍生品市场均出现明显复苏走势，2011年，欧洲市场仍然延续2010年的复苏趋势，期货期权的成交量保持着稳定的增长，期货期权总成交量突破50亿手，其中期货成交量为36.18亿手，占据欧洲期货与其他衍生品市场成交量的71.7%，在欧洲市场占主导地位，期权成交量为14.28亿手，占欧洲市场总成交量的28.3%。这与美国市场的情况相反，美国市场主要由期权类产品占据，占比为60.43%。

2007~2011年欧洲期货与其他衍生品市场成交量比较见图2-1-7。

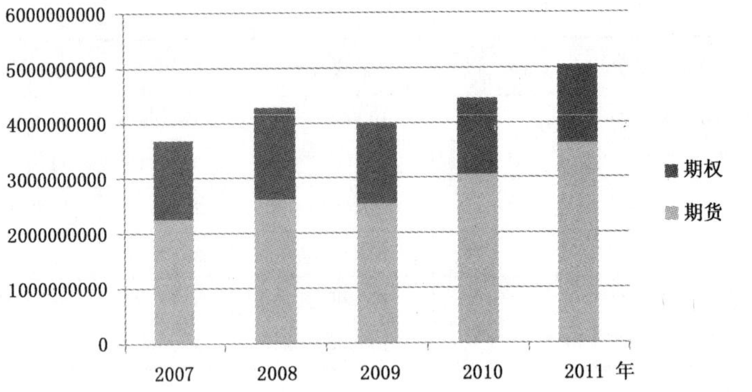

图 2-1-7　2007~2011 年欧洲期货与其他衍生品市场成交量比较（单位：手）

资料来源：FOI。

（二）欧洲期货与其他衍生品成交量各交易所分布

欧洲市场的主要交易所为欧洲期货交易所（Eurex）、纽约—泛欧交易所旗下的伦敦国际金融期货及期权交易所（Liffe）欧洲各国分所、俄罗斯交易系统（RTS）、洲际交易所（ICE）欧洲期货分所以及伦敦金属交易所（LME）等。

其中，欧洲市场中成交量最大的为欧洲期货交易所，2011 年成交量达到 20.43 亿手，在欧洲市场中占比 40.5%。纽约—泛欧交易所欧洲业务 2011 年的成交量是欧洲交易所中唯一出现同比下降的交易所，其 2011 年成交量为 11.64 亿手，略低于 2010 年的 12.39 亿手。值得注意的是，2011 年俄罗斯交易系统（RTS）的成交量呈现了快速的增长势头，成交量达到 10.81 亿手，同比增长 74.9%。

2010~2011 年欧洲主要交易所成交量比较见图 2-1-8。

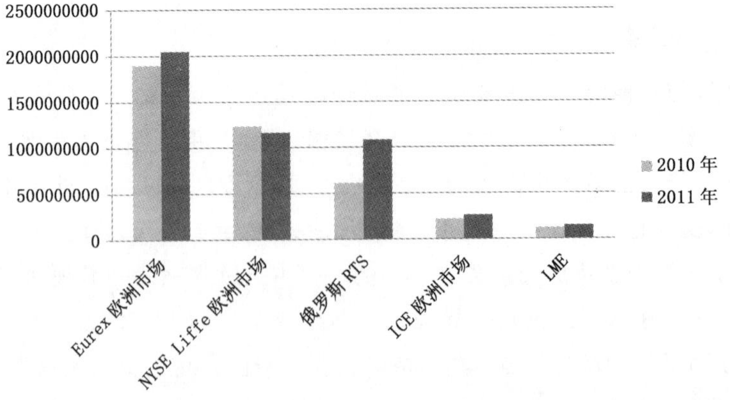

图 2-1-8　2010~2011 年欧洲主要交易所成交量比较（单位：手）

资料来源：FOI。

2011 年欧洲主要交易所成交量市场份额对比见图 2-1-9。

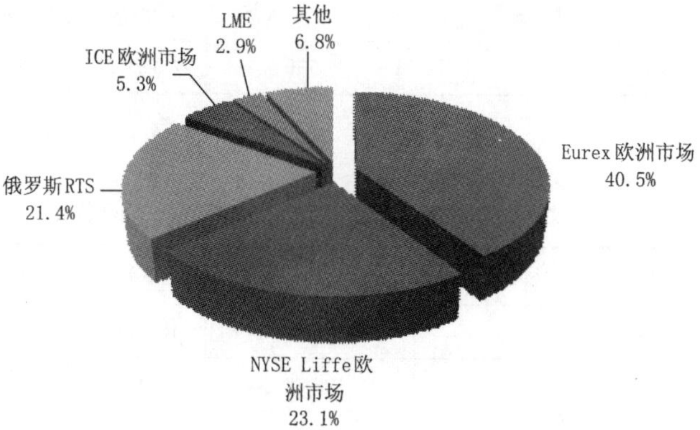

图 2-1-9　2011 年欧洲主要交易所成交量市场份额对比

资料来源：FOI。

（三）欧洲期货与其他衍生品交易品种成交量分布

占据欧洲期货与其他衍生品交易品种优势地位的是利率和股指类金融期货，其次是能源和金属类，表 2-1-16、2-1-17、2-1-18、2-1-19、2-1-20 依次列出了在全球股指类、金属类、利率类、能源类、外汇类成交量排名前二十名中的欧洲地区合约及其 2010～2011 年成交量对比情况。

从表 2-1-16 中可以看出，欧洲股指类的合约成交量靠前的合约主要集中在欧洲期货交易所（Eurex），而俄罗斯交易系统（RTS）上市交易的 RTS 指数期货 2011 年表现非常出色，成交量同比增长 68.2%，达到 3.78 亿手，位列全球股指类成交量第六名；金属类的合约主要出自与伦敦金属交易所（LME）；而在欧洲表现最好的品种利率期货、期权成交量排名中，伦敦国际金融期货市场英国分所（Liffe U.K）和欧洲期货交易所平分秋色；洲际交易所欧洲期货分所上市交易的能源类产品在 2011 年进入前二十的合约排名没有很大的变化，依然在欧洲保持着绝对的领先地位；在外汇品种中，俄罗斯交易系统旗下的两个品种分列第五与第十位。

表 2-1-16　2011 年欧洲股指类成交量排名进入全球前二十的品种　　单位：手

排名	交易品种及上市交易所	指数乘数	2010 年	2011 年	同比变化
5	欧元 Stoxx50 期货，Eurex	10 欧元	372229766	408860002	9.8%
6	RTS 指数期货，RTS	2 美元	224696733	377845640	68.2%
7	欧元 Stoxx50 指数期权，Eurex	10 欧元	284707318	369241952	29.7%

续表

排名	交易品种及上市交易所	指数乘数	2010 年	2011 年	同比变化
20	Dax 期权，Eurex	5 欧元	75123356	67616997	-10.0%

资料来源：FIA。

表 2-1-17　2011 年欧洲金属类成交量排名进入全球前二十的品种　单位：手

排名	交易品种及上市交易所	合约大小	2010 年	2011 年	同比增长
4	高级原铝期货，LME	25 吨	46537180	59558330	28.0%
10	A 级铜期货，LME	25 吨	29949765	34537310	15.3%
15	特高级锌期货，LME	25 吨	18065641	21984302	21.7%
19	黄金期货，RTS	1 盎司	5562423	13018359	134.0%

资料来源：FIA。

表 2-1-18　2011 年欧洲利率类成交量排名进入全球前二十的品种　单位：手

排名	交易品种及上市交易所	合约大小	2010 年	2011 年	同比增长
4	3 月期欧元同业拆借利率（Euribor）期货，Liffe U. K.	1000000 欧元	248504960	241950875	-2.6%
5	长期欧元债券期货，Eurex	100000 欧元	231484529	236188831	2.0%
7	短期欧元债券期货，Eurex	100000 欧元	140923898	165798952	17.7%
8	中期欧元债券期货，Eurex	100000 欧元	133851275	142309151	6.3%
9	欧元同业拆借利率（Euribor）期货期权，Liffe U. K.	1000000 欧元	121077679	126535338	4.5%
10	短期英镑期货，Liffe U. K.	500000 英镑	112944490	115586702	2.3%
18	长期欧元债券期货期权，Eurex	100000 欧元	39301301	38154098	-2.9%
19	英国政府长期债券期货，Liffe U. K.	100000 英镑	28525983	34362932	20.5%

资料来源：FIA。

表 2-1-19　2011 年欧洲能源类成交量排名进入全球前二十的品种　单位：手

排名	交易品种及上市交易所	合约大小	2010 年	2011 年	同比增长
2	布伦特原油期货，ICE Futures Europe	1000 桶	100022169	132045563	32.0%

续表

排名	交易品种及上市交易所	合约大小	2010 年	2011 年	同比增长
4	汽油期货，ICE Futures Europe	100 吨	52296582	65774151	25.8%
6	WTI 原油期货，ICE Futures Europe	1000 桶	52586415	51097818	-2.8%
13	布伦特原油期货，RTS	10 桶	11127254	18707384	68.1%
17	碳排放指标期货，ICE Futures Europe	1000 欧盟排放配额	4263655	5444050	27.7%

资料来源：FIA。

表 2-1-20　2011 年欧洲外汇类成交量排名进入全球前二十的品种　单位：手

排名	交易品种及上市交易所	合约大小	2010 年	2011 年	同比增长
5	美元/俄罗斯卢布期货，RTS	1000 美元	81122195	206820695	154.9%
10	欧元/美元期货，RTS	1000 欧元	39476420	45657240	15.7%

资料来源：FIA。

四、亚洲期货与其他衍生品市场发展概况

亚洲市场主要包括亚太地区的大中华地区和其他亚洲国家，如韩国、印度、新加坡和日本。

大中华区在 2011 年的表现不一，其中，中国三大商品交易所成交量均出现较大幅度下滑，而中国的香港交易所、台湾期货交易所则获得较高幅度的增长。

亚洲其他国家的期货与其他衍生品市场中，印度继续极具活力地增长，韩国和新加坡稳中有升，而日本则出现小幅度下滑。

（一）大中华地区（中国内地、台湾地区、香港地区）

大中华地区的期货与其他衍生品交易主要划分为三个区域：以商品期货交易为主（股指期货 2010 年 4 月 16 日上市）的中国内地地区，以股指期货交易为主的香港地区和台湾地区。

中国内地的三大商品交易所：郑州商品交易所、上海期货交易所和大连商品交易所在 2011 年全球交易所期货、期权总成交量排名中分别名列第十一、十四、十五名。虽然排名没有很大的变动，但是这三家交易所的成交量相比 2010 年有大幅度下滑。其中，郑州商品交易所在 2011 年成交量为 4.06 亿手，同比下降 18.1%；上海期货交易所成交量为 3.08 亿，同比下滑 50.4%；大连商品交易所成交量为

2.89 亿手，同比下滑 28.3%。而中国金融期货交易所以其唯一上市品种沪深 300 指数期货，录得 0.5 亿手的成交量，同比增长 9.9%。

相比之下，大中华地区的其他两个地区的交易所均表现出了相当强劲的增长趋势。中国的香港交易所 2011 年成交量同比增长 21.1%，达到 1.4 亿手，位列全球交易所成交量排名第二十三。香港地区 2011 年新增的交易所为香港商品交易所，上市品种为黄金期货及白银期货，2011 年成交量为 80 万手。

中国的台湾期货交易所 2011 年成交量相对于 2010 年温和增长有了很大的进步，同比增长 30.9%，达到 1.83 亿手，但是全球排名下滑两位，排在第十九名。

2009～2011 年大中华地区主要交易所期货、期权合约成交量情况对比见表 2－1－21。

表 2－1－21　　2009～2011 年大中华地区主要交易所期货、期权合约成交量情况对比

单位：手

交易所	2009 年	2010 年	2011 年	全球排名	同比增长
郑州商品交易所	227112521	495904984	406390664	11	－18.1%
上海期货交易所	434864068	621898215	308239140	14	－50.4%
大连商品交易所	416782261	403167751	289047000	15	－28.3%
中国金融期货交易所*	/	45873295	50411860	/	9.9%
香港交易所	98538258	116054377	140493472	23	21.1%
香港商品交易所**	/	/	801527	/	/
台湾期货交易所	135125695	139792891	182995171	19	30.9%

注：＊2010 年 4 月推出合约并上市交易；＊＊2011 年推出合约并上市交易；/表示无统计数据。

资料来源：FOI、FIA。

2009～2011 年大中华地区各期货交易所成交量对比见图 2－1－10。

中国的香港市场以股票、股指等金融类期货、期权产品为主，2011 年成交量最大的前三个品种为股票期权、恒生指数期货和 H 股指数期货。其中，单是股票期权这一品种就占整个香港地区期货、期权成交量份额的 52.6%。其他主要的金融类别品种均表现出较强劲的增长势头，特别是小型 H 股指数期货与股票期货两个品种，分别达到了 86.0% 与 85.6% 的高增长率，而香港交易所的黄金期货因为受到香港商品交易所新上市的黄金期货的影响，2011 年成交量下滑 34.1%。香港商品交易所 2011 年新上市的两个品种，黄金期货与白银期货成交量分别为 66.4 万手

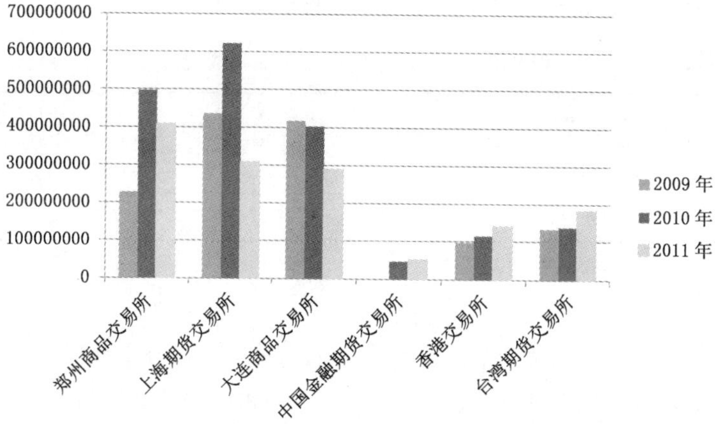

图 2－1－10　2009～2011 年大中华地区各期货交易所成交量对比（单位：手）

资料来源：FOI。

和 13.8 万手。

2009～2011 年香港交易所主要上市品种成交量见表 2－1－22。

表 2－1－22　　2009～2011 年香港交易所主要上市品种成交量　　单位：手

合约品种	2009 年	2010 年	2011 年	同比变化
股票期权	47439896	61125647	74325068	21.6%
恒生指数期货	20728034	21031085	23085833	9.8%
H 股指数期货	12394116	12429800	15003870	20.7%
恒生指数期权	5367403	8515049	10667426	25.3%
小型恒生指数期货	9279877	8300654	10294537	24.0%
H 股指数期权	1961131	2910713	3771799	29.6%
小型 H 股指数期货	799894	992224	1845116	86.0%
股票期货	271766	239259	444014	85.6%
自订条款 H 股期权*	/	2532	23510	828.6%
恒指股息点指数期货*	/	2123	11196	427.4%
黄金期货	6773	5642	3716	-34.1%

注：*代表 2010 年才上市或无明确数据；/表示无统计数据。

资料来源：香港交易所。

2011 年香港商品交易所上市品种成交量见表 2－1－23。

表 2－1－23　　2011 年香港商品交易所上市品种成交量　　单位：手

合约品种	2011 年
黄金期货	663953
白银期货	137574

资料来源：香港商品交易所。

目前，在我国台湾期货交易所上市交易的品种中，与香港地区市场相似，均是金融期货、期权占据绝大部分。从表 2－1－24 中可以看出，2011 年成交最活跃的是台指选择权，成交量为 1.26 亿手，占整个台湾市场成交量的 68.7%，其次是台股期货，成交量为 0.31 亿手。2011 年，我国台湾市场的大部分品种都表现出较大幅度的增长，但是金融选择权与电子选择权成交量则出现了较大幅度的下降，分别减少 55.9% 与 51.0%。

表 2－1－24　　2009～2011 年台湾期货交易所主要上市品种成交量　　单位：手

台湾合约品种	2009 年	2010 年	2011 年	同比变化
台指选择权（TXO）	72082548	95666916	125767624	31.5%
台股期货（TX）	24625062	25332827	30611932	20.8%
小型台指期货（MTX）	13926904	13893559	19128802	37.7%
股票期货（STF）	—	724375	2471605	241.2%
金融期货（TF）	1482264	1257861	2287601	81.9%
电子期货（TE）	1166622	1092763	1552291	42.1%
金融选择权（TFO）	761886	797910	352241	－55.9%
电子选择权（TEO）	786132	382747	187576	－51.0%
非金电期货（XIF）	157613	106768	181233	69.7%
股票选择权（STO）	8240390	70272	130558	85.8%

注：—表示无统计数据；台湾期货交易所所称"选择权"即中国内地交易所通用的"期权"。

资料来源：台湾期货交易所。

（二）其他亚洲期货与其他衍生品市场（韩国、日本、新加坡、印度）

2011 年亚洲其他市场期货与其他衍生品市场中，最值得关注的要数印度各交易所的表现。相对于韩国、日本以及新加坡比较平淡的成交量变化，印度的各个交易所成交量总量延续了前几年高速增长的势头，2011 年成交量增长 32.6%，达到 37.88 亿手，逼近一直领先的韩国。韩国、新加坡 2011 年成交量均小幅上涨，分别为 39.28 亿手及 0.74 亿手，而日本的表现与 2010 年相似，稍微下滑，成交量为 2.5 亿手（见图 2-1-11）。

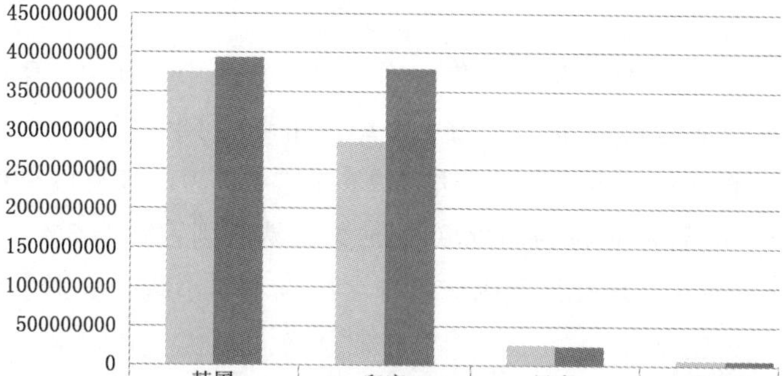

	韩国	印度	日本	新加坡
2010 年	3750183682	2857439250	260489806	61600392
2011 年	3927884678	3787828710	250265651	73657668

图 2-1-11　2010～2011 年亚洲其他国家期货、期权成交量变化（单位：手）

资料来源：FOI。

韩国交易所成交量继续在全球众多交易所中保持领先地位，按交易品种分，其股票价格指数（Kospi200）期权成交量一直是韩国最重要的交易品种。2011 年期权成交量达 36.7 亿手，同比增长了 4.1%，比 2010 年 20.7% 的增长速度有所放缓，但其成交量在韩国市场的地位不可动摇，2011 年成交量仍然占整个韩国场内衍生品成交量的 93.5%。其次是 Kospi200 指数期货，其成交量为 0.87 亿手，同比增长 1.2%，占韩国市场成交量的 2.2%。美元期货的成交量同比增长 9.3%，达到 0.7 亿手，在竞争激烈的全球外汇市场中成交量排名第八，但与 2010 年第六位的成绩相比有所下滑。

2011 年韩国场内衍生品成交量排名全球前二十的合约情况见表 2-1-25。

表 2-1-25　2011 年韩国场内衍生品成交量排名全球前二十的合约情况　　单位：手

类别	排名	品种	2010 年	2011 年	2011 年同比增长
股指	1	Kospi 200 期权（KRX）	3525898562	3671662258	4.1%
	6	Kospi 200 期货（KRX）	86214025	87274461	1.2%

续表

类别	排名	品种	2010 年	2011 年	2011 年同比增长
外汇	8	美元期货（KRX）	64256678	70212467	9.3%
利率	20	3 年期国债期货（KRX）	26922414	34140210	26.8%

资料来源：FIA。

印度市场 2011 年的成交量主要集中在三家交易所中，其中，印度国家证券交易所（NSE）成交量达到 22 亿手，占整个印度市场的 58%，其次为印度多种商品交易所（MCX，含 MCX－SX），成交量为 12.0 亿手，占印度总成交量 31.5%，而 2010 年才开始上市品种交易的印度联合证券交易所则占比 9.3%（见图 2－1－12）。上述各交易所在全球交易所成交量排名中也不容小觑，分别位列第五、第九及第十三。

在交易品种方面，印度主要集中在外汇和贵金属上，特别是其外汇合约，以美元/印度卢比期货、期权合约在全球外汇类品种成交量排名中包揽前四名。贵金属合约方面，2011 年下半年，在原有的标准合约和迷你合约的基础上，新推出微型黄金合约以及微型白银合约，从成交量的表现来看，市场积极性非常高。

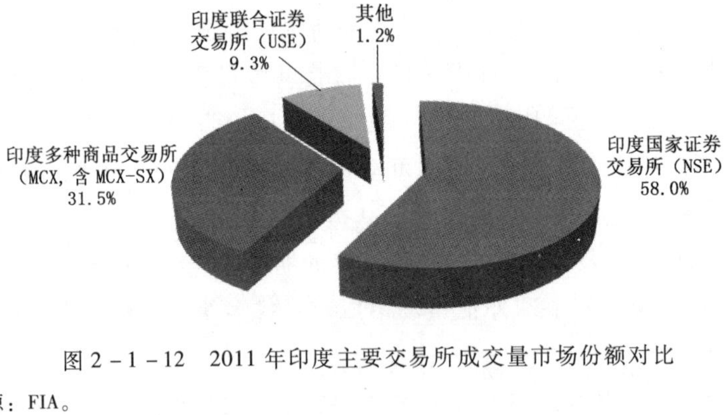

图 2－1－12　2011 年印度主要交易所成交量市场份额对比

资料来源：FIA。

2011 年印度各类品种成交量排名进入全球前二十的合约情况见表 2－1－26。

表 2－1－26　2011 年印度各类品种成交量排名进入全球前二十的合约情况　　单位：手

类别	名次	交易品种	2010 年	2011 年	同比增长
股指	2	标准普尔 CNX 精选指数期权，印度国家证券交易所（NSE）	528831609	868684582	64.3%

续表

类别	名次	交易品种	2010年	2011年	同比增长
股指	12	标准普尔CNX精选指数期货，印度国家证券交易所（NSE）	128392858	123144880	-4.1%
能源	5	原油期货，印度多种商品交易所（MCX）	41537053	54753722	31.8%
	15	天然气期货，印度多种商品交易所（MCX）	11176937	9882133	-11.6%
	18	原油期货，印度国家商品与衍生品交易所（NC-DEX）	2277091	4223480	85.5%
金属	8	微型白银期货（MIC），印度多种商品交易所（MCX）*	0	46865399	—
	9	迷你白银期货（M），印度多种商品交易所（MCX）	21325577	46804425	119.5%
	11	铜期货，印度多种商品交易所（MCX）	31341022	34011417	8.5%
	12	微型黄金期货（Petal），印度多种商品交易所（MCX）**	0	31086737	—
	13	迷你黄金期货（M），印度多种商品交易所（MCX）	15307163	26200601	71.2%
	14	白银期货，印度多种商品交易所（MCX）	16440533	24434577	48.6%
	18	镍期货，印度多种商品交易所（MCX）	17929207	15126636	-15.6%
	20	黄金期货，印度多种商品交易所（MCX）	12052225	12655765	5.0%
农产品	19	瓜尔豆种子期货，印度国家商品与衍生品交易所（NCDEX）	10937797	8998515	-17.7%
外汇	1	美元/印度卢比期货，印度多种商品交易所（MCX-SX）	821254927	807559846	-1.7%
	2	美元/印度卢比期货，印度国家证券交易所（NSE India）	699042420	697825411	-0.2%
	3	美元/印度卢比期货，印度联合证券交易所（USE）***	124766134	340576642	173.0%
	4	美元/印度卢比期权，印度国家证券交易所（NSE India）****	6277165	252807126	3927.4%
	14	欧元/印度卢比期货，印度多种商品交易所（MCX-SX）	46411303	29403759	-36.6%

续表

类别	名次	交易品种	2010 年	2011 年	同比增长
外汇	20	欧元/印度卢比期货，印度国家证券交易所（NSE India）	17326787	18065186	4.3%

注：* 于 2011 年 2 月上市交易；** 于 2011 年 4 月上市交易；*** 于 2010 年 9 月上市交易；**** 于 2010 年 10 月上市交易；—表示无相关数据。

资料来源：FIA。

尽管日本市场 2011 年总成交量出现下降，但个别品种合约仍在全球各品种成交量排名中保持较好成绩。外汇类品种的增长情况相对日本市场总体状况来说非常突出，澳元/日元、美元/日元以及欧元/日元期货的成交量分别比 2010 年增长 21.3%、14.1%及 34.4%。黄金期货成交量增至 0.16 亿手，增幅为 31.8%，而日经 225 迷你期货则出现下滑，同比下降 5.8%，成交量降至 1.18 亿手，但仍在全球股指类合约排名中位列第十三。

2011 年日本场内衍生品交易按品种进入全球前二十的合约情况见表 2－1－27。

表 2－1－27　2011 年日本场内衍生品交易按品种进入全球前二十的合约情况　　单位：手

类别	排名	品种	2010 年	2011 年	同比增长
股指	13	日经 225 迷你期货（OSE）	125113769	117905210	－5.8%
金属	17	黄金期货（TOCOM）	12198340	16075145	31.8%
外汇	11	澳元/日元期货（TFX）	34272436	41589199	21.3%
	12	美元/日元期货（TFX）	27551634	31441164	14.1%
	17	欧元/日元期货（TFX）	19921565	26769174	34.4%

资料来源：FIA。

五、其他国家期货与场内衍生品市场

根据美国期货协会（FIA）2011 年的数据，其他国家期货与场内衍生品市场（包括巴西、南非、以色列、土耳其、西班牙和阿根廷）中成交量排名进入全球前三十的交易所成交量有升有降。其中，巴西证券期货交易所（BM&FBovespa）的成交量同比增长 6.1%，达到 15 亿手，排在全球第六名。以色列特拉维夫证券交易所（TASE）的成交量为 0.99 亿手，同比增长 23.0%。在经历了 2010 年的大幅度下滑之后，土耳其衍生品交易所（Turkdex）的成交量于 2011 年有所恢复，达到

0.74 亿手，增长 16.2%。而南非约翰尼斯堡证券交易所（JSE）、西班牙期货期权交易市场（MEFF）和阿根廷罗萨里奥期货交易所（Rofex）的成交量则有不同程度的下降（见表 2－1－28）。

表 2－1－28　2011 年其他国家期货与场内衍生品市场成交量

单位：手

全球排名	交易所	2010 年	2011 年	同比增长
6	巴西证券期货交易所（BM&FBovespa）	1413753671	1500444003	6.1%
20	南非约翰尼斯堡证券交易所（JSE）	169898609	166197652	－2.2%
25	以色列特拉维夫证券交易所（TASE）	80440925	98965159	23.0%
27	土耳其衍生品交易所（Turkdex）	63952177	74287630	16.2%
29	西班牙期货期权交易市场（MEFF）	70224176	67572131	－3.8%
30	阿根廷罗萨里奥期货交易所（Rofex）	62046820	55000041	－11.4%

资料来源：FIA。

在交易品种方面，巴西证券期货交易所（BM&FBorespa）表现尤其出色，在利率品种中，在其上市交易的两个合约：1 天期银行间存款期货和 IDI 指数期权，分别以 3.2 亿手和 0.96 亿手的成交量位列全球利率品种成交量的第二位与第十二位，名次比 2010 年均有所上升。同时，该交易所的两个外汇合约美元期货与美元展期期货虽然成交量增长趋势与 2010 年相比有所放缓，但仍以 0.86 亿手及 0.2 亿手的成绩位列全球外汇类成交量排名的第六及第十九；在股指品种中，进入前二十的为以色列特拉维夫证券交易所（TASE）的 TA－25 指数期权，其 2011 年的成交量为 0.87 亿手，同比增长 23.5%；而阿根廷罗萨里奥期货交易所（Rofex）上市交易的美元期货则以 0.54 亿手的成交量位列全球外汇类成交量排名第九。

其他国家期货与场内衍生品在全球各品种成交量排名前二十的合约见表2－1－29。

表 2－1－29　其他国家期货与场内衍生品在全球各品种成交量排名前二十的合约

单位：手

类别	排名	合约名称及其上市交易所	2010 年成交量	2011 年成交量	同比增长
利率	2	1 天期银行间存款期货，巴西证券期货交易所（BM&FBorespa）	293065417	320821062	9.5%
	12	IDI 指数期权，巴西证券期货交易所（BM&FBorespa）	88014027	95790772	8.8%

续表

类别	排名	合约名称及其上市交易所	2010 年成交量	2011 年成交量	同比增长
股指	16	TA－25 指数期权，以色列特拉维夫证券交易所（TASE）	70573392	87133824	23.5%
外汇	6	美元期货，巴西证券期货交易所（BM&FBorespa）	82453621	86167955	4.5%
	9	美元期货，阿根廷罗萨里奥期货交易所（Rofex）	61729396	54373381	－11.9%
	19	美元展期期货，巴西证券期货交易所（BM&FBorespa）	19223570	20145632	4.8%

资料来源：FIA。

第二节　2011 年全球衍生品行业发展概况

一、全球期货交易所发展概况

2011 年，全球衍生品行业在日趋严厉的监管下，各交易所积极寻找增长的潜在领域。2011 年交易所发展的一个明显的特点是国际化并购脚步受阻，2010 年出现的一些交易所的并购提案，在各地政府、行业参与者的反对阻止下宣布失败。2011 年的另外一个非常重要主题是场外衍生品的集中清算逐步开展。各国交易所也在积极应对新的要求和规定，在不断提高自身水平，推动成交量不断攀升的基础上，在北美、欧洲及亚洲等地，致力于场外衍生品的集中结算业务。

（一）全球期货市场并购潮退去

2006～2008 年交易所合并浪潮席卷全球，各大交易所先后合并组成交易所集团巨头，如芝加哥交易所集团、欧洲期货交易所、纽约—泛欧交易所以及巴西证券交易所等。延续此次兼并浪潮，2010 年也出现了交易所合并的意向，如德国证券交易所与纽约—泛欧交易所（DB－NYSE Euronext）、伦敦证券交易所集团与多伦多证券交易所集团（LSE Group－TMX Group）、新加坡交易所与澳大利亚证券交易所集团（SGX－ASX Group）、莫斯科银行间货币交易所与俄罗斯交易系统（Micex－RTS）。然而，2011 年上述合并意向先后受阻，只有莫斯科银行间货币交易所和俄罗斯交易系统（Micex－RTS）成功完成合并计划。

澳大利亚政府回绝了新加坡交易所对澳大利亚证券交易所集团 88 亿美元的收购案，理由是该收购案可能会削弱澳大利亚作为其中一个金融中心的地位，同时也可能会对该国金融系统的稳定造成威胁。

无独有偶，伦敦证券交易所集团在面对加拿大当地银行以及养老基金的激烈竞争下，不能获得股东的支持，最终也被迫放弃对多伦多证券交易所集团的收购计划。

而在 2010 年最值得期待的德国证券交易所与纽约—泛欧交易所（DB - NYSE Euronext）的合并案由于考虑到合并将会在欧洲交易所交易的衍生品市场中造成垄断的情况，欧洲委员会在 2012 年 2 月 1 日正式宣布合并案不通过。鉴于欧洲委员会的这个决定，德国证券交易所与纽约—泛欧交易所同意双方终止该合并案。

（二）场外衍生品中央结算业务逐步开展

在全球场外衍生品中央结算的趋势越来越明显的前提下，各交易所以及结算所开始为场外衍生品提供新的结算服务，而这个领域也开始成为新的竞争焦点。

芝加哥商业交易所（CME）和洲际交易所（ICE）在北美地区商品衍生品方面处于领先地位，而纳斯达克—OMX 集团（Nasdaq OMX）的欧洲结算所在欧洲电力及排放衍生品这个小市场中也打下自己的一片天地。在亚洲方面，新加坡交易所占据了煤炭、铁矿石以及其他衍生品的结算市场。

利率掉期板块的结算市场竞争激烈。首先，LCH. Clearnet 从 1999 年开始便是交易商之间交易结算业务的主力，芝加哥交易所于 2010 年秋开始推出利率掉期的结算业务，而 Nasdaq OMX 支持下的国际衍生品结算集团（International Derivatives Clearing Group）也是上述两家的竞争者。在欧洲方面，Nasdaq OMX 与北欧交易商团体合作，提供瑞典克朗的结算服务。亚洲方面，新加坡交易所推出利率掉期的结算服务，拥有许多国内外主要的银行作为结算会员；而香港交易所也宣布准备在 2012 年开始利率掉期的结算业务。

二、全球期货中介机构发展概况

（一）全球期货中介机构的类别与概况

据美国商品与期货交易委员会（CFTC）《2011 年工作情况及财务信息汇报》中公布的美国全国期货协会（NFA）会员注册数据显示，截至 2011 年 9 月 30 日，总会员数为 65370 家，详细数据请参考表 2 - 2 - 1。其中，掉期交易商及掉期交易大户是 CFTC 于 2010 年 11 月 23 日建议设立的新注册类别，用以参与掉期交易相关实体对象的注册。

表 2-2-1　　美国全国期货协会（NFA）注册会员分类数据

美国全国期货协会注册会员	数据截至 2011 年 9 月 30 日
总会员数	65370
期货佣金商（FCMs）	137
介绍经纪商（IBs）	1535
商品交易顾问（CTAs）	2530
商品基金经理（CPOs）	1183
场内经纪商（FBs）	6316
场内交易商（FTs）	1286
助理中介人（APs）	52369
外汇零售商（RFEDs）	14
掉期交易商（SDs）	0
掉期交易大户（MSP）	0

注：同一会员以不同性质的机构注册也按不同机构分别统计。

资料来源：美国商品期货交易管理委员会 CFTC《2011 年工作情况及财务信息汇报》。

（二）2011 年全球主要期货佣金商（FCM）发展概况

1. 2011 年全球主要期货佣金商客户权益情况对比。全球主要期货佣金商主要仍是以综合性投资银行的分支机构为主，如高盛、摩根大通、德意志银行等跨国投资银行，根据美国商品与期货交易委员会公布的 2011 年 12 月 31 日 FCM 客户权益数据显示，排名前二十的期货佣金商与 2010 年相比，一个非常大的变动是，2010 年排名第八的曼氏金融（MF Global Inc.）于 2011 年 10 月 31 日宣布申请破产保护，使本来力量就非常薄弱的专业型期货佣金商阵营失去了一名大将。在排名前二十中，专业型佣金商如奥布莱恩联合经营和卢森瑟尔柯林斯分别位列第十一及第十七。

2011 年美国期货佣金商客户权益排名前二十位，见表 2-2-2。

表 2-2-2　　2011 年美国期货佣金商客户权益排名前二十位
（数据更新至 2011 年 12 月 31 日）

2011 年排名	期货佣金商（FCM）公司名称	2011 客户权益（亿美元）[1]	2010 年排名	2011 净资本（亿美元）	2010 年客户权益（亿美元）[1]
1	高盛 Goldman Sachs & Co. [2]	216.82	1	135.23	210.69

续表

2011年排名	期货佣金商（FCM）公司名称	2011客户权益（亿美元）[1]	2010年排名	2011净资本（亿美元）	2010年客户权益（亿美元）[1]
2	美国新际 Newedge USA, LLC	179.39	2	23.14	210.03
3	摩根大通证券 J. P. Morgan Securities LLC [3]	174.15	3	185.30	165.05
4	德意志银行证券 Deutsche Bank Securities Inc.	142.94	4	80.96	136.78
5	花旗全球市场 Citigroup Global Markets Inc.	97.30	6	77.73	103.08
6	美林银行 Merrill Lynch Pierce Fenner & Smith[4]	94.30	7	142.15	94.49
7	瑞银证券 UBS Securities LLC [5]	89.88	5	134.60	105.17
8	巴克莱资本 Barclays Capital Inc.	62.61	11	64.16	48.83
9	瑞士信贷集团美国公司 Credit Suisse Securities (USA) LLC	58.54	10	84.14	51.56
10	摩根斯坦利 Morgan Stanley & Co. LLC [6]	56.93	9	90.91	52.99
11	奥布莱恩联合经营 R. J. O'Brien & Associates	35.84	14	2.02	22.77
12	美国爱德盟期货 ADM Investor Services, Inc.	26.94	13	2.57	24.98
13	苏格兰皇家银行证券 RBS Securities Inc.	22.76	15	31.68	17.12
14	杰富瑞贝奇有限公司 Jefferies Bache LLC	20.82	—	2.64	—
15	荷兰银行芝加哥结算公司 ABN AMRO Clearing Chicago LLC	19.44	17	3.01	14.95
16	互动经纪人集团有限公司 Interactive Brokers LLC [7]	16.70	19	21.92	10.70

续表

2011年排名	期货佣金商（FCM）公司名称	2011客户权益（亿美元）[1]	2010年排名	2011净资本（亿美元）	2010年客户权益（亿美元）[1]
17	卢森瑟尔·柯林斯 Rosenthal Collins Group LLC	16.10	16	0.91	14.99
18	富士通期货 FCStone LLC [8]	12.64	20	1.17	10.25
19	汇丰证券美国公司 HSBC Securities USA Inc.	9.22	—	11.74	8.48
20	瑞穗证券美国公司 Mizuho Securities USA Inc	8.87	—	4.25	7.63

注：[1] 客户权益是指客户在美国注册交易所进行交易时，FCM需要为客户持仓划分隔离开的资金，是所有账户的静流动资产总和，需要向美国期货交易委员会报告；[2] 包括高盛公司及高盛执行和清算公司；[3] 此处数据还包括摩根大通清算公司及摩根大通证券公司；[4] 此处数据还包括美林专业清算公司；[5] 此处数据还包括瑞银金融服务公司；[6] 此处数据还包括摩根斯坦利美邦公司；[7] 此处数据还包括MG金融外汇公司；[8] 此处数据还包括Timber Hill公司；[9] —表示无相关数据。

资料来源：CFTC、美国《期货杂志》。

2. 曼氏金融（MF Global）破产事件。根据2011年7月31日美国商品期货交易委员会（CFTC）公布的数据显示，曼氏金融是全美乃至全球第二大专业期货经纪商，客户权益仅次于美国新际，主要代理利率、外汇、能源、贵金属、有色金属、股票、股价指数、谷物产品和其他软商品等产品，并能为全球机构投资者和私人客户提供交易、结算和投资咨询等全方位的服务。

2011年10月25日，曼氏金融公布的2011年9月截至财年的二季度季报显示，该机构季度亏损1.916亿美元，亏损源自交易营收低于预期和一次性成本。此后，国际三大评级机构相继下调了曼氏金融的评级。穆迪将其信用评级调降至Ba2的“垃圾”级别，惠誉给了该公司BB+的“垃圾”评级，而标普保持了对曼氏金融的BBB-评级，但这一级别已是最低投资级别。2011年10月31日，曼氏金融向纽约法院提交了破产保护申请。据其10月25日公布的财报，该公司共拥有总计63亿美元的意大利、西班牙、比利时、葡萄牙和爱尔兰主权债券，其中超过一半是意大利国债。曼氏金融总裁布拉德利·安毕洛表示，在欧债危机的背景下，市场对其持有资产可能贬值的担忧导致了信贷降级，保障金追缴以及最终破产。

在此事件当中，最引人关注的并非曼氏金融盲目自营并出现巨大风险敞口以致破产，而是曼氏在自营过程中涉嫌挪用客户保证金的事实。2011 年 11 月 2 日，芝加哥商业交易所集团（CME Group）发表声明，在一项针对曼氏金融审计程序后，发现其可能有转移客户资金的行为。美国联邦监管局对曼氏金融客户账户进行审计时发现约 9.5 亿美元客户资金莫名“消失”，尽管这个数值随后被缩减至 5.93 亿美元，但仍引发了监管部门和业内对曼氏私自挪用客户资金的指责。

在发现曼氏丢失了约 6 亿美元客户资金后，美国期货交易委员会（CFTC）于 2011 年 11 月 3 日宣布，将审查约 120 家为客户进行结算交易的经纪商，以确保这些从事与曼氏相同业务的公司按要求分离客户资金与自营资金。此外，为防止风险进一步扩大，全球各大交易所也采取了相应的调查和保护措施。2011 年 10 月 31 日，洲际交易所（ICE）美国期货部门发表声明称，禁止全球曼氏金融旗下经纪人参与交易所的场内交易，所有被禁止进入场内交易的全球曼氏金融经纪人所属的客户将只可以进行清算交易。同一天，伦敦金属交易所（LME）表示，从即刻起暂停全球曼氏金融的子公司 MF Global UK Ltd. 在 LME 的场内交易和 LME Select 电子交易平台的交易。2011 年 11 月 2 日，芝加哥商业交易所（CME）确认，曼氏金融未能遵循相关要求，未能将客户资金同公司资金相分离，将对曼氏金融进行调查。亚洲方面，新加坡交易所（Singapore Exchange Ltd.）也限制了全球曼氏金融的交易。

曼氏金融破产事件令全球商品市场出现了恐慌情绪。作为全球最大的衍生品及期货经纪商之一，该公司在大宗商品市场的重要地位引起了市场的慌乱和震荡。曼氏金融申请破产当周，欧美股市及商品市场剧烈震荡。2011 年 10 月 31 日道琼斯工业指数下跌 2.26%，次日下跌 2.48%；伦敦股市两日的平均跌幅也近 4%。LME 铜价失守 8000 点关口，下跌幅度达 3.16%；而原油价格最低下探至 89 元/桶；贵金属成交量也迅速萎缩。

三、全球衍生品投资机构发展概况

机构投资者是全球期货及衍生品市场的投资主力。一般来说，相对于个人投资者，机构投资者拥有更加雄厚的资金实力、丰富的投资经验以及研究实力，能够更加准确地把握市场的脉搏。机构投资者按运作方式的不同主要分为管理期货基金、对冲基金、共同基金及养老基金等。但共同基金、养老基金一般不直接参与期货或其他衍生品的交易，而是通过前两种机构投资者进行投资，因此，投资期货与其他衍生品的基金主要集中在管理期货基金及对冲基金上。

（一）管理期货基金（Managed Futures）

2010年管理期货行业的发展势头非常强劲，打破了此前3年市场平缓的表现。2011年也延续了2010年的增长趋势，根据巴克莱对冲（Barclay Hedge）发布的统计数据，管理期货行业资产管理规模再次大幅度攀升，2011年末资产管理规模同比增长17.56%，增幅比2010年略有回落，年末总资产规模达到3146亿美元（见图2-2-1），创历史新高。

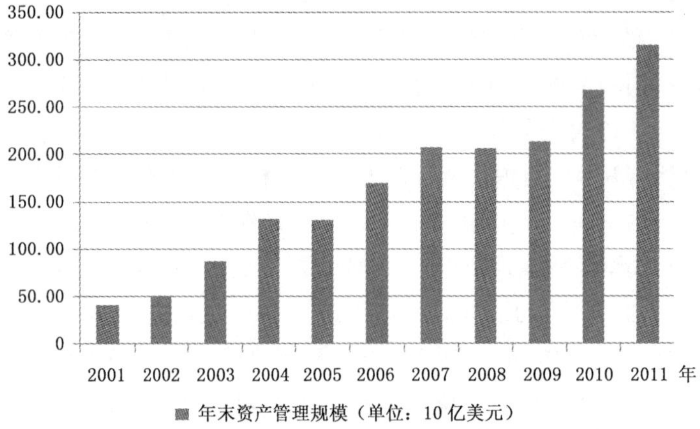

图2-2-1　管理期货基金2011年年末资产管理规模

资料来源：巴克莱对冲（Barclay Hedge）。

根据管理期货基金投资品种的不同，巴克莱对冲把管理期货基金细分为农产品类投资型、货币类投资型、金融/金属类投资型以及没有特定品种类型的分散化投资型，而根据管理期货基金作出投资决策的方式，巴克莱对冲把管理期货基金分为自主式投资型和系统化投资型。根据不同的基金类型，巴克莱对冲也进行了相关的跟踪统计。

2011年末各品种投资型的期货基金资产管理规模相对2010年变化不一：在2010年，资产规模将近翻一番的农产品类投资型，却成为2011年末唯一一个资产管理规模同比出现下降的投资类型，管理的资产从16.6亿美元降到10.9美元，同比降幅为34.34%。货币类与金融/金属类投资型2011年末的管理资产规模变动不大。最值得关注的仍是分散类投资型，它延续了前几年逐年增长的趋势，2011年末其资产管理规模同比增长24.26%，达到1819.1亿美元。

各品种类型管理资产规模对比见图2-2-2。

与管理期货行业的资产管理规模继续攀升的情况形成鲜明对比的是，2011年

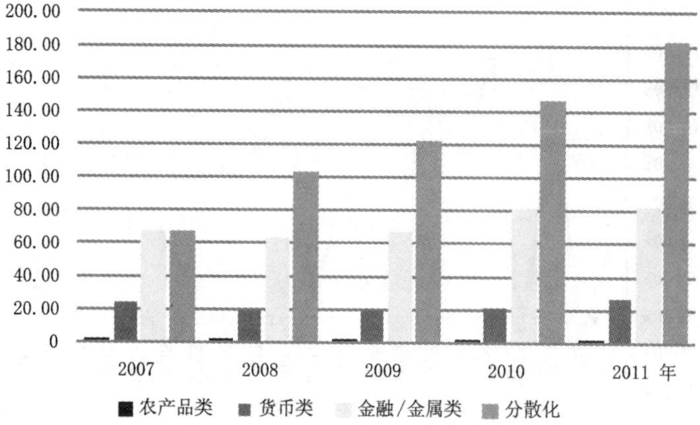

图 2-2-2　各品种类型管理资产规模对比（单位：10 亿美元）

资料来源：巴克莱对冲（Barclay Hedge）。

行业的收益情况。CTA 指数是衡量管理期货/CTA 行业表现的重要指标，巴克莱 CTA 指数是行业使用最久的一个衡量 CTA 业绩的指标。该公司每年年初会审查调整 CTA 的数目，该指数涵盖的 CTA 需要具备 4 年的业绩经验，同时，符合条件的 CTA 新推出的投资项目到第三年才会加入到指数的计算中，2011 年该指数已经涵盖了行业 565 个 CTA 的业绩。

2011 年巴克莱 CTA 指数为 -3.09%，是巴克莱对冲公布数据以来表现最差的一年（见图 2-2-3）。除了计算综合指数外，巴克莱对冲公司还计算各种投资领域的细分指数，其中包括农产品交易指数、货币交易指数、分散投资交易指数、金融/金属交易指数、自主型交易指数及系统化交易指数。从图 2-2-4 可以看出，2011 年各种细分指数的表现均比 2010 年有不同程度的下滑，而分散化投资型、系统化交易更是出现了亏损，分别为 -5.71% 与 -3.83%。农产品投资型虽仍保持正收益，但相对 2010 年突出的表现来说，显得不尽如人意。

同时，巴克莱对冲也为不同管理资产规模级别的 CTA 基金进行了 2011 年的收益排名。在管理基金规模超过 1000 万美元的阵营中，前四名 CTA 基金均为自主交易方式，EG Systems 公司以 118.45% 的年收益率领先，Beneficentia Ltd 公司则以 87.77% 的年收益率紧跟随其后，这两个基金均主要投资于金融/金属领域；在初始资产管理规模少于 1000 万美元的阵营中，T2 Associates，Inc 公司的 CTA 基金以 112.57% 收益率排首位，主要投资于股票指数，实现系统化交易，而跟随其后的四个 CTA 基金则均为自主交易型。

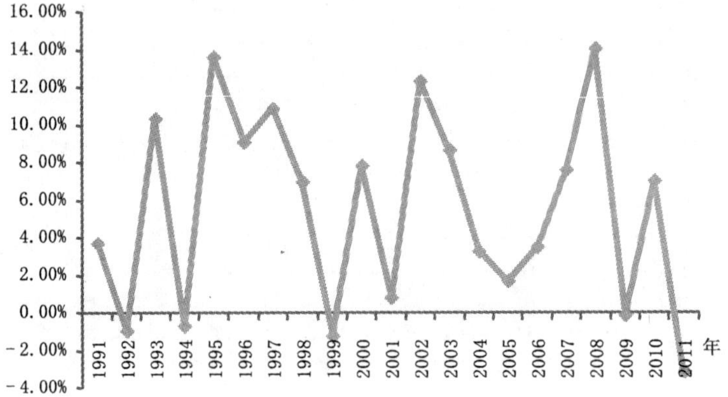

图 2-2-3 巴克莱 CTA 指数历年表现

资料来源：巴克莱对冲（Barclay Hedge）。

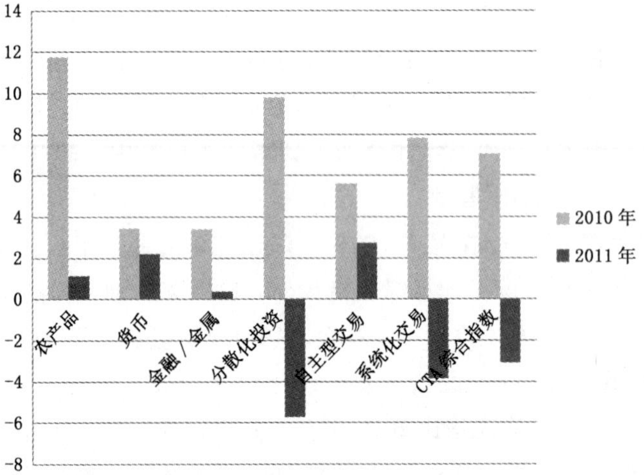

图 2-2-4 2010 年与 2011 年综合 CTA 及其细分指数对比图

资料来源：巴克莱对冲（Barclay Hedge）。

2011 年底资产管理规模超过、低于 1000 万美元阵营中收益前五名的 CTA 基金见表 2-2-3、表 2-2-4。

表 2-2-3　2011 年底资产管理规模超过 1000 万美元阵营中收益前五名的 CTA 基金

CTA 基金名称	2011 年收益率	投资领域/策略	成立时间
EG Systems - Global Arbitrage - Prop	118.45%	技术金融/金属，基本面金融/金属；自主交易	2006 年 6 月
Beneficentia Ltd - Essentia Managed Futures	87.77%	技术金融/金属，基本面金融/金属；自主交易	2003 年 1 月
CenturionFx Ltd - CENTURIONFX - 6X	76.32%	技术货币；自主交易	2006 年 1 月
MIGFX, Inc - Retail Growth	68.34%	技术货币；自主交易	1998 年 1 月
Pere Trading Group, LLC - Pere Trading Program	65.91%	股票指数；系统化交易	2005 年 6 月

资料来源：巴克莱对冲（Barclay Hedge）。

表 2-2-4　2011 年底资产管理规模低于 1000 万美元阵营中收益前五名的 CTA 基金

CTA 基金名称	2011 年收益率	投资领域/策略	成立时间
T2 Associates, Inc.（Contrary #1 Pool）	112.57%	股票指数；系统化交易	2010 年 4 月
Schindler Capital Management, LLC (Dairy Advantage)	95.32%	基本面农产品；自主交易	2005 年 8 月
Global Vista - Options	84.00%	分散化交易；自主交易	2010 年 10 月
Beneficentia Ltd - Essentia Fund SPC (B)	56.67%	技术金融/金属，基本面金融/金属；自主交易	2010 年 8 月
Protec Energy Partners LLC - ET1	56.27%	技术能源、期权策略；自主交易	2010 年 4 月

资料来源：巴克莱对冲（Barclay Hedge）。

（二）对冲基金（Hedge Fund）

2011 年全球对冲基金的资产规模较 2010 年略有下降，根据巴克莱对冲公布的统计数据，2011 年对冲基金资金规模为 16406 亿美元，同比减少 3.15%，而基金的基金资产规模为 5096.7 亿美元，同比减少 9.26%（见图 2-2-5）。

2011 年，全球对冲基金业绩惨淡，巴克莱对冲基金指数录得 -5.48%，是该机构公布的数据以来对冲基金第二个收益最低的年份（录得收益率最低的一年是

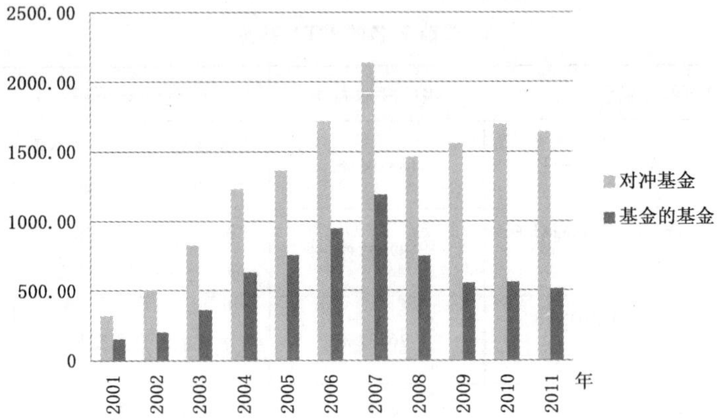

图 2-2-5　2001~2011 年对冲基金资产规模（单位：10 亿美元）

资料来源：巴克莱对冲（Barclay Hedge）。

2008 年金融危机发生的年份）。在各细分领域，表现最好的是股市偏空策略对冲基金，收益率为 6.64%。跟在其后的是投资于固定收益套利的对冲基金，收益率为 4.48%，而表现最差的则是投资于新兴市场的基金，收益率为 -13.63%（见表 2-2-5）。

表 2-2-5　2009~2011 年巴克莱对冲基金指数及其主要细分指数表现对比

	2011 年指数表现	2010 年指数表现	2009 年指数表现
对冲基金 Barclay Hedge Fund Index	-5.48%	10.88%	23.74%
可转换证券套利 Convertible Arbitrage Index	0.11%	12.15%	53.63%
困境证券 Distressed Securities Index	-5.41%	14.01%	30.89%
新兴市场 Emerging Markets Index	-13.63%	12.33%	43.29%
股票市场偏多策略 Equity Long Bias Index	-9.03%	14.21%	29.39%
事件导向 Event Driven Index	-3.74%	10.01%	29.11%

续表

	2011 年指数表现	2010 年指数表现	2009 年指数表现
固定收益套利 Fixed Income Arbitrage Index	4.48%	11.65%	19.83%
全球宏观 Global Macro Index	-3.65%	6.74%	7.49%
综合策略 Multi Strategy Index	-2.29%	10.79%	25.82%
股市偏空策略 Equity Short Bias Index	6.64%	-14.26%	-18.80%

资料来源：巴克莱对冲（Barclay Hedge）。

在彭博资讯统计的2011年世界最富有的100家基金公司的排名中，布里奇沃特投资公司（Bridgewater Associates）公司连续第三年名列首位，管理资产规模为776亿美元，曼氏集团（Man Group）则超过2010年的亚军——摩根大通资产管理（JP Morgan Asset Management）公司，以645亿美元的管理资产位列第二。

虽然2011年对冲基金行业整体业绩不理想，但是个别基金仍然有不俗的表现。在资产规模超过10亿美元的大型对冲基金阵营中，老虎环球基金（Tiger Global Management）公司旗下的老虎全球基金（Tiger Global）凭借多/空策略，以45.0%的收益率领先。跟随其后的是文艺复兴科技（Renaissance Technologies）公司的文艺复兴机构股权量化投资基金（Renaissance Institutional Equities），2011年收益率为33.1%。布里奇沃特投资公司（Bridgewater Associates）的纯阿尔法宏观投资基金（Pure Alpha II）以23.5%的收益率位列第三。

在资产规模大于2500万美元而小于10亿美元的中型对冲基金阵营中，红风筝资本管理公司（RK Capital Management）的红风筝指南针商品投资基金（Red Kite Compass）位列榜首，2011年录得收益率为47.0%；亚军为定量投资管理公司（Quantitative Investment Management）旗下的定量策略主动基金（Quantitative Tactical Aggressive），收益率为32.1%；第三名是来自传启集团公司（Zais Group）旗下收益率为27.9%的基金传启机会（Zais Opportunity）。

截至2011年10月31日，2011年资产规模排名前十的对冲基金公司见表2-2-6。

表 2-2-6 2011 年资产规模排名前十的对冲基金公司（截至 2011 年 10 月 31 日）

排名	公司名称	管理资产规模（亿美元）	所在国家
1	布里奇沃特投资公司（Bridgewater Associates）	776	美国
2	曼氏集团（Man Group）	645	英国
3	摩根资产管理（JP Morgan Asset Management）	466	美国
4	布莱文—霍华德资产管理（Brevan Howard Asset Management）	366	英国
5	奥氏资本管理集团（Och - Ziff Capital Management）	285	美国
6	鲍尔森公司（Paulson & Co.）	280	美国
7	贝莱德顾问（BlackRock Advisors）	277	美国
8	元盛资产管理（Winton Capital Management）	270	英国
9	高桥资本管理（Highbridge Capital Management）	261	美国
10	兰冠资本管理（Bluecrest Capital Management）	250	英国

资料来源：彭博资讯（Bloomberg）。

截至 2011 年 10 月 31 日，大型对冲基金收益前三位见表 2-2-7。

表 2-2-7 大型对冲基金收益前三位（截至 2011 年 10 月 31 日）

基金名称	所属基金公司	投资策略	资产规模（亿美元）	年收益率
Tiger Global, Chase Coleman, Feroz Dewan	老虎环球基金（Tiger Global Management, U. S.）	多/空	60	45.0%
Renaissance Institutional Equities, Peter Brown, Robert Mercer	文艺复兴科技（Renaissance Technologies, U. S.）	量化	70	33.1%
Pure Alpha II, Ray Dalio	布里奇沃特投资公司（Bridgewater Associates, U. S.）	宏观	530	23.5%

注：大型对冲基金指资产规模超过 10 亿美元的基金。
资料来源：彭博资讯（Bloomberg）。

截至 2011 年 10 月 31 日，中型对冲基金收益前三位见表 2-2-8。

表 2-2-8　中型对冲基金收益前三位（截至 2011 年 10 月 31 日）

基金名称	所属基金公司	投资策略	资产规模（亿美元）	年收益率
Red Kite Compass, Michael Farmer, David Lilley	红风筝资本管理（RK Capital Management, U. K.）	商品	4.0	47.0%
Quantitative Tactical Aggressive, Jaffray Woodriff	定量投资管理（Quantitative Investment Management, U. S.）	多/空	5.64	32.1%
Zais Opportunity, David A. Deutsch	传启集团（Zais Group, U. S.）	资产抵押	3.58	27.9%

注：中型对冲基金指资产规模大于 2500 万美元而小于 10 亿美元的对冲基金。

资料来源：彭博资讯（Bloomberg）。

第三节　全球期货与衍生品市场监管概况

在经历了 2008 年全球金融危机之后，全球各国领导人、经济学家和金融人士都意识到金融市场监管的漏洞危害不容忽视。2009 年的 G20 峰会中达成协议，决定最晚于 2012 年年底实现所有标准化的场外衍生品合约在交易所或者电子交易平台交易，同时通过中央结算对手方结算。2010 年全球监管取得突破性进展，7 月，美国总统奥巴马签署多德—弗兰克法案，内容涉及金融行业的各个方面，在美国国会通过法案之后，紧接着便是法案具体条例的制定以及法案的实施。根据美国期货业协会的统计，截至 2012 年 2 月，美国商品期货交易委员会（CFTC）已经完成了接近 30 条最终条例的制定，主要是关于衍生品报告、交易以及结算等方面的条例。欧洲方面，欧盟委员会于 2011 年 10 月公布了金融工具市场指引（The Market in Financial Instruments Directive，MiFID）修正案的立法建议。早在 2010 年 12 月 8 日，欧美委员会就发布了对关于该建议的一份咨询文件。虽然在咨询阶段，行业内对欧盟委员会的这份建议提出了多方面的担忧，但是，相对于原来指引的大部分修改建议仍被保留下来。

一、美国金融监管立法进展

2011 年，美国金融监管的主要精力都集中在《多德—弗兰克华尔街改革与消费者保护法》（“DODD - Frank Wall Street Reform and Consumer Protection Act”，下称“多德—弗兰克法案”）最终的制定与实施方面。该法案最先于2010年6月30日，美国众议院以237票赞成、192票反对的表决结果通过；7月15日，参议院以60票赞成、39票反对的结果通过法案的最终版本；7月21日，奥巴马总统签署了该法案，使之成为法律。法案通过后，具体条例的制定与实施是个非常漫长的过程，下面主要列出了法案制定与实施的一些最新进展。

（一）限制期货及掉期产品头寸

2011年10月19日，CFTC投票通过了一项最终条例，确定28种商品期货、期权合约以及等同于期货、期权及掉期合约产品的头寸限制。这项条例是为了打击投机以及由于2008年商品价格暴涨所导致的投机力量的增长。这项条例是CFTC制定的所有条例中受到质疑最多的条例，争议最多，收到来自市场参与者的意见数目也非常惊人。

该条例订立了两种类型的限制：当月合约头寸限制和非当月合约头寸限制，条例的实施将会经历两个阶段。第一个阶段在监管方公布最终条例对掉期进行的定义60天后生效；第二阶段适用于非当月合约，当CFTC获得期货、结算掉期及非结算掉期等合约交易的一年持仓数据后，由CFTC审核数据并颁布法令宣布生效。最终条例中对真实的套期保值交易作了相关的例外规定。

基于历史数据统计信息，CFTC估计，当月合约头寸限制实施后，将有大约有84位遗留农产品合约（指在CFTC现有的农产品头寸限制约束之下的合约）的交易商、50位非遗留农产品合约的交易商、85位能源合约交易商和12位金属合约交易商的年度持仓量可能会超过规定的头寸限制标准。在非当月合约方面，估计将有84位遗留农产品合约交易商、80位非遗留农产品合约交易商、10位能源合约交易商和25位金属合约交易商的持仓量会超过头寸限制标准。

（二）定义掉期交易商

多德—弗兰克法案对掉期交易商进行重点监管，其中包括注册、强制交易所交易及结算要求、保证金及资本规定、健全商业行为准则以及报告及记录规定等。CFTC估计，将会有约40家非银行机构，包括能源公司及其他机构需要注册成为掉期交易商，因为他们当前提供商品和其他掉期产品。这些非银行市场参与者和行业团体不同意被划分为掉期交易商，并且继续向CFTC反映注册成为掉期交易商带来的成本问题。美国国家经济研究协会（NERA）于2011年12月20日发表一份研究报告，调查了20家非银行机构，如果被列入掉期交易商进行监管，所有这些机构都会在保证金、资本及其他支出中增加约3.88亿美元的成本。然而，支持注册掉期交易商的观点认为 NERA 报告的结论过于夸大，同时对非银行机构监管的豁免可能会在不经意间给银行创造可利用的机会。

（三）确定商品掉期的大户报告制度

CFTC 于 2011 年 7 月 7 日通过了关于确定商品掉期大户报告制度的最终条例。该条例要求，涉及 46 种商品的所有已结算或者未结算的商品掉期产品，或者实质相当于商品期货的产品，都需要每日报告相关的持仓信息。结算机构必须每日收集和报告每个结算会员自身及客户的账户数据。结算会员必须提供关于自身持仓以及对手方持仓的信息。CFTC 估计，大约有 100 个结算会员以及 100 个掉期交易商将要受到该条例的监管。该条例于 2011 年 9 月 20 日对期货佣金商（FCM）以及衍生品结算机构（DCO）生效，掉期交易商对相关的最终条例明确其定义之后开始接受监管。

（四）推进掉期产品强制结算制度

2011 年 7 月 19 日，CFTC 投票通过最终条例，建立判断掉期强制结算的方法和流程，同时也设定了判定衍生品结算机构（DCO）接受交易结算资格的程序。在此条例的规定下，当前已经在衍生品结算机构进行结算的掉期产品，衍生品结算机构仍然有资格接收，而当前仍未在衍生品结算机构进行结算的掉期产品，CFTC 需要进行判断决定。该条例的生效日期为 2011 年 9 月 26 日。

（五）公布交易报告及记录规定

2011 年 12 月 20 日，CFTC 投票通过了关于掉期交易数据的记录以及实时报告的规定。一般来说，如果一个掉期产品在交易所或其他交易平台执行，那么该平台必须在技术上可行的情况下，尽快向掉期数据库（SDR）报告关于该掉期产品的相关数据。如果一个掉期产品在交易所或者其他交易平台之外的场所执行，那么相关的报告方将有责任向 SDR 报告关于该掉期产品的相关数据。同时，规定也要求 SDR 接收完毕后，在技术上可行的情况下，尽快公开某些掉期数据，大宗交易相关的数据可能会出现延时。SDR 需要制定政策对接收到的某些数据进行保密，例如掉期交易方的身份等。

每个相关的受监管方（包括掉期交易商、掉期大宗交易方和交易平台）都需要在遵守最终条例的规定下，对被执行的掉期保留全面的书面记录或者电子记录，记录保存期为掉期终止后的 5 年。在保存期的最初 2 年，这些数据应保持随时可获得的状态，在接下来的 3 年中，应保持在 3 个工作日内可恢复的状态（记录恢复的时间允许灵活安排的情况除外）。

二、欧盟金融市场监管概况

2011年10月20日，欧盟委员会公布了《金融工具市场指引》（The Market in Financial Instruments Directive，MiFID）修订案的立法建议，最初的MiFID于2007年11月生效，对欧盟的金融行业监管体系作出了重大的改变，而这次修订案在MiFID的基础上，对许多重要的监管方面均做了意义重大的改变，同时也在很大程度上考虑到了国际金融市场的最新进展，其中包括美国多德—弗兰克法案和近几年高频交易快速发展带来的监管困难。

（一）健全市场监管结构，引入组织化交易设施（OTF）概念

2007年生效的“金融工具市场指引”的许多条例，特别是涉及交易报告和交易前、交易后的透明度要求等条款的适用对象，只限于受监管市场（Regulated Market）、多边交易设施（Multilateral Trading Facility，MTF）和系统化内部撮合商（即SI，指在规范市场或多边交易设施以外的场所执行客户指令，基于自己的账户有组织地、频繁地、系统地开展业务的投资公司）。而修订案将会把监管的触角延伸到其他在市场中扮演越来越重要角色的系统交易平台，并引入了一个新的概念——组织化交易设施（Organised Trading Facility，OTF）。这是指投资公司或者市场操作方运营的所有系统或者设施，把各种第三方买方和卖方集合到一起进行金融工具交易的平台。这个定义实际上把大范围的组织化交易平台纳入监管之下，其中也包括了跨平台经纪商。金融工具市场指引修订案禁止了OTF的运营公司以自有资本执行该平台上的客户指令。

（二）应对市场技术创新，加强对算法交易及高频交易的监管

修改后的《金融工具市场指引》将会加强对算法交易和高频交易活动的监管，这些交易方式近几年发展非常迅速，极大提高了交易的速度，同时也带来了潜在的系统风险。具体的提议包括要求所有算法交易者均需要受到适当的监管并提供适当的流动性。提议还包括制定条例，防止算法交易和高频交易活动进出市场时增加市场的波动性。

具体的提议包括：加强对各种算法交易者策略方面的信息监管要求，严查交易平台会员允许其他公司通过其系统运用高频算法接入公开市场的情况；交易平台也需要制订完善的控制管理方案以应对如无序交易、价格异常波动以及交易超负荷等问题；要求算法交易者保持持续的交易状态，以降低市场波动性，维持更加有序的交易环境；规定交易平台在价格剧烈波动时可以适当暂停交易。

（三）规范交易市场，明确衍生品进入交易所交易的规定

《金融工具市场指引》修改方案，包含了在2012年底前把标准化的场外衍生

品交易移到交易所或者电子平台进行的条款，这与 2009 年 9 月 G20 峰会中达成的协议一致。条款要求欧洲市场基础设施监管法规（EMIR）规定下的金融机构对手方，以及 EMIR 规定的有结算义务的非金融机构对手方必须在受监管市场、MTF、OTF 或者其他国家的交易场所完成特定的有结算义务的衍生品的交易。其中，上述其他国家的交易场所必须是欧盟委员会认定的相关非欧盟管辖区，并且符合相关的条件要求的市场。规范市场的运营方需要确保 EMIR 规定的有结算义务并且在该市场完成的所有衍生品交易，必须通过中央结算对手方（CCP）进行结算。

（四）增加市场透明度，制定交易报告规则

在《金融工具市场指引》的相关规定中，交易报告是指向监管方提供交易数据信息，而修正案对监管的范围进行了延伸，规定所有金融工具的交易均需要向有关监管方报告，以下的金融工具除外：受监管市场不接纳的、未在 MTF 或 OTF 平台交易的产品；其价值不由规范市场接纳的、不由 MTF 或 OTF 平台交易的金融工具决定的产品；交易对其本身没有任何影响的产品。

《金融工具市场指引》对需要报告的信息作出了详细的规定，其中包括金融工具的名称、成交量、日期、时间、执行情况以及交易价格等。交易报告必须尽快执行，并且不晚于下一个交易日的收盘时间。报告可以直接由具体公司或者由授权的报告平台发出，也可以通过完成交易的规范市场、MTF 或者 OTF 平台发出。

（五）加强商品衍生品市场的监管方权力，建立更加严密的监管架构

提案将加强监管方的角色作用和权力，在与欧洲证券和市场管理局（ESMA）合作的前提下，市场监管方可以在特定的情况下，对威胁到投资者保护、金融稳定或者市场有序运行的某些产品、服务或者行为进行禁止。提案预示要加强对商品衍生品市场的监管，通过引入不同类型交易者的头寸报告义务，帮助监管者和市场参与者更好地评估投机活动在市场中的角色。同时，提议授权金融监管方对所有商品衍生品所有交易行为的各个阶段进行监控和干预，其中包括如果市场有序性受到威胁，可以进行头寸限制。

（六）完善企业内部管理制度，增强投资者保护

在现存的综合法规体系的基础上，《金融工具市场指引》的修改方案为投资组合管理、投资咨询和复杂金融产品如结构性产品等设定了更加严格的要求。为了防止潜在的利益冲突，独立投资顾问和投资组合经理将要禁止从第三方获取报酬或者其他货币所得，关于企业管理和经理职责等相关规定也同时引入并适用于所有投资公司。

第三部分

2011年中国期货市场品种运行状况报告

第一节　农产品类期货运行状况

一、大豆期货运行状况

2011年大连商品交易所（DCE）黄大豆1号期货价格波动趋缓，全年围绕4000～4400元/吨区间内震荡运行。一季度受美国芝加哥期货交易所（CBOT）大豆低位横盘影响，于4200元/吨上下持续波动。9月受欧洲债务危机加重和国家物价调控政策的冲击，出现了一波下行行情，但随着11月国家大豆收储政策的出台，黄大豆1号期货价格在低位获得有效支撑，年末收于4065元/吨。

市场交投方面，2011年黄大豆1号成交量、成交金额较2010年同期下降，年末持仓量小幅上升，交割量增幅显著。总体来看，市场运行平稳，未出现重大风险事件。

（一）交易情况

2011年黄大豆1号期货成交2523.93万手，成交金额为11365.34亿元，分别较2010年同期下降32.50%、26.32%；年末持仓量为23.98万手，较2010年同期上升4.51%。2011年黄大豆1号期货月度交易情况见表3-1-1。2007~2011年黄大豆1号期货年度交易情况见表3-1-2。

表3-1-1　　2011年黄大豆1号期货月度交易情况

月度	成交量（万手）	同比变化（%）	成交金额（亿元）	同比变化（%）	月末持仓量（万手）	同比变化（%）
1月	180.64	-53.69	815.41	-47.42	19.65	18.27
2月	113.92	-46.62	519.97	-35.81	17.16	-2.07
3月	277.05	-5.45	1258.56	11.43	24.52	43.27
4月	244.87	4.81	1126.88	22.33	28.52	56.01
5月	168.83	-45	746.35	-37.99	29.25	67.11
6月	108.92	-5.79	485.95	9.89	28.47	85.77
7月	111.12	-9.38	505.99	5.68	20.96	40.18
8月	299.35	-36.15	1387.86	-27.03	30.89	54.04
9月	451.66	45.13	2069.82	62.91	29.04	56.16
10月	239.96	-8.16	1036.74	-8.64	32.69	46.25
11月	197.86	-73.3	854.36	-74.33	28.89	43.06
12月	129.78	-53.93	557.45	-55.54	23.98	4.51
总计	2523.93	-32.5	11365.34	-26.32	23.98	4.51

资料来源：大连商品交易所。

表3-1-2　　2007~2011年黄大豆1号期货年度交易情况

年度	成交量（万手）	同比变化（%）	成交金额（亿元）	同比变化（%）	年末持仓量（万手）	同比变化（%）
2007年	4743.27	433.13	18720.32	668.23	33.53	83.49
2008年	11368.16	139.67	47595.10	154.24	18.35	-45.27
2009年	4250.71	-62.61	15560.93	-67.31	16.97	-7.52
2010年	3739.36	-12.03	15426.01	-0.87	22.95	35.24
2011年	2523.93	-32.50	11365.34	-26.32	23.98	4.49

资料来源：大连商品交易所。

受我国大豆进口量增大、CBOT 大豆价格走弱以及成交量下滑影响，国内黄大豆 1 号期货 2011 年的成交量、成交金额同比下降，但是年末持仓量却连续 3 年上升，这主要是由于机构投资者逐渐增加的缘故。2009 ~ 2011 年内外盘大豆期货交易情况比较见表 3 – 1 – 3。

表 3 – 1 – 3　　2009 ~ 2011 年内外盘大豆期货交易情况比较

年度	成交量（万手）		成交金额（亿元）		年末持仓量（万手）	
	DCE	CBOT	DCE（人民币）	CBOT（美元）	DCE	CBOT
2009 年	4250.71	1030.35	15560.93	5111.21	16.97	20.65
2010 年	3739.36	1566.35	15426.01	8299.78	22.95	30.40
2011 年	2523.93	1023.01	11365.34	6727.92	23.98	10.16

资料来源：大连商品交易所。

（二）交割情况

2011 年黄大豆 1 号期货交割仓库共 11 家，均位于大连地区，并多位于铁路站台附近，便于铁路运输；黄大豆 2 号期货交割仓库共 9 家，其中大连 5 家、青岛 1 家、日照 2 家、南通 1 家，交割库围绕港口布局，便于船舶水路运输。

2011 年黄大豆 1 号期货交割总量为 26.42 万吨，交割金额为 10.84 亿元，分别较 2010 年增加 102.80%、118.11%。2011 年黄大豆 1 号期货月度交割情况见表 3 – 1 – 4，2009 ~ 2011 年黄大豆 1 号期货年度交割情况见表 3 – 1 – 5，2011 年黄大豆 1 号期货月度注册、注销仓单量比较见图 3 – 1 – 1。

表 3 – 1 – 4　　2011 年黄大豆 1 号期货月度交割情况

月度	交割量（手）	同比变化（%）	交割金额（亿元）	同比变化（%）
1 月	10924	41915.38	4.39	43800.00
3 月	112	1766.67	0.04	21900.00
5 月	10301	–2.88	4.25	4.94
7 月	150	35.14	0.07	75.00
9 月	4498	110.48	1.92	140.00
11 月	436	207.04	0.18	260.00
总计	26421	102.80	10.84	118.11

资料来源：大连商品交易所。

表 3-1-5　　2009～2011 年黄大豆 1 号期货年度交割情况

年度	交割量（手）	同比变化（%）	交割金额（亿元）	同比变化（%）
2009 年	9243	-75.33	3.39	-81.17
2010 年	13028	40.95	4.97	46.61
2011 年	26421	102.80	10.84	118.11

资料来源：大连商品交易所。

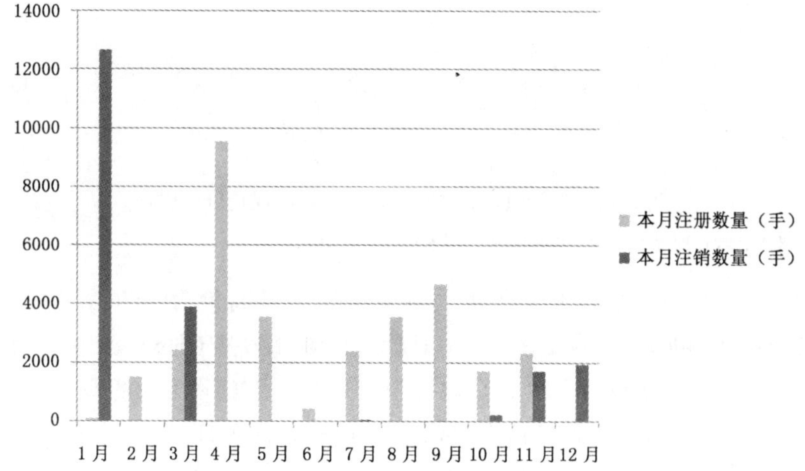

图 3-1-1　2011 年黄大豆 1 号期货月度注册、注销仓单量比较

资料来源：大连商品交易所。

（三）价格走势

1. 总体价格走势。2011 年黄大豆 1 号期货年初开盘价为 4110 元/吨（1 月 4 日），最高价为 4376 元/吨（9 月 22 日），最低价为 4006 元/吨（9 月 29 日），年末收盘价为 4065 元/吨（12 月 30 日）。全年下降 45 元/吨，跌幅为 1.09%。

2011 年，我国大豆现货价格年初报价 3800 元/吨（1 月 4 日），最高价为 4000 元/吨（10 月 8 日至 11 月 2 日），最低价为 3680 元/吨（5 月 16 日至 5 月 27 日），年末报价 3900 元/吨。全年上涨 100 元/吨，涨幅 2.63%。

2011 年，CBOT 大豆期货年初开盘价为 1369.5 美分/蒲式耳（1 月 4 日），最高价为 1451 美分/蒲式耳（2 月 9 日），最低价为 1100 美分/蒲式耳（12 月 14 日），年末收盘价为 1198.5 美分/蒲式耳（12 月 30 日）。全年下跌 171.0 美分/蒲式耳，跌幅为 12.49%。2011 年内外盘大豆期货和现货价格比较见图 3-1-2。

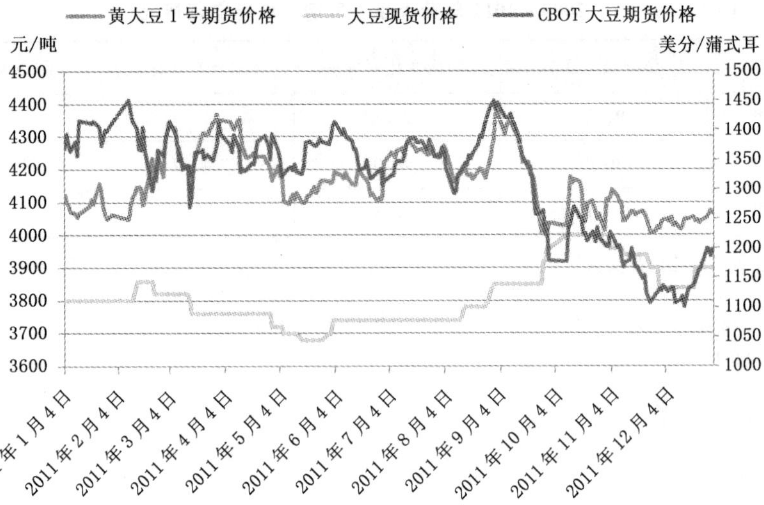

图 3-1-2　2011 年内外盘大豆期货和现货价格比较

资料来源：大连商品交易所、Bloomberg、国家粮油信息中心。

2. 价格相关性分析。2011 年黄大豆 1 号期货最高价为 4376 元/吨（9 月 22 日），最低价为 4006 元/吨（9 月 29 日），平均价为 4165.85 元/吨，标准差为 94.75 元/吨，极差为 370 元/吨，离散率为 2.27%，波幅率为 8.88%。

2011 年我国大豆现货最高价为 4000 元/吨（10 月 8 日至 11 月 2 日），最低价为 3680 元/吨（5 月 16 日至 5 月 27 日），平均价为 3812.94 元/吨，标准差为 88.03 元/吨，极差为 320 元/吨，离散率为 2.31%，波幅率为 8.39%。

2011 年 CBOT 大豆期货最高价为 1451 美分/蒲式耳（2 月 9 日），最低价为 1100 美分/蒲式耳（12 月 14 日），平均价为 1316.02 美分/蒲式耳，标准差为 90.45 美分/蒲式耳，极差为 351 美分/蒲式耳，离散率为 6.87%，波幅率为 26.67%。2011 年内外盘大豆期货和现货市场价格主要指标见表 3-1-6。

表 3-1-6　　2011 年内外盘大豆期货和现货市场价格主要指标

市场分类	绝对指标（美分/蒲式耳、元/吨）					相对指标（%）	
	最高价	最低价	平价	标准差	极差	离散率	波幅率
CBOT 连续价格	1451	1100	1316.02	90.45	351	6.87	26.67
DCE 连续价格	4376	4006	4165.85	94.75	370	2.27	8.88
现货市场价格	4000	3680	3812.94	88.03	320	2.31	8.39

资料来源：大连商品交易所、Bloomberg、国家粮油信息中心。

我国黄大豆1号期货价格受进口大豆价格影响显著，2011年黄大豆1号期货价格与CBOT大豆期货价格的相关系数为65.31%，2011年内外盘大豆期货和现货市场价格相关性见表3-1-7。

表3-1-7　　2011年内外盘大豆期货和现货市场价格相关性

价格选择	相关系数（%）
CBOT大豆价格与DCE黄大豆1号期货价格	65.31
DCE黄大豆1号期货价格与大豆现货价格	-42.59
CBOT大豆价格与大豆现货价格	-62.80

资料来源：大连商品交易所、Bloomberg、国家粮油信息中心。

（四）市场重大变化及政策调整

1. 2011年3月14日，大连商品交易所公布《大连商品交易所异常交易管理办法（试行）》，办法规定了实际控制账户的认定标准和实际控制关系账户的报备要求。

2. 2011年5月4日，大连商品交易所发布《关于实际控制关系账户投机持仓合并计算相关规则的通知》，通知内容包括实际控制关系账户投机持仓合并计算规则与由交易所执行的强行平仓规则。上述规则自2011年5月16日起施行。

3. 2011年1月28日，为加强交易所交易专网的规范管理，有效防范技术风险，根据中国证监会相关指示精神，大连商品交易所起草了《接入和使用交易所交易专网管理规范》，并更新了《专线接入技术指引》。

4. 2011年1月28日，大连商品交易所发布《关于调整交割仓库的通知》，自2011年1月28日起，取消大连龙粮中转仓库、大连华农仓储有限公司、辽宁锦州驻大连湾国家粮食储备库的黄大豆1号指定交割仓库资格，调整大连商业转运公司为备用交割仓库。

5. 2011年3月8日，大连商品交易所发布《关于填报法人客户纳税人识别号的通知》，自2011年3月8日起，为适应天津市地方税务局发布的仓储行业统一启用国家税务总局统一式样通用机打发票，并在开票时录入付款方的纳税人识别号（即税务登记证号）的规定，大连商品交易所对期货仓储费发票的开具流程作出相应调整，要求交割仓库必须同时录入期货客户名称和纳税人识别号，才能开具仓储费发票。

6. 2011年3月17日，大连商品交易所发布《关于增设黄大豆1号、玉米备用交割仓库的通知》，自2011年3月17日起，增设中央储备粮大连直属库为黄大豆1号备用交割仓库。

7. 2011年7月1日，大连商品交易所发布施行《大连商品交易所风险管理办法修正案》的通知，该修正案自2011年7月11日起施行。

8. 2011年7月25日，大连商品交易所决定套期保值额度申请业务受理部门变更为监察部。自2011年8月15日起，会员单位可向监察部提出套保额度申请。

9. 2011年9月16日，为规范交割仓库管理，促进交割业务平稳运行，大连商品交易所发布《大连商品交易所指定交割仓库资格审核工作办法》、《大连商品交易所指定交割仓库年审及等级评定工作办法》、《大连商品交易所指定交割仓库现场检查工作办法》。三项工作办法自2011年9月19日起施行。

10. 2011年10月31日，根据《大连商品交易所交割细则》有关规定，大连商品交易所公布2012年度指定交割仓库入出库费用和杂项作业服务收费的最高限价。

11. 2011年12月26日，电子仓单系统上线试运行。交割预报、仓单注册、仓单转让、仓单作为保证金、仓单注销、滚动交割申请等业务均可通过电子仓单系统，实现网上办理。试运行期间，交割业务纸质办理方式保持并行，仍可通过交割部业务窗口办理业务。自2011年12月23日起，会员单位、指定交割仓库可以登陆大连商品交易所网站“业务系统/电子仓单系统”栏目，办理业务。

二、豆粕期货运行状况

2011年豆粕期货整体呈现震荡下跌走势。年初美国大豆出口预期减少、部分饲料企业春节前集中补货等利多因素共同推动豆粕期货价格在2月小幅上涨，由年初开盘价3375元/吨上涨至年内高点3590元/吨。随着欧债危机蔓延，市场悲观情绪加剧，豆粕期货进入震荡盘整阶段。6月底，受猪肉等肉类价格上涨影响，饲料行业需求加大，豆粕期货价格一度小幅上行，后受国内不断出台的物价调控政策打压，豆粕期货震荡下行，年末受成本及现货价支撑触底反弹，年末收于2665元/吨。

市场交投方面，豆粕期货2011年成交量、成交金额均较2010年大幅萎缩，同期，持仓量小幅下降，交割量明显上升。总体来看，市场运行平稳，未出现重大风险事件。

（一）交易情况

2011年豆粕期货成交量为5017.05万手，同比减少60.05%；成交金额达16267.91亿元，同比减少57.91%；年末持仓量为42.06万手，同比减少18.12%。

2011年豆粕期货合约成交量及成交金额均较2010年下降，市场持仓规模下降。2011年豆粕期货月度交易情况见表3－1－8。2009～2011年豆粕期货年度交易情况见表3－1－9。

表3－1－8　　2011年豆粕期货月度交易情况

月度	成交量（万手）	同比变化（%）	成交金额（亿元）	同比变化（%）	月末持仓量（万手）	同比变化（%）
1月	493.29	-44.56	1706.67	-35.09	52.61	-31.45
2月	324.86	-44.52	1127.98	-30.81	49.26	-25.75
3月	354.46	-61.19	1190.70	-53.62	37.50	-44.56
4月	274.98	-69.3	923.53	-64.21	46.32	-37.83
5月	314.86	-68.84	1039.40	-64.13	52.60	-25
6月	376.80	-33.25	1250.60	-20.93	61.16	5.51
7月	567.05	-39.93	1903.40	-30.37	85.25	16.7
8月	541.26	-61.24	1801.02	-57.48	59.82	-13.85
9月	529.10	-54.39	1707.32	-53.09	41.67	-53.4
10月	442.77	-72.66	1330.14	-75.75	51.36	-50.21
11月	453.32	-77.14	1306.67	-80.46	55.12	-15.58
12月	344.30	-42.23	980.53	-50.57	42.06	-18.12
总计	5017.05	-60.05	16267.91	-57.91	42.06	-18.12

资料来源：大连商品交易所。

表3－1－9　　2007～2011年豆粕期货年度交易情况

年度	成交量（万手）	同比变化（%）	成交金额（亿元）	同比变化（%）	年末持仓量（万手）	同比变化（%）
2007年	6471.95	105.14	19569.37	165.89	27.71	73.51
2008年	8126.55	25.57	27078.95	38.37	10.06	-63.70
2009年	15540.40	91.23	44558.18	64.55	78.50	680.32
2010年	12558.19	-19.19	38651.63	-13.26	51.37	-34.14
2011年	5017.05	-60.05	16267.91	-57.91	42.06	-18.12

资料来源：大连商品交易所。

我国豆粕期货2009年以来成交量、成交金额和年末持仓量连续3年下降，同期CBOT豆粕成交量、成交金额、年末持仓量则稳步上升。2009～2011年内外盘豆粕期货交易情况比较见表3－1－10。

表3－1－10　　2009～2011年内外盘豆粕期货交易情况比较

年度	成交量（万手）		成交金额（亿元）		年末持仓量（万手）	
	DCE	CBOT	DCE（人民币）	CBOT（美元）	DCE	CBOT
2009年	15540.40	1893.70	44558.18	6923.85	78.50	8.08
2010年	12558.19	2459.07	38651.63	6242.11	51.37	9.59
2011年	5017.05	2573.87	16267.91	9087.55	42.06	9.73

资料来源：大连商品交易所。

（二）交割情况

2011年豆粕交割仓库和厂库共26家，其中交割仓库4家，交割厂库22家：交割仓库和厂库主要分布在天津、秦皇岛、日照、连云港、南通、张家港、宁波、东莞、广州、阳江和湛江，均位于沿江、海港口附近，便于运输。

2011年豆粕期货交割量为9325手，同比增加54.15%；交割金额为2.79亿元，同比增加50.92%。2011年豆粕期货月度交割情况见表3－1－11。2011年豆粕期货年度交割情况见表3－1－12。2011年豆粕期货月度注册、注销仓单量比较见图3－1－3。

表3－1－11　　2011年豆粕期货月度交割情况

月度	交割量（手）	同比变化（%）	交割金额（亿元）	同比变化（%）
1月	168	－62.66	0.06	－63.05
3月	15	－83.69	0.005	－80.77
5月	8041	103.46	2.40	120.02
7月	518	72.67	0.16	96.65
8月	85	—	0.028	—
9月	304	－72.36	1.00	－71.69
11月	194	25.16	0.05	1.95
总计	9325	54.15	2.79	50.92

资料来源：大连商品交易所。

表 3－1－12　　　2007～2011 年豆粕期货年度交割情况

年度	交割量（手）	同比变化（%）	交割金额（亿元）	同比变化（%）
2007 年	25687	65.89	6.52	95.81
2008 年	8555	－66.69	3.02	－53.59
2009 年	1188	－86.11	0.37	－265.21
2010 年	6049	409.17	1.85	398.33
2011 年	9325	54.15	2.79	50.92

资料来源：大连商品交易所。

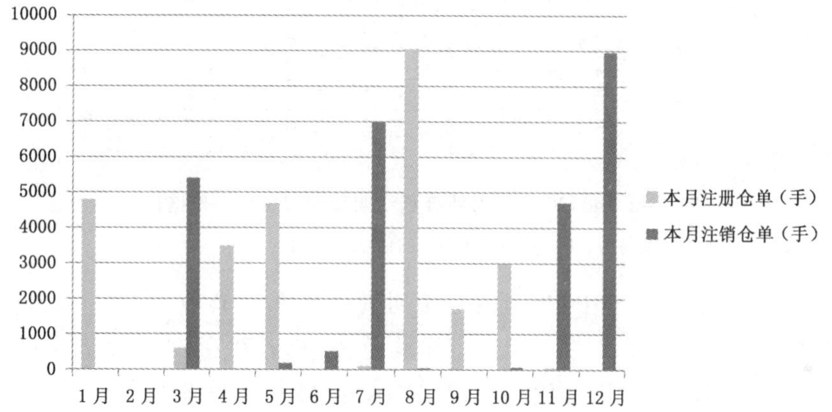

图 3－1－3　2011 年豆粕期货月度注册、注销仓单量比较

资料来源：大连商品交易所。

（三）价格走势

1. 总体价格走势。2011 年豆粕期货年初开盘价为 3375 元/吨（1 月 4 日），最高价为 3590 元/吨（2 月 14 日），最低价为 2665 元/吨（12 月 15 日），年末收盘价为 2856 元/吨（12 月 30 日）。全年期价下跌 519 元/吨，跌幅为 15.4%。

2011 年，我国豆粕现货年初报价 3450 元/吨（1 月 4 日），最高价为 3580 元/吨（2 月 10 日至 2 月 15 日），最低价为 2750 元/吨（12 月 15 日至 12 月 16 日），年末报价 2900 元/吨。全年下跌 550 元/吨，跌幅为 15.9%。

2011 年，CBOT 豆粕期货年初开盘价为 364.7 美元/短吨（1 月 4 日），最高价为 388.6 美元/短吨（2 月 9 日），最低价为 275.5 美元/短吨（12 月 9 日），年末收盘价为 309.4 美元/短吨（12 月 30 日）。全年下跌 55.3 美元/短吨，跌幅为 15.2%。

2011 年内外盘豆粕期货和现货市场价格比较见图 3－1－4。

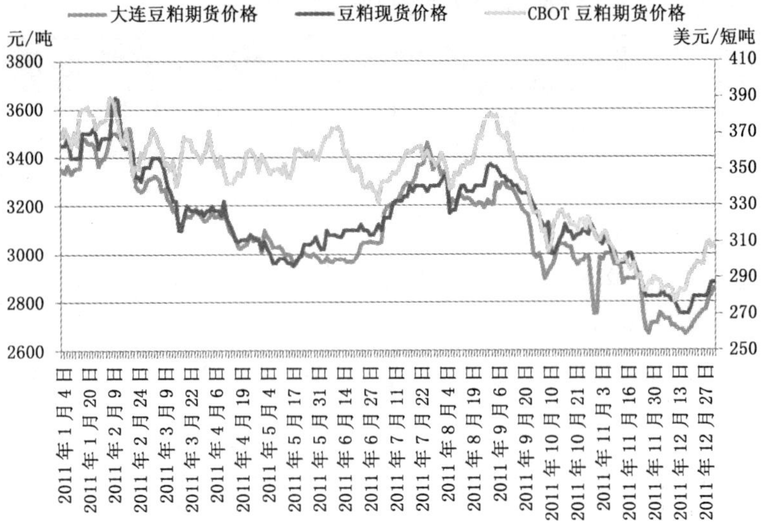

图 3－1－4　2011 年内外盘豆粕期货和现货市场价格比较

资料来源：大连商品交易所、Bloomberg、国家粮油信息中心。

2. 期货价格分析。2011 年国内豆粕期货最高价为 3590 元/吨（2 月 14 日），最低价为 2665 元/吨（12 月 15 日），平均价为 3099.78 元/吨，标准差为 224.58 元/吨，极差为 925 元/吨，离散率为 7.24%，波幅率为 29.84%。

2011 年，我国豆粕现货最高价为 3580 元/吨（2 月 10 日至 2 月 15 日），最低价为 2750 元/吨（12 月 15 日至 12 月 16 日），平均价为 3165 元/吨，标准差为 201.31 元/吨，极差为 830 元/吨，离散率为 6.36%，波幅率为 26.22%。

2011 年，CBOT 豆粕期货最高价为 388.6 美元/短吨（2 月 9 日），最低价为 275.5 美元/短吨（12 月 9 日），平均价为 343.45 美元/短吨，标准差为 28.27 美元/短吨，极差为 113.10 美元/短吨，离散率为 8.23%，波幅率为 32.93%。2011 年内外盘豆粕期货和现货市场价格主要指标见表 3－1－13。

表 3－1－13　　2011 年内外盘豆粕期货和现货市场价格主要指标

市场分类	绝对指标（美元/短吨、元/吨）					相对指标（%）	
	最高价	最低价	平均价	标准差	极差	离散率	波幅率
DCE 连续价格	3590	2665	3099.78	224.58	925	7.24	29.84
CBOT 连续价格	388.6	275.5	343.45	28.27	113.10	8.23	32.93
现货市场价格	3580	2750	3165	201.31	830	6.36	26.22

资料来源：大连商品交易所、Bloomberg、国家粮油信心中心。

我国大豆压榨行业主要以进口大豆为原料，国内豆粕期货价格、CBOT 豆粕期货价格和国内豆粕现货价格相关性强，均呈现正相关性。2011 年国内豆粕期货价格与 CBOT 豆粕期货价格相关系数达 81.63%，国内期货价格与现货价格相关系数达 94.79%，同期，CBOT 期货价格与国内现货价格相关系数为 79.22%。2011 年内外盘豆粕期货和现货市场价格相关性见表 3－1－14。

表 3－1－14　　2011 年内外盘豆粕期货和现货市场价格相关性

价格选择	相关系数（%）
CBOT 豆粕价格与 DCE 豆粕价格	81.63
DCE 豆粕价格豆粕现货价格	94.79
CBOT 豆粕价格与豆粕现货价格	79.22

资料来源：大连商品交易所、国家粮油信息中心。

（四）市场重大变化及政策调整

1. 2011 年 3 月 14 日，大连商品交易所公布《大连商品交易所异常交易管理办法（试行）》，办法规定了实际控制账户的认定标准和实际控制关系账户的报备要求。

2. 2011 年 5 月 4 日，大连商品交易所发布《关于实际控制关系账户投机持仓合并计算相关规则的通知》，通知内容包括实际控制关系账户投机持仓合并计算规则与由交易所执行的强行平仓规则。上述规则自 2011 年 5 月 16 日起施行。

3. 2011 年 1 月 28 日，大连商品交易所发布通知，对黄大豆 1 号、玉米、豆粕、豆油、棕榈油等品种的指定交割仓库进行调整。取消中谷集团乍浦国家粮食储备库、江苏南通运河桥国家粮食储备库的指定交割仓库资格，调整舟山中海粮油工业有限公司、浙江中大油脂有限公司为备用交割厂库。

4. 2011 年 3 月 8 日，大连商品交易所发布《关于填报法人客户纳税人识别号的通知》，自 3 月 8 日起，为适应天津市地方税务局发布的仓储行业统一启用国家税务总局统一式样通用机打发票，并在开票时录入付款方的纳税人识别号（即税务登记证号）的规定，对期货仓储费发票的开具流程作出相应调整，交割仓库必须同时录入期货客户名称和纳税人识别号，才能开具仓储费发票。

5. 2011 年 5 月 17 日，大连商品交易所发布《关于指定交割仓库更名的通知》，豆粕指定交割仓库“东莞卡尔吉蛋白饲料有限公司”更名为“东莞嘉吉粮油有限公司”。

6. 2011 年 7 月 1 日，大连商品交易所发布施行《大连商品交易所风险管理办法修正案》的通知，该修正案自 2011 年 7 月 11 日起施行。

7. 2011 年 7 月 25 日，大连商品交易所决定套期保值额度申请业务受理部门变更为监察部。自 2011 年 8 月 15 日起，会员单位可向监察部提出套保额度申请。

8. 2011 年 9 月 16 日，大连商品交易所发布《大连商品交易所指定交割仓库资格审核工作办法》、《大连商品交易所指定交割仓库年审及等级评定工作办法》、《大连商品交易所指定交割仓库现场检查工作办法》。三项工作办法自 2011 年 9 月 19 日起施行。

9. 2011 年 10 月 31 日，大连商品交易所发布《2012 年度指定交割仓库入出库费用和杂项作业服务收费最高限价的通知》。

10. 2011 年 11 月 16 日，大连商品交易所发布《关于指定交割仓库更名的通知》，豆粕指定交割仓库“东莞中纺粮油工业有限公司”更名为“中纺粮油（东莞）有限公司”。

11. 2011 年 12 月 26 日，电子仓单系统上线试运行。交割预报、仓单注册、仓单转让、仓单作为保证金、仓单注销、滚动交割申请等业务均可通过电子仓单系统，实现网上办理。试运行期间，交割业务纸质办理方式保持并行，仍可通过交割部业务窗口办理业务。自 23 日起，会员单位、指定交割仓库可以登陆大连商品交易所网站“业务系统/电子仓单系统”栏目，办理业务。

三、豆油期货运行状况

2011 年豆油期货行情分为 3 个阶段，1 ~ 2 月 CBOT 豆油持续上涨带动国内豆油期货价格从年初 10144 元/吨开盘一路上行至年内最高点 10400 元/吨。随后，价格出现下跌，3 ~ 8 月豆油期货价格在 9800 元/吨附近震荡。9 ~ 12 月，受到美元强势反弹，大宗商品行情持续走弱及美国农业部报告利空等因素影响，国内豆油期货价格一路下行，年末报收于 8634 元/吨。

市场交投方面，豆油期货 2011 年成交量、成交额、交割量均较 2010 年出现不同程度萎缩。总体来看，市场运行平稳，未出现重大风险事件。

（一）交易情况

2011 年豆油期货成交量为 5801.26 万手，同比减少 36.53%；成交金额为 57775.73 亿元，同比减少 25.70%。年末持仓量为 30.51 万手，同比增加 18.76%。

2011 年豆油期货成交量和成交金额均较 2010 年大幅减少，国内金融政策调整是导致这一现象发生的重要原因，同期市场持仓规模出现小幅上升。2011 年豆油期货月度交易情况见表3－1－15。2007～2011年豆油期货年度交易情况见表3－1－16。

表3－1－15　　2011年豆油期货月度交易情况

月度	成交量（万手）	同比变化（%）	成交金额（亿元）	同比变化（%）	月末持仓量（万手）	同比变化（%）
1月	578.71	－35.55	6112.57	－10.65	25.11	－35.56
2月	328.76	－2.63	3439.75	38.45	22.85	－27.57
3月	545.55	－4.24	5519.77	28.71	30.91	－16.54
4月	464.49	－16.23	4792.70	11.11	27.92	－13.75
5月	494.99	6.2	4983.63	40.19	32.71	36.5
6月	449.86	38.33	4601.59	88.39	37.49	59.19
7月	512.19	71.82	5235.01	133.96	44.65	69.62
8月	528.50	－63.19	5354.19	－54.04	40.73	14.76
9月	584.77	－31.83	5870.34	－17.07	34.10	－3.6
10月	417.09	－58.75	3862.57	－58.74	37.35	－20.02
11月	506.49	－68.28	4563.93	－70.66	36.25	20.85
12月	389.87	－50.63	3439.74	－56.77	30.51	18.76
总计	5801.26	－36.53	57775.73	－25.7	30.51	18.76

资料来源：大连商品交易所。

表3－1－16　　2007～2011年豆油期货年度交易情况

年度	成交量（万手）	同比变化（%）	成交金额（亿元）	同比变化（%）	年末持仓量（万手）	同比变化（%）
2007年	1328.39	28.56	10867.94	94.06	5.86	202.21
2008年	4469.60	236.47	41645.06	283.19	8.06	37.65
2009年	9483.69	112.18	68912.91	65.48	35.90	345.34
2010年	9140.63	－3.62	77765.21	12.85	25.69	－28.43
2011年	5801.26	－36.53	57775.73	－25.70	30.51	18.76

资料来源：大连商品交易所。

2011年国内豆油期货成交量、成交金额较2010年下滑明显，年末持仓量回升。同期，CBOT豆油成交量和成交金额呈现稳步上升态势，持仓量略有减少。2009～2011年内外盘豆油期货交易情况比较见表3－1－17。

表3－1－17　　2009～2011年内外盘豆油期货交易情况比较

年度	成交量（万手）		成交金额（亿元）		年末持仓量（万手）	
	DCE	CBOT	DCE（人民币）	CBOT（美元）	DCE	CBOT
2009年	9483.69	2842.74	68912.91	10365.50	35.90	10.54
2010年	9140.63	3798.78	77765.21	13609.20	25.69	17.90
2011年	5801.26	4066.25	57775.73	21142.31	30.51	13.66

资料来源：大连商品交易所、Bloomberg。

（二）交割情况

2011年大连商品交易所豆油交割仓库和厂库共21家。其中，交割仓库共6家，天津1家、泰州2家、秦皇岛1家、镇江1家、江苏1家。交割厂库共15家，主要位于张家港、上海、天津、连云港、山东、霸州、南通、宁波、龙口等地，大多分布在港口和交通便利处。

2011年豆油期货交割量为9358手，同比减少33.28%；交割金额为9.43亿元，同比减少10.98%。交割量和交割金额均出现较大幅度下降。2011年豆油期货月度交割情况见表3－1－18。2007～2011年豆油期货年度交割情况见表3－1－19。2011年豆油期货月度注册、注销仓单量比较见图3－1－5。

表3－1－18　　2011年豆油期货月度交割情况

月度	交割量（手）	同比变化（%）	交割金额（亿元）	同比变化（%）
1月	2782	－12.21	2.84	16.11
5月	1775	－57.79	1.75	－42.65
7月	22	－54.17	0.02	－38.08
8月	20	—	0.0199	—
9月	4759	－24.75	4.80	－0.55
总计	9358	－33.28	9.43	－10.98

资料来源：大连商品交易所。

表 3-1-19　　2007~2011 年豆油期货年度交割情况

年度	交割量（手）	同比变化（%）	交割金额（亿元）	同比变化（%）
2007 年	8784	343.41	6.999	501.18
2008 年	14592	66.12	15.72	124.60
2009 年	12206	-16.35	8.31	-47.15
2010 年	14025	14.90	10.59	27.47
2011 年	9358	-33.28	9.43	-10.98

资料来源：大连商品交易所。

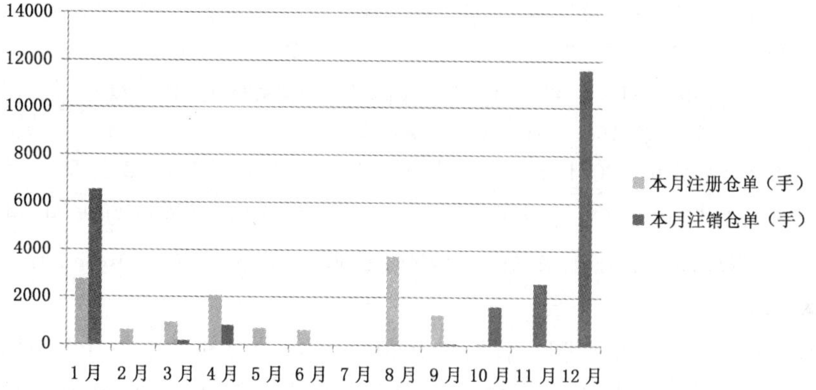

图 3-1-5　2011 年豆油期货月度注册、注销仓单量比较

资料来源：大连商品交易所。

（三）价格走势

1. 总体价格走势。2011 年豆油期货年初开盘价为 10144 元/吨（1 月 4 日），最高价为 10400 元/吨（1 月 13 日），最低价为 8440 元/吨（12 月 15 日），年末收盘价为 8634 元/吨（12 月 30 日），全年下跌 1510 元/吨，跌幅为 14.88%。

2011 年，我国豆油现货年初报价为 10550 元/吨（1 月 4 日），最高价为 11000 元/吨（2 月 9 日至 2 月 11 日），最低价为 8750 元/吨（12 月 15 日至 12 月 19 日），年末报价 9050 元/吨，全年下跌 1500 元/吨，跌幅为 14.21%。

2011 年，CBOT 豆油期货年初开盘价为 57.09 美分/磅（1 月 4 日），最高价为 59.74 美分/磅（2 月 9 日），最低价为 48.23 美分/磅（11 月 25 日），年末收盘价为 52.09 美分/磅（12 月 30 日），全年下跌 5 美分/磅，跌幅为 8.75%。

2011 年内外盘豆油期货和现货市场价格比较见图 3-1-6。

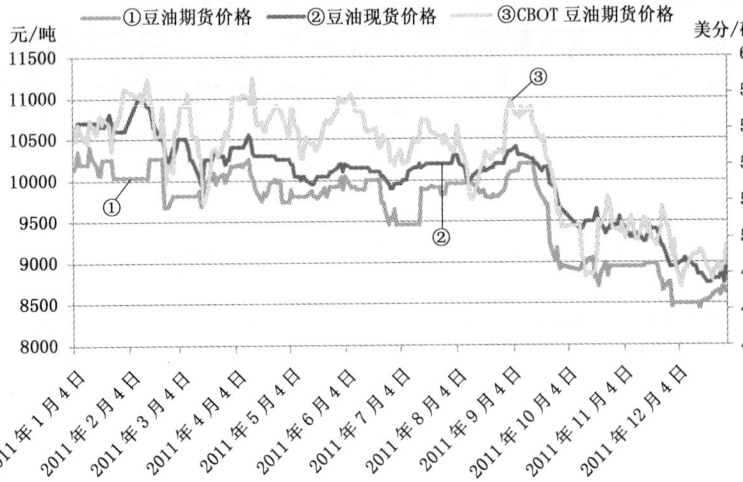

图 3-1-6　2011 年内外盘豆油期货和现货市场价格比较

资料来源：大连商品交易所、Bloomberg、国家粮油信息中心。

2. 期货价格分析。2011 年豆油期货最高价为 11000 元/吨（2 月 9 日至 2 月 11 日），最低价为 8750 元/吨（12 月 15 日至 12 月 19 日），平均价为 9624.74 元/吨，标准差为 541.15 元/吨，极差为 1960 元/吨，离散率为 5.62%，波幅率为 20.36%。

2011 年，我国豆油现货最高价为 11000 元/吨（2 月 9 日至 2 月 11 日），最低价为 8750 元/吨（12 月 15 日至 12 月 19 日），平均价为 9993.80 元/吨，标准差为 540.04 元/吨，极差为 2250 元/吨，离散率为 5.40%，波幅率为 22.51%。

2011 年，CBOT 豆油期货最高价为 59.74 美分/磅（2 月 9 日），最低价为 48.23 美分/磅（11 月 25 日），平均价为 55.13 美分/磅，标准差为 3.03 美分/磅，极差为 11.51 美分/磅，离散率为 5.49%，波幅率为 20.87%。2011 年内外盘豆油期货和现货市场价格主要指标见表 3-1-20。

表 3-1-20　　2011 年内外盘豆油期货和现货市场价格主要指标

市场分类	绝对指标（美元/磅、元/吨）					相对指标（%）	
	最高价	最低价	平均价	标准差	极差	离散率	波幅率
DCE 连续价格	10400	8440	9624.74	541.15	1960	5.62	20.36
CBOT 连续价格	59.74	48.23	55.13	3.03	11.51	5.49	20.87
现货市场价格	11000	8750	9993.80	540.04	2250	5.40	22.51

资料来源：大连商品交易所、Bloomberg。

我国大豆压榨行业主要以进口大豆为原料，2011 年国内豆油期货价格、CBOT 豆油期货价格和国内豆油现货价格，两两之间均呈现正相关关系。其中，国内豆油期货价格与 CBOT 豆油期货价格相关系数为 89.86%，国内期货价格与现货价格相关系数为 94.18%，CBOT 豆油价格与大连商品交易所期货价格相关系数为 90.88%。2011 年内外盘豆油期货价格和现货市场价格相关性见表 3-1-21。

表 3-1-21　2011 年内外盘豆油期货价格和现货市场价格相关性

价格选择	相关系数（%）
CBOT 豆油价格与 DCE 豆油价格	90.88
DCE 豆油价格与豆油现货价格	94.18
CBOT 豆油价格与豆油现货价格	89.86

资料来源：大连商品交易所、Bloomberg。

（四）市场重大变化及政策调整

1. 2011 年 3 月 14 日，大连商品交易所公布《大连商品交易所异常交易管理办法（试行）》，办法规定了实际控制账户的认定标准和实际控制关系账户的报备要求。

2. 2011 年 5 月 4 日，发布《关于实际控制关系账户投机持仓合并计算相关规则的通知》，旨在加强对实际控制关系账户的监管，维护市场运行秩序，通知内容包括实际控制关系账户投机持仓合并计算规则与由交易所执行的强行平仓规则。上述规则自 2011 年 5 月 16 日起施行。

3. 2011 年 1 月 28 日，大连商品交易所发布通知，对黄大豆 1 号、玉米、豆粕、豆油、棕榈油等指定交割仓库进行调整。取消张家港江海油脂接运有限公司的指定交割仓库资格，调整浙江新市油脂股份有限公司、舟山中海粮油工业有限公司、益江（张家港）粮油工业有限公司为备用交割厂库，增设江苏省江海粮油集团有限公司为指定交割仓库。

4. 2011 年 3 月 7 日，大连商品交易所发布《关于指定交割仓库更名的通知》，豆油、棕榈油指定交割仓库“嘉里油脂公共设施（上海）有限公司”更名为“丰益（上海）生物技术研发中心有限公司”。

5. 2011 年 5 月 17 日，大连商品交易所发布《关于指定交割仓库更名的通知》，豆粕指定交割仓库“东莞卡尔吉蛋白饲料有限公司”更名为“东莞嘉吉粮油有限公司”。

6. 2011 年 7 月 1 日，大连商品交易所发布施行《大连商品交易所风险管理办法修正案》的通知，该修正案自 2011 年 7 月 11 日起施行。

7. 2011 年 7 月 25 日，大连商品交易所决定套期保值额度申请业务受理部门变更为监察部。自 2011 年 8 月 15 日起，会员单位可向监察部提出套保额度申请。

8. 2011 年 9 月 16 日，大连商品交易所发布《大连商品交易所指定交割仓库资格审核工作办法》、《大连商品交易所指定交割仓库年审及等级评定工作办法》、《大连商品交易所指定交割仓库现场检查工作办法》。三项工作办法自 2011 年 9 月 19 日起施行。

9. 2011 年 10 月 31 日，大连商品交易所发布《2012 年度指定交割仓库入出库费用和杂项作业服务收费最高限价的通知》。

10. 2011 年 12 月 26 日，电子仓单系统上线试运行。交割预报、仓单注册、仓单转让、仓单作为保证金、仓单注销、滚动交割申请等业务均可通过电子仓单系统，实现网上办理。试运行期间，交割业务纸质办理方式保持并行，仍可通过交割部业务窗口办理业务。自 23 日起，会员单位、指定交割仓库可以登陆大连商品交易所网站“业务系统/电子仓单系统”栏目，办理业务。

四、玉米期货运行状况

2011 年玉米期货价格变动经历了四个阶段。1 ~ 3 月在需求快速增长、市场供需长期趋紧的预期下，玉米期货价格延续 2010 年的涨势，从开盘 2079 元/吨一路上行到 2262 元/吨。4 ~ 8 月在国内玉米种植面积大幅增加的预期下，玉米期货价格陷入高位震荡。在增产消息得到证实后，9 ~ 11 月玉米期货价格呈现下行态势。年末，政策收储预期支撑玉米期货价格重新企稳回升。

市场交投方面，玉米期货在经历了 2009 年、2010 年两年持仓萎缩后，2011 年持仓量明显回升，同期交割量大幅上升。总体来看，市场运行平稳，未出现重大风险事件。

（一）交易情况

2011 年玉米期货成交量为 2684.98 万手，同比减少 25.42%；成交金额达 6304.50 亿元，同比减少 17.95%；年末持仓量为 30.58 万手，同比增加 19.38%。

2011 年玉米期货成交量、成交金额较 2010 年同期下降，持仓量上升。2011 年玉米期货月度交易情况见表 3 - 1 - 22，2007 ~ 2011 年玉米期货年度交易情况见表 3 - 1 - 23。

表 3-1-22　　　2011 年玉米期货月度交易情况

月度	成交量（万手）	同比变化（%）	成交金额（亿元）	同比变化（%）	月末持仓量（万手）	同比变化（%）
1 月	213.03	34.68	497.39	66.26	28.88	130.01
2 月	348.70	755.99	847.20	1020.82	42.08	303.19
3 月	322.33	395.61	776.44	528.89	39.82	241.22
4 月	257.61	129.57	618.51	187.27	45.63	233.24
5 月	240.46	27.4	573.88	56.41	40.35	80.48
6 月	170.24	-6.87	403.66	17.39	41.30	124.97
7 月	167.15	-24.12	386.31	-8.72	31.73	93.28
8 月	173.90	-32.95	413.50	-19.86	26.57	31.81
9 月	164.33	-40.16	385.93	-31.52	21.05	-9.24
10 月	186.27	-69.48	420.66	-68.55	23.71	-34.57
11 月	225.71	-81.8	499.25	-82.47	37.86	53.58
12 月	215.28	-12.99	481.78	-15.5	30.58	19.38
总计	2684.98	-25.42	6304.50	-17.95	30.58	19.38

资料来源：大连商品交易所。

表 3-1-23　　　2007～2011 年玉米期货年度交易情况

年度	成交量（万手）	同比变化（%）	成交金额（亿元）	同比变化（%）	年末持仓量（万手）	同比变化（%）
2007 年	5943.68	-12.13	9910.92	-2.68	36.34	-54.18
2008 年	5991.85	0.81	10785.74	8.83	16.06	-55.82
2009 年	1674.41	-72.06	2842.45	-73.65	14.47	-9.91
2010 年	3599.96	115.00	7683.42	170.31	25.62	77.06
2011 年	2684.97	-25.42	6304.50	-17.95	30.58	19.38

资料来源：大连商品交易所。

国内玉米期货的成交量、成交额在 2010 年大幅上升后，2011 年出现小幅下降，2011 年末持仓量较 2010 年同期小幅上升。同期，CBOT 玉米期货成交量、成交额自 2009 年以来持续上升，但持仓量出现小幅下滑。2009～2011 年内外盘玉米期货交易情况比较见表 3-1-24。

表 3-1-24　　2009~2011 年内外盘玉米期货交易情况比较

年度	成交量（万手）		成交金额（亿元）		年末持仓量（万手）	
	DCE	CBOT	DCE（人民币）	CBOT（美元）	DCE	CBOT
2009 年	1674.41	1560.30	2842.45	2985.63	14.47	47.70
2010 年	3599.96	2866.50	7683.42	6463.96	25.61	73.55
2011 年	2684.97	3386.60	6304.50	11409.46	30.58	54.20

资料来源：大连商品交易所、汇易网、文华财经。

（二）交割情况

2011 年大连商品交易所玉米期货交割仓库共 12 家，大连 8 家、锦州 3 家、鲅鱼圈 1 家，多位于铁路站台附近或港口，便于铁路及船舶水路运输。

2011 年大连商品交易所玉米期货交割量为 49474 手，交割金额为 11.44 亿元。2011 年玉米期货月度交割情况见表 3-1-25。2007~2011 年玉米期货年度交割情况见表 3-1-26。2011 年玉米期货月度注册、注销仓单量比较见图 3-1-7。

表 3-1-25　　2011 年玉米期货月度交割情况

月度	交割量（手）	同比变化（%）	交割金额（亿元）	同比变化（%）
1 月	2144	808.47	0.44325	950.32
3 月	2	-71.43	0.00041	-67.01
5 月	14197	2920.64	3.15766	3405.42
7 月	140	—	0.03108	—
9 月	31699	789.17	7.51686	950.42
11 月	1292	976.67	0.30571	1113.71
总计	49474	1024.92	11.4442	1208.94

资料来源：大连商品交易所。

表 3-1-26　　2007~2011 年玉米期货年度交割情况

年度	交割量（手）	同比变化（%）	交割金额（亿元）	同比变化（%）
2007 年	67860	178.83	10.52	236.97
2008 年	77187	13.74	12.79	21.60

续表

年度	交割量（手）	同比变化（%）	交割金额（亿元）	同比变化（%）
2009年	20599	-73.31	3.31	-74.09
2010年	4398	-78.65	0.87	-73.61
2011年	49474	1024.92	11.44	1208.94

资料来源：大连商品交易所。

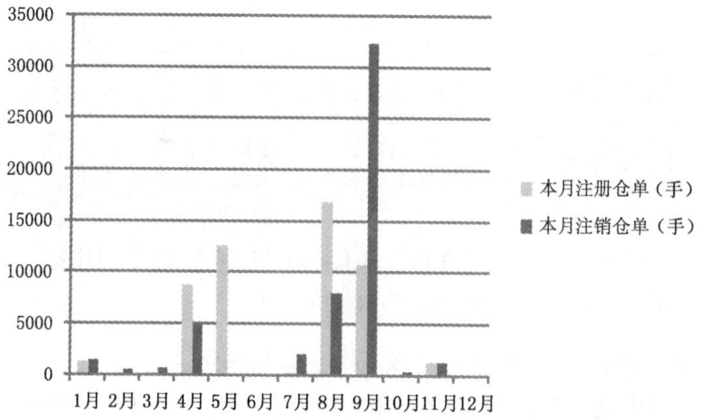

图3-1-7　2011年玉米期货月度注册、注销仓单量比较

资料来源：大连商品交易所。

（三）价格走势

1. 总体价格走势。2011年玉米期货以2079元/吨开盘（1月4日），最高价为2460元/吨（9月27日），最低价为2067元/吨（1月28日），年末收盘价为2232元/吨（12月30日），全年期货价格上涨153元/吨，涨幅为7.36%。

2011年，国内玉米现货年初报价2060元/吨（1月4日），最高价为2480元/吨（9月14~28日），最低价为2060元/吨（1月4日），年末报价2310元/吨，全年现货价格上涨250元/吨，涨幅为12.13%。

2011年，CBOT玉米以621美分/磅开盘（1月3日），最高价为787美分/磅（6月10日），最低价为579美分/磅（12月15日），年末647美分/磅，全年价格上涨26美分/磅，涨幅为4.19%。

2011年内外盘玉米期货和现货市场价格比较见图3-1-8。

2. 期货价格分析。2011年玉米期货最低价为2067元/吨（1月28日），最高价为2460元/吨（9月27日），平均价为2262元/吨，标准差为86.25元/吨，极

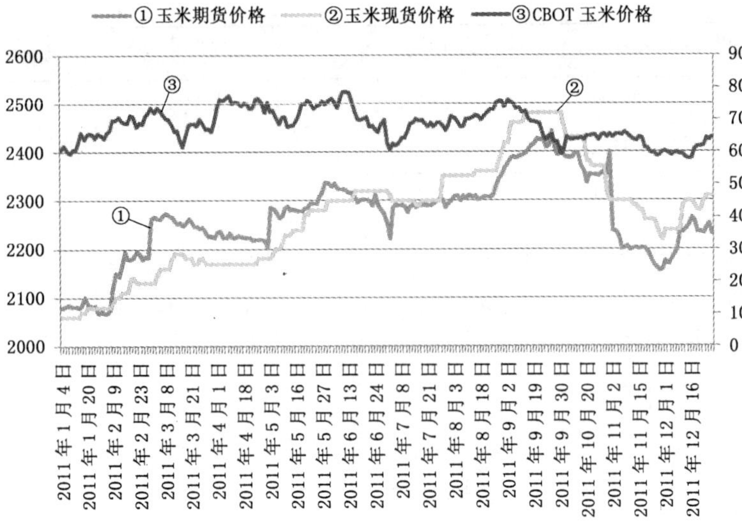

图 3－1－8　2011 年内外盘玉米期货和现货市场价格比较

资料来源：大连商品交易所；Bloomberg；国家粮油信息中心。

差为 376 元/吨，离散率为 3.81%，波幅率为 22.94%。

2011 年，国内现货价格最低价为 2060 元/吨（1 月 4 日），最高价为 2480 元/吨（9 月 14～28 日），平均价为 2483 元/吨，标准差为 112.46 元/吨，极差为 420 元/吨，离散率为 4.96%，波幅率为 26.78%。

2011 年，CBOT 玉米最低价为 579 美分/磅（12 月 15 日），最高价为 787 美分/磅（6 月 10 日），平均价为 679 美分/磅，标准差为 52.63 美分/磅，极差为 208 美分/磅，离散率为 7.75%，波幅率为 25.30%。

2011 年内外盘玉米期货和现货市场价格主要指标见表 3－1－27。

表 3－1－27　　2011 年内外盘玉米期货和现货市场价格主要指标

市场分类	绝对指标（美元/短吨、元/吨）					相对指标（%）	
	最高价	最低价	平均价	标准差	极差	离散率	波幅率
DCE 连续价格	2443	2067	2262	86.25	376	3.81	22.94
CBOT 交易所连续价格	787	579	679	52.63	208	7.75	25.30
现货市场价格	2480	2060	2266	112.46	420	4.96	26.78

资料来源：大连商品交易所、汇易网、CME。

2011 年国内玉米期货价格与 CBOT 玉米期货价格呈现正相关关系，相关系数为26.42。同期，国内期货价格与现货价格的相关系数为87.51%。2011年内外盘玉米期货和现货市场价格相关性见表3－1－28。

表3－1－28　　2011年内外盘玉米期货和现货市场价格相关性

价格选择	相关系数（%）
CBOT玉米价格与DCE玉米价格	26.42
DCE玉米价格与玉米现货价格	87.51
CBOT玉米价格与玉米现货价格	－0.997

资料来源：大连商品交易所，国家粮油信息中心大连玉米价格。

（四）市场重大变化及政策调整

1. 2011年3月14日，大连商品交易所公布《大连商品交易所异常交易管理办法（试行）》，办法规定了实际控制账户的认定标准和实际控制关系账户的报备要求。

2. 2011年5月4日，大连商品交易所发布《关于实际控制关系账户投机持仓合并计算相关规则的通知》，旨在加强对实际控制关系账户的监管，维护市场运行秩序，通知内容包括实际控制关系账户投机持仓合并计算规则与由交易所执行的强行平仓规则。上述规则自2011年5月16日起施行。

3. 2011年1月28日，大连商品交易所发布通知，对黄大豆1号、玉米、豆粕、豆油、棕榈油等指定交割仓库进行调整。取消营口汇丰物流有限公司、营口鲅鱼圈西关国家粮食储备库的指定交割仓库资格，调整锦州吉粮运销储备库为备用交割仓库。

4. 2011年3月8日，大连商品交易所发布《关于填报法人客户纳税人识别号的通知》，自2011年3月8日起，为适应天津市地方税务局发布的仓储行业统一启用国家税务总局统一式样通用机打发票，并在开票时录入付款方的纳税人识别号（即税务登记证号）的规定，大连商品交易所对期货仓储费发票的开具流程作出相应调整，要求交割仓库必须同时录入期货客户名称和纳税人识别号，才能开具仓储费发票。

5. 2011年3月17日，大连商品交易所增设中央储备粮大连直属库、中纺粮油（锦州）工贸有限公司为玉米备用交割仓库。

6. 2011年7月1日，大连商品交易所发布施行《大连商品交易所风险管理办法修正案》的通知，该修正案自2011年7月11日起施行。

7. 2011 年 7 月 25 日，大连商品交易所决定套期保值额度申请业务受理部门变更为监察部。自 2011 年 8 月 15 日起，会员单位可向监察部提出套保额度申请。

8. 2011 年 9 月 16 日，为规范交割仓库管理，促进交割业务平稳运行，大连商品交易所发布《大连商品交易所指定交割仓库资格审核工作办法》、《大连商品交易所指定交割仓库年审及等级评定工作办法》、《大连商品交易所指定交割仓库现场检查工作办法》。三项工作办法自 2011 年 9 月 19 日起施行。

9. 2011 年 10 月 31 日，大连商品交易所发布《2012 年度指定交割仓库入出库费用和杂项作业服务收费最高限价的通知》。

10. 2011 年 12 月 26 日，电子仓单系统上线试运行。交割预报、仓单注册、仓单转让、仓单作为保证金、仓单注销、滚动交割申请等业务均可通过电子仓单系统实现网上办理。试运行期间，交割业务纸质办理方式保持并行，仍可通过交割部业务窗口办理业务。自 12 月 23 日起，会员单位、指定交割仓库可以登陆大连商品交易所网站“业务系统/电子仓单系统”栏目，办理业务。

五、棕榈油期货运行状况

2011 年受国内棕榈油市场需求下降影响，棕榈油期货价格总体呈回落态势。年初，棕榈油期货价格延续了 2010 年的涨势，以 9824 元/吨开盘，2 月上涨至 10300 元/吨。随着宏观面对货币政策趋紧的担忧加剧，棕榈油期货价格呈现震荡偏弱格局，11 月见底后，12 月表现为驻底震荡格局，年末收盘于 8009 元/吨。

市场交投方面，棕榈油期货 2011 年成交量、成交金额均有不同程度下降，年末持仓量大幅上升，同期，交割量有小幅下降。总体来看，市场运行平稳，未出现重大风险事件。

（一）交易情况

2011 年棕榈油期货合约成交 2259.40 万手，成交金额为 20194.25 亿元，分别较 2010 年同期下降 45.95%、35.44%。年末持仓量为 13.38 万手，较 2010 年同期上升 53.37%。

2011 年棕榈油期货成交量、成交额较 2010 年明显下滑。2011 年棕榈油期货月度交易情况见表 3-1-29。2007~2011 年棕榈油期货年度交易情况见表 3-1-30。2009~2011 年内外盘棕榈油期货交易情况比较见表 3-1-31。

表 3-1-29　　2011 年棕榈油期货月度交易情况

月度	成交量（万手）	同比变化（%）	成交金额（亿元）	同比变化（%）	月末持仓量（万手）	同比变化（%）
1 月	223.73	-64.84	2349.43	-50.22	7.86	-50.57
2 月	131.57	-56.6	1284.33	-37.4	7.63	-54.99
3 月	212.73	-54.25	1962.36	-39.12	8.86	-37.72
4 月	169.00	-36.57	1564.35	-15.62	10.48	-29.2
5 月	190.72	-12.88	1729.22	17.84	9.11	-27.07
6 月	177.59	20.01	1618.60	69	16.62	28.9
7 月	223.29	17.18	2018.49	63.5	19.43	46.96
8 月	247.10	-44.86	2200.76	-31.05	21.54	60.96
9 月	193.80	-39.97	1677.81	-29.56	14.87	71.85
10 月	115.03	-49.77	912.87	-51.93	12.40	26.36
11 月	227.28	-58.11	1828.61	-62.46	13.73	28.73
12 月	132.60	-63.82	1047.45	-69.45	13.38	53.37
总计	2259.40	-45.95	20194.25	-35.44	13.38	53.37

资料来源：大连商品交易所。

表 3-1-30　　2007～2011 年棕榈油期货年度交易情况

年度	成交量（万手）	同比变化（%）	成交金额（亿元）	同比变化（%）	年末持仓量（万手）	同比变化（%）
2007 年	33.92	—	296.10	—	0.52	—
2008 年	630.25	1758.18	4332.06	1363.04	4.32	726.54
2009 年	4442.65	604.91	27641.17	538.06	18.92	338.11
2010 年	4179.98	-5.91	31281.04	13.17	8.72	-53.88
2011 年	2259.40	-45.95	20194.25	-35.44	13.38	53.37

资料来源：大连商品交易所。

表 3-1-31　　2009～2011 年内外盘棕榈油期货交易情况比较

年度	成交量（万手）		成交金额（亿元）		月末持仓量（万手）	
	DCE	BMD	DCE（人民币）	BMD（令吉）	DCE	BMD
2009 年	4442.65	198.70	27641.17	45.31	18.92	3.95
2010 年	4179.95	202.20	31281.04	56.44	8.72	4.17

续表

年度	成交量（万手）		成交金额（亿元）		月末持仓量（万手）	
	DCE	BMD	DCE（人民币）	BMD（令吉）	DCE	BMD
2011 年	2259.40	290.45	20194.25	92.98	13.38	5.30

资料来源：大连商品交易所、汇易网、文华财经。

（二）交割情况

2011 年棕榈油期货交割仓库共 12 家，广州 4 家、天津 2 家、张家港 1 家，其余 5 家均位于江浙沪地区。

2011 年棕榈油期货交割量为 3923 手，较 2010 年同期下降 22%，交割金额为 3.54 亿元，较 2010 年同期增加 0.026%。2011 年棕榈油期货月度交割情况见表 3－1－32，2009～2011 年棕榈油期货交割情况见表 3－1－33。

表 3－1－32　　2011 年棕榈油期货月度交割情况

月度	交割量（手）	同比变化（%）	交割金额（亿元）	同比变化（%）
3 月	60	361.54	0.06	500.00
5 月	2718	128.60	2.50	212.50
9 月	1145	－42.50	0.98	32.41
总计	3923	－22.44	3.54	0.00

资料来源：大连商品交易所。

表 3－1－33　　2008～2011 年棕榈油期货年度交割情况

年度	交割量（手）	同比变化（%）	交割金额（亿元）	同比变化（%）
2008 年	2893	—	2.76	—
2009 年	2895	0.07	1.47	－46.74
2010 年	5058	74.72	3.54	140.82
2011 年	3923	－22.44	3.54	0.026

资料来源：大连商品交易所。

（三）价格走势

1. 总体价格走势。2011 年棕榈油期货以 9824 元/吨开盘（1 月 4 日），最高价为 10300 元/吨（2 月 10 日），最低价为 7638 元/吨（10 月 20 日），年末收盘价是

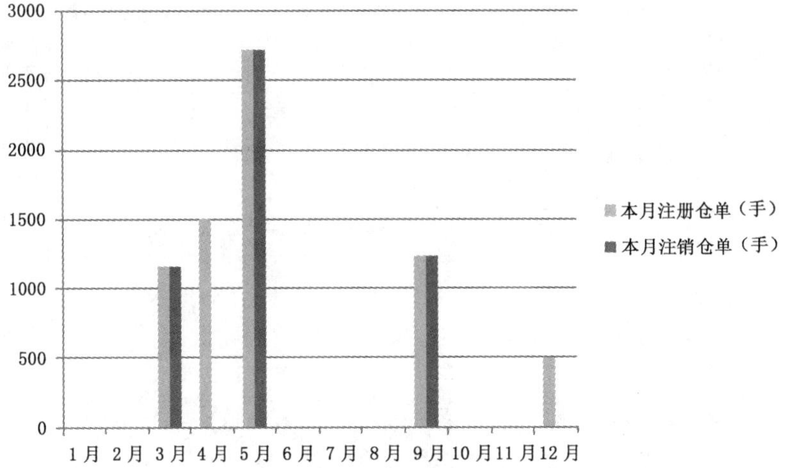

图 3－1－9　2011 年棕榈油期货月度注册、注销仓单量比较

资料来源：大连商品交易所。

8009 元/吨（12 月 30 日），全年期货价格下跌 1815 元/吨，跌幅达 18.48%。

2011 年国内现货价格年初报价 9850 元/吨（1 月 4 日），最高价为 10400 元/吨（2 月 14 日），最低价为 7520 元/吨（12 月 30 日），年末报价为 7520 元/吨，全年现货价格上涨 2330 元/吨，涨幅为 23.65%。

2011 年马来西亚衍生品交易所（简称 BMD）棕榈油期货以 3824 令吉/吨开盘（1 月 3 日），最低价为 2775 令吉/吨（10 月 6 日），最高价为 3899 令吉/吨（2 月 10 日），年末收盘价 3165 令吉/吨，全年期货价格下跌 695 令吉/吨，跌幅为 18.14%。

2011 年内外盘棕榈油期货和现货市场价格比较见图 3－1－10。

2. 期货价格分析。2011 年棕榈油期货最高价为 10300 元/吨（2 月 10 日），最低价为 7638 元/吨（10 月 20 日），平均价为 8876 元/吨，标准差为 641.13 元/吨，极差为 2662 元/吨，离散率为 7.22%，波幅率为 29.99%。

2011 年国内现货最低价为 7520 元/吨（12 月 30 日），最高价为 10400 元/吨（2 月 14 日），标准差为 812.7 元/吨，极差为 2880 元/吨，离散率为 9.13%，波幅率为 32.34%。

2011 年 BMD 期货最低价为 2775 令吉/吨（10 月 6 日），最高价为 3899 令吉/吨（2 月 10 日），平均价为 3227 令吉/吨，标准差为 253.68 令吉/吨，极差为 1124 令吉/吨，离散率为 7.86%，波幅率为 34.83%。2011 年内外盘棕榈油期货和现货

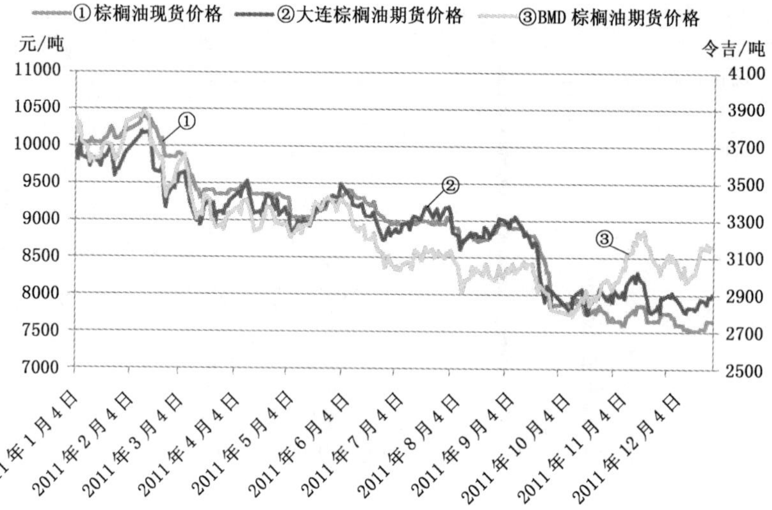

图 3-1-10　2011 年内外盘棕榈油期货和现货市场价格比较

资料来源：大连商品交易所、Bloomberg、天津港现货价格。

市场价格主要指标见表 3-1-34。

表 3-1-34　　2011 年内外盘棕榈油期货和现货市场价格主要指标

市场分类	绝对指标（美元/吨、元/吨）					相对指标（%）	
	最高价	最低价	平均价	标准差	极差	离散率	波幅率
DCE 连续价格	10300	7638	8876	641.13	2662	7.22	29.99
BMD 连续价格	3899	2775	3227	253.68	1124	7.86	34.83
天津现货市场价格	10400	7520	8906	812.7	2880	9.13	32.34

资料来源：大连商品交易所、汇易网、文华财经。

2011 年国内棕榈油期货价格与 BMD 棕榈油期货价格展现出了显著的正相关关系，相关系数是 82.52，国内期货价格与现货价格的相关系数是 97.53，国内现货价格与 CBOT 期货价格也呈现正相关关系且相关系数是 81.12。2011 年内外盘棕榈油期货和现货价格相关性见表 3-1-35。

表 3-1-35　　2011 年内外盘棕榈油期货和现货市场价格相关性

价格选择	相关系数（%）
BMD 棕榈油价格与 DCE 棕榈油价格	82.52

续表

价格选择	相关系数（%）
DCE 棕榈油价格与棕榈油现货价格	97.53
BMD 棕榈油价格与棕榈油现货价格	81.12

资料来源：大连商品交易所、天津港棕榈油现货价格。

（四）市场重大变化及政策调整

1. 2011 年 3 月 14 日，大连商品交易所公布《大连商品交易所异常交易管理办法（试行）》，办法规定了实际控制账户的认定标准和实际控制关系账户的报备要求。

2. 2011 年 5 月 4 日，大连商品交易所发布《关于实际控制关系账户投机持仓合并计算相关规则的通知》，旨在加强对实际控制关系账户的监管，维护市场运行秩序，通知内容包括实际控制关系账户投机持仓合并计算规则与由交易所执行的强行平仓规则。上述规则自 2011 年 5 月 16 日起施行。

3. 2011 年 1 月 28 日，大连商品交易所发布通知，对黄大豆 1 号、玉米、豆粕、豆油、棕榈油等指定交割仓库进行调整。取消张家港江海油脂接运有限公司、益江（张家港）粮油工业有限公司、仪征益江粮油工业有限公司、嘉兴市乍浦东方油脂有限公司的指定交割仓库资格，增设江苏省江海粮油集团有限公司为备用交割仓库。

4. 2011 年 3 月 8 日，大连商品交易所发布《关于填报法人客户纳税人识别号的通知》，自 2011 年 3 月 8 日起，为适应天津市地方税务局发布的仓储行业统一启用国家税务总局统一式样通用机打发票，并在开票时录入付款方的纳税人识别号（即税务登记证号）的规定，大连商品交易所对期货仓储费发票的开具流程作出相应调整，要求交割仓库必须同时录入期货客户名称和纳税人识别号，才能开具仓储费发票。

5. 2011 年 7 月 1 日，大连商品交易所发布施行《大连商品交易所风险管理办法修正案》的通知，该修正案自 2011 年 7 月 11 日起施行。

6. 2011 年 7 月 25 日，大连商品交易所决定套期保值额度申请业务受理部门变更为监察部。自 2011 年 8 月 15 日起，会员单位可向监察部提出套保额度申请。

7. 2011 年 9 月 16 日，为规范交割仓库管理，促进交割业务平稳运行，大连商品交易所发布《大连商品交易所指定交割仓库资格审核工作办法》、《大连商品交易所指定交割仓库年审及等级评定工作办法》、《大连商品交易所指定交割仓库现场检查工作办法》。三项工作办法自2011年9月19日起施行。

8. 2011年10月31日，大连商品交易所发布《2012年度指定交割仓库入出库费用和杂项作业服务收费最高限价的通知》。

9. 2011年12月26日，电子仓单系统上线试运行。交割预报、仓单注册、仓单转让、仓单作为保证金、仓单注销、滚动交割申请等业务均可通过电子仓单系统实现网上办理。试运行期间，交割业务纸质办理方式保持并行，仍可通过交割部业务窗口办理业务。自23日起，会员单位、指定交割仓库可以登陆大连商品交易所网站“业务系统/电子仓单系统”栏目，办理业务。

六、小麦期货运行状况

2011年，郑州商品交易所（ZCE）强筋小麦及普通小麦期货价格走势先扬后抑，震荡下跌，成交及持仓均有增加。

影响强筋小麦价格的因素包括：（1）春节前后受天气干旱因素影响，小麦期价快速上涨，期价创出年度高点。随后在抗旱成功及多次降雨影响下，旱情缓解，墒情改善，小麦期价缓慢下跌。（2）下半年在小麦丰收，产量实现连续八年“八连增”，供求宽松影响下，强筋小麦期价继续下跌。收购期间小麦市场价格高于托市价，托市收购没有启动；强筋小麦产区整体质量仍不容乐观，但传统产区受天气影响，小麦硬度提高，达到强筋小麦交割标准小麦增多；小麦替代玉米饲用消费增多，普通小麦现货价格上涨，但强筋小麦市场需求不足，面粉销售平淡，强筋小麦现货价格走弱；国际市场小麦供求宽松，经济不振，欧债危机阴霾，美国小麦期价震荡下跌。

（一）交易情况

2011年，郑州商品交易所优质强筋小麦期货成交量达791.17万手，成交金额为2237.46亿元，年末持仓量为8.31万手，与2010年相比，成交量增加36.30%，成交金额增加49.43%，年末持仓量增加65.24%。普通小麦期货成交量达15.32万手，成交金额为33.94亿元，年末持仓量0.38万手，与2010年相比，成交量增加336.42%，成交额增加345.44%，年末持仓量减少9.21%。

2011年强筋小麦及普通小麦期货全年成交量、成交额以及月末持仓情况见表3-1-36、表3-1-37、表3-1-38、表3-1-39、表3-1-40。

表 3-1-36　　2011 年强筋小麦期货月度交易情况

月度	成交量（万手）	同比变化（%）	成交金额（亿元）	同比变化（%）	月末持仓量（万手）	同比变化（%）
1 月	113.97	903.43	317.69	1132.72	7.19	152.00
2 月	282.14	7418.63	845.96	9869.70	11.27	306.18
3 月	84.29	1148.08	242.03	1469.63	8.08	176.45
4 月	39.06	184.93	111.36	254.12	7.81	140.87
5 月	42.36	399.82	121.36	526.89	8.91	253.47
6 月	32.41	351.38	91.58	458.55	7.29	224.28
7 月	27.21	1.30	75.40	18.71	9.16	39.63
8 月	37.09	-63.51	100.93	-59.82	9.79	0.69
9 月	31.64	-22.02	85.66	-17.24	7.24	-9.28
10 月	27.29	-86.82	69.58	-87.41	7.78	3.78
11 月	36.36	-62.05	87.24	-65.67	8.51	58.54
12 月	37.35	-34.84	88.67	-42.94	8.31	65.24
总计	791.17	36.30	2237.46	49.43	—	—

资料来源：郑州商品交易所。

表 3-1-37　　2011 年普通小麦期货月度交易情况

月度	成交量（万手）	同比变化（%）	成交金额（亿元）	同比变化（%）	月末持仓量（万手）	同比变化（%）
1 月	0.5	423.57	1.13	504.58	0.26	1002.14
2 月	0.94	1563.96	2.26	1946.64	0.45	2417.98
3 月	0.43	130.41	0.99	172.12	0.4	1035.21
4 月	0.87	579.92	1.99	705.22	0.47	1031.65
5 月	0.94	773.51	2.08	902.12	0.48	856.57
6 月	1.73	1581.94	3.86	1805.50	0.44	589.46
7 月	2.11	1694.39	4.63	1813.33	0.61	856.85
8 月	2.18	422.83	4.75	441.87	0.54	414.30
9 月	2.25	1558.78	4.89	1578.96	0.46	462.09
10 月	1.47	70.40	3.24	66.15	0.43	298.87
11 月	1.39	43.66	3.06	39.05	0.27	29.04
12 月	0.51	52.80	1.06	44.19	0.19	-9.21
总计	15.32	336.42	33.94	345.44	—	—

资料来源：郑州商品交易所。

表 3－1－38　　2009～2011 年强筋小麦期货年度交易情况

年度	成交量（万手）	同比变化（%）	成交金额（亿元）	同比变化（%）	月末持仓量（万手）	同比变化（%）
2009 年	683	－75.16	1451.5	－74.55	3.60	－67.05
2010 年	580.5	－15.07	1497.5	3.15	5.03	39.76
2011 年	791.17	36.30	2237.46	49.43	8.31	65.24

资料来源：郑州商品交易所。

表 3－1－39　　2009～2011 年普通小麦期货年度交易情况

年度	成交量（万手）	同比变化（%）	成交金额（亿元）	同比变化（%）	月末持仓量（万手）	同比变化（%）
2009 年	1.99	－87.92	3.79	－87.28	0.05	－78.26
2010 年	3.51	74.00	7.625	98.00	0.21	322.72
2011 年	15.32	336.42	33.94	345.44	0.19	－9.21

资料来源：郑州商品交易所。

表 3－1－40　　2009～2011 年强筋小麦期货内外盘交易情况比较

年度	成交量（万手）		成交金额（亿元）		月末持仓量（万手）	
	ZCE	CBOT	ZCE	CBOT	ZCE	CBOT
2009 年	683	1757.73	1451.5	—	3.6	36.44
2010 年	580.5	2315.49	1497.5	—	5.03	49.15
2011 年	791.17	2428.33	2237.46	—	8.31	38.46

资料来源：郑州商品交易所、芝加哥期货交易所。

（二）交割情况

截至 2011 年底，强筋小麦期货交割库有 11 个，强筋小麦交割库主要分布在山东济宁、荷泽，河北藁城、元氏、邢台、衡水，江苏徐州，河南新乡、濮阳、郑州，陕西西安等地；普通小麦期货交割库有 14 个，普通小麦交割库主要分布在江苏南京、靖江、南通、徐州、江阴，陕西西安，河北藁城、邢台、柏乡，山东德州、兖州，河南濮阳、新乡和安阳等地。

2011 年郑州商品交易所强筋小麦期货交割总量为 21.68 万吨，交割金额为

5.43 亿元，比 2010 年分别增加 313.31% 和 241.51%；普通小麦期货交割总量为 1.375 万吨，交割金额为 0.28 亿元，比 2010 年分别增长 249.87% 和 263.64%。2011 年小麦期货交割见表 3－1－41、表 3－1－42、表 3－1－43、表 3－1－44。

表 3－1－41　　2011 年强筋小麦期货月度交割情况

月度	交割量（手）	同比变化（%）	交割金额（亿元）	同比变化（%）
1 月	5927	385.42	1.42	447.01
3 月	663	904.55	0.17	1045.24
5 月	979	－71.85	0.25	－67.88
7 月	581	－25.99	0.15	－14.04
9 月	11046	1146.73	2.85	1239.10
11 月	2484	313.31	0.59	294.68

资料来源：郑州商品交易所。

表 3－1－42　　2011 年普通小麦期货月度交割情况

月度	交割量（手）	同比变化（%）	交割金额（亿元）	同比变化（%）
1 月	127	296.88	0.03	318.55
3 月	206	1371.43	0.04	1504.36
5 月	207	314.00	0.04	362.31
7 月	200	455.56	0.04	464.76
9 月	60	－62.73	0.01	－61.91
11 月	575	475.00	0.12	498.64

资料来源：郑州商品交易所。

表 3－1－43　　2009～2011 年强筋小麦期货交割情况

年度	交割数量（手）	同比变化（%）	交割金额（亿元）	同比变化（%）
2009 年	13860	－47.39	2.72	－44.09
2010 年	7037	－49.23	1.59	－41.73
2011 年	21680	313.31	5.43	241.51

资料来源：郑州商品交易所。

表 3-1-44　　2009~2011 年普通小麦期货交割情况

年度	交割数量（手）	同比变化（%）	交割金额（亿元）	同比变化（%）
2009 年	1185	510.82	0.216	580.61
2010 年	393	-66.84	0.077	-64.50
2011 年	1375	249.87	0.28	263.64

资料来源：郑州商品交易所。

（三）价格走势

1. 总体价格走势。2011 年，郑州商品交易所强筋小麦期价上半年平稳运行，下半年震荡下跌。上半年因小麦生长期内遭遇旱情，给后市产量蒙上一层阴影，在产量并不明朗的情况下，期价呈现出区间震荡的态势；下半年到小麦收获期时，产量情况逐渐明朗，虽受旱情影响，但因政府重视，田间管理得当，主要产区小麦迎来“八连增”，市场供应量增加，后市又遇面粉消费旺季不旺的情况，期价步入下跌通道。郑州商品交易所强筋小麦近月合约年初结算价为 2417 元/吨，年末结算价为 2274 元/吨，年末较年初下跌 197 元/吨，跌幅达 7.97%；年内最高结算价为 2700 元/吨，最低结算价为 2233 元/吨，最大价差为 467 元/吨。强筋小麦、普通小麦的总体价格波动情况见图 3-1-11。

2011 年 CBOT 小麦期货震荡下跌。因黑海地区小麦生产恢复，俄罗斯与乌克兰相继解除谷物出口禁令，加之澳大利亚小麦丰产，全球小麦供应宽松，库存达到历史较高水平，国际小麦期货下跌，美国小麦出口受挫，CBOT 小麦期货价格震荡下跌。CBOT 小麦期货近交割月结算价格年初为 805.50 美分/蒲式耳，年末结算价为 652.75 美分/蒲式耳，年末较年初下跌 152.75 美分，跌幅达 18.96%。年中最高结算价 886.00 美分/蒲式耳，最低价为 573.50 美分/蒲式耳，年内最大差价为 312.50 美分/蒲式耳。

2. 价格相关性分析。2011 年，郑州商品交易所强筋小麦期价与芝加哥期货交易所小麦价格走势基本相仿，主要原因是受国际金融危机及经济危机影响，商品出现同涨同跌，且进口小麦同比明显增加，国际小麦价格对国内小麦价格的传导影响有所增强，因而呈现出一定的相关性。

国内小麦期现货价格呈现负相关走势，主要是因为政策影响下，国内小麦现货价格走势主要以稳为主，但期货价格反映远期价格，年初冲高后，受宽松供求及外围环境影响而震荡下跌。

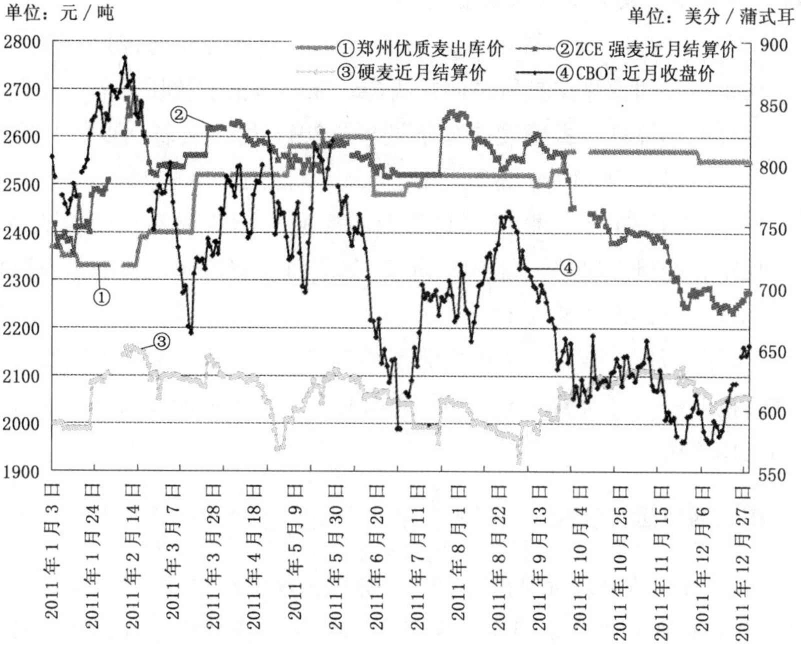

图 3－1－11　2011 年小麦期货内外盘和现货市场价格比较

资料来源：郑州商品交易所、芝加哥期货交易所。

2011 年小麦期货内外盘和现货情况见表 3－1－45、表 3－1－46。

表 3－1－45　　2011 年小麦期货内外盘和现货市场价格主要显性指标

市场分类	绝对指标（美分/蒲式耳、元/吨）					相对指标（%）	
	最高价	最低价	平均价	标准差	极差	离散率	波幅率
ZCE 强筋小麦连续价格	2710	2225	2498.83	115.193	467	4.61	18.69
CBOT 连续价格	893.25	565.25	708.66	78.52	328	11.08	46.28
郑州小麦现货市场价格	2600	2330	2506.72	71.711	270	2.86	10.77

资料来源：郑州商品交易所、芝加哥期货交易所。

表 3－1－46　　2011 年小麦期货内外盘和现货市场价格相关性

价格选择	相关系数
ZCE 连续价格与 CBOT 连续价格	0.609
ZCE 连续价格与现货市场价格	－0.166
CBOT 连续价格与现货市场价格	－0.54

资料来源：郑州商品交易所、芝加哥期货交易所。

（四）市场重大变化及政策调整

1. 2011 年 1 月 31 日，根据《郑州商品交易所期货交易风险控制管理办法》第十三条规定，郑州商品交易所经研究决定，在春节前后优质强筋小麦期货合约的交易保证金标准和涨跌停板幅度作如下调整：2011 优质强筋小麦各合约交易保证金标准由原比例提高至 11%，涨跌停板幅度由原比例提高至 7%。

2. 2011 年 2 月 21 日，根据《郑州商品交易所期货交易风险控制管理办法》第十四条规定，经研究决定，自 2011 年 2 月 23 日结算时起，强筋小麦期货合约交易保证金标准由原比例调整为 13%。

3. 2011 年 9 月 16 日，由于中央储备粮西安大明宫直属库目前面临搬迁，无法开展正常交割业务。经研究决定，郑州商品交易所暂停该库普通小麦交割业务，保留其交割仓库资格。

七、棉花期货运行状况

2011 年郑州商品交易所棉花期货价格呈现震荡下跌行情。因 2010 年棉价大涨导致 2011 年种植面积增大，棉花供大于求；全球经济复苏乏力，欧美债务问题频出；纺织业低迷、现货难销等原因导致棉价下跌；收储政策托市效果明显，2011 年棉价未出现大幅波动。

（一）交易情况

2011 年棉花期货合约成交量为 13904.42 万手，同比增长 59.93%；成交金额为 181294.15 亿元，同比增长 76.06%。其中，2011 年 5 月 10 日成交量为 179.58 万手，成交额为 2209.48 亿元，为 2011 年全年棉花最高日成交量和日成交额。

2011 年棉花期货情况见表 3-1-47、表 3-1-48、表 3-1-49。

表 3-1-47　　2011 年棉花期货月度交易情况

月度	成交量（万手）	同比变化（%）	成交金额（亿元）	同比变化（%）	月末持仓量（万手）	同比变化（%）
1 月	819.46	229.78	12240.99	416.97	21.03	154.95
2 月	923.76	709.87	14724.42	1397.73	24.26	178.95
3 月	2467.27	791.31	36962.35	1400.58	26.64	158.16
4 月	2078.31	1338.40	28909.10	2205.81	27.42	156.23
5 月	2474.33	650.20	30891.56	941.69	33.32	173.04
6 月	1564.83	459.22	18904.62	654.70	29.07	152.12

续表

月度	成交量（万手）	同比变化（%）	成交金额（亿元）	同比变化（%）	月末持仓量（万手）	同比变化（%）
7月	1763.32	603.39	19431.14	790.57	38.43	209.28
8月	1064.54	561.05	11351.46	698.24	34.39	234.82
9月	406.33	40.90	4375.20	43.58	17.08	74.31
10月	119.13	9.00	1210.82	7.29	16.49	58.89
11月	80.38	3.21	814.92	2.34	3.30	15.47
12月	142.76	8.31	1477.57	6.32	13.31	80.39
总计	13904.42	59.93	181294.15	76.06	—	—

资料来源：郑州商品交易所。

表 3-1-48　　2009~2011 年棉花期货年度交易情况

年度	成交量（万手）	同比变化（%）	成交金额（亿元）	同比变化（%）	月末持仓量（万手）	同比变化（%）
2009年	853.47	58.03	6485.55	82.66	18.43	537.09
2010年	8695.53	918.85	102976.10	1487.78	16.56	-10.16
2011年	13904.42	59.93	181294.15	76.06	13.31	-19.61

资料来源：郑州商品交易所。

表 3-1-49　　2009~2011 年棉花期货内外盘交易情况比较

年度	成交量（万手）		成交金额（亿元）		月末持仓量（万手）	
	ZCE	ICE	ZCE	ICE	ZCE	ICE
2009年	853.47	357.50	6485.55	—	18.43	18.80
2010年	8695.53	548.41	102976.10	—	16.56	20.68
2011年	13904.42	528.85	181294.15	—	13.31	15.21

注：因纽约期货交易所 2006 年被洲际交易所（ICE）收购，2004 年以后的棉花交易金额数据没有公布；

资料来源：郑州商品交易所。

（二）交割情况

2011 年启用棉花交割库 18 个，具体分布为：河南 3 个、山东 4 个、江苏 5 个、湖北 2 个、河北、湖南、安徽、浙江各 1 个。2011 年共实现棉花仓单交割 9128 手，较2010年减少49.09%；交割金额为11.45亿元，较2010年减少23.30%。

2011年棉花期货月度、年度交割情况见表3-1-50、表3-1-51。

表3-1-50　　2011年棉花期货月度交割情况

月度	交割量（手）	同比变化（%）	交割金额（亿元）	同比变化（%）
1月	800	-82.88	1.14	-68.95
3月	1336	-72.85	2.13	-45.99
5月	3120	-49.58	3.98	-24.04
7月	2488	43.32	2.82	73.94
9月	1112	270.67	1.12	299.14
11月	272	142.86	0.26	49.45
总计	9128	-49.09	11.45	-23.30

资料来源：郑州商品交易所。

表3-1-51　　2009~2011年棉花期货年度交割情况

月度	交割量（手）	同比变化（%）	交割金额（亿元）	同比变化（%）
2009年	8640	-71.33	5.42	-73.81
2010年	17928	107.50	14.93	175.54
2011年	9128	-49.09	11.45	-23.30

资料来源：郑州商品交易所。

（三）价格走势

1. 总体价格走势。2011年，棉花期货连续价格震荡下行。价格从年初的28570元/吨跌至年末的19705元/吨，年度跌8865元/吨，跌幅为31.03%，年内最高价为33720元/吨，最低价为19100元/吨。影响国内棉花期货价格的主要原因如下：年初进口棉报价大幅高于国内棉花价格，带动国内价格初期上行；偏紧的货币政策使相关企业资金压力不断增加；国内高等级棉花供不足需，低等级棉花无人问津，中间商由惜售到松动再到降价促销的心理变化；本年度棉花产量较2010年明显增加；国家有关部门明确了收储方案新年度按预定价格19800元/吨、敞开不限量收储新棉的政策，保证了新旧年度棉价顺利衔接；纺织内外销乏力，用棉量下降；欧债危机阴霾深重，全球经济增长乏力。

2011年，国内棉花现货价格走势与期货价格走势基本一致，根据中国棉花价格 328 指数，2011 年底现货价格为 19180 元/吨，较年初价格为 27516 元/吨，下跌 8336 元/吨，全年跌幅 30.30%。

2011 年，洲际交易所（ICE）棉花期货价格震荡下跌。棉花指数从年初的 129.86 美分/磅跌至年末的 91.48 美分/磅。年度跌 38.38 美分/磅，跌幅为 29.55%；年内最高价为 186.70 美分/磅，最低价为 84.20 美分/磅。影响国际棉花市场价格波动的因素主要有：国际供求形势发生变化，由供需偏紧变为需求下降；全球最大的棉花出口国——美国出口签约纺织厂大量违约，以致新增的签约量连续低于违约数目，出现当期签约量为负的局面；下游产品销售迟缓，使全球产量增加，而棉花需求转弱；美联储调低美国经济增长预期；欧债危机继续蔓延以及美国债务谈判陷入僵局，商品市场普遍下挫。

2011 年棉花期货内外盘和现货市场价格比较见图 3－1－12。

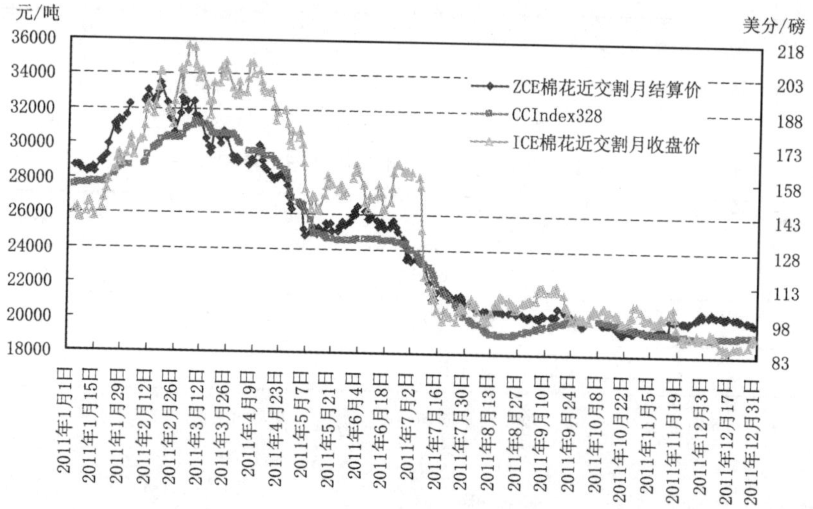

图 3－1－12　2011 年棉花期货内外盘和现货市场价格比较

资料来源：郑州商品交易所、洲际交易所、中国棉花网。

2. 价格相关性分析。2011 年度 ICE 棉花期货最高价为 227 美元/吨，最低价为 84.35 美元/吨，平均价为 137.77 美元/吨，标准差为 42.27 美元/吨，极差为 142.65 美元/吨，相对指数离散率为 30.68%，波幅率为 103.54%，郑州商品交易所棉花期货最高价为 33720 元/吨，最低价为 19100 元/吨，平均价为 24309 元/吨，标准差为 4545.28 元/吨，极差为 14620 元/吨，相对指数离散率为 18.70%，波幅率为 60.14%。中国棉花价格指数 328 现货市场价格主要显示指标绝对指数最高价为 31241 元/吨，最低价为 19001 元/吨，平均价为 23647.38 元/吨，标准差为

4391.67元/吨，极差为12240元/吨，相对指数离散率为18.57%，波幅率为51.76%。2011年郑州商品交易所棉花近月合约收盘价与ICE近月合约收盘价相关性系数为0.898，ICE近月合约收盘价与中国棉花价格指数328相关系数为0.961，郑州商品交易所棉花近月合约收盘价与中国棉花价格指数328相关系数为0.937。

2011年棉花期货内外盘和现货市场价格情况见表3-1-52、表3-1-53。

表3-1-52　2011年棉花期货内外盘和现货市场价格主要显性指标

市场分类	绝对指标（美元/吨、元/吨）					相对指标（%）	
	最高价	最低价	平均价	标准差	极差	离散率	波幅率
ICE连续价格	227	84.35	137.77	42.27	142.65	30.68	103.54
ZCE连续价格	33720	19100	24309	4545.28	14620	18.70	60.14
现货市场价格	31241	19001	23647.38	4391.67	12240	18.57	51.76

注：现货市场价格为中国棉花价格328指数。

资料来源：郑州商品交易所。

表3-1-53　2011年棉花期货内外盘和现货市场价格相关性

价格选择	相关系数（%）
ZCE棉花连续价格与ICE棉花连续价格	0.898
ICE棉花连续价格与现货市场价格	0.961
ZCE棉花连续价格与现货市场价格	0.937

资料来源：郑州商品交易所、中国棉花信息网和洲际交易所（简称ICE）。

（四）市场重大变化及政策调整

1. 2011年2月23日，以郑商函［2011］26号至29号《关于指定棉花交割仓库的通告》，自2011年2月28日起，中国储备棉管理总公司盐城直属库为指定棉花交割仓库；恢复连云港新苏豫棉花储运有限公司开展棉花交割业务；启用备用库储备物资管理局三三八处、湖南银华现代农业物流股份有限公司开展棉花交割业务。

2. 2011年7月8日，以郑商发［2011］114号《关于调整棉花109合约交易保证金标准的通知》，自2011年7月12日结算时起，棉花109合约交易保证金标准调整至16%。保证金标准调整以后，若棉花出现单边市，当日结算时交易保证金标准不再提高。

3. 2011 年 11 月 30 日，郑商发［2011］231 号《关于调整棉花、PTA 期货交易保证金标准和涨跌停板幅度的通知》，自 2011 年 12 月 2 日结算时起，棉花期货合约交易保证金标准由 12% 调整为 10%，涨跌停板幅度由 7% 调整为 6%；PTA 期货合约交易保证金标准由 10% 调整为 8%，涨跌停板幅度由 6% 调整为 5%。按规则规定执行的交易保证金标准高于上述标准的合约，仍按原规定执行。

4. 2011 年 11 月 30 日，郑商发［2010］16 号《关于山东省棉麻有限公司变更交割仓库地址的通知》，自本通告发布之日起，该仓库交割业务由老仓库变更至该公司新仓库，新仓库地址为济南市章丘双山街道办事处明埠路北首西侧。

八、白糖期货运行状况

2011 年郑州商品交易所白糖期货运行平稳，市场规模有所下降，市场功能发挥良好。

（一）交易情况

2011 年白糖期货交易活跃程度有所下降，全年成交量为 12819.35 万手，同比减少 58.00%；全年成交额为 88323.75 亿元，同比减少 47.41%。白糖期货 2011 年末持仓 45.11 万手，同比增加 55.55%。

2011 年白糖期货月度交易情况见表 3－1－54。2009～2011 年白糖期货年度交易情况见表 3－1－55。

表 3－1－54　　2011 年白糖期货月度交易情况

月度	成交量（万手）	同比变化（%）	成交金额（亿元）	同比变化（%）	月末持仓量（万手）	同比变化（%）
1 月	1007.86	－67.25	7210.57	－57.57	26.05	－50.87
2 月	622.03	－70.74	4540.62	－61.22	33.54	－48.74
3 月	1091.82	－73.96	7676.10	－64.92	33.09	－46.56
4 月	839.00	－76.56	5836.09	－68.06	35.72	－51.29
5 月	998.10	－66.75	6537.54	－54.48	31.91	－47.54
6 月	1168.78	－40.80	7853.97	－16.81	35.93	－37.45
7 月	1153.97	－33.34	8323.35	－4.13	53.36	－9.30
8 月	1584.88	－33.21	11573.00	－8.47	46.70	－31.45
9 月	1519.83	－25.15	10348.16	－9.36	37.15	－19.80

续表

月度	成交量（万手）	同比变化（%）	成交金额（亿元）	同比变化（%）	月末持仓量（万手）	同比变化（%）
10 月	1037.87	-58.56	6969.88	-56.45	43.98	-31.59
11 月	913.46	-63.29	6003.86	-63.90	47.57	59.32
12 月	881.75	-38.98	5450.61	-44.97	45.11	55.55
总计	12819.35	-58.00	88323.75	-47.41	—	—

资料来源：郑州商品交易所。

表 3-1-55　　2009~2011 年白糖期货年度交易情况

年度	成交量（万手）	同比变化（%）	成交金额（亿元）	同比变化（%）	月末持仓量（万手）	同比变化（%）
2009 年	14606.34	-11.74	64075.31	7.95	65.97	209.94
2010 年	30530.32	109.02	167980.96	162.16	29.00	-56.04
2011 年	12819.35	-58.00	88323.75	-47.41	45.11	55.55

资料来源：郑州商品交易所。

2009~2011 年白糖期货内外盘交易情况比较见表 3-1-56。

表 3-1-56　　2009~2011 年白糖期货内外盘交易情况比较

年度	成交量（万手）		成交金额（亿元）		月末持仓量（万手）	
	ZCE	ICE	ZCE	ICE	ZCE	ICE
2009 年	14606.34	2730.03	64075.31	—	65.97	83.72
2010 年	30530.32	2913.36	167980.96	—	29.00	61.12
2011 年	12819.35	2462.94	88323.75	—	45.11	55.90

资料来源：郑州商品交易所、洲际交易所（简称 ICE）。

（二）交割情况

截至 2011 年末，郑州商品交易所白糖期货交割仓库共 38 个，主要分布在广西、广东、云南、上海、浙江、辽宁、河北、湖北、天津、云南、安徽等地。2011 年白糖期货交割量为 7178 手，同比减少 75.61%；交割金额为 5.11 亿元，同比减少 67.02%。

2011 年白糖期货月度交割情况见表 3－1－57。

表 3－1－57　　2011 年白糖期货月度交割情况

月度	交割量（手）	同比变化（%）	交割金额（亿元）	同比变化（%）
1 月	2111	－64. 16	1. 46	－52. 75
3 月	1470	－78. 46	1. 06	－70. 86
5 月	705	－89. 50	0. 49	－85. 06
7 月	1335	－76. 03	0. 96	－67. 04
9 月	1288	－64. 79	0. 96	－52. 33
11 月	269	－65. 25	0. 19	－66. 21
总计	7178	－75. 61	5. 11	－67. 02

资料来源：郑州商品交易所。

2009～2011 年白糖期货年度交割情况见表 3－1－58。

表 3－1－58　　2009～2011 年白糖期货年度交割情况

年度	交割量（手）	同比变化（%）	交割金额（亿元）	同比变化（%）
2009 年	30959	－23. 68	11. 91	－6. 95
2010 年	29428	－4. 95	15. 50	30. 14
2011 年	7178	－75. 61	5. 11	－67. 02

资料来源：郑州商品交易所。

（三）价格走势

1. 总体价格走势。2011 年，国内外糖价总体呈现震荡上涨后回落的走势。年初，在国内糖市供需缺口支撑和国家储备糖连续投放增加市场供应的共同作用下，郑州商品交易所白糖期货价格区间震荡。5 月中旬，受国内物价上涨抬高食糖生产成本和夏季用糖高峰期的支撑，白糖期价震荡上涨，8 月 24 日盘中最高价为 7948 元/吨，为年内最高价。随后受下游食品加工企业转用白糖替代品增多、进口糖量增加和消费淡季来临的影响，糖价转弱回调。年末，由于国家启动收储方案支撑，糖价止跌回稳。12 月 15 日盘中最低价为 6248 元/吨，为年内最低价。白糖期货近月合约年终（12 月 30 日）收盘价为 6390 元/吨，较年初（1 月 4 日）收盘价为 6991 元/吨，下跌 601 元/吨，年度跌幅为 8. 60%。

国内白糖现货价格走势与期货价格走势基本一致，南宁现货价格2011年年终日均价为6475元/吨，较年初日均价7005元/吨，下跌530元/吨，全年跌幅7.57%。

2011年，洲际交易所（ICE）11号原糖期货价格总体为冲高回落态势。年初，由于2010/2011年制糖期巴西、印度和泰国等食糖主产国糖料丰产，国际糖市供应紧张的局面逐渐缓解，洲际交易所11号原糖期货价格震荡回落，年内最高价为2月2日的36.08美分/磅（盘中价），最低价为5月6日的20.4美分/磅（盘中价）。5月之后，由于巴西因天气和甘蔗品种老化影响而不断下调2011/2012年产糖量预估，糖价逐步上涨至7月份。随后，受欧债危机持续影响，全球宏观经济环境疲弱的拖累，以及印度、泰国产糖量均有所上调，同时俄罗斯、欧盟甜菜糖增产，弥补了巴西减产，国际糖市供给依然充裕，糖价再度承压，持续回落。年终收盘价为23.30美分/磅，较年初收盘价31美分/磅，下跌7.7美分/磅，跌幅24.84%。

2011年白糖期货内外盘和现货市场价格比较见图3-1-13。

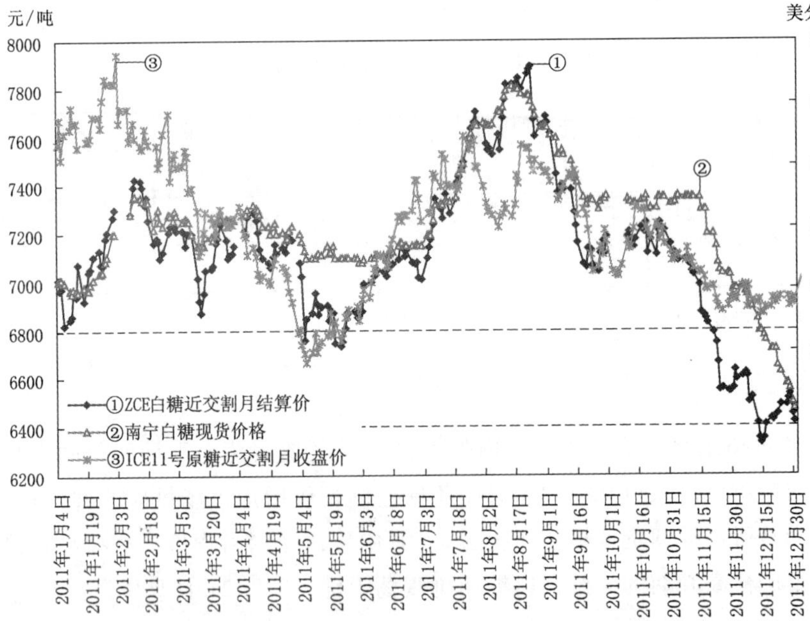

图3-1-13　2011年白糖期货内外盘和现货市场价格比较

资料来源：郑州商品交易所、洲际交易所、南宁现货批发市场。

2. 价格相关性分析。根据模型分析，可以得出如下结论：2011年度洲际交易所11号原糖期货最高价为35.31美元/吨，最低价为20.47美元/吨，平均价为

27.07 美元/吨，标准差为 3.21 美元/吨，极差为 14.84 美元/吨，相对指数离散率为 0.12%，波幅率为 0.55%；郑州商品交易所白糖期货最高价为 7892 元/吨，最低价为 6335 元/吨，平均价为 7109.75 元/吨，标准差为 326.31 元/吨，极差为 1557.00 元/吨，相对指数离散率为 0.05%，波幅率为 0.22%。南宁白糖现货市场价格绝对指数最高价为 7650 元/吨，最低价为 4975 元/吨，平均价为 5701.41 元/吨,标准差为 779.25 元/吨，极差为 2675 元/吨，相对指数离散率为 13.67%，波幅率为 46.92%。数据显示，郑州商品交易所白糖期货价格波动幅度总体小于洲际交易所 11 号原糖期货，略大于国内南宁现货市场价格波动幅度。从相关系数来看，国内白糖期货和国内现货走势相关性较高，其相关系数高达 0.92，高于国内白糖期货与洲际交易所 11 号原糖期货的相关系数 0.77，表现出国内白糖期货价格受国内因素影响较多。

2011 年白糖期货内外盘和现货市场价格主要显性指标见表 3-1-59。

表 3-1-59　2011 年白糖期货内外盘和现货市场价格主要显性指标

市场分类	绝对指标（美元/吨、元/吨）					相对指数（%）	
	最高价	最低价	平均价	标准差	极差	离散率	波幅率
ZCE 白糖连续价格	7892	6335	7109.75	326.31	1557.00	0.05	0.22
ICE 11 号糖连续价格	35.31	20.47	27.07	3.21	14.84	0.12	0.55
南宁现货市场白糖价格	7810	6475	7242.93	251.81	1335.00	0.03	0.18

资料来源：郑州商品交易所、洲际交易所、南宁现货批发市场。

2011 年白糖期货内外盘和现货市场价格相关性见表 3-1-60。

表 3-1-60　2011 年白糖期货内外盘和现货市场价格相关性

价格选择	相关系数（%）
ZCE 连续价格与 ICE 11 号原糖期货连续价格	0.77
ZCE 连续价格与南宁白糖现货市场价格	0.92
ICE 11 号原糖期货连续价格与南宁白糖现货市场价格	0.39

资料来源：郑州商品交易所、洲际交易所、南宁现货批发市场。

（四）市场重大变化与政策调整

1. 2011 年 6 月 9 日，郑州商品交易所变更白糖交割仓库名称 1 家（原“浙江省糖业烟酒有限公司”现变更为“浙商糖酒集团有限公司”）。

2. 2011 年 9 月 16 日，郑州商品交易所对期货交割白糖的检验费用标准（元/样品）进行调整。入库全项目理化指标检验合计 450 元/样品。单项合计 585 元/样品。新费用标准自 2011/2012 制糖年度生产的白糖用于期货交割时开始实施。

3. 2011 年 9 月 16 日，郑州商品交易所对部分指定白糖交割仓库注册的白糖仓单升贴水进行调整，从 2011/2012 制糖年度生产的白糖开始实施。

4. 2011 年 9 月 16 日，郑州商品交易所调整 2011/2012 制糖年度的各指定白糖交割仓库交割白糖入库费用。包括陕西西瑞粮食储备库有限公司、广西柳州国家粮食储备库、广西中糖物流有限公司等 38 家指定白糖交割仓库。

九、菜籽油期货运行状况

2011 年郑州商品交易所菜籽油期货呈现震荡走弱趋势。年初，受菜籽油进口成本上涨、厂家春节备货挺价、新季油菜籽减产预期以及洲际交易所（ICE）旗下加拿大温尼伯油菜籽期货价格上涨的带动，菜籽油期货价格上涨；之后，国家持续竞价销售临储菜籽油，日本地震、核危机，中国大量进口加拿大油菜籽，郑州商品交易所菜籽油期货价格承压回落。

（一）交易情况

2011 年郑州商品交易所菜籽油期货成交量为 432.01 万手，成交金额 2249.09 亿元，较上年分别下降 54.62% 和 47.44%；年末持仓量 4.74 万手。与 2010 年相比，成交量、成交金额与年末持仓量均有不同程度的下降。

2011 年菜籽油期货月度交易情况见表 3－1－61。

表 3－1－61　　　　2011 年菜籽油期货月度交易情况

月度	成交量（万手）	同比变化（%）	成交金额（亿元）	同比变化（%）	月末持仓量（万手）	同比变化（%）
1 月	56.04	－14.18	301.84	11.21	7.81	92.78
2 月	38.72	69.82	207.11	127.37	6.68	76.61
3 月	49.05	－54.28	252.96	－42.16	7.18	14.56
4 月	43.28	－18.82	228.02	3.48	8.01	25.02
5 月	54.94	49.33	285.44	90.30	11.12	96.34
6 月	48.42	5.47	254.62	35.80	10.53	82.06
7 月	38.48	－0.59	202.71	26.08	6.65	8.06
8 月	26.34	－83.89	137.58	－80.66	5.32	－28.49

续表

月度	成交量（万手）	同比变化（%）	成交金额（亿元）	同比变化（%）	月末持仓量（万手）	同比变化（%）
9月	26.37	-46.42	135.75	-37.00	5.49	3.46
10月	15.71	-88.22	77.39	-87.88	5.73	-38.23
11月	21.61	-85.48	104.28	-86.04	6.60	-22.13
12月	13.05	-84.95	61.39	-86.24	4.74	-48.42
全年	432.01	-54.62	2249.09	-47.44	—	—

资料来源：郑州商品交易所。

2009~2011年菜籽油期货年度交易情况见表3-1-62。

表3-1-62　2009~2011年菜籽油期货年度交易情况

年度	成交量（万手）	同比变化（%）	成交金额（亿元）	同比变化（%）	月末持仓量（万手）	同比变化（%）
2009年	1095.69	70.42	4065.20	33.38	3.62	-12.11
2010年	952.79	-13.04	4281.67	5.33	9.2	154.05
2011年	432.01	-54.62	2249.09	-47.44	4.74	-48.42

资料来源：郑州商品交易所。

2009~2011年郑州商品交易所菜籽油期货与洲际交易所油菜籽期货情况比较见表3-1-63。

表3-1-63　2009~2011年郑州商品交易所菜籽油期货与洲际交易所油菜籽期货情况比较

年度	成交量（万手）		成交金额（亿元）		月末持仓量（万手）	
	ZCE	ICE	ZCE	ICE	ZCE	ICE
2009年	1095.69	342.84	4065.20	—	3.62	10.23
2010年	952.79	420.15	4281.67	—	9.2	19.34
2011年	432.01	465.32	2249.09	—	4.74	13.49

资料来源：郑州商品交易所、洲际交易所。

（二）交割情况

截至2011年底，郑州商品交易所指定菜籽油交割库14个，主要沿长江的港口和集散地分布，分布在江苏张家港、泰州、镇江和南京，安徽合肥，湖北武汉、钟祥、老河口及荆州，湖南岳阳，四川广汉，浙江德清和陕西西安。

2011 年郑州商品交易所菜籽油期货交割总量为 14.12 万吨（单边，不含期转现），比 2010 年增加 103.31%，由于菜籽油期货交割总量增加，2011 年交割金额比 2010 年上涨 135.2%，为 13.83 亿元。

2011 年菜籽油期货月度交割量统计见表 3－1－64。

表 3－1－64　　2011 年菜籽油期货月度交割量统计

月度	交割量（手）	同比变化（%）	交割金额（亿元）	同比变化（%）
1 月	13894	377.46	6.90	484.94
3 月	17	－15	0.01	－16.59
5 月	9432	472.68	4.41	578.01
7 月	100	900	0.05	1155.75
9 月	4775	－48.65	2.45	－39.25
11 月	13	—	0.01	—

资料来源：郑州商品交易所。

2009～2011 年菜籽油期货年度交割情况见表 3－1－65。

表 3－1－65　　2009～2011 年菜籽油期货年度交割情况

年度	交割量（手）	同比变化（%）	交割金额（亿元）	同比变化（%）
2009 年	14729	5.10	5.56	－24.29
2010 年	13886	－5.72	5.88	5.76
2011 年	28231	103.31	13.83	135.2

资料来源：郑州商品交易所。

（三）价格走势

1. 总体价格走势。2011 年郑州商品交易所菜籽油期货价格震荡下跌。菜籽油结算价指数由年初的 10542 元/吨下跌至年末的 9492 元/吨，下跌了 1050 元/吨，跌幅为 9.96%，年度最低价是 12 月 15 日的 9264 元/吨，最高价是 2 月 11 日的 10917 元/吨。

年初，受菜籽油进口成本上涨、厂家春节备货挺价、新季菜籽减产预期以及春节期间加拿大油菜籽期货价格上涨带动，菜籽油期现货价格上涨。之后，国家持续竞价销售临储菜籽油，增加了油菜籽的供应，加上日本地震、核危机等的拖累，菜籽油价格弱势下行。随后，受油菜籽减产、农户惜售和国家收储政策改变的影响，2011 年油菜籽收购进度慢于 2010 年，油厂为了加快收购进度，提高了收购价格。不过菜籽油与豆油、棕榈油的价差逐步扩大，限制了菜籽油的涨势。而后，随着油菜籽和菜籽油的大量进口，国内部分油厂大力采购低价进口油菜籽，令国内菜籽油市场行情整体趋弱，成交清淡，菜籽油期价承压回调。

2011 年郑州商品交易所菜籽油期货、洲际交易所油菜籽期货和国内现货市场价格比较见图 3－1－14。

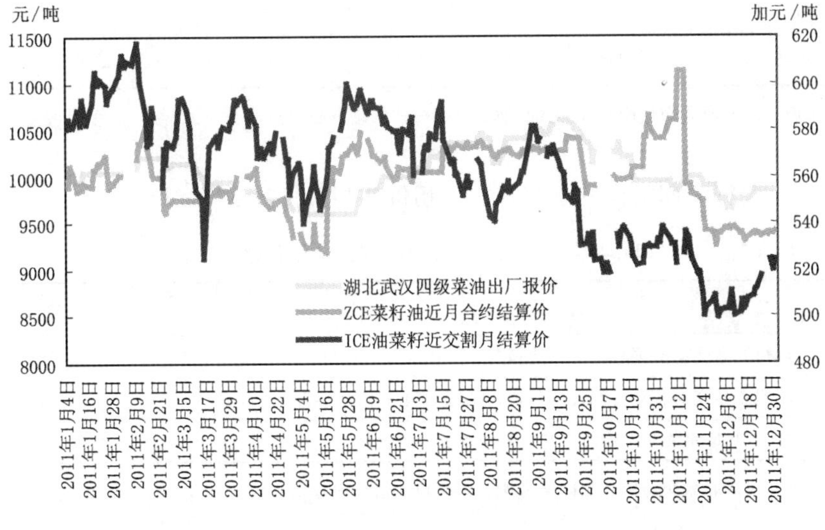

图 3－1－14　2011 年郑州商品交易所菜籽油期货、洲际交易所油菜籽期货和国内现货市场价格比较

资料来源：郑州商品交易所、洲际交易所、国家粮油信息中心。

2. 价格相关性分析。郑州商品交易所菜籽油与洲际交易所旗下加拿大温尼伯油菜籽期货价格走势较为一致：加拿大油菜籽丰产，加拿大温尼伯油菜籽期货价格一路下行；中国从加拿大进口了大量的油菜籽，中国菜籽油供应量相应增加，郑州商品交易所菜籽油期货价格也承压下行。

郑州商品交易所菜籽油期货价格和国内菜籽油现货价格走势基本一致。原先国内菜籽油现货库存量少，随着油菜籽进口量的大幅增加，国内菜籽油供应量相应增加，价格有所下调，但因现货市场菜籽油成交量较小，菜籽油现货价格震幅没有期货市场大。

2011 年郑州商品交易所菜籽油期货、洲际交易所油菜籽期货和国内现货市场价格主要显性指标见表 3－1－66。

表 3－1－66　2011 年郑州商品交易所菜籽油期货、洲际交易所油菜籽期货和国内现货市场价格主要显性指标

市场分类	绝对指标（加元/每吨、元/吨）					相对指标（%）	
	最高价	最低价	平均价	标准差	极差	离散率	波幅率
洲际交易所油菜籽期货连续价格	617.1	499.8	560.37	28.89	117.3	5.16	20.93
郑州商品交易所菜籽油期货连续价格	11130	9200	9976	359.62	1930	3.60	19.35
武汉现货市场价格	10600	9600	10033	260.55	1000	2.60	9.97

资料来源：郑州商品交易所、洲际交易所、国家粮油信息中心。

2011 年菜籽油期货内外盘和现货市场价格相关性见表 3－1－67。

表 3－1－67　2011 年菜籽油期货内外盘和现货市场价格相关性

价格选择	相关系数（%）
郑州商品交易所菜籽油连续价格与 ICE 油菜籽连续价格	0.31
郑州商品交易所菜籽油连续价格与菜籽油现货市场价格	0.54
ICE 油菜籽连续价格与菜籽油现货市场价格	0.12

资料来源：郑州商品交易所、洲际交易所、国家粮油信息中心。

十、早籼稻期货运行状况

2011 年，郑州商品交易所早籼稻期货成交量下滑，早籼稻期货价格呈双段式走势，上半年平稳运行，窄幅震荡，主要原因是购销平缓，市场缺乏焦点；下半年因早稻收获季节南方大面积受灾，且库存水平下滑，推动早稻期货价格上涨，早稻期货价格维持高位震荡。

（一）交易情况

2011 年，郑州商品交易所早籼稻期货成交量为 592.55 万手，成交金额为 1518.63 亿元，月末持仓量为 2.57 万手，与 2010 年相比，分别下滑了 77.93%、76.01% 和 61.10%。

早籼稻期货全年成交量、成交额以及月末持仓情况见表 3－1－68、表 3－1－69。

表 3-1-68　　2011 年早籼稻期货月度交易情况

月度	成交量（万手）	同比变化（%）	成交金额（亿元）	同比变化（%）	月末持仓量（万手）	同比变化（%）
1 月	67.39	143.78	169.26	186.93	6.37	15.34
2 月	65.16	209.61	171.40	289.05	5.96	-11.12
3 月	43.07	-20.48	111.13	-4.40	6.46	-30.41
4 月	29.42	-56.91	74.00	-48.73	5.4	-47.87
5 月	98.63	83.65	255.01	130.54	9.33	23.22
6 月	81.70	91.06	209.67	139.61	5.81	-27.43
7 月	57.35	-35.46	147.54	-21.72	6.78	-41.08
8 月	50.83	-64.14	131.50	-57.25	5.42	-54.78
9 月	20.56	-72.01	52.81	-66.82	3.46	-67.80
10 月	31.15	-95.41	79.31	-95.14	4.67	-68.89
11 月	26.46	-98.01	65.46	-97.97	4.09	-61.74
12 月	20.81	-80.10	51.57	-79.38	2.57	-61.10
总计	592.55	-77.93	1518.63	-76.01	—	—

资料来源：郑州商品交易所。

表 3-1-69　　2009～2011 年早籼稻期货年度交易情况

年度	成交量（万手）	同比变化（%）	成交金额（亿元）	同比变化（%）	月末持仓量（万手）	同比变化（%）
2009 年	195.01	—	406.49	—	22.965	—
2010 年	2685.41	1277.06	6330.26	1457.68	113.96	396.23
2011 年	592.55	-77.93	1518.63	-76.01	2.57	-97.75

资料来源：郑州商品交易所。

表 3-1-70　　2009～2011 年早籼稻期货内外盘交易情况比较

年度	成交量（万手）		成交金额（亿元）		月末持仓量（万手）	
	ZCE	CBOT	ZCE	CBOT	ZCE	CBOT
2009 年	195.01	22.56	406.49	—	6.44	1.59
2010 年	2685.41	42.2	6330.26	—	6.596	1.89
2011 年	592.55	53.69	1518.63	—	2.57	1.5

资料来源：郑州商品交易所、芝加哥期货交易所。

（二）交割情况

截至2011年底，早籼稻期货交割仓库共18个。根据早籼稻现货市场产销分布和贸易流向特点，早籼稻期货交割仓库主要分布在产区和主要集散地，其中，包括湖南8个、江西7个、湖北1个、浙江1个、广西1个。截至2011年12月31日，郑州商品交易所早籼稻期货交割总量为9431手（9.431万吨），2011年交割金额为2.19亿元，与2010年相比分别增加19.7%和39.3%。2011年早籼稻期货交割情况见表3-1-71、表3-1-72。

表3-1-71　　2011年早籼稻期货月度交割情况

月度	交割量（手）	同比变化（%）	交割金额（亿元）	同比变化（%）
1月	1824	-9.34	0.41	1.20
3月	91	-94.62	0.02	-93.81
5月	3604	77.27	0.8	107.21
7月	458	-30.29	0.1	-17.59
9月	2783	274.56	0.69	353.75
11月	671	-9.69	0.16	-3.42
总计	9431	19.70	2.19	39.33

资料来源：郑州商品交易所。

表3-1-72　　2009~2011年早籼稻期货年度交割情况

年度	交割量（手）	同比变化（%）	交割金额（亿元）	同比变化（%）
2009年	2313	—	0.45	—
2010年	7879	240.6	1.57	248.89
2011年	9431	19.70	2.19	39.33

资料来源：郑州商品交易所。

（三）价格走势

1. 总体价格走势。郑州商品交易所早籼稻期货上半年市场窄幅震荡，年中涨高，下半年高位震荡，主要影响因素有：国家提高2011年稻谷最低收购价格；年中气温上升不利存储，早稻集中上市；后期南方旱涝急转影响产量预期；年末国内市场库存水平下降，稻强米弱格局持续。年初结算价为2266元/吨，年末结算价为2485元/吨，年末较年初上涨219元/吨，涨幅为9.66%。年内最高价为2588元/吨，最低价为2150元/吨，最大价差为438元/吨。

2011年，国际方面，芝加哥期货交易所籼稻期货冲高回落，主要影响因素有：美国水稻播种面积大幅下降；泰国启动政府收购项目抬高米价；印度大米出口激增。芝加哥期货交易所籼稻期价年初为14.19美元/英担，年末为14.61美元/英担，年末较年初上涨了0.42美元/英担，涨幅达2.96%。年内最高价为18.26美元/英担，年内最低价为12.44美元/英担。

国内外期现走势对比见图3－1－15。

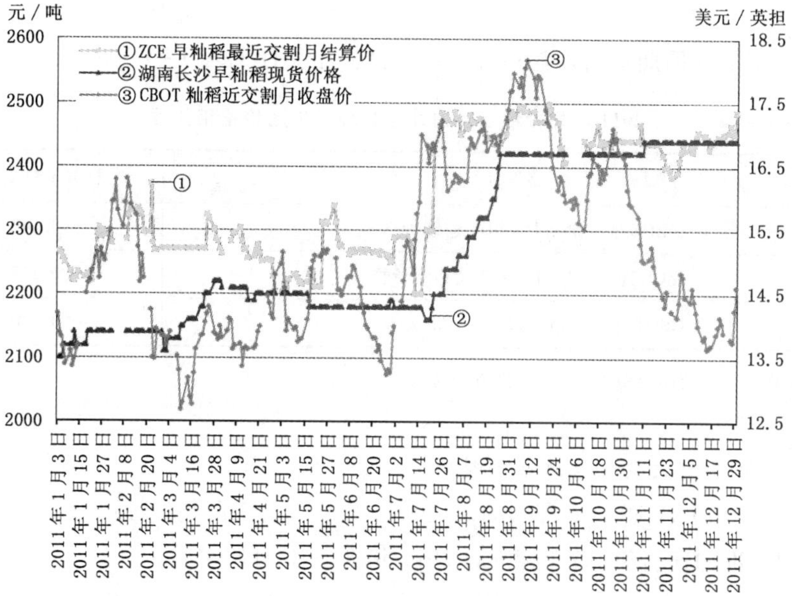

图3－1－15　2011年早籼稻期货内外盘和现货市场价格比较

资料来源：郑州商品交易所、芝加哥期货交易所、国家粮油信息中心。

2. 价格相关性分析。2011年郑州商品交易所与芝加哥期货交易所期货价上半年走势基本一致，下半年出现分化，两者之间存在一定的相关性。

2011年国内期货价格与现货价格走势基本一致，期货价格和现货价格保持长期稳定的协整关系，即使短期内出现价格走势差异，长期看也会得到逐步修正。

2011年早籼稻期货内外盘和现货市场价格主要显性指标见表3－1－73。

表3－1－73　2011年早籼稻期货内外盘和现货市场价格主要显性指标

市场分类	绝对指标（美元/英担、元/吨）					相对指标（%）	
	最高价	最低价	平均价	标准差	极差	离散率	波幅率
ZCE连续价格	2588	2150	2345.56	95.624	438	4.08	18.67

续表

市场分类	绝对指标（美元/英担、元/吨）					相对指标（%）	
	最高价	最低价	平均价	标准差	极差	离散率	波幅率
CBOT 连续价格	18.26	12.44	15.112	1.338	5.82	8.85	38.51
长沙早籼稻现货市场价格	2440	2100	2275.04	121.157	340	5.33	14.95

资料来源：郑州商品交易所、芝加哥期货交易所、国家粮油信息中心。

2011 年早籼稻期货内外盘和现货市场价格相关性见表 3－1－74。

表 3－1－74　　2011 年早籼稻期货内外盘和现货市场价格相关性

价格选择	相关系数（%）
ZCE 连续价格与 CBOT 连续价格	0.647
ZCE 连续价格与国内现货市场价格	0.837
CBOT 连续价格与国内现货市场价格	0.446

资料来源：郑州商品交易所、芝加哥期货交易所、国家粮油信息中心。

（四）市场重大变化及政策调整

1. 2011 年 7 月 15 日，郑州商品交易所发布《关于调整早籼稻指定交割仓库入出库费用标准的通告》，费用标准自 2011 年 8 月 1 日起实施。

2. 2011 年 7 月 15 日，郑州商品交易所经研究决定，对在指定早籼稻交割仓库——武汉市大花岭粮食储备库注册的早籼稻仓单，升贴水由－40 元/吨调整为 0 元/吨。以上调整自 2012 年 8 月 1 日起注册的仓单开始执行。

第二节　金属类期货运行状况

一、铜期货运行状况

2011 年，上海期货交易所（SHFE）铜期货交易量较 2010 年略有下降，铜期货价格与现货价格、国际铜期货价格高度相关，期铜价格波幅率小于国际市场，铜期货市场运行平稳。

（一）交易情况

2011年，上海期货交易所铜期货年交易量为4896.11万手，较2010年下降3.60%；年交易金额为149667.11亿元，较2010年增长0.98%。

铜期货月度交易数据显示，1～8月的铜期货交易量、交易金额和月均持仓量出现持续下降，在上海期货交易所宣布降低铜期货交易手续费后，铜期货交易量、交易金额和月日均持仓量均出现大幅回升，表明铜期货交易成本与交易活跃度高度相关。

2011年铜期货月度交易情况见表3-2-1。

表3-2-1　　2011年铜期货月度交易情况

月度	成交量（万手）	同比变化（%）	成交金额（亿元）	同比变化（%）	月末持仓量（万手）	同比变化（%）
1月	197.61	-55.13	7060.20	-46.72	15.87	-17.84
2月	144.64	-57.32	5376.42	-42.63	15.24	-23.59
3月	224.75	-50.76	8017.41	-41.51	13.52	-30.27
4月	168.42	-54.92	5977.59	-47.88	16.10	-7.24
5月	262.75	-54.94	8782.90	-45.28	16.42	-11.88
6月	191.48	-68.70	6498.94	-59.41	15.14	-14.73
7月	151.74	-72.67	5445.22	-63.33	14.25	-27.28
8月	329.47	-31.02	11123.79	-19.01	14.97	-13.25
9月	565.52	110.01	16981.12	111.58	17.66	21.88
10月	841.17	258.27	23278.55	213.25	20.88	34.15
11月	1165.77	167.86	32934.73	134.53	24.26	67.72
12月	652.78	115.82	18190.25	76.98	21.48	15.13
总计	4896.11	-3.60	149667.11	0.98	—	—

资料来源：上海期货交易所。

2009～2011年铜期货年度交易情况见表3-2-2。

表3-2-2　　2009～2011年铜期货年度交易情况

年度	成交量（万手）	同比变化（%）	成交金额（亿元）	同比变化（%）	年末持仓量（万手）	同比变化（%）
2009年	8121.74	290.97	165892.81	232.98	15.14	-11.87
2010年	5078.86	-37.47	148218.77	-10.65	18.66	23.25
2011年	4896.11	-3.60	149667.11	0.98	24.63	31.99

资料来源：上海期货交易所。

2011年国内铜期货市场规模与国际市场相比，差距进一步扩大，按同一口径计算，国内铜期货交易量仅为国际市场的28.35%。

2009～2011年上海期货交易所与伦敦金属交易所铜期货交易情况比较见表3－2－3。

表3－2－3　2009～2011年上海期货交易所与伦敦金属交易所铜期货交易情况比较

年度	成交量（万手）		成交金额（亿元）		年末持仓量（万手）	
	SHFE	LME	SHFE	LME	SHFE	LME
2009年	8121.74	2465.6	165892.81	—	15.14	25.59
2010年	5078.86	2981.5	148218.77	—	18.66	31.35
2011年	4896.11	3453.73	149667.11	—	24.63	27.04

资料来源：上海期货交易所、伦敦金属交易所。

（二）交割情况

截至2011年底，上海期货交易所共有铜指定交割仓库7个，分别是上海期晟、国储天威、中储股份、上港物流、同盛物流、上海裕强、中储临港，上述指定交割仓库全部位于上海。

2011年上海铜期货交割量为31720手，较2010年下降17.37%，交割金额为106.24亿元，较2010年下降6.31%，通过期货市场配置的铜资源有所下降。

2011年铜期货月度交割情况见表3－2－4。

表3－2－4　2011年铜期货月度交割情况

月度	交割量（手）	同比变化（%）	交割金额（亿元）	同比变化（%）
1月	2325	15.96	8.19	35.39
2月	4595	161.82	17.19	270.52
3月	4970	54.35	17.16	84.08
4月	2630	－43.07	9.37	－34.05
5月	1345	－72.30	4.49	－65.79
6月	2065	－29.40	7.16	－6.74
7月	2175	－39.08	7.78	－18.67
8月	1745	－20.14	5.87	－6.13

续表

月度	交割量（手）	同比变化（%）	交割金额（亿元）	同比变化（%）
9月	2530	14.74	8.28	26.93
10月	3225	3.37	9.10	-7.37
11月	2170	-43.64	6.32	-49.41
12月	1945	-52.33	5.33	-61.09
总计	31720	-17.37	106.24	-6.31

资料来源：上海期货交易所。

2009~2011年铜期货年度交割情况见表3-2-5。

表3-2-5　　2009~2011年铜期货年度交割情况

年度	交割量（手）	同比变化（%）	交割金额（亿元）	同比变化（%）
2009年	28085	3.73	62.52	-20.90
2010年	38390	36.69	113.40	81.39
2011年	31720	-17.37	106.24	-6.31

资料来源：上海期货交易所。

（三）价格走势

1. 价格总体走势。2011年，上海期货交易所铜期货价格与现货铜价、国际铜价走势高度一致。上半年，在供应偏紧的情况下，铜价基本处于高位小幅波动的态势，7月份以后，受美国信用评级下调、欧元区债务危机加剧等系统性因素的影响，铜价出现以大幅下跌为主要特征的剧烈波动行情。期间，曼氏金融集团的破产也在技术层面上加剧了铜价波动。

2011年，国内铜期货价格最高价为75660元/吨，最低价为50950元/吨，波幅率为37.44%；国际铜期货价格最高为10160美元/吨，最低为6735美元/吨；波幅率为38.74%；国内现货价格最高价为74950元/吨，最低价为52475元/吨，波幅率为33.93%。国内期货价格与现货价格的波动幅度均小于国际市场。

2011年铜期货内外盘和现货市场价格比较见图3-2-1。

2011年铜期货内外盘和现货市场价格主要显性指标见表3-2-6。

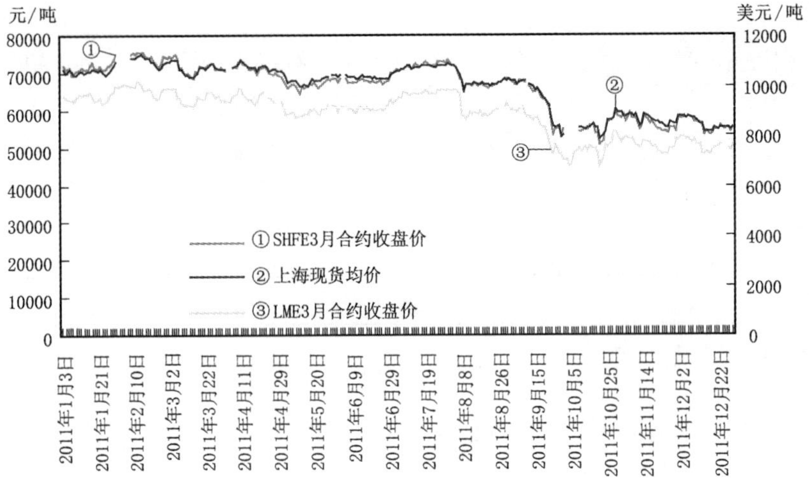

图 3－2－1　2011 年铜期货内外盘和现货市场价格比较

资料来源：上海期货交易所、伦敦金属交易所、上海金属网。

表 3－2－6　　2011 年铜期货内外盘和现货市场价格主要显性指标

市场分类	绝对指标（美元/吨，元/吨）					相对指标（%）	
	最高价	最低价	平均价	标准差	极差	离散率	波幅率
SHFE 连续价格	75660	50950	66001	6781.11	24710	10.27	37.44
LME 连续价格	10160	6735	8840	876.07	3425	9.91	38.74
上海金属网现货报价	74950	52475	66248	6365.24	22475	9.61	33.93

资料来源：上海期货交易所、伦敦金属交易所、上海金属网。

2. 价格相关性分析。2011 年，上海期货交易所与伦敦金属交易所铜期货价格的相关系数高达 0.99；上海期货交易所铜期货价格与上海金属网铜现货价格的相关系数也高达 0.99。国内铜期货价格、国际铜期货价格和国内铜现货价格走势高度一致。

2011 年铜期货内外盘和现货市场价格相关性见表 3－2－7。

表 3－2－7　　2011 年铜期货内外盘和现货市场价格相关性

价格选择	相关系数（%）
SHFE 连续价格与 LME 连续价格	0.99
SHFE 连续价格与现货市场价格	0.99

资料来源：上海期货交易所、伦敦金属交易所、上海金属网。

（四）市场重大变化及政策调整

1. 2011 年 8 月 1 日 10 时 31 分，因技术故障致上海期货交易所铜、铝 1108 期货合约部分持仓被误平。事件发生后，上海期货交易所立即研究应对措施，与相关会员积极沟通，并依据规则妥善处置，保护被误平所涉客户的合法权益。

2. 由于国内外宏观经济环境和金融形势更趋复杂，市场运行面临的不稳定、不确定因素有所增加，经研究决定，上海期货交易所对铜期货合约的交易保证金收取比例和涨跌停板幅度作出调整：自 2011 年 11 月 15 日收盘结算时起，铜期货合约的交易保证金比例在原比例的基础上提高一个百分点（合约在不同持仓量下的交易保证金收取比例也适用此项调整）。

3. 为加强期货市场的一线监管，遏制过度投机，打击违法违规行为，上海期货交易所于 2011 年 3 月 14 日起对实际控制关系账户实行报备制度，并同时公布了期货市场实际控制关系账户的认定标准。

4. 为加强对有色金属期货交割商品的管理，根据《上海期货交易所交易规则》及其有关规定，上海期货交易所对原有的《上海期货交易所有色金属交割商品注册管理规定》（修订案）作出了修订，并于 2011 年 3 月 24 日起施行。

5. 2011 年 4 月 21 日上海期货交易所公布了有色金属指定交割库收费标准的调整方案，并于 2011 年 6 月 1 日起执行。

6. 由于上海期货交易所于 2011 年 8 月 1 日起启用新结算系统，交易手续费计算公式有所调整，为此，上海期货交易所公布了手续费计算公式调整方案。

7. 经研究决定，上海期货交易所 2011 年 7 月 26 日对外发布公告，将对部分品种期货合约的交易手续费和交易保证金的收取标准作出调整，自 2011 年 8 月 1 日起，铜期货合约的交易手续费调整为成交金额的万分之一；铜期货合约当日平今仓免收交易手续费。

二、铝期货运行状况

2011 年上海期货交易所铝期货全年价格走势总体呈现为倒“V”型。上半年随着国内外宏观经济形式的变化，上海期铝价格逐步升高，在 8 月份达到近两年的价格高点为 18535 元/吨，8 月后期铝价格逐步下跌。2011 年铝期货 3 月合约年末收盘价为 15845 元/吨，与年初开盘价的 17050 元/吨相比，跌幅为 7.6%。

（一）交易情况

2011 年上海期货交易所铝期货的月度交易情况见表 3－2－8。从表 3－2－8 中可以看出，2011 年铝期货的成交量总共为 995.39 万手，与 2010 年相比减少了

42.34%，月度成交量最高为 8 月份的 312.48 万手，最低为 4 月份的 28.82 万手；2011 年全年成交额为 0.85 万亿元，与 2010 年相比减少了 39.77%；2011 年最大月末持仓量为 7 月份的 29.95 万手，最小月末持仓量为 10 月份的 10.35 万手。

表 3-2-8　　2011 年铝期货月度交易情况

月度	成交量（万手）	同比变化（%）	成交金额（亿元）	同比变化（%）	月末持仓量（万手）	同比变化（%）
1 月	49.345	-86.13	418.32	-86.64	10.89	-37.84
2 月	46.67	-65.44	400.845	-64.06	14.745	-9.17
3 月	56.05	-54.56	471.54	-54.39	14.075	-4.03
4 月	28.82	-78.38	242.21	-78.31	13.405	-7.42
5 月	33.535	-72.65	279.92	-70.48	12.15	-11.92
6 月	49.13	-62.70	419.475	-56.78	12.895	3.44
7 月	151.145	81.87	1353.55	115.91	29.955	135.33
8 月	312.48	147.48	2747.305	179.70	18.275	36.45
9 月	107.08	6.52	897.81	13.26	14.31	7.36
10 月	65.685	-51.51	539.125	-51.92	10.345	-37.44
11 月	56.385	-74.99	453.13	-75.98	13.4	10.12
12 月	39.05	-27.21	311.94	-29.93	12.495	5.31
全年	995.39	-42.34	8535.17	-39.7	—	—

资料来源：上海期货交易所。

2011 年铝期货合约成交量较 2010 年大幅下降，全年共成交 995.39 万手合约，同比下降 42.34%；成交金额同样也大幅下降，全年总成交金额约 0.85 万亿元，同比下降 39.77%。

2007～2011 年铝期货年度交易情况见表 3-2-9。

表 3-2-9　　2007～2011 年铝期货年度交易情况

年度	成交量（万手）	同比变化（%）	成交金额（亿元）	同比变化（%）	年末持仓量（万手）	同比变化（%）
2007 年	482.355	-65.38	4688.95	-67.06	4.58	-41.54
2008 年	1478.89	206.60	11039.41	135.43	11.235	145.31

续表

年度	成交量（万手）	同比变化（%）	成交金额（亿元）	同比变化（%）	年末持仓量（万手）	同比变化（%）
2009 年	2053.055	38.82	13971.455	26.56	18.515	64.80
2010 年	1726.2	-15.92	14171.24	1.43	12.78	-30.97
2011 年	995.39	-42.34	8535.17	-39.77	12.495	-2.23

资料来源：上海期货交易所。

由表 3-2-10 可知，2011 年上海期货交易所铝期货成交量为 995.39 万手，伦敦金属交易所期铝成交量 5934.69 万手。按照上海期货交易所铝期货合约单位 5 吨/手和伦敦金属交易所合约单位 25 吨/手的差异，折算成实际吨数进行比较，上海期货交易所铝期货成交吨数约为伦敦金属交易所的 3.35%，国内铝期货市场规模与国际市场相比，差距有继续扩大的趋势。

表 3-2-10　　2008~2010 年铝期货内外盘交易情况比较

年度	成交量（万手）		成交金额（亿元）		年末持仓量（万手）	
	SHFE	LME	SHFE	LME	SHFE	LME
2008 年	1478.89	4767.85	11039.41	—	11.235	70.54
2009 年	2053.05	4652.77	13971.455	—	18.515	73.2
2010 年	1726.20	4594.00	14171.24	—	12.78	70.93
2011 年	995.39	5934.69	8535.17	—	12.495	93.5

资料来源：上海期货交易所、路透信息。

（二）交割情况

目前，上海期货交易所铝期货指定的交割仓库共有 14 个，20 个存放地。其中，位于长三角地区的仓库有 12 个，16 个存放地；位于珠三角地区的仓库有 3 个、存放地 4 个。2011 年上海期货交易所铝期货合约的交割量为 607900 吨，同比增加 5.52%。2011 年中，5 月份铝期货的交割量最大，为 86400 吨；12 月份交割量最小，为 28125 吨。

2011 年铝期货月度交割情况见表 3-2-11。

表 3-2-11　　2011 年铝期货月度交割情况

月度	交割量（吨）	同比变化（%）	交割金额（亿元）	同比变化（%）
1 月	29925	-18.46	4.95	-21.55

续表

月度	交割量（吨）	同比变化（%）	交割金额（亿元）	同比变化（%）
2 月	29050	-30.25	4.88	-26.28
3 月	48900	4.77	8.03	5.94
4 月	70775	8.97	11.72	10.15
5 月	86400	60.74	14.29	79.07
6 月	86350	43.14	14.79	70.79
7 月	72900	91.72	12.83	130.76
8 月	52925	94.22	9.52	129.95
9 月	37375	-20.18	6.61	-7.29
10 月	36875	-27.23	6.22	-23.40
11 月	28300	-55.45	4.56	-55.81
12 月	28125	-38.52	4.44	-39.51
总计	607900	5.52	102.86	13.78

资料来源：上海期货交易所。

2007 ~2011 年铝期货年度交割情况见表 3 -2 -12。

表 3 -2 -12　　2007 ~2011 年铝期货年度交割情况

年度	交割量（吨）	同比变化（%）	交割金额（亿元）	同比变化（%）
2007 年	120850	-49.11	23.37	-52.13
2008 年	278475	130.43	48	105.39
2009 年	368250	32.24	52.37	9.10
2010 年	576100	56.44	90.4	72.62
2011 年	607900	5.52	102.86	13.78

资料来源：上海期货交易所。

2011 年铝期货月度注册仓单情况见图 3 -2 -2。

（三）价格走势

1. 总体价格走势。2011 年，上海期货交易所铝期货价格与国内现货市场铝价走势基本一致，但与国际期铝价格相比呈现价格坚挺、较为抗跌的局面。上半年受国内外宏观经济形势好转以及铝库存逐步减少等方面影响，上海期铝价格逐步上扬，在 2011 年 8 月份达到年内最高点 18535 元/吨；下半年受到国家对房地产调控

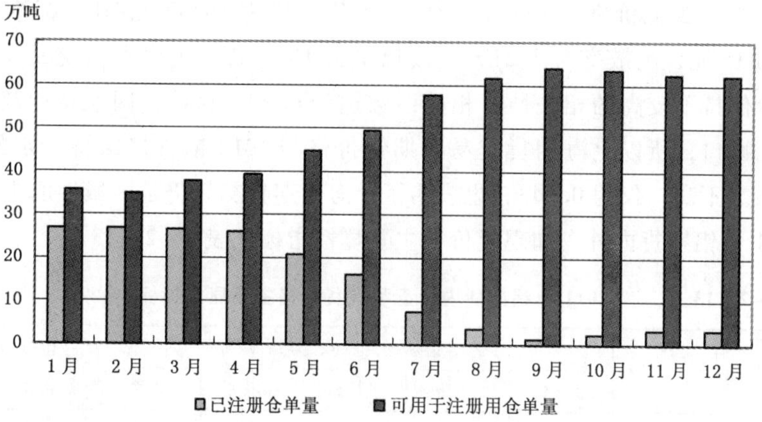

图 3-2-2 2011 年铝期货月度注册仓单情况

资料来源：上海期货交易所。

等因素影响，上海期铝价格逐步下滑，并在 12 月份达到全年的最低点 15700 元，连续 3 月合约年末收报于 15845 元/吨，与年初的 17050 元/吨相比，跌幅为 7.6%。图 3-2-3 为 2011 年上海期铝 3 月合约价格、上海现货价格、伦敦金属交易所（简称 LME）3 月合约价格走势图。

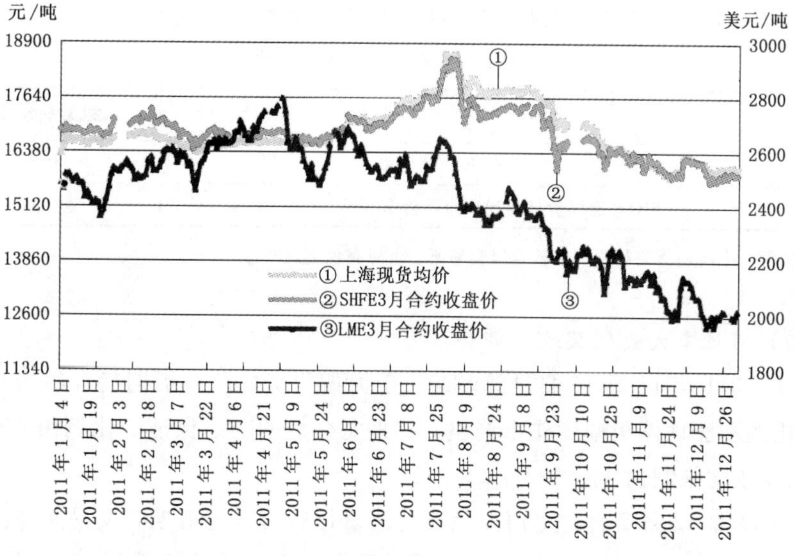

图 3-2-3 2011 年铝期货、现货和外盘价格比较

资料来源：上海期货交易所、伦敦金属交易所（简称 LME）、上海有色金属网。

2. 价格相关性分析。2011 年上海期货交易所铝期货主力合约的最高价格为

18535 元/吨，最低价格为 15700 元/吨，平均价格为 16833 元/吨。标准差为 541，极差为 2835 元，离散率为 3.21%，波幅率为 16.84%。上海期货交易所铝期货与现货铝价保持了较高的相关性，相关系数达到 0.90。目前，国家产业政策仍然限制电解铝出口，所以上海期货交易所期铝价格与 LME 铝价格保持一定的相关性，但相关系数不高，仅为 0.643，也表明了上海铝期货交易仍是区域性的市场。

2011 年铝期货内外盘和现货价格主要显性指标见表 3－2－13。

表 3－2－13　　2011 年铝期货内外盘和现货价格主要显性指标

	绝对指标（元/吨；美元/吨）					相对指标（%）	
	最高价	最低价	平均价	标准差	极差	离散率	波幅率
LME 连续价格	2797	1962	2421	210	835	8.67	34.49
SHFE 连续价格	18535	15700	16833	541	2835	3.21	16.84
SMM 现货价格	18650	15810	16857	639	2840	3.79	16.85

资料来源：上海期货交易所、伦敦金属交易所、上海有色金属网。

2011 年上海期货交易所铝期货与伦敦金属交易所期铝、现货市场价格相关性见表 3－2－14。

表 3－2－14　　2011 年上海期货交易所铝期货与伦敦金属交易所期铝、现货市场价格相关性

价格选择	相关系数（%）
SHFE 连续价格与 LME 连续价格	0.643
SHFE 连续价格与现货市场价格	0.90

资料来源：上海期货交易所、伦敦金属交易所、上海有色金属网。

（四）市场重大变化及政策调整

1. 自 2011 年 11 月 15 日结算时起，上海期货交易所对铝期货合约的交易保证金收取比例和涨跌停板幅度作出调整，铝期货合约的交易保证金比例由 6% 调整至 7%，涨跌幅度限制由 4% 调整至 5%。

2. 2011 年 12 月 7 日，上海期货交易所修订后的《上海期货交易所风险控制管理办法》对涉及铝期货单边市下涨跌停板及保证金比例的条款进行了调整。根据修订后的办法，当市场出现价格同方向单边市时，第二个涨跌停板比例在第一个涨跌停板（日常涨跌停板）基础上增加 3 个百分点，第三个涨跌停板比例在第一个涨跌停板基础上增加 5 个百分点。

对于保证金收取标准，修订后的《上海期货交易所风险控制管理办法》规定，当市场出现价格同方向单边市时，各品种当日收盘结算时保证金比例为在下一交易日涨跌停板基础上增加 2 个百分点，如果调整后的保证金比例低于原保证金比例（日常保证金比例），则按原保证金比例收取。如果连续三天出现价格同方向单边市，第三天收盘结算时的保证金比例仍按照第二天结算时的保证金比例收取。

三、铅期货运行状况

2011 年受到欧债危机不断深化、欧洲经济陷入衰退和美国经济复苏缓慢的影响，国内外铅期货价格整体呈现出震荡下跌的走势，特别是 2011 年 8 ~9 月价格出现两次快速大幅下跌，随后在 2011 年第四季度逐步企稳反弹。截至 2011 年 12 月 30 日，伦敦金属交易所铅 3 月合约收盘价为 2035 美元/吨，全年下跌幅度为 20.2%；上海期货交易所于 2011 年 3 月 24 日上市铅期货品种，上市当天的挂牌基准价为 18350 元/吨，主力合约以 19230 元/吨开盘，盘中创出全年最高价 19570 元/吨，2011 年 12 月 30 日收盘于 15290 元/吨，全年下跌幅度为 16.68%。

（一）交易情况

2011 年上海期货交易所铅期货的月度交易情况见表 3－2－15。从表 3－2－15 中可以看出，2011 年铅期货的成交量总共为 29.33 万手，月度成交量最高为 3 月份的 6.92 万手，最低为 12 月份的 0.76 万手；2011 年全年成交额为 1280.8 亿元；2011 年最大月末持仓量为 7 月份的 0.49 万手，最小月末持仓量为 12 月份的 0.13 万手。

表 3－2－15　　2011 年铅期货月度交易情况

月度	成交量（万手）	同比变化（%）	成交金额（亿元）	同比变化（%）	月末持仓量（万手）	同比变化（%）
1 月	—	—	—	—	—	—
2 月	—	—	—	—	—	—
3 月	6.92	—	328.07	—	0.35	—
4 月	5.73	—	267.57	—	0.44	—
5 月	3.76	—	157.53	—	0.42	—
6 月	2.94	—	124.04	—	0.46	—
7 月	2.28	—	99.63	—	0.49	—
8 月	2.93	—	121.78	—	0.33	—
9 月	1.79	—	68.6	—	0.22	—

续表

月度	成交量（万手）	同比变化（%）	成交金额（亿元）	同比变化（%）	月末持仓量（万手）	同比变化（%）
10 月	1.3	—	48.14	—	0.17	—
11 月	0.95	—	36.18	—	0.18	—
12 月	0.76	—	29.28	—	0.13	—
全年	29.33	—	1280.80	—	—	—

资料来源：上海期货交易所。

2011 年上海期货交易所铅期货成交量为 29.33 万手，成交金额为 1280.8 亿元（见表 3－2－16）。

表 3－2－16　　2011 年铅期货年度交易情况

年度	成交量（万手）	同比变化（%）	成交金额（亿元）	同比变化（%）	年末持仓量（万手）	同比变化（%）
2011 年	29.33	—	1280.8	—	0.13	—

资料来源：上海期货交易所。

表 3－2－17 是上海期货交易所与伦敦金属交易所铅期货年度成交数据比较，2011 年上海期货交易所铅期货成交量为 29.33 万手，伦敦金属交易所铅期货成交量为 1091.96 万手。上海期货交易所铅年末持仓量为 0.13 万手，伦敦金属交易所铅连续 3 月合约为 9.8 万手。

2011 年铅期货内外盘年度交易情况比较见表 3－2－17。

表 3－2－17　　2011 年铅期货内外盘年度交易情况比较

年度	成交量（万手）		成交金额（亿元）		年末持仓量（万手）	
	SHFE	LME	SHFE	LME	SHFE	LME
2011 年	29.33	1091.96	2561.59	—	0.13	9.8

资料来源：上海期货交易所、伦敦金属交易所。

（二）交割情况

2011 年上海期货交易所铅期货指定交割仓库共计 8 个，分布在上海、广东、天津、浙江和江苏，分别属于期晟公司、中储股份、国储天威、晟世小塘、南储仓储、830 黄浦、康运诸暨、天津渤海。

2011 年交割量为 31475 吨，交割金额为 4.89 亿元。2011 年中，9 月份铅期货的交割量最大，为 12825 吨；11 月份交割量最小，为 4525 吨。

2011 年铅期货月度、年度交割情况见表 3－2－18、表 3－2－19。

表 3－2－18　　2011 年铅期货月度交割情况

月度	交割量（吨）	交割金额（亿元）
1 月	—	—
2 月	—	—
3 月	—	—
4 月	—	—
5 月	—	—
6 月	—	—
7 月	—	—
8 月	—	—
9 月	12825	2.08
10 月	8700	1.31
11 月	4525	0.69
12 月	5425	0.81
全年	31475	4.89

资料来源：上海期货交易所。

表 3－2－19　　2011 年铅期货年度交割情况

年度	交割量（吨）	同比变化（%）	交割金额（亿元）	同比变化
2011 年	31475	—	4.89	—

资料来源：上海期货交易所。

（三）价格走势

1. 价格走势。2011 年度期铅价格呈大幅下跌态势。一季度末 3 月 24 日上市铅期货后，市场积极应对，铅价小幅走高。转至第二季度，中国环保部对铅蓄电池及再生铅行业进行环保核查、停产整顿，市场观望情绪加剧。三季度中国国内持续货币紧缩政策，标准普尔调低美国信用评级，欧洲债务危机蔓延，当季度下跌幅度较大。四季度欧洲采取更积极的货币政策令市场稍微缓解忧虑，价格有所回调。上海期货交易所2011年3月24日铅期货上市的挂牌基准价为18350元/吨，主力合约以19230元/吨开盘，盘中创出全年最高价19570元/吨，2011年12月30日收盘于15290元/吨，全年下跌幅度为16.68%。

2011年国内外铅期货和现货价格比较见图3-2-4。

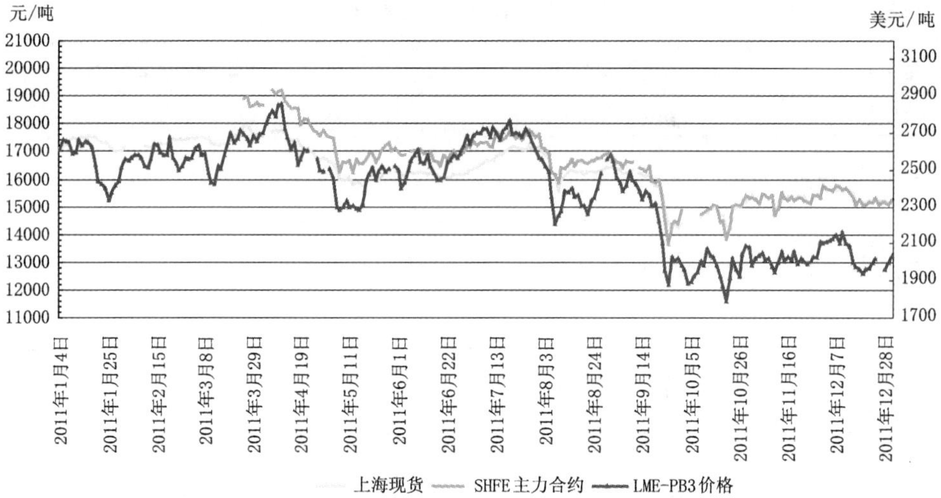

图3-2-4　2011年国内外铅期货和现货价格比较

资料来源：上海期货交易所、伦敦金属交易所。

2. 价格相关性分析。从相关系数分析来看，上海期货交易所与伦敦金属交易所铅期货价格相关系数为0.9314，上海期货交易所与现货市场铅期货价格相关系数为0.98，相关性均较强。

2011年铅期货内外盘和现货价格主要显性指标见表3-2-20。

表3-2-20　　2011年铅期货内外盘和现货价格主要显性指标

	绝对指标（元/吨；美元/吨）					相对指标（%）	
	最高价	最低价	平均价	标准差	极差	离散率	波幅率
LME连续价格	2855	1790	2389	267.50	1065	11.2	44.6
SHFE连续价格	19220	13630	16477	1202.92	5590	7.3	33.9
SMM现货价格	17900	14250	16328	908.55	3650	5.6	22.4

资料来源：上海期货交易所、伦敦金属交易所、上海有色金属网。

2011年铅期货内外盘和现货价格相关性见表3-2-21。

表 3-2-21　　2011 年铅期货内外盘和现货价格相关性

价格选择	相关系数（%）
上海期货交易所连续价格与 LME 连续价格	0.9314
上海期货交易所连续价格与现货市场价格	0.98

资料来源：上海期货交易所、伦敦金属交易所、上海有色金属网。

（四）市场重大变化及政策调整

1. 中国证监会（证监函［2011］42 号）批准同意在上海期货交易所上市铅期货合约，铅期货合约自 2011 年 3 月 24 日起开始交易。

2. 自 2011 年 7 月 29 日收盘结算时起，铅期货 PB1110 及以后合约的交易保证金水平从现行的 11% 调整为 8%，PB1109 合约的交易保证金维持原标准。

四、锌期货运行状况

2011 年受到欧债危机不断深化、欧洲经济陷入衰退和美国经济复苏缓慢的影响，国内外锌期货价格整体呈现出震荡下跌的走势，特别是 2011 年 8～9 月价格出现两次快速大幅下跌，随后在 2011 年第四季度逐步企稳反弹。截至 2011 年 12 月 30 日，伦敦金属交易所锌连续 3 月合约收盘价为 1845 美元/吨，全年下跌幅度为 24.82%；沪锌连续 3 月合约收盘价为 14795 元/吨，全年下跌幅度为 24%。

（一）交易情况

2011 年上海期货交易所锌期货的月度交易情况见表 3-2-22。从表 3-2-22 中可以看出，2011 年锌期货的成交量总共为 5366.35 万手，月度成交量最高为 8 月份的 612.69 万手，最低为 12 月份的 307.73 万手；2011 年全年成交额为 4.62 万亿元，同比减少了 63.88%；2011 年最大月末持仓量为 10 月份的 21.12 万手，最小月末持仓量为 3 月份的 17 万手。

表 3-2-22　　2011 年锌期货月度交易情况

月度	成交量（万手）	同比变化（%）	成交金额（亿元）	同比变化（%）	月末持仓量（万手）	同比变化（%）
1 月	465.96	-25.40	4458.52	-30.38	17.76	18.02
2 月	490.86	-19.95	4835.45	-11.46	19.51	30.96
3 月	591.65	-23.12	5437.51	-24.60	17.01	11.42
4 月	348.65	-34.46	3121.03	-38.96	19.17	19.36

续表

月度	成交量（万手）	同比变化（%）	成交金额（亿元）	同比变化（%）	月末持仓量（万手）	同比变化（%）
5月	420.18	-61.27	3545.30	-59.64	19.84	-12.95
6月	364.60	-81.22	3162.28	-78.02	18.43	-23.07
7月	325.20	-85.50	2999.18	-82.63	18.31	-23.49
8月	612.69	-64.82	5226.28	-65.03	20.34	-21.61
9月	519.98	-63.75	4171.71	-67.50	18.40	14.24
10月	494.79	-56.27	3689.63	-67.46	21.12	-9.72
11月	424.09	-74.57	3210.27	-79.85	17.52	-16.25
12月	307.73	-64.86	2325.62	-71.61	18.69	-7.15
全年	5366.35	-63.39	46182.75	-63.88	—	—

资料来源：上海期货交易所。

2011年上海期货交易所锌期货成交量为5366.35万手，与2010年相比下降了63.39%；2011年成交金额为4.62万亿元，与2010年相比减少了63.88%；2011年年末持仓量为18.69万手，与2010年相比减少了7.15%（见表3-2-23）。

表3-2-23　　2009～2011年锌期货年度交易情况

年度	成交量（万手）	同比变化（%）	成交金额（亿元）	同比变化（%）	年末持仓量（万手）	同比变化（%）
2009年	3225.34	37.02	23432.54	19.94	12.88	90.63
2010年	14658.94	354.49	127862.81	445.66	20.12	56.23
2011年	5366.35	-63.39	46182.75	-63.88	18.69	-7.15

资料来源：上海期货交易所。

根据表3-2-24，考虑上海期货交易所锌期货合约单位5吨/手和LME合约单位25吨/手的差异，折算成实际吨数进行比较，上海期货交易所锌期货成交量相当于伦敦金属交易所的49%。就年末持仓量而言，上海期货交易所为18.69万手，伦敦金属交易所为26.25万手，相当于伦敦金属交易所的71%（见表3-2-24）。

表 3-2-24　　2009~2011 年锌期货内外盘年度交易情况比较

年度	成交量（万手）		成交金额（亿元）		年末持仓量（万手）	
	SHFE	LME	SHFE	LME	SHFE	LME
2009 年	3225.34	1572.79	23432.54	—	12.88	22.91
2010 年	14658.94	1791.11	127862.81	—	20.12	23.23
2011 年	5366.35	2197.34	46182.75	—	18.69	26.25

资料来源：上海期货交易所、伦敦金属交易所。

（二）交割情况

2011 年上海期货交易所锌期货指定交割仓库共计 12 个，期晟公司、国储天威、上港物流、上海裕强、中储股份、同盛芦潮、晟世小塘、南储仓储、无锡国联、浙江康运、国储 837、宁波九龙仓，上海、广东、浙江和江苏分别拥有 6 个、2 个、3 个、1 个。

2011 年上海期货交易所锌期货合约的交割情况见表 3-2-25。2011 年交割量为 335375 吨，交割金额为 57.56 亿元，全年交割量整体上呈现逐渐减少的态势。2011 年中，5 月份期货交割量最大，为 45850 吨；12 月份交割量最小，为 12675 吨。

表 3-2-25　　2011 年锌期货月度交割情况

月度	交割量（吨）	交割金额（亿元）
1 月	32950	6.22
2 月	26800	5.13
3 月	24150	4.28
4 月	32325	5.83
5 月	45850	7.57
6 月	36350	6.3
7 月	24225	4.34
8 月	24950	4.21
9 月	25350	4.21
10 月	28200	4.32
11 月	21550	3.29
12 月	12675	1.86
全年	335375	57.56

资料来源：上海期货交易所。

2009～2011 年锌期货年度交割情况见表 3－2－26。

表 3－2－26　　2009～2011 年锌期货年度交割情况

年度	交割量（吨）	同比变化（%）	交割金额（亿元）	同比变化（%）
2009 年	161700	76.1	24.35	86.5
2010 年	307650	90.3	53.77	120.8
2011 年	335375	9	57.57	7.07

资料来源：上海期货交易所。

（三）价格走势

1. 价格总体走势。影响锌期货价格的因素包括：一、二季度锌价受利比亚战事爆发和升级、日本大地震和核泄漏等影响，出现小幅下挫，三季度欧债危机进一步扩散，导致锌价继续下行，随后在 2011 年第四季度逐步企稳。2012 年沪锌主力合约最高价为 20560 元/吨，最低价为 13780 元/吨，年末报收于 14795 元/吨，年跌幅为 24%。

2011 年国内外锌期货和现货价格比较见图 3－2－5。

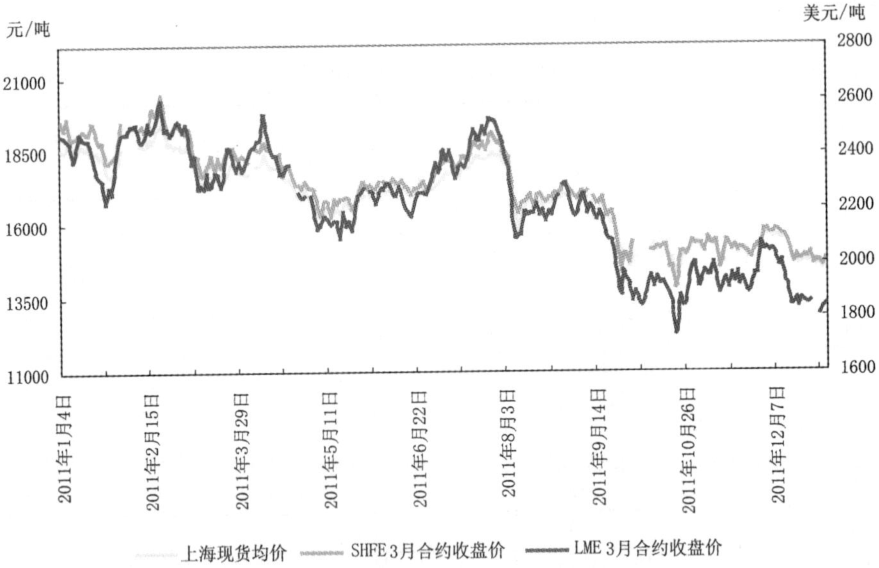

图 3－2－5　2011 年国内外锌期货和现货价格比较

资料来源：上海期货交易所、伦敦金属交易所、上海有色金属网。

2. 价格相关性分析。从相关系数分析来，上海期货交易所与 LME 连续价格相关系数为 0.9732，上海期货交易所连续价格与现货市场价格相关系数为 0.9959，相关性均较强。

2011 年锌期货内外盘和现货价格主要显性指标见表 3－2－27。

表 3－2－27　　2011 年锌期货内外盘和现货价格主要显性指标

	绝对指标（元/吨；美元/吨）					相对指标（%）	
	最高价	最低价	平均价	标准差	极差	离散率	波幅率
LME 连续价格	2596	1740	2212	215.04	856	9.7	38.7
SHFE 连续价格	20420	13850	17163	1521.01	6570	8.9	38.3
SMM 现货价格	20005	13910	16962	1395.68	6095	8.2	35.9

资料来源：上海期货交易所、伦敦金属交易所、上海有色金属网。

2011 年上海期货交易所锌期货、伦敦金属期货交易所锌期货及现货价格的相关性见表 3－2－28。

表 3－2－28　　2011 年上海期货交易所锌期货、伦敦金属期货交易所锌期货及现货价格的相关性

价格选择	相关系数（%）
SHFE 连续价格与 LME 连续价格	0.9732
SHFE 连续价格与现货市场价格	0.9959

资料来源：上海期货交易所、伦敦金属交易所、上海有色金属网。

五、螺纹钢期货运行状况

2011 年，上海期货交易所螺纹钢期货总体运行平稳，累计成交 0.82 亿手、3.72 万亿元。螺纹钢期货价格全年整体呈前高后低的走势，1 至 2 月延续前期上升趋势，在 2 月达到年内高点 5200 元/吨后回落。此后，受我国货币政策不断收紧，房地产市场宏观调控及国家基础设施建设增速放缓等因素影响，国内建筑钢材市场需求增速明显放缓，3～8 月螺纹钢期货价格基本维持在 4800 元/吨附近震荡整理；9～10 月受欧洲债务危机恶化，美联储推出“扭转操作（OT）”令市场对第三轮量化宽松政策（QE3）预期落空等因素影响，螺纹钢期货价格受大宗商品市场整体大跌带动，出现一轮快速下跌；进入 11 月，螺纹钢期货止跌企稳，在 4100 元/吨至 4200 元/吨区间震荡整理。

（一）交易情况

2011 年受国内房地产市场宏观调控等因素影响，螺纹钢期货交易量较 2010 年有明显下降，年成交量同比下降 63.71%，但仍保持比较活跃的态势，月交易量基本保持在 350 万手以上；年成交金额同比下降 62.73%，月交易额基本保持在 2000 亿元左右。全年最大月交易量为 1364.28 万手（11 月），最高月成交金额为 5598.99 亿元（11 月），最高月末持仓量为 48.14 万手（10 月）。

2011 年螺纹钢期货月度交易情况见表 3－2－29。

表 3－2－29　　2011 年螺纹钢期货月度交易情况

月度	成交量（万手）	同比变化（%）	成交金额（亿元）	同比变化（%）	月末持仓量（万手）	同比变化（%）
1 月	350.33	-76.19	1730.36	-73.52	36.33	-41.36
2 月	381.11	-59.78	1916.64	-52.63	40.05	-37.52
3 月	1026.50	-52.61	4887.89	-51.68	36.06	-50.86
4 月	685.00	-59.89	3333.44	-58.98	35.51	-48.10
5 月	726.76	-75.91	3519.32	-73.20	33.37	-53.24
6 月	480.52	-74.05	2291.19	-69.86	37.96	-31.86
7 月	380.18	-83.95	1846.73	-80.98	35.80	-57.75
8 月	434.40	-82.04	2100.03	-79.90	21.00	-69.94
9 月	467.40	-77.06	2143.18	-76.21	30.18	-47.57
10 月	1206.97	-29.56	4946.66	-35.27	48.14	-22.85
11 月	1364.28	-38.25	5598.99	-45.64	41.22	9.38
12 月	685.07	5.01	2863.12	-7.60	34.09	2.84
总计	8188.48	-63.71	37177.51	-62.73	—	—

资料来源：上海期货交易所。

2009～2011 年螺纹钢期货年度交易情况见表 3－2－30。

表 3－2－30　　2009～2011 年螺纹钢期货年度交易情况

年度	成交量（万手）	同比变化（%）	成交金额（亿元）	同比变化（%）	年末持仓量（万手）	同比变化（%）
2009 年	16157.45	—	66512.62	—	69.31	—
2010 年	22561.24	39.63	99758.58	49.98	32.70	-52.82
2011 年	8188.48	-63.71	37177.51	-62.73%	34.09	4.25

资料来源：上海期货交易所。

目前，国际市场上没有对应的螺纹钢期货品种。伦敦交易所钢坯期货的交易标的是螺纹钢期货的上游原料，其成交量较低、流动性不强。

（二）交割情况

上海期货交易所共有9个螺纹钢期货指定交割仓库。2011年，上海期货交易所螺纹钢期货全年交割量为3150手，5月为最大交割月份，交割量为1470手，交割金额为7407万元。

2011年螺纹钢期货月度交割情况见表3－2－31。

表3－2－31　　2011年螺纹钢期货月度交割情况

月度	交割量（手）	同比变化（%）	交割金额（亿元）	同比变化（%）
1月	120	－97.14	585	－96.50
2月	150	－97.40	763.5	－96.53
3月	120	－98.51	540	－98.33
4月	90	－97.06	427.95	－96.83
5月	1470	－88.86	7407.33	－85.76
6月	0	－100.00	0	－100.00
7月	210	－90.14	1144.5	－85.69
8月	30	－99.38	149.82	－99.24
9月	60	－98.29	286.8	－98.15
10月	900	－80.65	4059	－79.81
11月	0	－100.00	0	－100.00
12月	0	－100.00	0	－100.00
总计	3150	－94.76	15363.9	－93.82

资料来源：上海期货交易所。

2009～2011年螺纹钢期货年度交割情况见表3－2－32。

表3－2－32　　2009～2011年螺纹钢期货年度交割情况

年度	交割量（吨）	同比变化（%）	交割金额（亿元）	同比变化（%）
2009年	186300	—	6.64	—
2010年	600300	222.22	24.89	274.85
2011年	31500	－94.76	1.54	－93.82

资料来源：上海期货交易所。

（三）价格走势

1. 总体价格走势。2011 年，我国经济处于转变发展方式、稳中求进的关键时期，钢铁工业产量整体保持较快增长，出口持续增加。螺纹钢期货价格全年整体呈前高后低的走势，1 ~2 月延续前期上升趋势，在 2 月达到年内高点 5200 元/吨后冲高回落，此后受货币政策收紧、国内房地产市场宏观调控、铁路等大型基础建设项目投资减速，国际上欧洲债务危机持续拖累欧洲经济复苏、美国经济复苏步伐缓慢不明朗等因素影响，钢铁行业运行水平明显回落。特别是 9 ~10 月，欧洲债务危机恶化，美联储推出“扭转操作”，令市场对 QE3 预期落空，钢材价格受大宗商品市场整体大跌带动出现较快回落。从整体上看，螺纹钢期货市场全年运行仍较平稳，期货价格与现货价格走势基本趋同，交易量、持仓量虽较 2010 年有所回落，但仍维持在较高水平。

2011 年螺纹钢期货和现货市场价格比较见图 3 -2 -6。

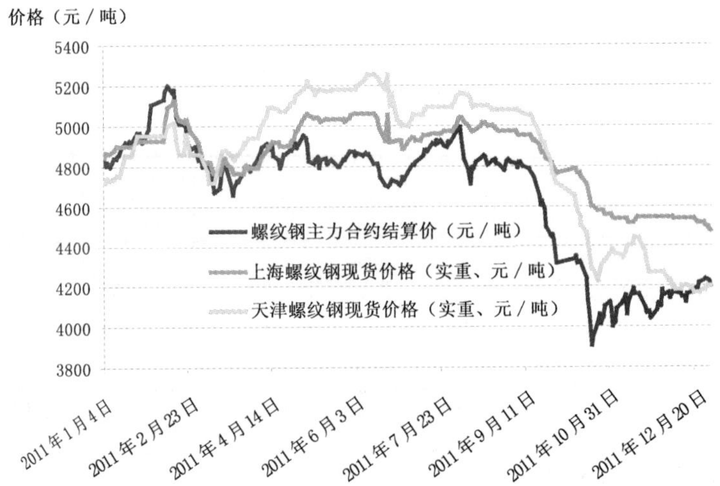

图 3 -2 -6　2011 年螺纹钢期货和现货市场价格比较

资料来源：上海期货交易所、我的钢铁网（Mysteel）。

2. 期现价格相关性分析。2011 年，螺纹钢期货主力合约日结算价与上海、天津现货价格联动紧密，相关系数基本维持在 0.9 左右；主力合约价格趋势变化总体略微领先于现货价格趋势变化。2 月份之后，虽然现货市场仍然出现上涨，但受建筑钢材市场需求增速放缓等因素影响，螺纹钢期货价格首先出现远期贴水现象，预示着市场对未来价格走势总体看弱。之后的现货市场价格走势基本映证了期货市场的预期，特别是 9 ~10 月，螺纹钢期货价格受国内外不利因素影响率先出现较大幅度下跌，对现货市场的贴水进一步放大，预示了现货市场价格随后发生的较大幅度回调，期货市场价格发现功能初步显现。

2011 年螺纹钢期货和现货市场价格主要显性指标见表 3－2－33。

表 3－2－33　　2011 年螺纹钢期货和现货市场价格主要显性指标

市场分类	绝对指标（美元/吨、元/吨）					相对指标（%）	
	最高价	最低价	平均价	标准差	极差	离散率	波幅率
SHFE 期货价格	5200	3908	4661	320	1292	6.86	27.72
现货价格	5214	4474	4849	181	659	3.74	13.39

资料来源：上海期货交易所、我的钢铁网（Mysteel），现货价格取上海价格。

（四）市场重大变化及政策调整

2011 年 12 月 7 日，为防范市场风险，促进市场的稳健运行和功能发挥，上海期货交易所对《上海期货交易所风险控制管理办法》中有关涨跌停板单边无连续报价（单边市）下期货合约涨跌停板幅度和交易保证金比例的调整方案进行了修订。

六、线材期货运行状况

2011 年，上海期货交易所线材期货成交清淡，全年累计成交 3242 手，成交额达 1.49 亿元。线材期货市场总体缺乏流动性，市场规模较小，其价格与螺纹钢期货相关性较高，市场影响因素与价格整体走势与螺纹钢期货基本相同。

（一）交易情况

2011 年线材期货交易较为清淡，年成交量同比降低 97.86%，年成交金额同比降低 97.68%，月交易量和月成交额长期处于较低水平。全年最大月交易量为 439 手（3 月），最高月成交金额为 2119.92 万元（3 月），最高月末持仓量为 138 手（1 月）。

2011 年线材期货月度交易情况见表 3－2－34。

表 3－2－34　　2011 年线材期货月度交易情况

月度	成交量（手）	同比变化（%）	成交金额（万元）	同比变化（%）	月末持仓量（手）	同比变化（%）
1 月	307	－98.80	1488.38	－98.62	138	－98.97
2 月	421	－96.81	2097.05	－96.03	35	－99.72

续表

月度	成交量（手）	同比变化（%）	成交金额（万元）	同比变化（%）	月末持仓量（手）	同比变化（%）
3月	439	-98.58	2119.915	-98.38	21	-99.80
4月	234	-99.19	1136.245	-99.12	21	-99.79
5月	141	-99.45	681.335	-99.37	12	-99.69
6月	142	-98.86	690.38	-98.65	11	-99.56
7月	77	-98.84	368.2	-98.63	10	-99.35
8月	308	-90.91	1455.05	-90.14	5	-99.47
9月	264	-90.29	1219.18	-89.97	1	-99.76
10月	369	-50.93	1492.885	-56.09	13	-91.45
11月	393	-70.16	1591.375	-73.91	16	-74.19
12月	147	-40.73	608.995	-47.04	25	-35.90
合计	3242	-97.86	14948.99	-97.68	/	/

资料来源：上海期货交易所。

2009～2011年线材期货年度交易情况见表3-2-35。

表3-2-35　　2009～2011年线材期货年度交易情况

年度	成交量（万手）	同比变化（%）	成交金额（亿元）	同比变化（%）	年末持仓量（手）	同比变化（%）
2009年	109.20	/	412.85	/	11458	/
2010年	15.17	-86.11	64.44	-84.39	39	-99.66
2011年	0.32	-97.86	1.45	-97.68	25	-35.90

资料来源：上海期货交易所。

目前，国际市场上没有对应的线材期货品种。伦敦金属交易所钢坯期货的交易标的是线材期货的上游原料，其成交量较低、流动性较差。

（二）交割情况

上海期货交易所线材期货指定的交割仓库共有9个。2011年，上海期货交易所线材期货全年没有发生交割，交割量为0手。

2009～2011年线材期货年度交割情况见表3-2-26。

表 3-2-36　　　　2009~2011 年线材期货年度交割情况

年度	交割量（吨）	同比变化（%）	交割金额（亿元）	同比变化（%）
2009 年	41700	/	1.47	/
2010 年	64200	53.96	2.63	78.91
2011 年	0	-100.00	0	-100.00

资料来源：上海期货交易所。

（三）价格走势

1. 总体价格走势。2011 年，我国经济处于结构性调整的关键时期，钢铁工业产量整体保持较快增长、出口持续增加。但下半年以来，受国内房地产市场宏观调控、铁路等大型基础建设项目投资减速，国际上欧洲债务危机持续拖累欧洲经济复苏、美国经济复苏步伐缓慢不明朗等因素影响，钢铁行业运行水平明显回落。特别是 9~10 月，欧洲债务危机恶化，美联储令市场对 QE3 预期落空，钢材价格出现较快回落，全年运行呈前高后低的态势。线材期货市场全年成交较为清淡，期货价格与现货价格走势趋同，但交易和持仓均处于较低水平。

2011 年线材期货和现货市场价格比较见图 3-2-7。

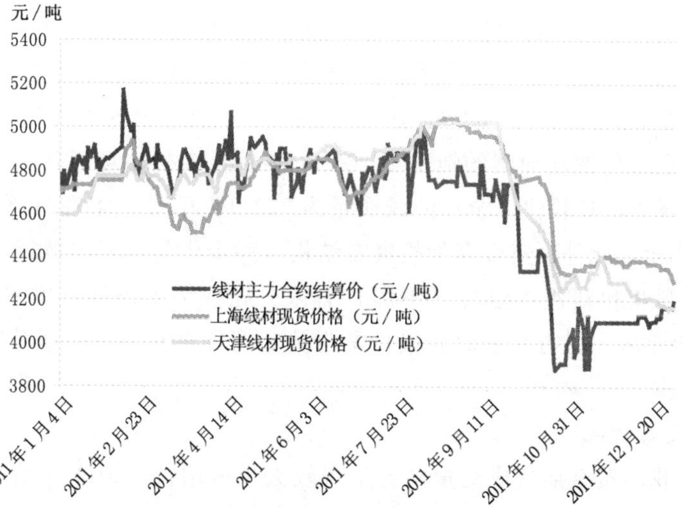

图 3-2-7　2011 年线材期货和现货市场价格比较

资料来源：上海期货交易所、我的钢铁网（Mysteel）。

2. 期现价格相关性分析。2011 年，线材期货主力合约日结算价与上海、天津现货价格联动紧密，相关系数基本维持在0.8%左右。

2011年线材期货和现货市场价格主要显性指标见表3-2-37。

表3-2-37　2011年线材期货和现货市场价格主要显性指标

市场分类	绝对指标（美元/吨、元/吨）					相对指标（%）	
	最高价	最低价	平均价	标准差	极差	离散率	波幅率
期货价格	5167	3883	4622	328	1284	7.10	27.78
现货价格	5040	4290	4693	217	750	4.63	15.98

资料来源：上海期货交易所、我的钢铁网（Mysteel），现货价格取上海价格。

（四）市场重大变化及政策调整

2011年12月7日，为防范市场风险，促进市场的稳健运行和功能发挥，上海期货交易所对《上海期货交易所风险控制管理办法》中有关涨跌停板单边无连续报价（单边市）下期货合约涨跌停板幅度和交易保证金比例的调整方案进行了修订。

七、黄金期货运行状况

2011年，在全球降低通货膨胀需求和避险需求等多重因素的交互作用下，上海期货交易所黄金期货价格经历了上涨、拉升、回调以及振荡四个主要阶段，主力合约年初开盘价为308.79元/克，年末收盘价为319.45元/克，全年涨幅为3.45%，盘中最高价为398.08元/克（9月6日），盘中最低价为283.28元/克（1月28日）。在金价波动加剧的情况下，2011年黄金期货市场总体运行平稳，风险可控，成交规模增长较快，全年的成交量为722.18万手（合7221.8吨），成交额为2.55万亿元。此外，黄金期货投资者结构进一步优化，汇丰银行（中国）有限公司、澳大利亚和新西兰银行（中国）有限公司成为上海期货交易所自营会员。截至2011年年末，已有9家商业银行参与黄金期货自营交易，金融机构投资者队伍逐渐壮大。

（一）交易情况

2011年我国黄金期货成交量同比呈现较大规模增长。2011年黄金期货各合约的成交量为722.18万手（约合7221.8吨），同比增长112.59%；成交额为2.55万亿元，同比增长178.68%；年末持仓量为51156手。从国际市场来看，纽约商业交易所（NYMEX）芝加哥分部的黄金期货（以下简称“COMEX黄金期货”）主力品种（100盎司）的成交量为4917.56万手，同比增加9.94%。

2011 年我国黄金期货市场月度成交量与 2010 年相比变化较大。2011 年 1 ~7 月月度成交量与 2010 年同期相比全部下降，降幅在 30% ~60% 之间。2011 年 8 ~12 月月度成交量与 2010 年同期相比全部上升，升幅在 75% ~1255% 之间，尤其是 9 月升幅高达 1250.72%。

2011 年黄金期货月度交易情况见表 3 -2 -38。

表 3 -2 -38　　2011 年黄金期货月度交易情况

月度	成交量（万手）	同比变化（%）	成交金额（亿元）	同比变化（%）	月末持仓量（手）	同比变化（%）
1 月	17.57	-59.18	519.185	-51.69	27577	-16.41
2 月	8.99	-45.67	266.76	-33.52	27105	-12.94
3 月	15.34	-37.90	462.27	-24.33	23579	-17.71
4 月	18.72	-22.63	583.72	-4.65	28054	-3.45
5 月	22.44	-52.04	703.90	-43.31	25449	-3.18
6 月	14.08	-57.09	447.90	-49.60	23065	-15.57
7 月	19.44	-31.18	635.865	-13.89	25932	-7.58
8 月	157.10	727.41	5824.05	1054.75	52113	98.41
9 月	216.53	1250.72	8031.87	1713.27	30204	6.84
10 月	78.05	233.44	2693.00	296.47	32028	2.13
11 月	71.67	78.81	2565.04	114.36	41201	26.53
12 月	82.25	230.67	2754.48	264.88	51156	29.78
总计	722.18	112.59	25488.04	178.68	—	—

资料来源：上海期货交易所。

2009 ~2011 年黄金期货年度交易情况见表 3 -2 -39。

表 3 -2 -39　　2009 ~2011 年黄金期货年度交易情况

年度	成交量（万手）	同比变化（%）	成交金额（亿元）	同比变化（%）	年末持仓量（手）	同比变化（%）
2009 年	340.62	-12.45	7636.41	1.99	50664	118.78
2010 年	339.70	-0.27	9145.96	19.77	39418	-22.20
2011 年	722.18	112.59	25488.04	178.68	51156	29.78

资料来源：上海期货交易所。

2009～2011年黄金期货内外盘交易情况比较见表3－2－40。

表3－2－40　　2009～2011年黄金期货内外盘交易情况比较

年度	SHFE黄金期货（万手）	COMEX黄金期货（万手）
2009年	340.62	3513.95
2010年	339.70	4473.03
2011年	722.18	4917.56

资料来源：上海期货交易所、美国期货业协会。

（二）交割情况

截至2011年末，工商银行、建设银行、中国银行以及交通银行等四家银行成为上海期货交易所黄金期货指定交割金库，共涉及32个黄金存放库。2011年，上海期货交易所黄金期货交割总量为726公斤，同比增长35.20%，交割金额为2.30亿元，同比增长57.28%（见表3－2－41）。

表3－2－41　　2011年黄金期货月度交割情况

月度	交割数量（手）	同比变化（%）	交割金额（亿元）	同比变化（%）
1月	0	－100.00	0.00	－100.00
2月	78	1200.00	0.23	1447.05
3月	9	－25.00	0.03	－10.28
4月	6	—	0.02	—
5月	18	—	0.06	—
6月	588	67.52	1.87	102.66
7月	3	0.00	0.01	15.25
8月	0	—	0.00	—
9月	0	－100.00	0.00	－100.00
10月	0	－100.00	0.00	－100.00
11月	0	—	0.00	—
12月	24	－82.61	0.08	－79.49
总计	726	35.20	2.30	57.28

资料来源：上海期货交易所。

2009～2011年黄金期货年度交割情况见表3－2－42。

表3－2－42　　2009～2011年黄金期货年度交割情况

年度	交割量（公斤）	同比变化（%）	交割金额（亿元）	同比变化（%）
2009年	735.00	－18.06	1.62	－4.34
2010年	537.00	－26.94	1.46	－9.76
2011年	726.00	35.20	2.30	57.28

资料来源：上海期货交易所。

（三）价格走势

1. 总体价格走势。2011年上海期货交易所黄金期货价格走势与COMEX黄金期货价格、国内现货价格（上海黄金交易所（SGE）黄金T＋D价格）走势基本保持一致，经历了上涨、拉升、回调以及振荡四个主要阶段。新年伊始，黄金期货主力合约以308.79元/克开盘。随后受欧美经济改善等因素影响，市场避险情绪消退，黄金期货主力合约价格持续回落，并在1月28日创下283.28元/克的年度最低值。进入2月，受中东局势紧张、原油价格上涨等因素影响，黄金期货主力合约价格触底反弹。之后，由于葡萄牙主权债信评级遭下调，欧洲主权债务危机风波又起。与此同时，国际货币基金组织表示，希腊、爱尔兰和葡萄牙的财政危机可能蔓延至欧元区其他地区以及东欧的部分地区，黄金期货主力合约价格受此影响持续上涨。进入7月，一方面由于市场对欧美国家债务问题尤其是欧元区主权债务危机扩散的忧虑加重，全球股市剧烈震荡，避险资金持续涌入金市；另一方面由于泰国、俄罗斯、哈萨克斯坦等国央行纷纷增持黄金，黄金需求持续保持旺盛，黄金期货主力合约价格开始拉升，加速上涨并屡创新高。进入9月，受市场对美国量化宽松政策预期的推动，黄金期货主力合约价格不断走高，并于9月6日创下398.08元/克的历史新高。随后，由于受美联储扭转操作导致市场量化宽松政策预期落空、对冲基金抛售黄金以弥补其他市场的亏损以及芝加哥商业交易所调高黄金期货保证金等因素影响，黄金期货主力合约价格大幅回调，9月26日跌幅（收盘价－前结算价）更是达到18元/克，下跌走势持续至9月末。10月以后，欧债危机进一步蔓延，解决方案一波三折，欧洲银行业陷入流动性紧张局势，而美国经济增长连续出现好转迹象，美元逐步走强，发展中国家经济增速开始放缓，通货膨胀压力下降。这些因素综合导致四季度黄金期货主力合约价格呈现震荡下行走势。2011年年末黄金期货主力合约收于319.45元/克，全年涨幅为3.45%（见图3－2－8）。

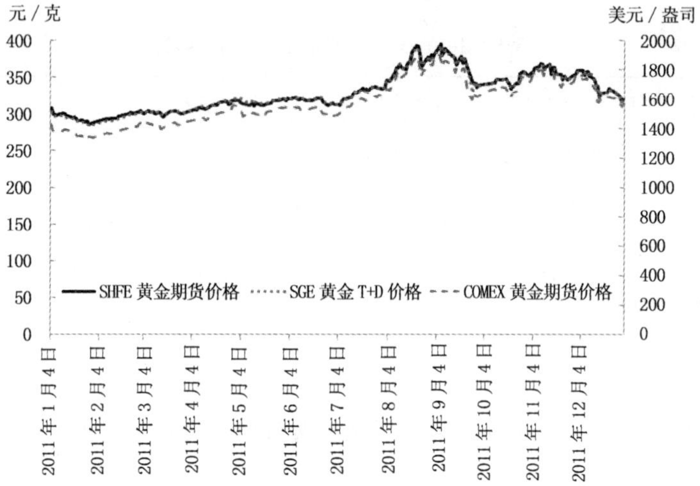

图 3－2－8　2011 年黄金期货内外盘和现货市场价格比较

资料来源：上海期货交易所、纽约商业交易所、上海黄金交易所。

2. 黄金期货价格分析。2011 年我国黄金期货主力合约年初开盘价为 308.79 元/克，年末收盘价为 319.45 元/克，全年涨幅为 3.45%，盘中最高价为 398.08 元/克（9 月 6 日），盘中最低价为 283.28 元/克（1 月 28 日），主力合约平均价（收盘价的算术平均值）为 328.98 元/克，主力合约收盘价离散率为 8.24%。

2011 年 COMEX 黄金期货主力品种（100 盎司）年初开盘价为 1419.9 美元/盎司，年末收盘价为 1566.8 美元/盎司，盘中最高价为 1922.6 美元/盎司（9 月 6 日），盘中最低价为 1307.9 美元/盎司（1 月 28 日），全年涨幅为 10.35%，大于国内黄金期货年度涨幅，这主要与人民币对美元汇率年度升值 4.84% 有关。

2011 年黄金期货内外盘和现货市场价格主要显性指标见表 3－2－43。

表 3－2－43　2011 年黄金期货内外盘和现货市场价格主要显性指标

市场分类	绝对指标（美元/盎司、元/克）					相对指标（%）	
	最高价	最低价	平均价	标准差	极差	离散率	波幅率
SHFE 黄金期货主力合约价格	395.25	284.73	328.98	27.11	110.52	8.24	33.60
SGE 黄金 T＋D 价格	392.86	282.50	328.51	26.80	110.36	8.16	33.59
COMEX 黄金期货连续价格	1897.50	1314.00	1573.82	148.34	583.50	9.43	37.08

资料来源：上海期货交易所、纽约商业交易所、上海黄金交易所。

2011 年黄金期货内外盘和现货市场价格相关性见表 3 - 2 - 44。

表 3 - 2 - 44　　2011 年黄金期货内外盘和现货市场价格相关性

价格选择	相关系数（%）
SHFE 黄金期货主力合约价格与 SGE 黄金 T + D 价格	0.997
SHFE 黄金期货主力合约价格与 COMEX 黄金期货连续价格	0.997
SGE 黄金 T + D 价格与 COMEX 黄金期货连续价格	0.989

资料来源：上海期货交易所、纽约商业交易所、上海黄金交易所。

第三节　能源、化工类期货运行状况

一、燃料油期货运行状况

2011 年上海期货交易所燃料油期货在主旋律上跟随国际原油期货上涨走势，但受其现货市场需求疲软，期货合约标的调整，交易单位扩大试行“大合约”，以及新旧合约切换过渡期较长等因素影响，交易量和持仓量迅速萎缩，使得上海期货交易所燃料油的走势相对于国际原油期货缺乏波动性，且波幅较小。上海期货交易所燃料油主力合约从年初的 4735 元/吨上涨至年末的 5054 元/吨，涨幅为 6.74%，而同期纽约商品交易所西德克萨斯州轻质（WTI）原油期货涨幅为 8.15%。

为适应我国燃料油现货市场近年来的实际发展情况，上海期货交易所 2011 年将上海期货交易所燃料油合约的交割标准由发电用油调整为船用油，以适应未来船用燃料油大幅增长的需求，同时为上海金融中心、航运中心建设打好基础。合约修订后，燃料油期货更有利于船用燃料油的涉油企业利用期货市场进行风险管理，实现套期保值。

（一）交易情况

2011 年全年受国内现货需求疲弱影响，燃料油交易清淡，交易量较 2010 年大幅降低，1 月份交易量为 44.50 万手，成交金额为 213.47 亿元，均为全年最高水平。2011 年，总持仓量有所降低，反映市场参与兴趣下降。2011 年单个合约最高持仓规模为 5 月合约的 4.5 万手，较 2010 年单个合约的最高持仓 9.5 万手减少 52.63%。全年最高日持仓量为 2 月 24 日的 5.87 万手，最低日持仓量为 12 月 27 日的 441 手，日均持仓量为 2.34 万手。

2011 年上海期货交易所燃料油期货月度交易情况见表 3－3－1。

表 3－3－1　2011 年上海期货交易所燃料油期货月度交易情况

月度	成交量（万手）	同比变化（%）	成交金额（亿元）	同比变化（%）	月末持仓量（手）	同比变化（%）
1 月	44.50	－82.98	213.47	－82.27	49777	－42.10
2 月	42.47	－44.94	205.16	－39.94	55367	－4.46
3 月	39.15	－37.29	187.80	－34.57	41421	－12.12
4 月	18.31	－32.71	90.65	－29.72	32816	13.47
5 月	19.29	－66.21	95.73	－62.74	20644	－51.39
6 月	14.83	－72.68	74.44	－68.42	17733	－45.94
7 月	5.79	－82.36	29.14	－79.46	16927	－57.27
8 月	6.21	－90.27	30.84	－89.12	17891	－72.77
9 月	3.19	－94.56	15.51	－94.01	11591	－66.10
10 月	2.78	－96.90	14.45	－96.56	4983	－92.20
11 月	0.48	－99.78	4.53	－99.57	3455	－93.72
12 月	0.11	－99.85	2.70	－99.20	460	－99.12
总计	197.12	－81.55	964.39	－80.49	—	—

注：燃料油期货从 fu1202 合约开始由 10 吨/手调整为 50 吨/手。

资料来源：上海期货交易所。

燃料油期货自 2004 年 8 月 25 日上市以来，截至 2011 年底共计 1791 个交易日，燃料油期货各月合约累计成交已达 1.27 亿手，总成交金额为 44010.61 亿元。

2011 年燃料油期货交易及持仓规模大幅降低，累计成交合约 197.12 万手，同比降低 81.55%；成交金额为 964.39 亿元，同比降低 80.49%；日均成交量为 8079 手，日均成交金额为 3.95 亿元；年末持仓量为 460 手，同比下降 99.12%。

2006～2011 年上海期货交易所燃料油期货年度交易情况见表 3－3－2。

表 3－3－2　2006～2011 年上海期货交易所燃料油期货年度交易情况

年度	成交量（万手）	同比变化（%）	成交金额（亿元）	同比变化（%）	月末持仓量（手）	同比变化（%）
2006 年	1273.41	29.81	4269.57	51.87	37317	10.04

续表

年度	成交量（万手）	同比变化（%）	成交金额（亿元）	同比变化（%）	月末持仓量（手）	同比变化（%）
2007 年	1200.51	-5.72	4248.23	-0.50	40923	9.66
2008 年	3081.06	156.65	10096.05	137.65	83766	104.69
2009 年	4575.40	48.50	16059.41	59.07	88280	5.39
2010 年	1068.22	-76.65	4943.19	-69.22	52186	-40.89
2011 年	197.12	-81.55	964.39	-80.49	460	-99.12

资料来源：上海期货交易所。

2011 年上海期货交易所燃料油总成交量为 197.12 万手，而纽约商品交易所的西德克萨斯州轻质原油期货总成交量为 17499.21 万手（见表 3-3-3）。

表 3-3-3　　2008～2011 年燃料油期货内外盘交易情况比较

年度	成交量（万手）		成交金额（亿元）		年末持仓量（手）	
	SHFE	NYMEX	SHFE	NYMEX	SHFE	NYMEX
2008 年	3081.06	13461.33	10096.05	—	83766	1189046
2009 年	4575.40	13735.21	16059.40	—	88280	1193065
2010 年	1068.22	16857.14	4943.20	—	52186	1430155
2011 年	197.12	17499.21	964.39	—	460	1328317

资料来源：上海期货交易所、纽约商品交易所。

（二）交割情况

截至 2011 年 12 月 31 日，上海期货交易所燃料油指定交割油库 9 个（分别是中石油燃料油有限责任公司湛江仓储分公司、广州南沙泰山石化发展有限公司、广州发展碧辟油品有限公司、中国石化燃料油销售有限公司广东分公司西基油库、珠海中燃石油有限公司、中化兴中石油转运有限公司、洋山申港国际石油储运有限公司、浙江海洋石油仓储有限公司和上海百联石化物流有限公司）。核定库容 91 万方，比 2004 年上市初期设置的 38 万方库容增加 53 万方，增长 139.47%。上市七年来，SHFE 燃料油累计交割总量为 278.08 万吨。2011 年交割 417700 吨，同比下降 39.46%，交割率为 0.76%，全部为标准交割（见表 3-3-4）。

表 3-3-4　　2011 年上海期货交易所燃料油期货月度交割情况

月度	交割量（吨）	同比变化（%）	交割金额（亿元）	同比变化（%）
1月	76600	-17.01	3.56	-7.05
2月	—	—	—	—
3月	95800	-11.46	4.46	-5.71
4月	4900	-43.02	0.23	-41.03
5月	119800	15.08	5.71	16.29
6月	3000	-86.55	0.15	-84.54
7月	300	-98.84	0.01	-99.10
8月	700	-58.82	0.03	-57.14
9月	85600	-40.22	4.27	-30.57
10月	400	-99.37	0.02	-99.27
11月	400	-99.01	0.02	-98.90
12月	30200	-61.96	1.46	-58.99
总计	417700	-39.46	19.92	-34.19

注：2010 年 2 月、2011 年 2 月为非交割月。

资料来源：上海期货交易所。

2006～2011 年上海期货交易所燃料油期货年度交割情况见表 3-3-5。

表 3-3-5　　2006～2011 年上海期货交易所燃料油期货年度交割情况

年度	交割量（吨）	同比变化（%）	交割金额（亿元）	同比变化（%）
2006年	258400	31.70	83550.61	258400
2007年	169500	-34.40	56689.96	-32.15
2008年	175900	3.78	74006.30	30.55
2009年	873100	396.36	310178.35	319.12
2010年	690000	-20.97	302841.94	-2.37
2011年	417700	-39.46	199171.66	-34.19

资料来源：上海期货交易所。

2011 年燃料油期货月度仓单量见图 3-3-1。

（三）价格走势

1. 总体价格走势。2011 年燃料油期货的市场交投逐渐低迷，主要是节能减排、

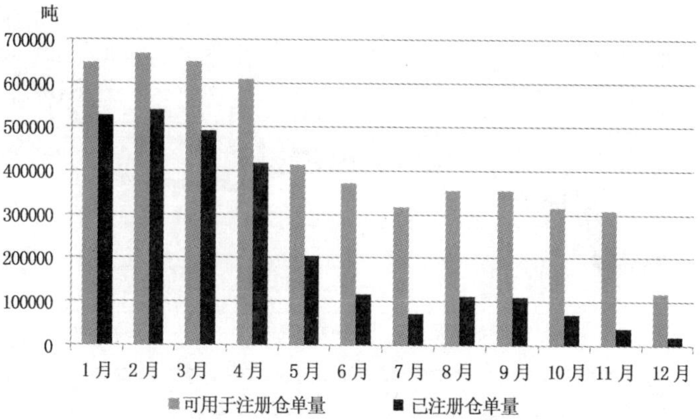

图 3－3－1　2011 年燃料油期货月度仓单量

税收等一系列原因，导致部分电厂选择用天然气替换燃料油，使燃料油现货消费量快速萎缩。

总体而言，2011 年上海期货交易所燃料油价格呈现震荡上行态势，全年行情走势可分为五个阶段。第一阶段（1～3 月），经历 2010 年的上行后，由于受到中国抑制通货膨胀、政策紧缩等因素影响，市场进入临近春节前的调整期。此阶段上海期货交易所燃料油期货处于横盘整理，窄幅波动的走势，价格在 4800 元/吨上下波动。第二阶段（4～6 月），上海期货交易所燃料油主力合约切换至 9 月合约。在国际油价的上涨带动下，9 月合约价格突破 5000 元/吨，随后国际原油价格见顶回落，上海期货交易所燃料油小幅回调后，继续沿着上涨通道升至 5050 元/吨左右。随着中国国内通货膨胀形势的加剧，政策趋紧下的上海期货交易所燃料油在 6 月回调至 5000 元/吨上下。第三阶段（7 月），国际原油再次反弹，带动燃料油重回上涨通道，燃料油主力合约升至 5100 元/吨。第四阶段（8～10 月），此阶段燃料油进入了震荡下跌的行情，受美国债务危机担忧、欧债危机加剧的拖累，燃料油下挫至 4700 元/吨的年内低点。第五阶段（11～12 月），此阶段市场开始整体回升，燃料油震荡走高。进入 12 月后，旧的 1112 合约开始移仓换月至采用新标准的 1203 合约。1203 合约从 10 月开始的反弹中一直保持着震荡上涨的走势，进入 12 月后，价格在 5100 元/吨上下。2011 年年末，市场资金处于犹豫期，加上燃料油库存压力积聚，市场表现相对平衡。

上海燃料油期货和 WTI 原油、黄埔现货价格比较见图 3－3－2。

2. 期货价格分析。上海期货交易所燃料油连续 3 月合约价格最高为 5125

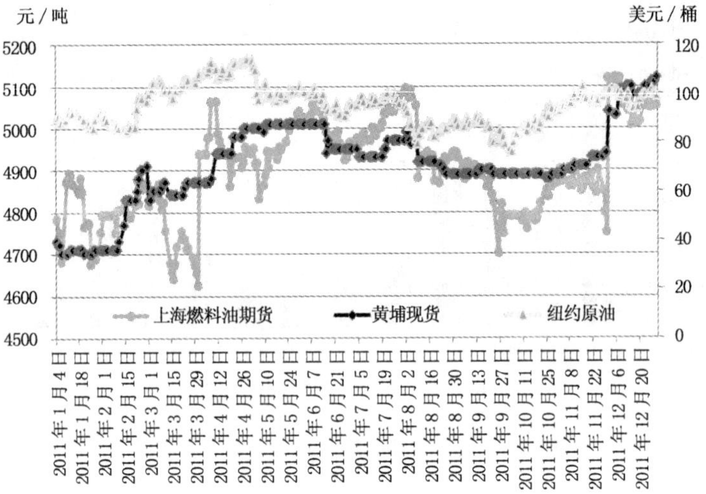

图3－3－2　上海燃料油期货和WTI原油、黄埔现货价格比较

资料来源：上海期货交易所、纽约商品交易所、路透社。

元/吨,最低为4661元/吨，均价为4917.75元/吨（见表3－3－6）。

表3－3－6　2011年燃料油期货内外盘和现货市场价格主要先行指标

市场分类	绝对指标（元/吨、美元/桶）					相对指标（%）	
	最高价	最低价	平均价	标准差	极差	离散率	波幅率
SHFE连续价格	5125	4661	4917.75	99.97	464	2.03	9.44
NYMEX连续价格	113.93	75.67	95.11	8.08	38.26	8.50	40.23
黄埔现货市场价格	5120	4700	4915.89	95.49	420	1.94	8.54

资料来源：上海期货交易所、纽约商品交易所、路透社。

2011年上海期货交易所燃料油期货与现货市场价格相关性见表3－3－7。

表3－3－7　2011年上海期货交易所燃料油期货与现货市场价格相关性

价格选择	相关系数（%）
SHFE连续价格与现货市场价格	0.43

数据来源：上海期货交易所、路透社。

（四）市场重大变化及政策调整

1. 2011年6月24日，财政部发出通知，自2011年7月1日起，我国将大幅下调汽油、柴油、航空煤油和燃料油的进口关税，其中5～7号燃料油由之前的3%调整至1%。这是自燃料油进口放开之后的最低税率。燃料油进口关税下调至1%后，每吨进口成本减少100元左右。2011年12月9日，国务院关税税则委员会通过了《2012年关税实施方案》。该方案自2012年1月1日起实施，其中燃料油进口关税保持1%。随着经济的发展，我国能源进口量不断升高，降低关税有助于改善能源供应结构，利用国外能源补充国内能源需求，稳定物价。

2. 根据2010年12月29日中国证监会《关于同意上海期货交易所修订燃料油标准合约的批复》，上海期货交易所对燃料油期货合约和相关规则细则进行了全面修订。本次修订工作涉及燃料油期货合约、合约附件、质量标准、限仓制度、套期保值管理办法、质检办法等多方面内容。

3. 自2011年1月17日起，燃料油期货合约交易手续费暂按照合约价值的万分之零点五收取。

4. 自2011年6月1日起，燃料油期货指定交割库储存费由调整前的每天1.2元/吨（含加温费）调整为每天1.4元/吨（含加温费），取消了燃料油过户费，仓单所有人向指定交割库申请打印纸质仓单的，指定交割库收取100元/张的打印费。

5. 上海期货交易所对《上海期货交易所风险控制管理办法》中有关涨跌停板单边无连续报价（单边市）下期货合约涨跌停板幅度和交易保证金比例的调整方案进行了修订。修订后的新规则于2011年12月19日开始实施（涉及交易保证金调整的，在2011年12月19日前一交易日的结算时按新的标准结算）。

6. 自2011年12月10日起，实施新修订的《燃料油（期货）检验细则》。

二、天然橡胶期货运行状况

2011年上海期货交易所天然橡胶期货合约价格总体呈现先扬后抑走势，年初快速上涨后自高位逐步回落，总体呈现四个阶段走势。2011年初，天然橡胶期货价格在38000元/吨的基础上迅速上涨，至2月中旬达到43000元/吨高点，随后经历一轮下跌后进入近半年的震荡盘整期，下半年又经历第二轮下跌，年末跌至26000元/吨水平。全年价格总体运行区间高于2010年，年均成交价处于32000元/吨的高位。

（一）交易情况

从表3－3－8和表3－3－9可以看出，2011年全年，上海期货交易所天然橡胶期货成交量显著回落，共成交1.04亿手（单边），同比减少37.7%，成交金额16.52万亿元（单边），同比减少22.5%；月度成交量最高为11月的1528.02万手

(单边)，最低为2月的469万手（单边）；月末持仓最大为12月的14.97万手（单边），最小为9月的8.94万手（单边）。

表3-3-8　　2011年上海期货交易所天然橡胶期货月度交易情况

月度	成交量（万手）	同比变化（%）	成交金额（亿元）	同比变化（%）	月末持仓量（万手）	同比变化（%）
1月	728.36	-30.8	14128.49	8.3	11.30	-9.8
2月	469.00	-44.2	9538.72	-3.9	11.51	-6.5
3月	906.87	-51.1	16255.79	-27.4	9.76	-27.6
4月	677.78	-52.4	11724.55	-33.6	11.85	3.8
5月	1056.13	-38.2	16610.03	-12.5	13.88	-6.4
6月	934.90	-50.5	15245.07	-25.1	12.57	-25.4
7月	733.63	-63.5	12782.53	-42.2	11.81	-43.7
8月	679.35	-56.1	11491.87	-40.4	10.49	-47.2
9月	891.17	-17.1	13833.26	-0.9	8.94	-6.0
10月	962.46	-6.0	13090.62	-18.0	11.44	-3.9
11月	1528.02	24.0	19593.43	-5.1	11.85	26.0
12月	860.98	-20.6	10942.76	-42.2	14.97	39.5

资料来源：上海期货交易所。

上海天然橡胶期货交易规模在2010年达到近年峰值后，2011年总体规模明显收缩，成交量和成交金额分别同比减少37.7%和22.5%，年末持仓量14.97万手，相比2010年增长39.5%。

表3-3-9　　2009~2011年上海期货交易所天然橡胶年度交易情况

年度	成交量（万手）	同比变化（%）	成交金额（亿元）	同比变化（%）	年末持仓量（手）	同比变化（%）
2011年	10428.64	-37.7	165237.11	-22.5	149665	39.5
2010年	16741.49	88.0	213232.41	184.8	107275	-7.1
2009年	8903.60	91.6	74873.63	61.4	115528	33.6

资料来源：上海期货交易所。

2011年，东京工业品交易所（TOCOM）天然橡胶期货成交326万手，为同期上海期货交易所天然橡胶成交量的3%。上海天然橡胶期货交易规模已远超TOCOM，居全球同类品种成交量之首。2009～2011年天然橡胶期货内外盘交易情况比较见表3－3－10。

表3－3－10　　2009～2011年天然橡胶期货内外盘交易情况比较

年度	成交量（万手）		成交金额（亿元）		年末持仓量（手）	
	SHFE	TOCOM	SHFE	TOCOM	SHFE	TOCOM
2011年	10428.64	326.00	165237.11	—	149665	25142
2010年	16741.49	313.01	213232.41	—	107275	36537
2009年	8903.60	332.01	74873.63	—	115528	38154

资料来源：上海期货交易所、东京工业品交易所。

（二）交割情况

2011年，上海期货交易所共有9个天然橡胶指定交割仓库，其中上海3个，山东、海南各两个，天津和云南各1个。这9个仓库分别是：上海长桥物流有限公司、上海晶通化轻发展有限公司、山东奥润特贸易有限公司、山东储备物管局八三二处、海南海口港集团公司、海南新思科电子商务有限公司、中储发展股份有限公司（上海）、中储发展股份有限公司（天津）和云南天然橡胶储运中心。

2011年全年，上海天然橡胶期货交割量10080手，同比减少60.8%，交割金额17.1亿元，同比减少46.8%。交割量前三位的月份分别为3月、9月和1月，分别交割2405手、1439手、1307手，交割金额分别为4.09亿元、2.38亿元和2.49亿元。2011年上海期货交易所天然橡胶月度交割情况见表3－3－11。2009～2011年上海期货交易所天然橡胶年度交割情况见表3－3－12。

表3－3－11　　2011年上海期货交易所天然橡胶月度交割情况

月度	交割量（手）	同比变化（%）	交割金额（亿元）	同比变化（%）
1月	1307	－82.9	2.49	－73.3
2月	—	—	—	—
3月	2405	－51.5	4.09	－28.7
4月	335	－57.4	0.69	－30.3
5月	1100	－51.9	1.87	－28.4
6月	835	－41.7	1.49	－15.8

续表

月度	交割量（手）	同比变化（%）	交割金额（亿元）	同比变化（%）
7月	966	-48.0	1.64	-24.4
8月	640	-63.9	1.08	-50.7
9月	1439	-21.6	2.38	0.8
10月	239	-75.8	0.36	-76.3
11月	794	-63.6	1.05	-70.3
12月	—	—	—	—

注：2月和12月为天然橡胶期货非交割月。资料来源：上海期货交易所。

表3-3-12　2009~2011年上海期货交易所天然橡胶年度交割情况

年度	交割量（手）	同比变化（%）	交割金额（亿元）	同比变化（%）
2011年	10080	-60.8	17.1	-46.8
2010年	25738	72.4	32.2	168.2
2009年	14933	-30.8	12.0	-53.8

资料来源：上海期货交易所。

（三）价格走势

1. 总体价格走势。2011年，国内橡胶市场价格先扬后抑。年初承接2010年末上涨趋势，天然橡胶价格在38000元/吨基础上快速上涨，至2月中旬一度达到43000元/吨，随后一路震荡下行，年末跌至约26000元/吨，但全年价格总体运行区间仍高于2010年，年均成交价处于32000元/吨的高位。2011年国内天然橡胶价格全年走势总体呈现四个阶段。

第一阶段为2011年1月初到3月中旬，天然橡胶价格承接2010年涨势迅速冲高至历史高位后持续下跌，这主要是由对价格创新高后的回调预期，供应相对宽松，而下游需求疲软形成的供需不平衡导致；第二阶段为3月中旬到8月底，供应增加的影响随预期实现而减弱，然而国内新能耗政策影响下游销售业绩，加之欧债危机爆发对全球经济增长的不利影响，使得价格呈现弱势震荡下跌；第三阶段为9月初到10月中旬，天然橡胶主产国进入产胶高峰期，欧债危机深化，国内下游需求低迷，库存维持高位，导致天然橡胶价格再次连续下跌；第四阶段为10月底至年底，随着国内进入停割期，价格触底，整体表现强于外盘。2011年天然橡胶期货内外盘和现货市场价格比较见图3-3-3。

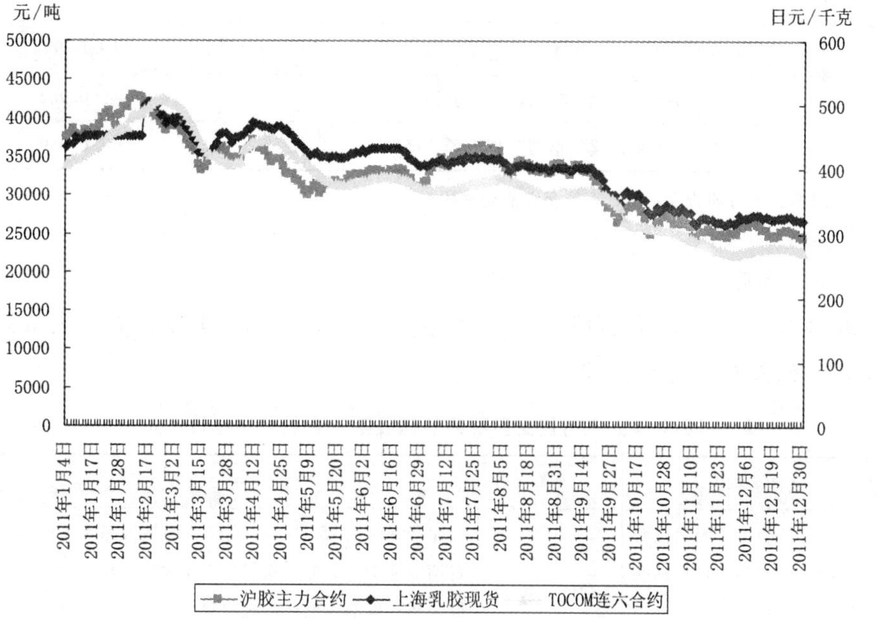

图 3－3－3　2011 年天然橡胶期货内外盘和现货市场价格比较

资料来源：上海期货交易所、东京工业品交易所。

2. 价格相关性分析。2011 年天然橡胶期货内外盘和现货市场价格主要显性指标及天然橡胶期货内外盘和现货市场价格的相关性可通过表 3－3－13 和表 3－3－14 看出。

表 3－3－13　2011 年天然橡胶期货内外盘和现货市场价格主要显性指标

市场分类	绝对指标（元/吨、日元/千克）					相对指标（%）	
	最高价	最低价	平均价	标准差	极差	离散率	波幅率
SHFE 连续价格	42905	24225	32616	4778.6	18680	14.65	57.27
TOCOM 连续价格	508.2	267.5	377.7	64.1	241.4	16.96	63.90
上海乳胶现货价格	42000	26200	33836	4173.4	15800	12.33	46.69

资料来源：上海期货交易所、东京工业品交易所。

表 3－3－14　2011 年天然橡胶期货内外盘和现货市场价格相关性

价格选择	相关系数（%）
SHFE 连续价格与 TOCOM 连续价格	0.979

续表

价格选择	相关系数（%）
SHFE 连续价格与现货市场价格	0.962
TOCOM 连续价格与现货市场价格	0.959

资料来源：上海期货交易所、东京工业品交易所。

（四）市场重大变化及政策调整

2011 年，上海期货交易所对天然橡胶合约交易交割相关制度做了大量修订完善工作，相关内容见表 3－3－15。

表 3－3－15　2011 年上海期货交易所天然橡胶期货合约相关修订汇总

文件名称	文号	主要内容
关于调整有色金属、天然橡胶和燃料油指定交割库收费标准的通知	上期发［2011］46 号	入库费调整为 25 元/吨；仓储费调整为每天 1 元/吨；出库费调整为 25 元/吨；指定交割库收取 100 元/张的纸质仓单打印费；取消天然橡胶过户费
关于做好 2011 年劳动节期间市场风险控制工作通知	上期办发［2011］50 号	2011 年 5 月 3 日起，天胶合约的交易保证金比例为 13%，下一交易日起涨跌幅度限制为 6%
关于公布天然橡胶标准合约及相关实施细则修订案的公告	上期所公告［2011］7 号	2011 年 7 月 26 日起，国产天然橡胶实行交割商品注册管理；新标准合约自 RU1208 合约开始执行
关于公布《上海期货交易所国产天然橡胶交割商品注册管理规定》的公告	上期所公告［2011］8 号	2011 年 7 月 26 日起，《规定》开始实施
关于天然橡胶标准合约及相关实施细则修订过渡期安排的通知	上期办发［2011］74 号	2012 年 7 月 23 日后，新生成的标准仓单面值为 10 吨
关于同意“宝岛”牌、“云象”牌等 6 个品牌天然橡胶（SCR WF）注册的通知	上期办发［2011］75 号	2012 年 7 月 26 日起，海南天然橡胶产业集团股份有限公司“宝岛”牌、“美联”牌、“五指山”牌和云南农垦集团有限责任公司“云象”牌、“东风”牌、“金凤”牌天然橡胶（SCR WF）可以用于标准合约的履约交割
关于调整天胶合约交易手续费收取标准的通知	上期办发［2011］76 号	2011 年 8 月 16 日起，已上市合约的交易手续费收取标准不变；新上市的 RU1208 及以后合约的交易手续费为成交金额的万分之一

续表

文件名称	文号	主要内容
关于调整燃料油和天然橡胶标准合约持仓公布标准的通知	上期办发［2011］95 号	当某天胶合约持仓量达到 1 万手时，交易所将公布该月份合约前 20 名会员的成交量及买卖持仓量排名，自 RU1208 合约开始执行
关于调整天然橡胶 40kg 包装可交割期限的通知	上期办发［2011］136 号	2015 年 6 月 1 日起，胶包净含量为 40kg 的国产天然橡胶不得入库生成标准仓单；胶包净含量为 40kg 的国产天然橡胶（SCR WF）最后可交割合约为 RU1511
关于同意中化国际（控股）股份有限公司生产的“中化橡胶”牌国产天然橡胶（SCR WF）注册的批复	上期批复［2011］99 号	2011 年 12 月 16 日起，修订后的涨跌停板单边无连续报价（单边市）相关规则开始实施
关于公布《上海期货交易所风险控制管理办法》修订案的公告	上期所公告［2011］13 号	2011 年 12 月 19 日起，“中化橡胶”牌国产天然橡胶（SCR WF）可用于上海期货交易所天胶标准合约的履约交割

三、PTA 期货运行状况

2011 年，郑州商品交易所精对苯二甲酸（PTA）期货的成交量与 2010 年相比增加了 96.25%，市场流动性提高，影响力逐步增强。现货企业与贸易商积极利用期货市场进行套期保值操作，规避现货经营风险，PTA 期货价格作为聚酯化纤原料市场“晴雨表”的作用愈加明显。

（一）交易情况

2011 年，郑州商品交易所 PTA 期货成交量达 12052.88 万手，同比增长了 96.25%。PTA 全年期货成交金额为 58073.69 亿元，同比增长了 124.05%。年末持仓量为 18.58 万手。2011 年各月份的 PTA 期货成交情况见表 3－3－16。2009～2011 年 PTA 期货年度交易情况见表 3－3－17。

表 3－3－16　　2011 年 PTA 期货月度交易情况

月度	成交量（万手）	同比变化（%）	成交金额（亿元）	同比变化（%）	月末持仓量（万手）	同比变化（%）
1 月	563.10	－11.04	3123.68	19.18	12.80	37.06

续表

月度	成交量（万手）	同比变化（%）	成交金额（亿元）	同比变化（%）	月末持仓量（万手）	同比变化（%）
2 月	614.88	118.31	3659.21	217.86	13.44	33.95
3 月	1038.36	147.14	5972.17	241.42	14.26	8.98
4 月	866.08	229.95	4581.19	306.96	11.92	-11.82
5 月	696.69	55.67	3355.42	94.63	14.99	3.64
6 月	647.83	91.10	3005.61	140.64	19.61	61.17
7 月	957.75	99.18	4429.33	154.80	16.82	10.15
8 月	1712.03	112.02	8384.77	166.95	23.72	30.47
9 月	1605.93	184.94	7651.63	241.43	14.16	5.74
10 月	1037.28	151.04	4469.45	147.87	15.39	6.75
11 月	1520.93	76.66	6161.42	44.74	21.07	96.50
12 月	792.02	25.40	3279.81	5.18	18.58	45.12
总计	12052.88	96.25	58073.69	124.05	—	—

资料来源：郑州商品交易所。

表 3-3-17　　　　2009~2011 年 PTA 期货年度交易情况

年度	成交量（万手）	同比变化（%）	成交金额（亿元）	同比变化（%）	年末持仓量（万手）	同比变化（%）
2009 年	5275.27	200.29	19073.11	211.98	11.64	45.25
2010 年	6142.48	16.44	25923.49	35.92	12.81	10.00
2011 年	12052.88	96.25	58073.69	124.05	18.58	45.12

资料来源：郑州商品交易所。

（二）交割情况

2011 年，郑州商品交易所 PTA 交割仓库共 7 个。其中，浙江有 3 个，分别位于杭州萧山和宁波（2 个）；江苏有 4 个，分别位于江苏太仓、江阴和张家港（2 个）。

2011 年，PTA 共完成交割仓单量 52474 手，实际货物量为 26.24 万吨，交割金额为 28 亿元。2011 年各月份的 PTA 期货交割情况见表 3-3-18。2009~2011 年 PTA 期货年度交割情况见表 3-3-19。

2011 年，流入期货市场的 PTA 货源有所减少。

表 3-3-18　　2011 年 PTA 期货月度交割情况

月度	交割量（手）	同比变化（%）	交割金额（亿元）	同比变化（%）
1 月	13986	110.60	7.16	166.68
2 月	710	-83.94	0.42	-76.16
3 月	3197	-70.54	1.85	-58.20
4 月	2834	-37.29	1.58	-15.26
5 月	12088	-47.42	6.00	-32.87
6 月	6449	48.18	3.07	98.22
7 月	1396	-82.15	0.63	-77.21
8 月	675	-79.55	0.32	-72.82
9 月	3548	-78.05	1.86	-68.79
10 月	1665	-78.60	0.78	-76.38
11 月	763	-79.94	0.31	-82.54
12 月	1380	-56.26	0.59	-60.12

资料来源：郑州商品交易所。

表 3-3-19　　2009～2011 年 PTA 期货年度交割情况

年度	交割量（手）	同比变化（%）	交割金额（亿元）	同比变化（%）
2009 年	31762	-73.16	11.22	-77.29
2010 年	95799	201.62	37.68	235.82
2011 年	52474	-45.22	28.00	-25.70

资料来源：郑州商品交易所。

（三）价格走势

1. 总体价格走势。2011 年，PTA 期现货价格呈震荡下行态势，现货价格由年初的 10100 元/吨下跌至年末的 8530 元/吨，下跌 1570 元/吨。全年最高价为 11800 元/吨，最低价为 7900 元/吨，最大波动幅度为 3900 元/吨。PTA 期货价格（近交割月结算价）由年初的 10104 元/吨下跌至年末的 8712 元/吨，下跌了 1392 元/吨。全年最高价为 12108 元/吨，最低价为 7866 元/吨，最大波动幅度为 4242 元/吨。

2011 年 PTA 价格走势基本可以分为四个阶段：1 月至 2 月中旬为上涨阶段；2 月下旬至 7 月为回调阶段；8 月至 11 月中旬价格再次冲高回落；11 月至年末价格

再次上涨。从图 3－3－4 可以看出：

1～2 月上旬，PTA 期现货价格震荡上涨，期货价格由 2010 年年底的 9948 元/吨,涨至 11942 元/吨，上涨 1994 元/吨；现货价格由 9900 元/吨，涨至 11800 元/吨,上涨 1900 元/吨。

2 月中旬～7 月，PTA 期现货价格呈现回调行情。3 月末，国家外汇管理局发布《关于进一步加强外汇业务管理有关问题的通知》，带动国内部分 PTA 商家开始积极出货，PTA 价格承压下挫；4 月份 PTA 工厂集中检修产能较多，但行业开工率仍维持在 92% 的历史高位，加上 6 月 24 日财政部下调成品油等部分商品进口关税的政策对 PTA 也造成偏空影响。6 月 30 日，PTA 期货近交割月结算价跌至 8848 元/吨;7 月 12 日，国产 PTA 价格跌至 8850 元/吨。

8～11 月中旬，PTA 期现货价格冲高回落。前期，在外围宏观形势好转和国际原油价格上涨的推动下，PTA 期现货价格震荡上行；随后，在 PX 价格走弱和下游聚酯企业产销疲软的打压下，PTA 价格承压回落。11 月 10 日，国产 PTA 价格跌至全年最低 7900 元/吨，近交割月合约盘中创全年最低的 7866 元/吨。

11 月下旬～12 月，外围宏观面利好、上游 PX 价格再度上扬，加上部分企业装置检修停产，为 PTA 价格提供上行支撑，PTA 期现货价格再度反弹。12 月 30 日，国产 PTA 现货报价 8530 元/吨，近交割月期货结算价 8712 元/吨。

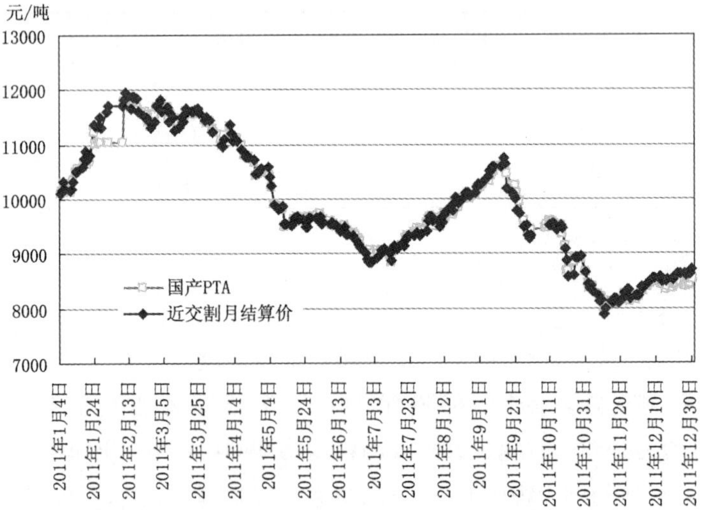

图 3－3－4　2011 年 PTA 期货和现货市场价格比较

资料来源：郑州商品交易所、中国化纤信息网。

2. 价格相关性分析。表 3－3－20 展示了 2011 年 PTA 期货和现货市场价格主要显性指标。经测算，2011 年 PTA 期货近交割月结算价与国产 PTA 报价相关系数高达 0.99（见表 3－3－21）。

表 3－3－20　2011 年 PTA 期货和现货市场价格主要显性指标

市场分类	绝对指标（元/吨）					相对指标（%）	
	最高价	最低价	平均价	标准差	极差	离散率	波幅率
ZCE 连续价格	12108	7866	9871.0	1098.61	4242	11.13	42.97
现货市场价格	11800	7900	9845.2	1084.54	3900	11.02	39.61

资料来源：郑州商品交易所、中国化纤信息网。

表 3－3－21　2011 年 PTA 期货和现货市场价格相关性

价格选择	相关系数（%）
ZCE 连续价格与现货市场价格	0.99

资料来源：郑州商品交易所、中国化纤信息网。

（四）市场重大变化及政策调整

1. 2011 年 5 月 31 日，郑州商品交易所发布通告，从 2011 年 9 月第 16 个交易日起，将在指定 PTA 交割仓库国家物资储备局浙江八三七处、宁波保税区高新货柜有限公司注册的 PTA 仓单升贴水由 0 元/吨调整为－40 元/吨。

2. 2011 年 5 月 31 日，郑州商品交易所发布通告，自 2012 年 6 月 1 日起，中国储备棉管理总公司绍兴直属库、翔鹭石化股份有限公司开展 PTA 期货交割业务，升贴水分别为 0 元/吨和－90 元/吨。

3. 2011 年 11 月 30 日，郑州商品交易所发布通知，自 2011 年 12 月 2 日结算时起，PTA 期货合约交易保证金标准由 10% 调整为 8%，涨跌停板幅度由 6% 调整为 5%。按规则规定执行的交易保证金标准高于上述标准的合约，仍按原规定执行。

4. 2011 年 12 月 21 日，郑州商品交易所发布通告：经考察，批准石狮市佳龙石化纺纤有限公司、重庆市蓬威石化有限责任公司生产的 PTA 为期货交割品牌；批准绍兴远东石化有限公司生产的 PTA 为期货免检交割品牌。以上交割品牌和免检交割品牌正式启用时间为 2012 年 6 月 1 日。

四、LLDPE 期货运行状况

2011 年，受国内宏观调控政策转向及欧美政治经济局势动荡不安等因素影响，线性低密度聚乙烯（LLDPE）期货价格总体呈单边下跌走势。2011 年初至当年 6 月底，随着国内货币政策不断收紧，LLDPE 价格一路缓慢下行。2011 年 6 月底至 8 月初，受到国际油价走高、中东地区装置开工率下降、通货膨胀预期强烈等因素影响，LLDPE 价格展开了一轮强劲的上升走势。2011 年 8 月底至 10 月中旬，受到美国政府债务上限及主权债务评级下调、欧元主权债务危机相继爆发的影响，市场出现了对中国硬着陆的担忧，LLDPE 期货展开了一轮三级跳行情，价格在两个多月的时间内每吨下跌了 3500 元，跌幅达 29%。整个第四季度，LLDPE 期货价格虽然频频受到外围市场利空袭击，但始终无法形成趋势性下跌行情，价格受成本支撑作用围绕 9400 元/吨窄幅波动，主流成交位于 9000～10000 元/吨的区间范围，市场成交相当活跃。

（一）交易情况

2011 年大连商品交易所 LLDPE 期货合约共成交 9521.9 万手，成交额为 49663.57 亿元，分别较 2010 年同期增长了 52.38% 和 44.56%。年末持仓量为 15.155 万手，较 2010 年同期增长了 53.93%。按成交额计算，LLDPE 期货在大连商品交易所所有上市交易品种中排名第二位。进入 9 月至 12 月的消费旺季，成交额都在 10000 亿元左右，11 月份成交额创历史新高。2011 年 LLDPE 期货月度交易情况见表 3－3－22。

表 3－3－22　　2011 年 LLDPE 期货月度交易情况

月度	成交量（万手）	同比变化（%）	成交额（亿元）	同比变化（%）	持仓量（万手）	同比变化（%）
1 月	416.72	47.44	2536.795	48.83	9.495	154.2
2 月	371.25	164.38	2251.575	178.33	13.285	352.65
3 月	381.01	16.01	2249.62	20.38	10.15	57.34
4 月	482.69	134.27	2866.685	138.98	12.425	130.53
5 月	578.52	115.34	3117.68	118.76	13.14	149.85
6 月	679.47	31.91	3589.325	43.74	13.59	68.29
7 月	689.23	－24.88	3980.17	－8.44	18.995	78.01
8 月	909.105	14.51	4990.935	20.19	16.715	48.06

续表

月度	成交量（万手）	同比变化（%）	成交额（亿元）	同比变化（%）	持仓量（万手）	同比变化（%）
9月	1147.35	66.97	5752.455	58.06	12.175	35.49
10月	1121.59	145.7	5198	99.22	14.4	23.88
11月	1783.195	91.58	8575.97	50.12	15.875	120.17
12月	961.77	33.27	4554.3	3.73	15.155	53.93
全年	9521.9	52.38	49663.57	44.56	15.155	53.93

资料来源：大连商品交易所。

世界经济在2011年企稳回升。LLDPE期货成交量和成交额都创历史新记录。其中，全年成交量同比增长了52.38%，成交额达到49663.57亿元，同比增长了44.56%。2008~2011年LLDPE期货年交易情况见表3-3-23。

表3-3-23　2008~2011年LLDPE期货年度交易情况

年度	成交量（万手）	同比变化（%）	成交额（亿元）	同比变化（%）	持仓量（万手）	同比变化（%）
2008年	1325.295	3370.72	5970.87	500.27	4.44	1031.16
2009年	4475.295	237.68	22118.31	270.44	4.674	5.28
2010年	6248.83	39.63	34355.49	55.33	9.845	110.6
2011年	9521.9	52.38	49663.57	44.56	15.155	53.93

资料来源：大连商品交易所。

（二）交割情况

2011年大连商品交易所LLDPE期货交割库共设有13个，其中天津3个，上海3个，宁波2个，广州2个，佛山1个，青州1个，杭州1个。交割仓库围绕区域中心城市布局，便于铁路运输。

2011年大连商品交易所LLDPE期货全年交割总量为12.78万吨，交割金额达34.188亿元，分别比2010年同期增长151.86%和155.15%。2011年LLDPE期货月度交割情况见表3-3-24。2008~2011年LLDPE年度交割情况见表3-3-25。2011年LLDPE月度仓单注册、注销情况见图3-3-5。

表 3-3-24　　2011 年 LLDPE 期货月度交割情况

月度	交割数量（手）	同比变化（%）	交割金额（亿元）	同比变化（%）
1 月	13662	1147.1	7.650	1086
2 月	39	-38.58	0.022	-37.6
3 月	5395	5996	2.970	5840
4 月	1066	21220	0.590	11700
5 月	19367	950.27	10.315	968.91
6 月	302	716.22	0.155	933.33
7 月	573	260.38	0.310	342.86
8 月	427	103.33	0.230	130
9 月	19944	177.81	10.290	184.25
10 月	2067	705.85	0.930	564.29
11 月	744	-23.65	0.355	-38.79
12 月	812	-6.88	0.370	-19.57
总计	64398	151.86	34.188	155.15

资料来源：大连商品交易所。

表 3-3-25　　2008～2011 年 LLDPE 期货年度交割情况

年度	交割量（万手）	同比变化（%）	交割金额（亿元）	同比变化（%）
2008 年	1467	—	0.8	—
2009 年	16010	991.34	8.5	962.50
2010 年	25569	59.71	13.4	56.51
2011 年	64398	151.86	34.19	155.15

资料来源：大连商品交易所。

（三）价格走势

1. 总体价格走势。2011 年，受国内宏观调控政策转向及欧美政治经济局势动荡不安影响，LLDPE 期货价格总体呈现单边下跌走势，可分为 4 个阶段。第一阶段（2011 年年初至 6 月底）：缓慢下行。LLDPE 期货价格从年初的 12400 元/吨跌至 6 月底的 10300 元/吨，半年时间内价格下跌了 2100 元/吨，跌幅超过了 16%。

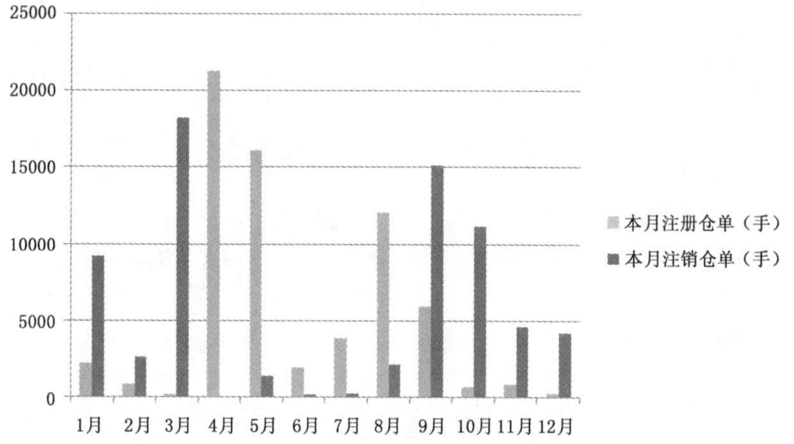

图 3-3-5　2011 年 LLDPE 期货月度注册、注销仓单量比较

资料来源：大连商品交易所。

第二阶段（6 月底至 8 月初），LLDPE 期货展开了一轮强劲的上升走势，价格从 6 月底的 10300 元/吨回升至 8 月初的 12000 元/吨，在将近一个月的时间内上涨了 1700 元/吨，涨幅也超过了 16%。第三阶段（8 月底至 10 月中旬），LLDPE 期货展开了一轮三级跳行情，价格从 8 月初的 12000 元/吨下跌至 10 月中旬的 8500 元/吨，在两个多月的时间内下跌了 3500 元/吨，跌幅高达 29%。第四阶段（10 月底至年底），LLDPE 期货虽然频频受到外围市场利空袭击，但始终无法形成趋势性下跌行情，价格在成本支撑作用下围绕 9400 元/吨窄幅波动，主流成交位于 9000～10000 元/吨的区间之内，市场成交活跃。2011 年全年 LLDPE 各合约共出现停板 86 次，其中：跌停板 62 次，集中出现在 2011 年 8 月、9 月和 10 月；涨停板 24 次，集中出现在 2011 年 10 月。LLDPE 期货价格在 2011 年 10 月的波动幅度较大。2011 年 LLDPE 期货和现货价格走势见图 3-3-6。2011 年主要厂商现货出厂价格变化见图 3-3-7。

2. 期货价格分析。2011 年，我国 LLDPE 期货价格收盘价最高点为 12560 元/吨（1 月 6 日），年内盘中最低价为 8510 元/吨（10 月 21 日），平均价为 10682.93 元/吨，标准差为 1028.66 元/吨，极差为 4050 元/吨。

2011 年，我国 LLDPE 现货价格最高点 14500 元/吨，最低点 9300 元/吨，平均价为 10772.83 元/吨，标准差为 762.63 元/吨，极差为 5200 元/吨。2011 年 LLDPE 期货和现货市场价格主要显性指标见表 3-3-26。

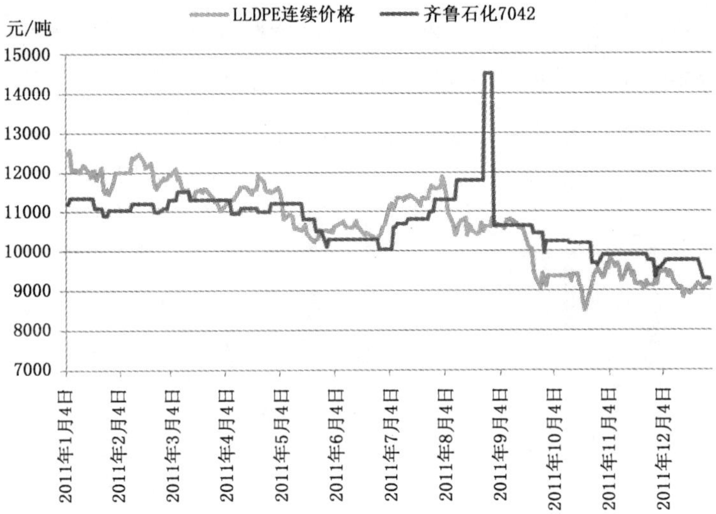

图 3-3-6　2011 年 LLDPE 期货和现货市场价格比较

资料来源：大连商品交易所、隆众石化商务网。

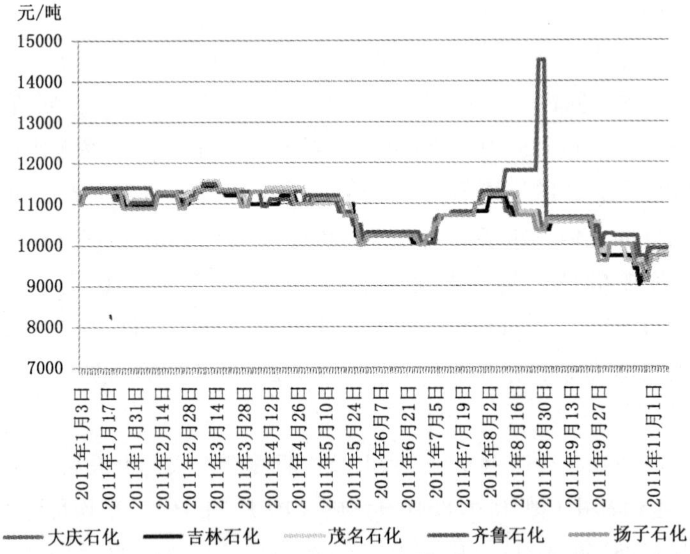

图 3-3-7　2011 年 LLDPE 现货出厂价比较

资料来源：隆众石化商务网。

表 3-3-26　2011 年 LLDPE 期货和现货市场价格主要显性指标

市场分类	绝对指标（元/吨）					相对指标（%）	
	最高价	最低价	平均价	标准差	极差	离散率	波幅率
DCE 连续价格	12560	8510	10682.93	1028.66	4050	9.63	37.91
齐鲁石化出厂价格	14500	9300	10772.83	762.63	5200	7.11	48.49

资料来源：大连商品交易所、隆众石化商务网。

（四）市场重大变化及政策调整

1. 2011 年 3 月 14 日，大连商品交易所发布关于《大连商品交易所异常交易管理办法（试行）》有关实际控制关系账户监管标准的通知，加强对期货市场实际控制关系账户的监管，强化市场基础性制度建设，维护市场平稳健康运行。

2. 2011 年 4 月 1 日，大连商品交易所公布《关于对拟设立 LLDPE 指定交割仓库进行公示的通知》，拟设立上海安石仓储管理有限公司、浙江省国际贸易集团物流有限公司、浙江尖峰国际贸易有限公司 3 家公司为 LLDPE 指定交割仓库。

3. 自 2011 年 4 月 8 日起，大连商品交易所启用上海安石仓储管理有限公司、浙江省国际贸易集团物流有限公司、浙江尖峰国际贸易有限公司 3 家 LLDPE 备用交割仓库为指定交割仓库。

4. 2011 年 5 月 4 日，为加强对实际控制关系账户的监管，维护市场运行秩序，大连商品交易所发布《关于实际控制关系账户投机持仓合并计算相关规则的通知》，并自 2011 年 5 月 16 日起施行。

5. 2011 年 7 月 1 日，大连商品交易所发布关于发布施行《大连商品交易所风险管理办法修正案》的通知，并自 2011 年 7 月 11 日起施行。

6. 2011 年 8 月 29 日起，大连商品交易所启用广州市川金路物流有限公司 LLDPE 备用交割仓库为 LLDPE 指定交割仓库。

7. 2011 年 9 月 16 日，为规范交割仓库管理，促进交割业务平稳运行，大连商品交易所发布关于印发《大连商品交易所指定交割仓库资格审核工作办法》、《大连商品交易所指定交割仓库年审及等级评定工作办法》、《大连商品交易所指定交割仓库现场检查工作办法》的通知，并自 2011 年 9 月 19 日起施行。

8. 自 2011 年 10 月 11 日起，可通过登录大连商品交易所网站，在首页“常用栏目”或“交割业务指引”中点击“注册仓单品牌信息”选项来获取 LLDPE 各交割仓库的网站链接，查询相应交割仓库的注册仓单品牌信息。

9. 2011 年 10 月 31 日，大连商品交易所公布 2012 年度 LLDPE 指定交割仓库入出库费用和杂项作业服务收费的最高限价，并自2012年1月1日起实施。

10. 2011年12月23日，大连商品交易所公布关于电子仓单系统将于2011年12月26日上线试运行的通知。届时，交割预报、仓单注册、仓单转让、仓单作为保证金、仓单注销、滚动交割申请等业务均可通过电子仓单系统实现网上办理。

五、PVC期货运行状况

2011年，大连商品交易所聚氯乙烯（PVC）期货整体走势呈现宽幅震荡的局面。年初延续了2010年的牛市尾声，聚氯乙烯价格一路盘旋在8000元/吨附近，到4月份时市场攀升到了8300～8400元/吨的最高位。伴随着宏观经济紧缩力度的加大，同时受人民币不断升值和央行调整准备金率影响，下游需求急降，再加前期各地大规模的扩建增产，在诸多因素影响下，PVC现货市场供大于求现象突出。在这种大环境下，9月中旬期货市场开始缓慢阴跌，至10月下旬下跌幅度达1500元/吨，达到全年的历史新低6335元/吨。后随着部分上游减产保护及宏观政策影响，PVC期货价格略有回升，但整体仍处于弱势，年末大体维持6600元/吨上下弱势震荡。

（一）交易情况

2011年，大连商品交易所PVC期货合约共成交了943.84万手，成交额为3749.6亿元，年末持仓量为2.145万手。按成交额计算，PVC期货在大连商品交易所所有上市交易品种中位居第六。从月度成交额看，2月、3月、5月是PVC合约交易旺季，成交金额为平时的3～4倍。2011年PVC期货月度交易情况见表3－3－27，2009～2011年PVC期货年度交易情况见表3－3－28。

表3－3－27　　2011年PVC期货月度交易情况

月度	成交量（万手）	同比变化（%）	成交金额（亿元）	同比变化（%）	月末持仓量（万手）	同比变化（%）
1月	74.345	－29.8	306.105	－25.54	2.915	－32.94
2月	153.465	434.62	655.37	511.32	10.74	197.08
3月	164.56	294.21	680.975	331.48	4.685	65.02
4月	61.065	－2.17	256.71	4	6.14	32.43
5月	103.99	51.29	426.89	65.81	3.37	－3.81
6月	52.055	－12.21	209.495	－1.32	3.015	9.82
7月	43.685	48.32	181.075	75.32	5.07	216.95

续表

月度	成交量（万手）	同比变化（%）	成交金额（亿元）	同比变化（%）	月末持仓量（万手）	同比变化（%）
8月	62.61	77.84	252.375	92.35	3.125	39.86
9月	38.41	-36.9	141.145	-40.05	2.52	-15.11
10月	73.335	54.73	245.485	29.51	2.84	-4.33
11月	66.505	-58.24	222.92	-67.72	2.76	-23.16
12月	49.82	-66.65	171.045	-72.31	2.145	-55.31
总计	943.84	11.25	3749.6	11.58	2.145	-55.31

资料来源：大连商品交易所。

表3-3-28　　2009~2011年PVC期货年度交易情况

年度	成交量（万手）	同比变化（%）	成交额（亿元）	同比变化（%）	年末持仓量（万手）	同比变化（%）
2009年	1807.865	—	6572.915	—	9.031	—
2010年	848.36	-53.07	3360.56	-48.87	4.795	-46.89
2011年	943.84	11.25	3749.6	11.58	2.145	-55.31

资料来源：大连商品交易所。

（二）交割情况

2011年大连商品交易所PVC期货交割库共设有14个，其中上海4个，江苏2个，广东4个，浙江4个。从分布来看，交割仓库主要位于区域中心城市，便于铁路运输。

2011年大连商品交易所PVC期货全年交割量为33.94万吨，交割金额为26.56亿元。2011年PVC期货月度交割情况见表3-3-29，2009~2011年年度交割情况见表3-3-30，2011年PVC仓单注册、注销情况见图3-3-8。

表3-3-29　　2011年PVC期货月度交割情况

月度	交割量（手）	同比变化（%）	交割金额（亿元）	同比变化（%）
1月	20894	57.15	8.13	67.28
2月	10	-99.74	0.004	-99.70

续表

月度	交割量（手）	同比变化（%）	交割金额（亿元）	同比变化（%）
3月	140	-98.75	0.06	-98.51
4月	0	-100	0	-100
5月	36508	623.65	14.50	701.10
6月	64	-85.05	0.03	-80.00
7月	12	-76.92	0.005	-75.00
8月	16	-78.38	0.006	-80.00
9月	10036	781.90	3.77	-797.62
10月	4	-77.78	0.001	-90.00
11月	4	-96.08	0.001	-97.50
12月	188	62.07	0.06	20.00
总计	67876	90.70	26.56	106.85

资料来源：大连商品交易所。

表3-3-30　　2009~2011年PVC期货年度交割情况

年度	交割量（手）	同比变化（%）	交割金额（亿元）	同比变化（%）
2009年	16010	—	11.33	—
2010年	35594	5.87	12.84	13.32
2011年	67876	90.70	26.56	106.85

资料来源：大连商品交易所。

（三）价格走势

1. 总体价格走势。2011年大连商品交易所PVC期货合约走势呈震荡下行态势。前7个月PVC期货主力合约价格基本维持在7900~8700元/吨范围运行。进入8月，价格出现暴跌。8月初的第一周期，价格下跌幅度超过4%。此次暴跌主要是受到美国主权信用评级被调降的影响。2011年全年，PVC各合约共出现了34次停板，其中，跌停板30次，涨停板4次。2011年PVC期货、现货价格走势见图3-3-9，2011年PVC现货出厂价格走势见图3-3-10。

2. 期货价格分析。2011年，大连商品交易所PVC期货价格收盘价最高点8645元/吨（4月28日），收盘价最低点为6310元/吨（10月20日），平均价为7754

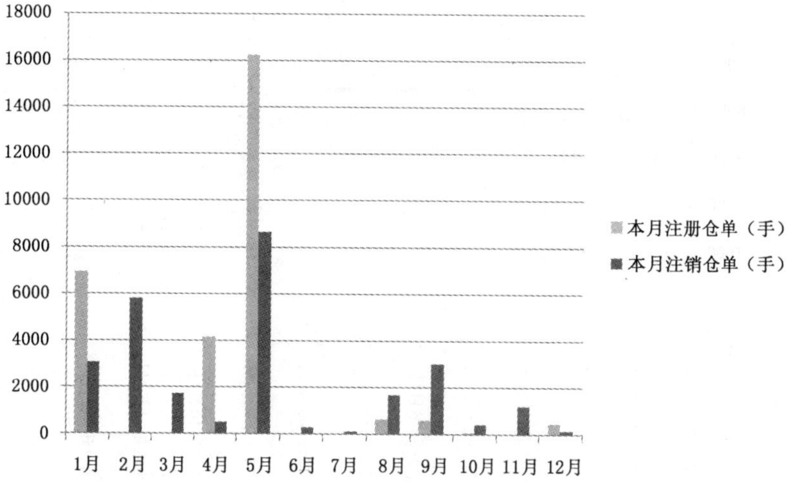

图 3－3－8　2011 年 PVC 期货月度注册、注销仓单量比较

资料来源：大连商品交易所。

图 3－3－9　2011 年 PVC 期货和现货市场价格比较

资料来源：大连商品交易所、隆众石化商务网。

元/吨，标准差为 642.12 元/吨，极差为 2335 元/吨。

2011 年，我国 PVC 现货出厂价最高点 8400 元/吨，最低点 6650 元/吨，平均价为 7772 元/吨，标准差为 600.62 元/吨，极差为 1750 元/吨。2011 年 PVC 期货和现货市场价格主要显性指标见表 3－3－31。

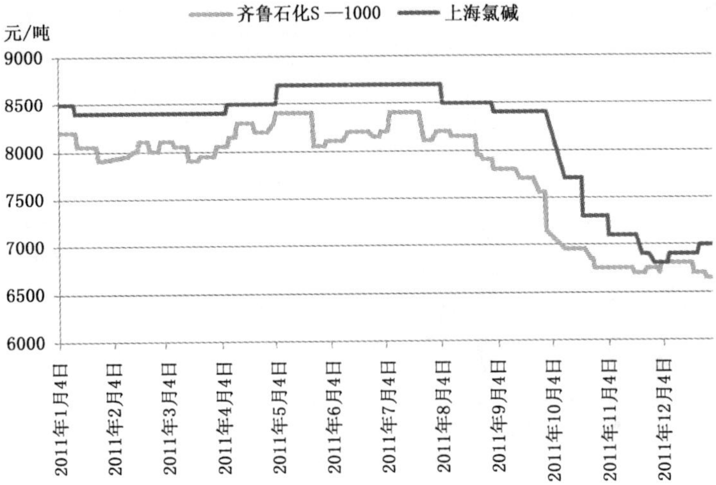

图 3－3－10　2011 年 PVC 现货出厂价格比较

资料来源：隆众石化商务网。

表 3－3－31　　2011 年 PVC 期货和现货市场价格主要显性指标

市场分类	绝对指标（元/吨）					相对指标（%）	
	最高价	最低价	平均价	标准差	极差	离散率	波幅率
DCE 连续价格	8645	6310	7754	642.12	2335	8.28	30.11
齐鲁石化出厂价格	8400	6650	7772	600.62	1750	7.73	22.52

资料来源：大连商品交易所、隆众石化商务网。

（四）市场重大变化及政策调整

1. 2011 年 3 月 14 日，大连商品交易所发布《大连商品交易所异常交易管理办法（试行）》有关实际控制关系账户监管标准的通知，加强对期货市场实际控制关系账户的监管，强化市场基础性制度建设，维护市场平稳健康运行。

2. 2011 年 5 月 4 日，为加强对实际控制关系账户的监管，维护市场运行秩序，大连商品交易所发布《关于实际控制关系账户投机持仓合并计算相关规则的通知》，并自 2011 年 5 月 16 日起施行。

3. 2011 年 7 月 1 日，大连商品交易所发布关于发布施行《大连商品交易所风险管理办法修正案》的通知，并自 2011 年 7 月 11 日起施行。

4. 2011 年 9 月 16 日，为规范交割仓库管理，促进交割业务平稳运行，大连商品交易所发布关于印发《大连商品交易所指定交割仓库资格审核工作办法》、《大连商品交易所指定交割仓库年审及等级评定工作办法》、《大连商品交易所指定交割仓库现场检查工作办法》的通知，并自2011年9月19日起施行。

5. 自2011年10月11日起，可通过登录大连商品交易所网站，在首页“常用栏目”或“交割业务指引”中点击“注册仓单品牌信息”选项来获取PVC各交割仓库的网站链接，查询相应交割仓库的注册仓单品牌信息。

6. 2011年10月31日，大连商品交易所公布2012年度PVC指定交割仓库入出库费用和杂项作业服务收费的最高限价，并自2012年1月1日起实施。

7. 2011年12月23日，大连商品交易所公布关于电子仓单系统将于2011年12月26日上线试运行的通知，交割预报、仓单注册、仓单转让、仓单作为保证金、仓单注销、滚动交割申请等业务均可通过电子仓单系统实现网上办理。

六、焦炭期货运行状况

焦炭期货于2011年4月15日在大连商品交易所成功上市，历经8个多月，总体呈现单边下滑之势。此期间可分为三个阶段：第一阶段是上半年，上市初期放量走出新高后伴随一路的弱势震荡。第二阶段自8月初期到10月末期，欧美各国主权债务评级下调及欧债危机的加深影响，大宗商品出现急速下滑态势，焦炭期货价格从2200元/吨附近一路下滑至1900元/吨左右。第三阶段，随着下游冬储支撑及临近交割时节换月，焦炭期货价格连续两次探底之后形成底部区间震荡态势。

（一）交易情况

2011年大连商品交易所焦炭期货合约共成交151.27万手，成交额为3430.26亿元，年末持仓量为0.23万手。2011年焦炭期货月度交易情况见表3-3-32，2011年焦炭期货年交易情况见表3-3-33。

表3-3-32　　2011年焦炭期货月度交易情况

月度	成交量（万手）	同比变化（%）	成交额（亿元）	同比变化（%）	月末持仓量（万手）	同比变化（%）
1月	—	—	—	—	—	—
2月	—	—	—	—	—	—
3月	—	—	—	—	—	—
4月	49.22	—	1149.195	—	0.615	—
5月	36.26	—	861	—	0.83	—

续表

月度	成交量（万手）	同比变化（%）	成交额（亿元）	同比变化（%）	月末持仓量（万手）	同比变化（%）
6 月	14.415	—	334.645	—	0.745	—
7 月	8.075	—	186.945	—	0.479	—
8 月	8.42	—	186.16	—	0.48	—
9 月	8.06	—	175.73	—	0.33	—
10 月	5.68	—	112.835	—	0.34	—
11 月	14.325	—	288.835	—	0.465	—
12 月	6.76	—	133.81	—	0.225	—
全年	151.273	—	3430.26	—	0.225	—

资料来源：大连商品交易所。

表 3-3-33　　2011 年焦炭期货年交易情况

年度	成交量（万手）	同比变化（%）	成交额（亿元）	同比变化（%）	年末持仓量（万手）	同比变化（%）
2011 年	151.273	—	3430.26	—	0.225	—

资料来源：大连商品交易所。

（二）交割情况

2011 年大连商品交易所焦炭期货指定交割仓库共设有 4 个，其中天津 2 个，江苏连云港 1 个，山东日照 1 个；期货指定交割厂库共设有 4 个，其中河北 2 个，山东 1 个，山西 1 个。交割仓库围绕区域中心城市布局，便于铁路运输。

焦炭期货自 2011 年 4 月 15 日上市交易至 2011 年年末，交割总量为 5.6 万吨，交割金额为 1.13 亿元。2011 年焦炭期货月度交割情况见表 3-3-34，2011 年焦炭期货年度交割情况见表 3-3-35，2011 年焦炭月度仓单注册、注销情况见图 3-3-11。

表 3-3-34　　2011 年焦炭期货月度交割情况

月度	交割量（手）	同比变化（%）	交割金额（亿元）	同比变化（%）
1 月	—	—	—	—
2 月	—	—	—	—
3 月	—	—	—	—
4 月	—	—	—	—

续表

月度	交割量（手）	同比变化（%）	交割金额（亿元）	同比变化（%）
5月	—	—	—	—
6月	—	—	—	—
7月	—	—	—	—
8月	—	—	—	—
9月	540	—	1.09	—
10月	20	—	0.037	—
11月	—	—	—	—
12月	—	—	—	—
总计	560	—	1.13	—

资料来源：大连商品交易所。

表3-3-35　　2011年焦炭期货年度交割情况

年份	交割量（手）	同比变化（%）	交割金额（亿元）	同比变化（%）
2011年	560	—	1.13	—

资料来源：大连商品交易所。

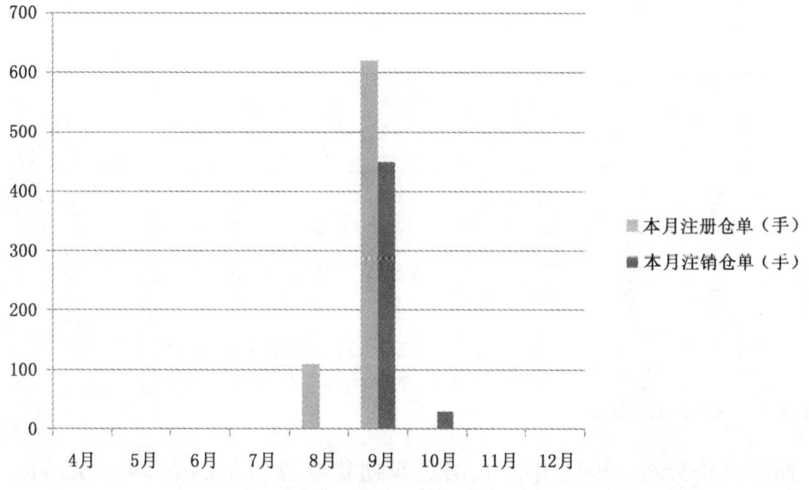

图3-3-11　2011年焦炭期货月度注册、注销仓单量比较

资料来源：大连商品交易所。

（三）价格走势

1. 总体价格走势。自2011年4月15日焦炭期货上市以来，价格一直维持震荡偏弱格局，主要经历了震荡上扬、弱势持稳、大幅下跌、震荡回调四个阶段。产能过剩严重以及行业议价能力疲弱是压制焦炭价格难以上行的主要原因。

进入5月底，由于全社会出现电荒，资金对焦炭期货有较强关注，焦炭期货量仓大幅上涨，5月13日一度上冲至2444元/吨的高位。随着电荒缓解，焦炭期货出现窄幅区间震荡行情，量仓逐步萎缩。从5月中旬到7月底，焦炭主力合约一直维持高位震荡态势。进入8月份，受国内经济增速放缓，保障房题材退出视线，欧债危机恶化等因素影响，焦炭供需出现严重失衡，价格大幅下跌，期价从2400元/吨一线最低跌至1800元/吨一线，最大跌幅达25%。到了9～10月份，焦炭期价维持下跌走势，在1800元/吨一线震荡。11月份以后，随着山西限产等利多因素的出现，焦炭价格触底反弹，呈逆势上涨行情，并于11月11日涨停收盘，而在短暂突破之后，因基本面未有明显改善，焦炭期价重新掉头向下。2011年焦炭期货和现货市场价格比较见图3－3－12。2011年焦炭现货价格比较见图3－3－13。

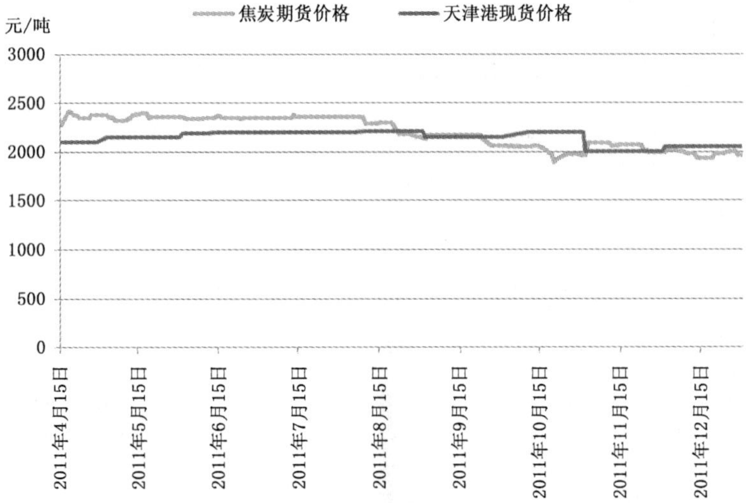

图3－3－12　2011年焦炭期货和现货市场价格比较

资料来源：大连商品交易所。

2. 期货价格分析。2011年，我国焦炭期货收盘价最高点2420元/吨，年内盘中最低价为1890元/吨，平均价为2202.21元/吨，标准差为160.92元/吨，极差为530元/吨。

2011年，我国焦炭现货价格最高点2210元/吨，最低点2000元/吨，平均价

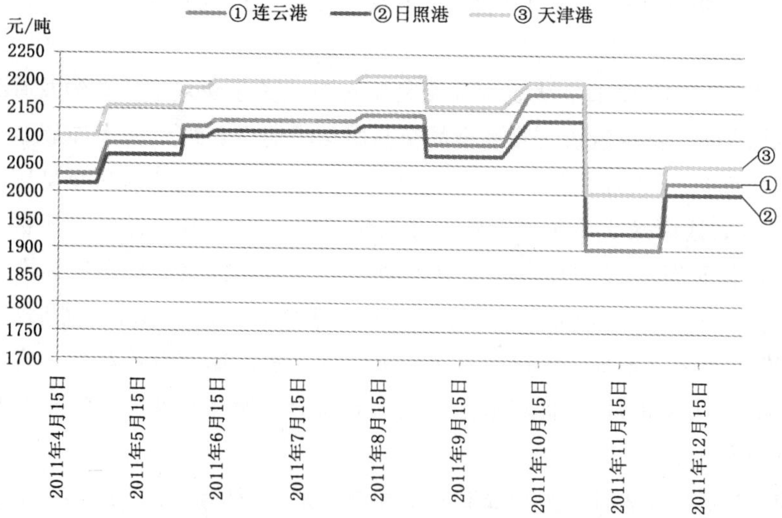

图 3－3－13　2011 年焦炭现货价格比较

资料来源：隆众石化商务网。

为 2140.26 元/吨，标准差为 72.78 元/吨，极差为 210 元/吨。2011 年焦炭期货和现货市场价格主要显性指标见表 3－3－36。

表 3－3－36　　2011 年焦炭期货和现货市场价格主要显性指标

市场分类	绝对指标（元/吨）					相对指标（%）	
	最高价	最低价	平均价	标准差	极差	离散率	波幅率
DCE 连续价格	2420	1890	2202.21	160.92	530	7.31	24.07
天津港平仓价格	2210	2000	2140.26	72.78	210	3.40	9.31

资料来源：大连商品交易所、隆众石化商务网。

（四）市场重大变化及政策调整

1. 焦炭价格在 2011 年第一季度出现高峰。第二、第三季度，焦炭价格受到通货膨胀压力、成本支撑、需求增加等因素推动，呈现了震荡偏弱行情。进入 10 月份以后，受下游钢材市场大幅走跌影响，焦炭价格再次下行。到了年底，受下游螺纹钢弱势回暖影响，焦炭期价触底反弹。

2. 自 2011 年 9 月 16 日（星期五）结算时起，焦炭合约最低交易保证金标准由 10% 调整为 7%，涨跌停板幅度由 6% 调整为 5%。

3. 自 2011 年 9 月 19 日（星期一）起，焦炭合约交易手续费为成交合约金额的万分之一，当日同一合约先开仓后平仓交易手续费按成交合约金额的万分之零点五收取。

4. 2011 年 3 月 22 日，大连商品交易所发布《关于焦炭期货合约及有关规则征求意见的通知》，公布包括《大连商品交易所焦炭期货合约》、《大连商品交易所交易细则修正案》、《大连商品交易所结算细则修正案》、《大连商品交易所交割细则修正案》、《大连商品交易所风险管理办法修正案》、《大连商品交易所指定交割仓库管理办法修正案》、《大连商品交易所豆粕、豆油、棕榈油、焦炭标准仓单管理办法修正案》和《大连商品交易所焦炭套期保值管理办法（征求意见稿）》。

5. 2011 年 4 月 8 日，大连商品交易所发布《焦炭期货合约和相关实施细则修正案》，自 2011 年 4 月 15 日起施行《大连商品交易所焦炭期货合约》和相关实施细则修正案的通知。

6. 2011 年 5 月 4 日，为加强对实际控制关系账户的监管，维护市场运行秩序，大连商品交易所发布《关于实际控制关系账户投机持仓合并计算相关规则的通知》，并自 2011 年 5 月 16 日起施行。

7. 2011 年 7 月 1 日，大连商品交易所发布关于发布施行《大连商品交易所风险管理办法修正案》的通知，并自 2011 年 7 月 11 日起施行。

8. 2011 年 9 月 16 日，为规范交割仓库管理，促进交割业务平稳运行，大连商品交易所发布《大连商品交易所指定交割仓库资格审核工作办法》、《大连商品交易所指定交割仓库年审及等级评定工作办法》、《大连商品交易所指定交割仓库现场检查工作办法》，并自 2011 年 9 月 19 日起施行。

9. 2011 年 12 月 23 日，大连商品交易所公布关于电子仓单系统将于 2011 年 12 月 26 日上线试运行的通知，交割预报、仓单注册、仓单转让、仓单作为保证金、仓单注销、滚动交割申请等业务均可通过电子仓单系统实现网上办理。

七、甲醇期货运行状况

2011 年，郑州商品交易所甲醇期货价格弱势下行。自 2011 年 10 月 28 日上市以来，甲醇期货的影响力逐步提高，现货企业与贸易商利用期货市场进行套期保值操作的积极性也逐渐提高，这不仅降低了现货企业的经营风险，也增加了期货市场的活跃性。

（一）交易情况

2011 年，郑州商品交易所甲醇期货成交量 31.61 万手，全年期货成交金额为 454.6 亿元，年末持仓量为 0.74 万手。2011 年各月份的甲醇期货成交情况见表

3－3－37。2011年甲醇期货年度交易情况见表3－3－38。

表3－3－37　　2011年甲醇期货月度交易情况

月度	成交量（万手）	同比变化（%）	成交金额（亿元）	同比变化（%）	月末持仓量（万手）	同比变化（%）
10月	3.99	—	62.91	—	0.21	—
11月	18.13	—	261.89	—	0.75	—
12月	9.49	—	129.80	—	0.74	—
总计	31.61	—	454.60	—	—	—

资料来源：郑州商品交易所。

表3－3－38　　2011年甲醇期货年度交易情况

年度	成交量（万手）	同比变化（%）	成交金额（亿元）	同比变化（%）	年末持仓量（万手）	同比变化（%）
2011年	31.61	—	454.60	—	0.74	—

资料来源：郑州商品交易所。

（二）交割情况

2011年，郑州商品交易所甲醇期货交割库共10个。其中，交割仓库7个，都位于江苏省，交割厂库3个，分别是河南中原大化、山东兖矿煤化和新能凤凰。

上述指定交割仓库及厂库自2012年1月1日起开始接受交割预报及仓单注册申请，2011年尚没有交割仓单数量。

（三）价格走势

1. 总体价格走势。2011年，甲醇现货价格呈区间震荡后冲高回落的态势，甲醇期货10月28日上市交易，截至2011年年底，其价格主要呈震荡走低态势。

2011年1～3月，因中东局势紧张，阿曼等地Sohar港甲醇、PP等业务均受影响，甲醇价格震荡下行，由年初的2880元/吨，下调至2720元/吨。

4～8月，受国际甲醇装置检修增多和东南亚供应趋紧提振，甲醇现货价格逐步上行，其中8月4日报价一度涨至3030元/吨，不过随后出现小幅回调。

9～10月是2011年甲醇现货走势最强的时期，期间主要是受到国内销售形势良好，以及中秋节不少企业装置停车的影响。9月21日报价3250元/吨，创下2011年全年最高纪录。

11~12 月，甲醇期货上市交易，时值欧洲债务危机愈演愈烈，大宗商品价格大多受其影响呈震荡下跌走势。临近年终，下游企业受资金限制，采购减少，甲醇市场需求疲软，期现货价格均承压下行。甲醇现货报价年末降至 2810 元/吨，期货近交割月结算价由上市初期的 3157 元/吨，跌至 2719 元/吨。2011 年甲醇期货和现货市场价格比较见图 3-3-14。

图 3-3-14 2011 年甲醇期货和现货市场价格比较

资料来源：郑州商品交易所、金银岛网站。

2. 价格相关性分析。经测算，2011 年甲醇期货近交割月结算价与华东地区低端报价相关系数为 0.97，表明甲醇期、现货价格具有较强的相关性，两者价格走势也较为接近，期货市场已然较好地被现货企业和中间商所接纳。2011 年甲醇期货和现货市场价格主要显性指标见表 3-3-39，期货和现货市场价格相关性见表 3-3-40。

表 3-3-39 2011 年甲醇期货和现货市场价格主要显性指标

市场分类	绝对指标（元/吨）					相对指标（%）	
	最高价	最低价	平均价	标准差	极差	离散率	波幅率
ZCE 甲醇期货连续价格	3220	2661	2846	158.56	559	5.57	19.64
甲醇现货市场价格	3250	2640	2872.82	143.74	610	5.00	21.23

资料来源：郑州商品交易所、金银岛网站。

表 3-3-40　　2011 年甲醇期货和现货市场价格相关性

价格选择	相关系数
ZCE 甲醇期货连续价格与现货市场价格	0.97

资料来源：郑州商品交易所、金银岛网站。

（四）市场重大变化及政策调整

1. 2011 年 10 月 24 日，郑州商品交易所发布《关于公布郑州商品交易所甲醇期货合约及相关业务细则的通知》，公布了甲醇期货合约详细内容，以及交割、仓单、风险控制、套期保值和交割仓库管理的相关规定。

2. 2011 年 10 月 24 日，郑州商品交易所发布通知，甲醇期货合约自 2011 年 10 月 28 日（星期五）起上市交易。首批上市交易合约为 ME203、ME204、ME205、ME206、ME207、ME208、ME209、ME210，各合约挂牌基准价 10 月 27 日公布。日涨跌停板为 ±8%，初期最低交易保证金为 8%（合约规定为 6%）。

3. 2011 年 10 月 27 日，郑州商品交易所公告，甲醇期货 ME203、ME204、ME205、ME206、ME207、ME208、ME209、ME210 合约的挂牌基准价均为 3050 元/吨。

4. 2011 年 12 月 22 日，郑州商品交易所公告，由于江苏金翔石油化工有限公司甲醇期货交割准备工作尚未落实到位，暂不具备接受甲醇交割预报及甲醇入库的条件。为确保甲醇交割顺利进行，经研究决定，该库暂不开展甲醇交割业务，具体业务开展时间待检查验收后另行通知。

第四节　股指期货运行情况

2011 年，沪深 300 股指期货市场总体运行平稳。截至 2011 年 12 月 31 日，共 244 个交易日，全年总成交 5041.19 万手，总成交金额 43.77 万亿元，日均成交 20.66 万手，日均成交金额 1793.68 亿元。中国金融期货交易所（CFFEX）投资者数量保持稳步增长。截至 2011 年年底，客户开户总数 86952 个，其中，自然人开户 85211 个，占比为 98.00%；一般法人开户 1515 个，占比为 1.74%；特殊法人开户 226 个，占比为 0.26%。

一、交易情况

2011 年沪深 300 股指期货月度交易情况见表 3－4－1。

表 3－4－1　　2011 年沪深 300 股指期货月度交易情况

月度	成交量（万手）	环比增幅（%）	成交金额（亿元）	环比增幅（%）	月末持仓量（万手）	环比增幅（%）
1 月	433.82	-5.47	39956.30	-9.23	3.40	14.06
2 月	298.72	-31.14	28624.78	-28.36	3.53	3.96
3 月	446.41	49.44	43756.02	52.86	3.74	5.93
4 月	312.27	-30.05	30986.91	-29.18	4.46	19.11
5 月	341.30	9.30	31690.59	2.27	4.48	0.47
6 月	367.50	7.67	32774.08	3.42	3.72	-17.00
7 月	347.09	-5.55	32060.57	-2.18	3.60	-3.21
8 月	459.27	32.32	39427.01	22.98	3.52	-2.25
9 月	491.08	6.93	39946.29	1.32	3.78	7.37
10 月	413.27	-15.84	32457.39	-18.75	4.14	9.67
11 月	496.45	20.13	39905.13	22.95	4.23	2.15
12 月	634.02	27.71	46073.49	15.46	4.84	14.49
总计	5041.19	—	437658.55	—	47.44	—

资料来源：中国金融期货交易所。

二、交割情况

截至 2011 年年底，股指期货共实现 12 个合约的顺利交割，交割率较低，市场没有出现对到期合约的过度炒作。合约交割前最后 2 小时，合约价格均围绕交割结算价微幅波动，走势平稳。交割期间，主力合约切换顺利，价格平稳连续。2011 年沪深 300 股指期货月度交割情况见表 3－4－2。

表 3－4－2　　2011 年沪深 300 股指期货月度交割情况

月度	交割量（手）	交割金额（亿元）
1 月	1018	9.12
2 月	1425	13.74

续表

月度	交割量（手）	交割金额（亿元）
3月	966	9.33
4月	1645	16.49
5月	867	8.12
6月	2597	22.71
7月	1062	9.94
8月	975	8.17
9月	1292	10.61
10月	1055	7.96
11月	1234	9.66
12月	2337	16.49
总计	16473	142.34

资料来源：中国金融期货交易所。

三、价格走势

（一）总体价格走势

2011年，沪深300股指期货主力合约价格整体呈现震荡下行趋势，年初出现一段急剧下跌行情，而后开始震荡上行，在4月13日升至全年最高3374.8点，随后开始震荡下行（见图3－4－1）。全年最低点出现在12月28日，为2321.2点，全年平均为2934.57点。

（二）期现价格分析

沪深300股指期货主力合约收盘价与沪深300指数收盘价拟合度较高，期现价格相关系数为99.94%。2011年沪深300指数期货与现货价格比较见图3－4－2。2011年沪深300股指期货与现货市场价格主要显性指标见表3－4－3。

表3－4－3　2011年沪深300股指期货和现货市场价格主要显性指标

	绝对指标					相对指标（%）	
	最高价	最低价	平均价	标准差	极差	离散率	波幅率
沪深300股指期货主力合约价格	3374.8	2321.2	2934.57	274.99	1053.6	9.37	35.90
沪深300指数价格	3372.04	2305.04	2928.93	274.17	1067	9.36	36.43

资料来源：中国金融期货交易所。

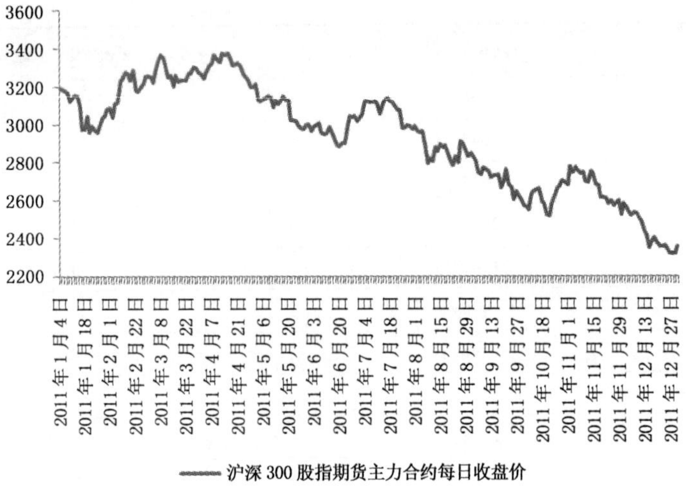

图 3-4-1　2011 年沪深 300 股指期货主力合约每日收盘价

资料来源：中国金融期货交易所。

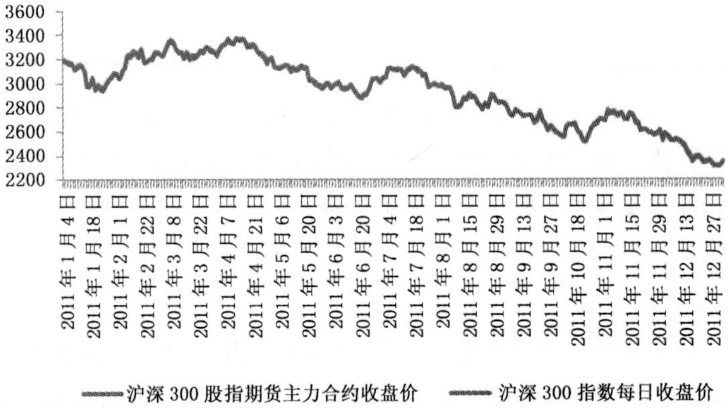

图 3-4-2　2011 年沪深 300 指数期货与现货价格比较

资料来源：中国金融期货交易所。

第四部分

2011年中国期货中介机构发展状况报告

第一节　期货公司基本情况

2011年是我国"十二五"规划的开局之年，也是我国期货市场的创新之年。"十二五"规划提出要"推进期货和金融衍生品市场发展"，"促进证券期货经营机构规范发展"。2011年，期货市场在品种、业务和制度方面的创新步伐开始加快。伴随着期货市场的稳步发展，期货中介机构的整体实力服务水平进一步提升，盈利水平却同比下降。期货投资咨询业务的推出为期货中介机构的创新发展提供了重要机遇。

一、期货公司整体经营指标增降表现不一

2011年，我国正常经营的期货公司共161家，其中，证券公司参股控股期货公司69家。全国期货营业部共1184家，较2010年年底增加了166家。全国期货公司总资产为1915.54亿元（含客户资产），较2010年下降0.37%；净资产为

352.45 亿元，净资本为 328.93 亿元，分别较 2010 年增长了 30.47% 和 30.92%。

截至 2011 年年底，全国 161 家期货公司代理成交额为 137.51 万亿元，共吸纳客户保证金 1513.25 亿元，手续费收入为 101.36 亿元，分别较 2010 年下降了 11.03%、6.5% 和 4.1%。如表 4－1－1 所示，期货公司盈利水平有所下降，总利润为 29.79 亿元，净利润 23.06 亿元，分别较 2010 年下降了 4.79% 和 9.36%。

表 4－1－1　　2011 年期货公司整体状况

指　标	2010 年	2011 年	增长率
公司数量（家）	163	161	－1.23%
营业部数量（家）	1018	1184	16.31%
总资产（亿元）	1922.59	1915.54	－0.37%
净资产（亿元）	270.14	352.45	30.47%
净资本（亿元）	251.25	328.93	30.92%
客户保证金（亿元）	1618.50	1513.25	－6.50%
手续费收入（亿元）	105.69	101.36	－4.10%
总利润（亿元）	31.29	29.79	－4.79%
净利润（亿元）	25.44	23.06	－9.36%
代理成交额（万亿元）	154.56	137.51	－11.03%

资料来源：中国期货业协会。

二、期货公司资本实力进一步增强

（一）部分公司注销、恢复营业和更名

2011 年，全国共有 2 家期货公司被注销，分别为珠江期货有限公司和新华期货有限公司。其中，珠江期货有限公司被中国国际期货有限公司吸收合并，新华期货有限公司被中证期货有限公司吸收合并。此外，2011 年度更名的期货公司共有 18 家。2011 年期货公司更名情况见表 4－1－2。

表 4－1－2　　2011 年期货公司更名一览表

序号	辖区	现用名	曾用名
1	辽宁	江信国盛期货有限公司	鞍山五环期货经纪有限公司
2	吉林	中融汇信期货有限公司	吉林金昌期货有限公司
3	北京	中衍期货有限公司	中晟期货经纪有限公司
4	江苏	锦泰期货有限公司	江苏苏物期货经纪有限公司

续表

序号	辖区	现用名	曾用名
5	重庆	华创期货有限责任公司	重庆三五九期货经纪有限公司
6	吉林	吉粮期货有限公司	吉粮期货经纪有限公司
7	天津	财达期货有限公司	科信期货经纪有限公司
8	上海	恒泰期货有限公司	恒泰期货经纪有限公司
9	天津	一德期货有限公司	一德期货经纪有限公司
10	江苏	江苏弘业期货有限公司	江苏弘业期货经纪有限公司
11	江苏	华证期货有限公司	华证期货经纪有限公司
12	青岛	中州期货有限公司	烟台中州期货经纪有限公司
13	上海	上海东亚期货有限公司	上海东亚期货经纪有限公司
14	湖南	金信期货有限公司	湖南金信期货经纪有限公司
15	辽宁	江海汇鑫期货有限公司	汇鑫期货经纪有限公司
16	浙江	浙江中大期货有限公司	浙江中大期货经纪有限公司
17	北京	中粮期货有限公司	中粮期货经纪有限公司
18	深圳	广东鸿海期货有限公司	广东鸿海期货经纪有限公司

资料来源：中国期货业协会网站。

（二）资本实力进一步增强

伴随着我国期货市场的持续健康发展，期货公司的规模逐步扩大，实力逐步增强。2011 年，从期货公司注册资本分布情况来看，资本扩大现象非常明显，2 亿以上注册资本的期货公司增加到了 32 家。2011 年期货公司实收资本情况见表 4－1－3。2011 年期货公司注册资本情况见表 4－1－4。

表 4－1－3　　2011 年期货公司实收资本情况表　　单位：万元

实收资本	2011 年	2010 年	2009 年	变动幅度（%）	
				2011 年比 2010 年	2010 年比 2009 年
总额	2814962.09	2142264.38	1490010.00	31.40	43.78
平均额	17484.24	13142.73	9085.43	33.03	44.66

资料来源：中国期货业协会。

表 4-1-4　　2011 年期货公司注册资本情况表　　单位：家

实收资本	小于1亿元	1亿~1.5亿元	1.5亿~2亿元	大于2亿元	总数
公司数目	51	53	25	32	161
比例	31.68%	32.92%	15.53%	19.88%	100.00%

资料来源：中国期货业协会。

三、期货公司代理业务规模下降，但区域优势仍然明显

（一）代理业务规模有所下降

2011 年，期货公司代理业务规模下降，代理成交量为 10.54 亿手，同比下降 32.74%；代理成交额稳中有降，总成交金额为 137.51 万亿元，同比下降 11.03%。2007~2011 年期货公司代理成交量和代理成交额见表 4-1-5。

表 4-1-5　　2007~2011 年期货公司代理成交量和代理成交额

年　度	成交量（亿手）	增长率（%）	成交额（万亿元）	增长率（%）
2007 年	3.64	63.23	20.49	95.10
2008 年	6.82	87.36	35.96	75.50
2009 年	10.79	58.21	65.26	81.48
2010 年	15.67	45.23	154.56	136.84
2011 年	10.54	-32.74	137.51	-11.03

资料来源：中国期货业协会。

（二）三大中心区域优势进一步显著

从期货公司的区域分布看，我国期货公司仍然主要集中在以三大城市为中心的三大区域，即以北京为中心，向天津、大连、山东和山西辐射的环渤海地区；以上海、浙江和江苏相互促进、共同发展的长江三角洲地区；以深圳为中心，向广东辐射的珠江三角洲地区。这三大区域都是经济非常发达的区域，其经济的活跃带动了期货公司业务的增长，这些地区期货公司的整体发展规模、经营状况均具有相对优势。从 2010~2011 年全国期货公司的代理成交额排名来看，排名靠前的期货公司也大多为上述地区的公司。2010~2011 年代理成交额期货公司辖区占比分布情况见表 4-1-6。

表 4－1－6　　2010～2011 年代理成交额期货公司辖区占比分布情况

地区	2010 年	2011 年
上海	18.75%	20.94%
北京	15.78%	15.76%
浙江	16.08%	13.32%
深圳	7.51%	9.11%
广东	8.81%	7.47%
江苏	7.01%	6.49%

资料来源：中国期货业协会。

从图 4－1－1 可以看出，我国 161 家期货公司主要集中在经济较发达的上海、北京、深圳、广东、江苏、浙江等地。其中，上海地区的期货公司数量最多，达到 27 家。

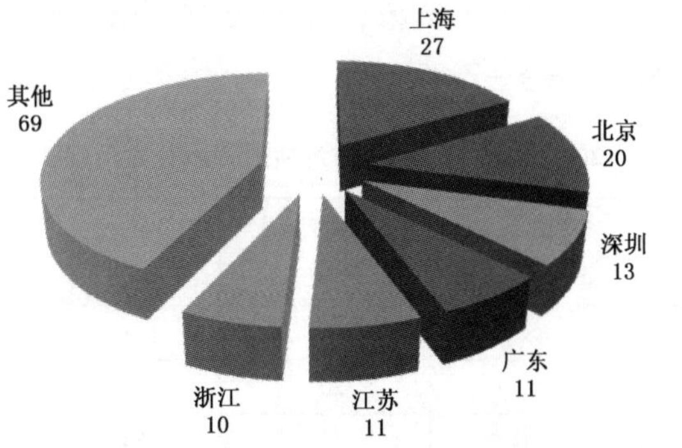

图 4－1－1　2011 年期货公司区域分布

资料来源：中国期货业协会。

四、期货投资咨询业务推出，期货公司告别单一经纪业务模式

2011 年 2 月 11 日，中国证监会发布《期货公司期货投资咨询业务试行办法(征求意见稿)》，向社会公开征求意见。2011 年 5 月 1 日，《期货公司期货投资咨询业务试行办法》正式实施。

2011 年 8 月 19 日，首批 14 家期货公司获批投资咨询业务资格。期货投资咨询业务的启动标志着期货行业正式告别单一的期货经纪业务模式，进入服务国民经济发展的新阶段。

截至 2011 年年底，共有 5064 人通过了期货投资分析考试，其中 3514 人为期货公司员工。参加考试的人员中，共有1534名期货公司从业人员取得了投资咨询资格，占期货公司员工总数的5.42%，其中高管人员242人；共有47家期货公司获得了期货投资咨询业务资格。

第二节 期货公司财务状况

一、期货公司资本实力持续增强，资产规模小幅下降

（一）资本实力进一步增强

2011年，期货公司通过增资扩股提升业务拓展和抗风险能力，资本实力进一步增强，注册资本在5千万元以上的期货公司达到132家，1亿元以上的期货公司为76家，1.5亿元以上的公司为50家，较2010年大幅增加。2006～2011年期货公司注册资本分布情况见表4－2－1。

表4－2－1　2006～2011年期货公司注册资本分布情况　单位：家

年度	3000万元及以下	3000万～5000万元	5000万～8000万元	8000万～1亿元	1亿～1.5亿元	1.5亿元以上
2006年	112	38	4	1	9	0
2007年	58	32	20	33	15	4
2008年	43	23	32	34	23	8
2009年	37	2	43	8	50	24
2010年	20	16	36	1	51	39
2011年	14	15	21	35	26	50

资料来源：中国期货业协会。

（二）资产总额小幅下降

截至2011年年底，161家期货公司的资产总额为1915.54亿元，平均每家公司资产总额为11.9亿元，较2010年的资产总额1922.59亿元下降了0.37%，较2010年平均资产总额11.8亿元上升了0.85%。2010～2011年期货公司资产规模见表4－2－2。

从资产总额的分布情况来看，2011年总资产在8亿元以上的期货公司有65

家，5 亿元以上的公司有 95 家，1 亿元以上的公司则达到 149 家。

表 4-2-2　　2010～2011 年期货公司资产规模

年　度	2011 年				2010 年			
金额区间	公司数（家）	占公司总数的比例（%）	金额（亿元）	占总资产的比例（%）	公司数（家）	占公司总数的比例（%）	金额（亿元）	占总资产的比例（%）
5 亿元以上	95	59.00	1750.08	91.36	96	58.99	1750.32	91.04
2 亿～5 亿元	39	24.22	137.58	7.18	37	22.69	136.50	7.10
1 亿～2 亿元	15	9.32	21.36	1.12	19	11.66	29.22	1.52
0.5 亿～1 亿元	6	3.73	4.40	0.23	6	3.68	4.81	0.25
0.5 亿元及以下	6	3.73	2.12	0.11	5	3.07	1.73	0.09
合计	161	100.00	1915.54	100.00	163	100.00	1922.59	100.00

资料来源：中国期货业协会。

二、客户保证金规模小幅下降

截至 2011 年年底，全国 161 家期货公司共吸收客户保证金 1513.25 亿元，较 2010 年年底的 1570.34 亿元下降了 3.77%。2010～2011 年客户保证金分布情况见表 4-2-3。

表 4-2-3　　2010～2011 年客户保证金分布情况

年　度	2011 年				2010 年			
金额区间	公司数（家）	占公司总数的比例（%）	金额（亿元）	占保证金总额的比例（%）	公司数（家）	占公司总数的比例（%）	金额（亿元）	占保证金总额的比例（%）
5 亿元以上	76	47.20	1322.55	87.40	83	50.92	1394.39	88.80
1 亿～5 亿元	61	37.89	181.26	11.98	54	33.13	163.05	10.38
0.5 亿～1 亿元	9	5.59	6.77	0.45	13	7.98	10.09	0.64
0.3 亿～0.5 亿元	5	3.11	1.92	0.13	5	3.07	2.06	0.13
0.15 亿～0.3 亿元	1	0.62	0.19	0.01	1	0.61	0.20	0.01
0.05 亿～0.15 亿元	5	3.11	0.44	0.03	4	2.45	0.46	0.03
0.05 亿元以下	4	2.48	0.12	0.00	3	1.84	0.08	0.00
合计	161	100.00	1513.25	100.00	163	100.00	1570.34	100.00

资料来源：中国期货业协会。

从保证金分布情况看，客户保证金前20名的期货公司合计为756.16亿元，占市场总额的49.97%，该项指标较2010年提升近3个百分点，前60名公司合计为1225.99亿元，占市场总额的81.02%，较2010年提升近2.5个百分点，行业集中度进一步提高，行业领先期货公司吸纳客户保证金的能力进一步增强。

三、期货公司整体盈利水平下降

（一）总体利润水平小幅回落

2011年期货行业全年实现营业利润29.79亿元，净利润22.9亿元，较2010年营业利润31.29亿元和净利润25.44亿元分别下降了4.80%和9.34%。2011年全国161家期货公司中有115家盈利，46家亏损，盈利公司占全部期货公司比重从2010年的85.89%下降为2011年的71.43%。2009～2011年期货公司盈利情况见表4－2－4。

期货行业利润的降幅低于期货市场成交额11.03%的降幅，说明期货行业的整体盈利能力在逐步提升。

表4－2－4　　2009～2011年期货公司盈利情况

年　度	2011年			2010年			2009年		
净利润	公司数（家）	比例（%）	金额（亿元）	公司数（家）	比例（%）	金额（亿元）	公司数（家）	比例（%）	金额（亿元）
盈利	115	71.43	25.8	140	85.89	26.17	143	87.2	18.2
亏损	46	28.57	2.9	23	14.11	－0.51	21	12.8	－0.84
合计	161	100.00	22.9	163	100.00	25.66	164	100.00	17.36

资料来源：中国期货业协会。

（二）手续费收入有所回落

2011年手续费收入为99.8亿元，较2010年的105.69亿元下降了5.57%，6年来首次出现下降。从手续费收入占总营业收入的比例看，2011年为73.66%，较2010年的74.42%下降了0.76个百分点，手续费收入在营业收入中仍占主导地位。经纪业务依然是期货公司最重要的收入来源。2009～2011年期货公司手续费收入情况比较见表4－2－5。

表 4-2-5　　2009~2011 年期货公司手续费收入情况比较

指　标	2009 年（亿元）	2010 年（亿元）	2011 年（亿元）	变动幅度（%）	
				2010/2009	2011/2010
手续费收入	74.22	105.69	99.8	42.40	-5.57
手续费收入占总营业收入比重	85.83%	74.42%	73.66%	-11.41	-0.76

资料来源：中国期货业协会。

四、税收贡献稳步增加

2011 年，161 家期货公司向国家上缴营业税金及附加和所得税共 14.97 亿元，较 2010 年的 14.87 亿元增长了 0.6%。其中，上缴营业税金及附加 5.63 亿元，较 2010 年的 5.88 亿元增长了 4.25%；上缴所得税 9.33 亿元，较 2010 年的 8.99 亿元增长了 3.78%。2006~2011 年期货公司税收贡献年度比较见表 4-2-6。

表 4-2-6　　2006~2010 年税收贡献年度比较表　　单位：万元

项目	2006 年	2007 年	2008 年	2009 年	2010 年	2011 年
营业税金及附加	8356.58	17097.95	26861.75	41592.85	58829.17	56340.36
所得税	7772.12	32427.37	28497.45	61084.63	89920.59	93345.79
税金合计	16128.70	49525.33	55359.20	102677.49	148749.76	149686.16

资料来源：中国期货业协会。

第三节　期货从业人员状况

我国期货从业人员的整体状况和结构特点，主要涵盖从业人员总体状况、年龄结构、性别结构、学历结构、地区分布、从业年限以及专业背景分析等方面。

尽管 2011 年期货市场交易量有所下滑，期货公司经营面临严峻挑战，但期货行业从业人员数量继续保持了较快增长的态势。

一、总体状况

据中国期货业协会统计，截至 2011 年年底，我国期货行业员工总数为 35032 人。其中，161 家期货公司员工总数为 28323 人，取得 IB 业务资格的 55 家证券公司 IB 从业人员为 6709 人①。

（一）2011 年从业人员数量继续保持增长，但增速明显放缓

与 2010 年同期相比，期货公司新增员工 4259 人，同比增长 17.70%，但与 2007 年以来年均增长率超过 30%，2008 年甚至达到 84.2% 的速度相比有大幅下降。期货公司员工中具备从业资格的 27227 人，占期货公司员工总数的 96.13%，较 2010 年提升了 0.58 个百分点。2006～2011 年期货公司从业人员数量增长情况见表 4－3－1。

表 4－3－1　　2006～2011 年期货公司从业人员数量增长情况

项　目	2006 年	2007 年	2008 年	2009 年	2010 年	2011 年
员工总数（人）	6373	8857	13574	17182	24064	28323
增长率	—	38.98%	53.26%	26.58%	40.05%	17.70%
期货从业人员数（人）	4729	6510	11989	16007	22993	27227
增长率	—	37.66%	84.16%	33.51%	43.64%	18.41%
期货从业人员占员工总数比	74.20%	73.50%	88.32%	93.16%	95.55%	96.13%
高级管理人员数	544	626	728	933	992	925

资料来源：中国期货业协会。

期货公司高级管理人员共计 925 人，与 2010 年同期相比减少了 67 人。高管人员减少的主要原因除公司兼并重组导致公司数量下降外，主要是统计口径有所调整，今后不再将一般董事、监事纳入高管人员统计范畴。营业部经理 1193 人，较 2010 年同期增加了 171 人。2007～2011 年期货从业人员增长率见图 4－3－1。

（二）期货从业人员整体表现出较高的流动率

从行业整体看，人员流出率为 24.55%，流进率为 40.19%，增加率为 15.64%，表现出较高的流动性。其中，A 类公司流出率最低，为 19.58%，流进率最高，为 41.03%，增加率也最高，为 21.45%；B 类公司由于有两家公司被 A 类公司兼并重组，流出率的统计数字显示为最高；D 类公司流出率为 28.27%，流进率最低，为 34.45%，增加率最低，只有 6.18%。2011 年期货公司从业人员流动情况见表 4－3－2。

---

① 期货从业人员指已通过期货从业资格考试且取得期货从业资格的人员，包括期货公司的从业人员和证券 IB 机构的期货从业人员。

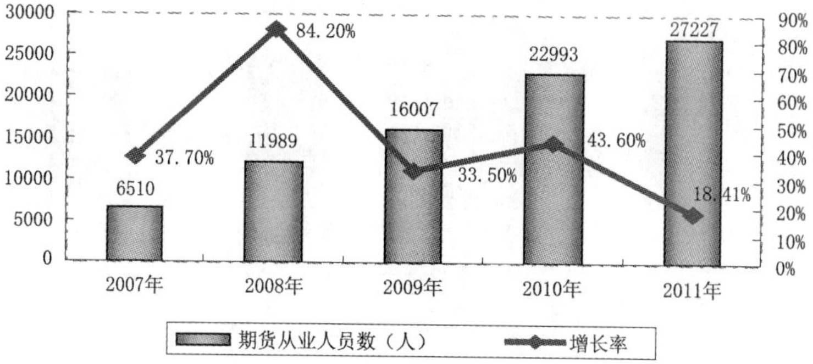

图 4－3－1　2007～2011 年期货从业人员增长率

资料来源：中国期货业协会。

表 4－3－2　　　　2011 年期货公司从业人员流动情况统计

公司类别	公司数（家）	注销人数（人）	新增注册人数（人）	净增加人数（人）	从业人员（人）	流出率（%）	流进率（%）	增加率（%）
A 类公司	20	1696	3554	1858	8662	19.58	41.03	21.45
B 类公司	37	2473	3252	779	8081	30.60	40.24	9.64
C 类公司	79	2076	3602	1526	8931	23.24	40.33	17.09
D 类公司	25	439	535	96	1553	28.27	34.45	6.18
合计	161	6684	10943	4259	27227	24.55	40.19	15.64

资料来源：中国期货业协会。

二、结构特点

与 2010 年相比，期货从业人员结构性特征变化不大，具有年轻化、从业期限不长、市场开发与客服人员居多、分布趋于集中等特点，但人员总体学历水平有所提升。

（一）性别结构

从总体上看，从业人员男性略多于女性，男女比例为 58：42。但在高管人员和营业部经理中，男性人数远多于女性，男女比例约为 4：1。期货从业人员性别结构对比见图 4－3－2。

（二）年龄结构

期货从业人员整体较为年轻，近 60% 的从业人员年龄在 30 岁以下，超过 80% 的高管人员和营业部经理不满 50 岁；其中，高管人员、营业部经理和其他从业人员的平均年龄分别为 45.2 岁、38.9 岁和 31.7 岁。期货从业人员年龄结构和平均

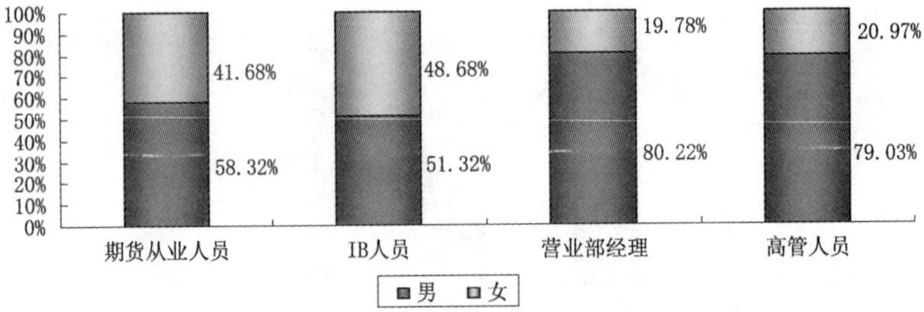

图 4－3－2　期货从业人员性别结构对比

资料来源：中国期货业协会。

年龄比较见表 4－3－3 和图 4－3－3。

表 4－3－3　　期货从业人员年龄结构

年龄	期货公司从业人员		证券公司 IB 人员		营业部经理		高管人员	
	人数（人）	比例（%）	人数（人）	比例（%）	人数（人）	比例（%）	人数（人）	比例（%）
30 岁以下	15615	57.35	1935	28.84	139	11.65	3	0.32
30～40 岁	7973	29.28	3068	45.73	532	44.59	213	23.03
40～50 岁	3278	12.04	1660	24.74	488	40.91	559	60.43
50 岁以上	361	1.33	46	0.69	34	2.85	150	16.22
总计	27227	100	6709	100	1193	100	925	100

资料来源：中国期货业协会。

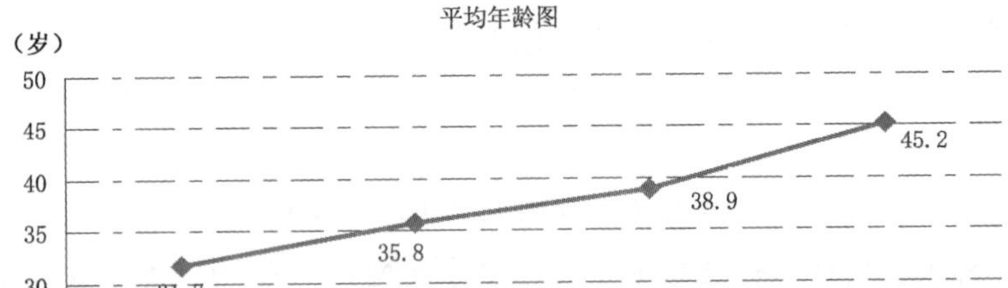

图 4－3－3　期货从业人员平均年龄比较（单位：岁）

资料来源：中国期货业协会。

（三）学历结构

2011 年，期货业从业人员学历水平较 2010 年有一定幅度提高。本科以上学历从业人员达到了 68.93%，较 2010 年增长 5.49%。研究生以上学历从业人员达到 11.31%，较 2010 年增加 0.79%。其中，高管人员学历水平显著高于普通从业人员和营业部经理。期货从业人员学历结构及比较见表 4－3－4、图 4－3－4。

表 4－3－4　　期货从业人员学历结构

学　历	期货公司从业人员		证券公司 IB 人员		营业部经理		高管人员	
	人数（人）	百分比（%）	人数（人）	百分比（%）	人数（人）	百分比（%）	人数（人）	百分比（%）
本科以下	8459	31.07	1160	17.29	247	20.70	117	12.65
本科	15688	57.62	4925	73.41	815	68.32	491	53.08
硕士研究生	2993	10.99	618	9.21	131	10.98	295	31.89
博士研究生	87	0.32	6	0.09	0	0.00	22	2.38
总数	27227	100	6709	100	1193	100	925	100

资料来源：中国期货业协会。

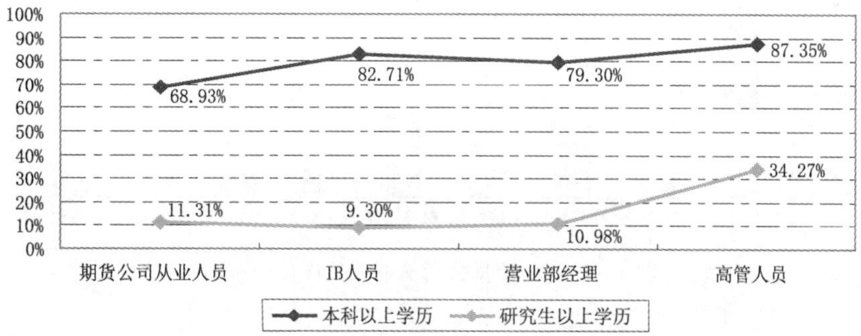

图 4－3－4　期货从业人员学历比较

资料来源：中国期货业协会。

（四）从业时间

近五成从业人员从业年限不足 2 年。期货公司近年来人员增长较快，一半左右的一般从业人员期货从业年限不满 2 年，但高管人员和营业部经理整体从业经验较为丰富，其中，49% 的高管人员从业时间超过了 10 年，营业部经理中具有 6 年以上从业经历的也达到了 55% 以上。期货公司一般从业人员从业年限统计结果见图 4－3－5。

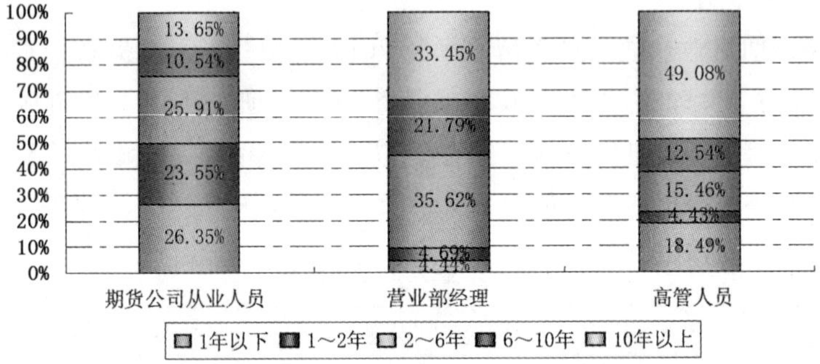

图 4－3－5　期货公司一般从业人员从业年限统计

资料来源：中国期货业协会。

（五）岗位分布

岗位分布依然保持了经纪业务为主的特点。从事客户开发和客户服务的人员占比达到50.26%，而从事研究分析的人员占全部从业人员的比例只有7.79%。合规风险控制和信息技术岗位较2010年有一定增加，其中合规风险控制岗位增加了314人，信息技术岗位增加了635人。期货公司从业人员岗位分布见图4－3－6。

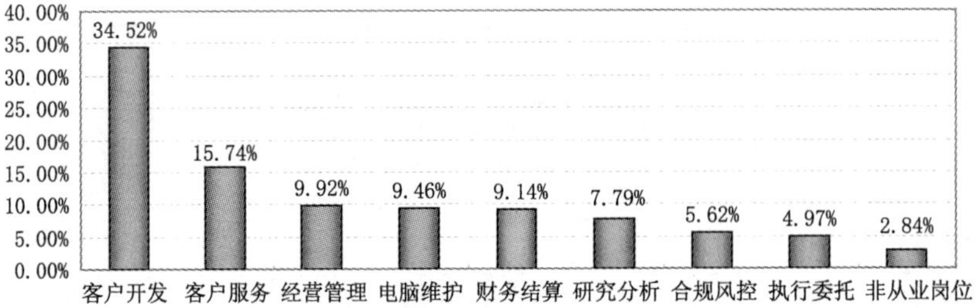

图 4－3－6　期货公司从业人员岗位分布图

资料来源：中国期货业协会。

（六）地区分布

地区分布的集中度有所提高，人才进一步流向发达地区和优质公司。与期货公司的区域分布相似，有65.70%的期货业从业人员集中在北京、上海、浙江、广东、江苏、深圳6个经济发达地区，较2010年提高了0.48个百分点。其中，北京地区期货从业人员总数超过了4500人，居全国第一位。期货从业人员地区分布情况见图4－3－7。

按各地区平均每家公司员工数量进行比较，浙江地区的期货公司平均从业人员规模最大，达到每公司344人。中国国际期货有限公司并购珠江期货后，从业人员

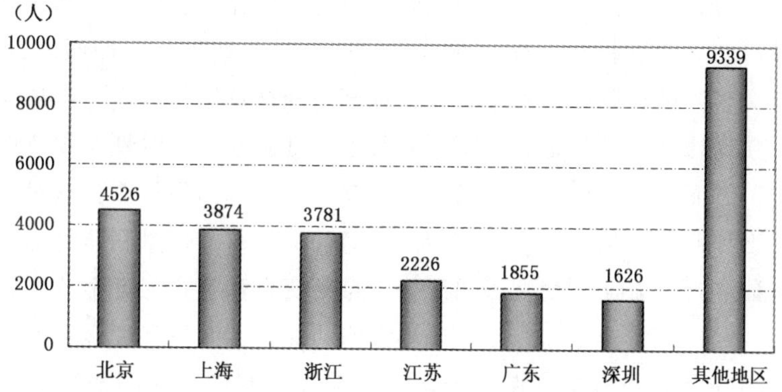

图 4－3－7　期货从业人员地区分布图

资料来源：中国期货业协会。

数量达到 882 人，取代南华期货公司居全国之首。期货公司平均从业人员数量见图 4－3－8。

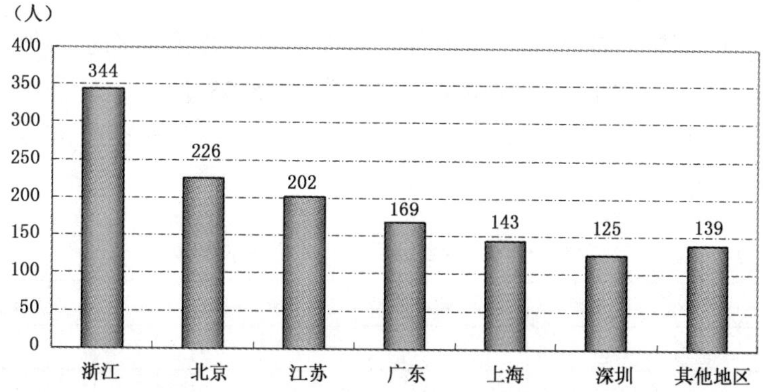

图 4－3－8　期货公司平均从业人员统计

资料来源：中国期货业协会。

第四节　期货公司内部控制治理状况及风险控制

2011 年，期货公司按有关法规及监管部门要求，不断完善法人治理结构，优化公司的股权结构，规范“三会”及经理层议事规则，完善内部控制制度建设。

在开户环节实名制工作方面，期货公司新开户客户已完全实行实名制，同时正在推进对存量客户的实名制核对工作；在结算制度方面，期货公司按照“四统一”的要求建立了完善的结算制度，单独设立结算部门和结算岗位，进一步加强动态风险监控工作，数据处理、结算档案保持了完整性、准确性、及时性、规范性；在财务会计制度建设方面，期货公司财务部门能定期与结算部门进行账务核对，按照新的企业会计准则和期货公司净资本计算规则，对外提供财务信息和监管部门所需要的信息；在保证金管理方面，期货公司严格将自有资金和客户保证金分开管理，做到对客户保证金专户存储，专款专用，单独设账，保证了客户保证金和期货公司保证金的安全。2011 年，虽有个别期货公司在内部控制制度、保证金管理等方面存在着不足，但是绝大多数期货公司已经建立较为完善的内部控制制度，规范运作水平进一步提高。

一、期货公司净资本情况

（一）净资本总量继续保持较快增长

自 2007 年正式实施净资本监管以来，期货公司的净资本稳步增加，合规意识逐步增强。2011 年，期货公司净资本合计为 328.93 亿元，较 2010 年增长了 30.92%，较 2006 年增长了 723.24%。2006 ~ 2011 年全国期货公司净资本情况见表 4 - 4 - 1。

表 4 - 4 - 1　　2006 ~ 2011 年全国期货公司净资本情况

年　度	净资本总额（亿元）	增长率（%）	平均净资本额（万元）	增长率（%）
2006	45.48	—	2773.41	—
2007	94.40	107.54	5271.05	106.28
2008	120.67	27.83	7403.06	29.40
2009	161.02	33.44	9818.29	32.62
2010	251.25	56.04	15414.11	56.99
2011	328.93	30.92	20430.29	32.54

资料来源：中国期货业协会。

（二）半数以上期货公司净资本超过 1 亿元

从净资本的分级统计来看，2011 年 161 家正常经营的期货公司中，净资本在 1500 万元至 3000 万元之间的期货公司有 11 家，净资本在 3000 万元至 4500 万元之间的期货公司有 11 家，净资本高于 4500 万元的期货公司有 136 家。2006 ~ 2011 年全国期货公司净资本分级统计情况见表4－4－2。

表4－4－2　　2006～2011年全国期货公司净资本分级统计情况

年度	1500万～3000万元	3000万～4500万元	4500万元及以上
2006年	97	22	23
2007年	55	22	83
2008年	36	18	108
2009年	29	13	122
2010年	19	8	136
2011年	11	11	136

资料来源：中国期货业协会。

从上述指标可以看到，2011年在期货市场成交额下降的背景下，期货公司仍然在继续增资扩股的步伐，净资本总额和平均净资本额继续保持了较快的增长速度，而且净资本高于4500万元以上的公司占公司总数的80%以上；全国超过一半的期货公司（97家）净资本超过了1亿元，18家公司净资本超过了5亿元。我国期货公司的资本实力在稳步提高，期货公司抗风险能力得到进一步增强。

二、净资本风险监管指标

（一）净资本与客户权益总额比例稳步增长

通过表4－4－3可以看出，2011年期货公司净资本与客户权益总额的平均比例为21.74%，较2010年有所增长。同时，全国161家期货公司中，没有公司净资本与客户权益总额比例低于6%的监管要求。这说明期货公司的综合实力得到了进一步的提高，公司越来越重视采用增加资本投入、增强流动性和其他快速补充资本的方法来满足风险控制的要求。

表4－4－3　　2006～2011年期货公司净资本与客户权益情况　　单位：亿元

年　度	2006	2007	2008	2009	2010	2011
净资本	45.48	90.39	120.67	161.02	251.25	328.93
客户权益	199.78	375.76	439.23	1006.30	1618.50	1513.25
净资本与客户权益比	22.77%	24.06%	27.47%	16.00%	15.52%	21.74%

资料来源：中国期货业协会。

（二）净资本与净资产比例小幅增长

2011 年年底，期货公司净资本与净资产的平均比例为 93.33%，与 2010 年基本持平。全国 161 家期货公司均满足“净资本与净资产的比例不得低于 40%”的监管要求。2006～2011 年期货公司净资本与客户权益情况见表 4－4－4。

表 4－4－4　　2006～2011 年期货公司净资本与客户权益情况　　单位：亿元

年　度	2006 年	2007 年	2008 年	2009 年	2010 年	2011 年
净资本	45.48	90.39	120.67	161.02	251.25	328.93
净资产	64.13	113.86	139.53	179.39	270.14	352.45
净资本与净资产比	70.92%	79.39%	86.48%	89.76%	93.01%	93.33%

资料来源：中国期货业协会。

（三）流动资产与流动负债的比例高于 100%

监管指标中的流动资产、流动负债都是扣除期货公司吸收客户保证金形成的资产与负债后计算的数值。2011 年年底，全国 161 家公司的流动资产与流动负债的比例均高于 100%，说明各家期货公司都充分保证了短期负债的偿还能力。综合上述风险监管指标，可以看到，2011 年全国 161 家期货公司均达到了风险监管指标标准。

第五节　期货行业竞争状况分析

一、期货公司盈利水平两极分化日趋严重

从期货公司资产总额、手续费收入、净利润三项指标综合排名来看，2011 年三项指标排名前 10 的公司相对应指标加总分别占全国总额的 31.70%、26.58% 和 39.44%，2010 年度该比例分别为 28.52%、25.87% 和 32.73%。期货公司资产总额大幅增长，抗风险能力显著提升，尤其是排名居前的期货公司。期货公司资产总额、手续费收入、净利润等盈利能力指标集中度较 2010 年有所上升。2006～2011 年排名前 10 的期货公司占全行业的比例见表 4－5－1。

表 4-5-1　　2006~2011 年排名前 10 的期货公司占全行业比例表

指　标	2006 年	2007 年	2008 年	2009 年	2010 年	2011 年
总资产	27.62%	28.33%	26.87%	26.33%	28.52%	31.70%
手续费收入	26.82%	27.22%	27.87%	26.64%	25.87%	26.58%
净利润	86.48%	44.05%	58.38%	35.18%	32.73%	39.44%

资料来源：中国期货业协会。

2011 年度净利润为负的期货公司共 48 家，亏损面积达 29.80%，而 2010 年度这两个数据分别为 25 家和 15.34%。期货公司两极分化现象日趋严重，同时期货公司为抢占市场份额积极增设营业部，市场经营机构继续增加，行业竞争日益加剧，落后公司的经营状况进一步恶化。

二、手续费率小幅回升

2011 年度，全国 161 家期货公司代理交易额为 137.51 万亿元，手续费收入为 101.36 亿元，手续费收入占代理交易额的比率为 0.00369%，较 2010 年增加 7.89%。期货行业手续费率大幅回升的主要原因是 2011 年第四季度三家商品期货交易所的返还，以及各期货交易所日内交易手续费由单边改为双边收取。2006~2011 年期货行业平均手续费率见表 4-5-2 和图 4-5-1。

表 4-5-2　　2006~2011 年期货行业平均手续费率

年　份	2006	2007	2008	2009	2010	2011
平均手续费率（%）	0.00714	0.00738	0.00691	0.00569	0.00342	0.00369

注：手续费率 = 手续费收入/代理交易额。资料来源：中国期货业协会。

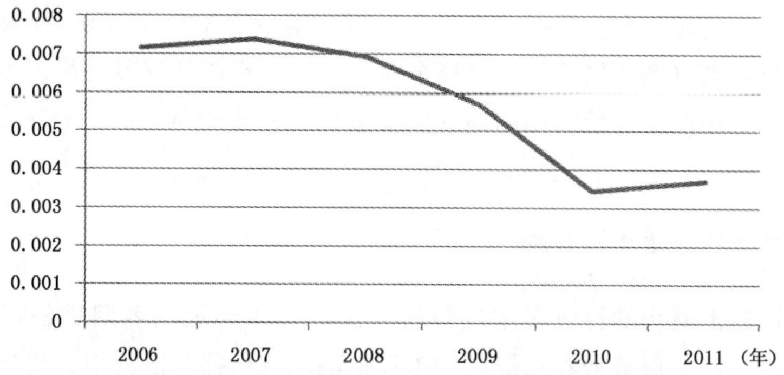

图 4-5-1　2006~2011 年期货行业平均手续费率

资料来源：中国期货业协会。

三、营业部数量继续增加

近年来，期货公司的营业部数量也在稳步增加。2006 年，我国期货行业平均每家期货公司大约拥有 2.38 家营业部，2009 年则超过了 5 家，到 2011 年，平均每家期货公司已拥有 7.35 家营业部，全国期货营业部总数快速增长到了 1184 家。在营业部数量迅速增加的同时，一些营业部的业务规模也得到了迅速发展，甚至个别营业部的代理规模已经超过了当地期货公司总部的代理规模。2006～2011 年期货公司平均营业部数量见表 4－5－3。

表 4－5－3　　2006～2011 年期货公司平均营业部数量　　单位：个

年份	平均营业部数量（家）	增长（%）
2006	2.38	5.06
2007	2.71	13.87
2008	3.77	39.11
2009	5.18	37.40
2010	6.25	20.66
2011	7.35	17.60

资料来源：中国期货业协会。

四、期货公司竞争日趋激烈，期货业出现市场化并购重组

2011 年 11 月，中国证监会批复中国国际期货有限公司吸收合并珠江期货有限公司，中证期货有限公司吸收合并浙江新华期货经纪有限公司。

中国国际期货有限公司以 3.875 亿元的溢价吸收合并珠江期货有限公司，其中包括现金 1.5 亿元和合并后存续公司中国国际期货有限公司 2500 万股股权，中证期货有限公司也以逾 3 亿元的自有资金溢价收购新华期货有限公司。中国国际期货有限公司兼并珠江期货后，国际期货的营业网点扩充至 50 家，成为营业部最多的公司。

五、期货行业集中度分析

根据国际上通用的行业集中度分析方法，2011 年前八名期货公司的手续费收入、代理成交额、保证金和总资产的市场份额均有所提高。其中，代理成交额、保证金和总资产的市场份额提高近 3 个百分点，表明期货行业的市场集中度在稳步提高，这一点从表 4－5－1 中可以看出。

根据美国经济学家贝恩和日本通产省对产业集中度的划分标准①，期货公司的市场结构属于竞争型市场，并且属于低集中度竞争型市场。手续费、代理成交额和保证金衡量的CR8各年度集中度的数值均在30%以内，应属于低集中度竞争型市场。总资产衡量的集中度年度间波动较大，2008年的集中度仅为16.16%，小于20%的标准。鉴于前三个指标数值波动性不大，且前三个指标具有较好的一致性，期货公司的市场结构为竞争型市场，且属于低集中度的竞争型市场。2003～2011年期货行业集中度变化情况见表4－5－4和图4－5－2。

表4－5－4　　2003～2011年期货行业集中度变化情况

年份	2003	2004	2005	2006	2007	2008	2009	2010	2011
手续费（前8家）（亿元）	2.22	2.677	2.3	2.787	6.736	10.72	16.97	22.47	22.65
总手续费（亿元）	12.76	14.18	11.24	14.68	30.24	48.28	74.22	105.56	101.36
CR8（%）	17.39	18.81	20.46	18.98	22.27	22.34	22.86	21.28	22.35
代理成交额（前8家）（万亿元）	0.11	0.15	0.16	0.28	5.49	9.35	15.68	35.57	36.13
总代理成交额（万亿元）	5.30	7.11	6.50	10.28	20.18	34.92	65.02	154.56	137.51
CR8（%）	21.04	20.58	24.06	27.22	27.29	26.78	24.12	23.3	26.27
保证金（前8家）（亿元）	30.3	39.4	35.7	54.7	109.2	116.97	237.97	409.3	428.5
总保证金（亿元）	116.47	133.2	128.0	199.7	374.3	439.2	1006.23	1618.5	1513.25
CR8（%）	26	29.61	27.92	27.42	29.5	26.63	23.65	25.29	28.32
总资产（前8家）（亿元）	37.3	19.6	10.18	15.4	19.9	24.9	273.1	465.76	513.62
总资产（亿元）	100.5	85.6	71.8	77.9	130.0	154.9	1207.28	1922.59	1915.54
CR8（%）	37.1	22.1	14.16	19.79	15.3	16.16	22.62	24.23	26.81

资料来源：中国期货业协会。

① 集中度系数（Concentration Ratio，CRN）以产业（行业）内规模最大的前n家企业的相关数值占整个产业（行业）的份额，表示产业（行业）的集中程度。N通常取4家或8家，由于期货公司数量较多，在此取8家计算。本节选取2003年至2011年9年中每年居前八名的期货公司的手续费收入、代理成交额、保证金和总资产，计算分别占市场份额，得到相应的CR8。将产业市场结构粗分为寡占型（CR8≥40）和竞争型（CR8＜40%）两类。其中，寡占型又细分为极高寡占型（CR8≥70%）和低集中寡占型（40%≤CR8＜70%）；竞争型又细分为低集中竞争型（20%≤CR8＜40%）和分散竞争型（CR8＜20%）。

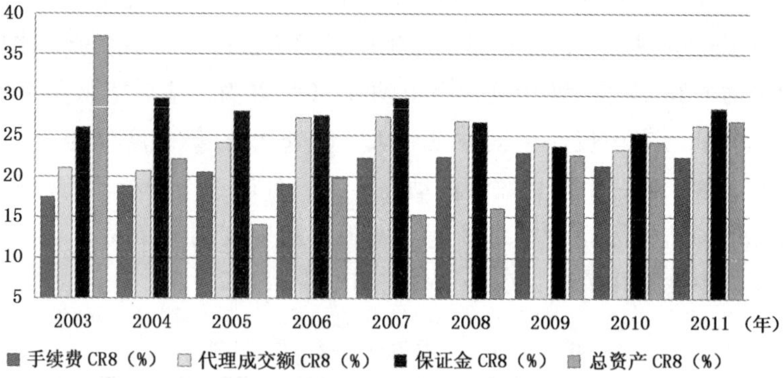

图 4－5－2　2003～2011 年期货行业集中度年度变化

资料来源：中国期货业协会。

六、规模经济特征分析

统计结果显示，期货行业具有规模经济特征①，即规模大的企业经营效率通常也高。总资产规模在 20 亿元以上的期货公司具有较高的利润率，而且高于行业总体水平近 80%；10 亿至 20 亿元规模期货公司的平均利润率与行业总体水平相当；10 亿元以下的期货公司平均利润率低于行业总体水平；1 亿元以下的期货公司大多处于亏损状态。由此可以大致推出，总资产规模在 20 亿元以上的期货公司代表目前我国期货公司的最优规模。2011 年不同资产规模期货公司平均利润率变化情况见表 4－5－5。

表 4－5－5　　2011 年不同资产规模期货公司平均利润率变化情况

总资产规模	公司数量（家）	平均利润率（%）
50 亿元以上	7	0.38
20 亿～50 亿元	17	0.40
10 亿～20 亿元	31	0.20
5 亿～10 亿元	40	0.10
1 亿～5 亿元	54	－0.44
1 亿元以下	12	－2.73
总计	161	0.23

资料来源：中国期货业协会。

① 规模经济是指随着期货公司扩大业务规模而形成的平均成本递减的现象，可以反映企业业务规模与营运成本、经营收益的变动关系。利润率是一种综合性的指标，能综合反映企业的经营效率。在此，将企业按规模分类，然后计算每种规模的企业平均利润率，如果规模越大的企业平均利润率越高，则反映该行业是规模经济显著的行业。

第五部分

2011年中国期货业法制监管与自律管理情况报告

第一节　期货市场运行监管情况

一、2011年期货市场运行特点

2011年，我国期货市场共成交10.54亿手，成交金额137.52万亿元，其中，商品期货成交量连续3年居世界第一位，股指期货成交量、成交金额分别为0.50亿手和43.77万亿元，同比分别增长9.89%和6.56%。截至2011年12月31日，期货市场投资者达到141.14万户，客户保证金1513.25亿元。

国内期货市场运行呈现以下几个特点：一是期货价格走势与相关现货市场保持一致，期现价格相关度很高，期现货基差保持稳定，期货价格引导现货价格的能力增强，价格信号导向作用明显；二是市场整体成交规模有所下降，但市场持仓量有所上升，市场套期保值数量有所增加；三是国内通货膨胀压力增大，物价总水平出现较快增长，国家实施宏观调控，期货市场特别是农产品期货市场面临抑制过度投机的压力；四是保证金收取标准使市场具有了较强的抗风险能力，市场总体运行风险较小。

二、期货市场运行监管工作情况

（一）提高监管的规范化和科学化水平

一是推进程序化监管，明确监管标准，规范监管流程。在已有10个监管指引的基础上，2011年发布了5个期货交易所业务活动监管工作指引，涉及期货品种功能发挥评估、实际控制关系账户的认定等方面。

二是加大对市场运行的监测监控和监管力度。“期货市场监测监控系统”建设取得实质性进展，已完成相关数据交换协议的签订、业务功能需求设计及系统开发招标工作。制定关联账户认定标准和合并计算规则，明确监管要求，打击通过分仓等方式恶意炒作期货价格。中国证监会期货监管部与行政处罚委共同草拟了《期货合约交易价格操纵行为认定指引》，为针对价格操纵案件的行政执法提供操作规范。

三是强化了交易所一线监管的职责，依托期货保证金监控中心对全市场进行实时监测监控，确立了三方联动、行政监管与自律监管协调的市场监管机制。

四是根据国务院稳定物价总水平、加强市场监管、遏制过度投机的要求，果断采取了取消大部分品种手续费减免和优惠、遏制短线频繁交易、适当扩大合约规模、严格限制投机持仓等针对性措施，有效维护了市场的平稳运行。

五是强化市场监查，严格规范异常交易行为，加大违规行为的查处力度。2011年全年对592起异常交易行为采取监管措施，共查处59起违规案件。

六是协调处置期货交易所信息安全事件，确保市场平稳运行。在全国人大、全国政协等年度会议的召开时期，督促、指导各期货交易所、保证金监控中心做好信息技术安全和市场维稳工作。开展期货交易所托管机房安全评估和专项检查工作。

（二）稳步推进期货产品创新和制度创新

一是在广泛调研、充分论证的基础上，上市铅、焦炭和甲醇3个商品期货新品种。目前商品期货品种总数已达26个，服务实体产业的深度和广度进一步得到拓展。在新产品合约及业务规则设计中，按照有利于市场功能发挥和提高市场运行质量的原则，尝试提高合约规模，严格限仓制度，优化套期保值交易，取得了较好的市场效果，为在现有品种基础上推广相关制度积累了经验。

二是强化对战略性期货品种的研发和储备。原油期货作为目前最受关注的期货品种，其前期研究和部委沟通工作得到稳步推进。配合债券市场改革发展战略布局，进一步推动国债期货研发工作，启动了交易所内的仿真交易。推动成立了碳交易推进工作领导小组，配合国家发改委积极推进碳交易市场建设。积极开展了对白银、焦煤、玻璃、铁矿石、商品指数及期权等新品种和新交易工具的创新研究。

三是以股指期货上市一周年为契机，全面总结股指期货上市工作经验，组织力量编撰了《创新之路：股指期货上市记录》，为推进市场重大制度改革和新产品上市提供了有益借鉴。

四是推进交割制度创新，稳步推进对外开放。2010 年年底启动的铜、铝期货保税交割试点，各项工作进展顺利，2011 年 8 月完成了第一次实物交割，涉及的主要业务环节全部走通。

（三）完善法规、规则体系，建设规则导向型市场

一是推动最高法院发布《关于审理期货纠纷案件若干问题的规定（二）》，配合新司法解释的出台，与最高法院同时进行宣传并联合组织了法官的期货业务培训。

二是积极推动国务院法制办修订《期货交易管理条例》，配合商务部开展大宗商品中远期市场清理整顿工作，严厉打击非法期货交易活动。

三是组织开展期货法立法的前期研究，组织期货交易所等系统内单位进行专题研究和课题评审，形成初步研究成果。

四是做精做细已上市期货品种，完成了天然橡胶、燃料油、硬麦、强麦合约及相关实施细则的修改，并改革铅、黄金等期货品种试点套期保值制度。组织对棕榈油、PVC 等期货品种的交割规则进行修改完善。

（四）完善基础性工作，提升市场发展软实力

一是全面落实开户实名制要求，启动期货市场账户清理和规范工作，提高市场运行效率，推进期货行业诚信建设。

二是鼓励、培育和引导机构投资者发展，推动出台了合格境外投资者（QFII）、信托公司参与股指期货市场的办法。

三是建立起了一套衡量期货品种功能发挥的评估指标体系，并首次对上市的期货品种进行了全面评估，初步建成了研究分析数据库，对宏观经济和现货产业进行跟踪研究，推动期货品种功能评估与完善。

四是成立了期货市场“十二五”规划课题组，对商品期货、期权和商品指数期货等战略性产品，以及程序化交易等技术创新带来的监管问题进行了系统研究。

五是构建完善期货市场新闻宣传工作协调机制，提升了舆论宣传工作的主动

性、针对性和有效性。

六是总结、评估股指期货投资者适当性制度，启动了商品期货投资者适当性制度研究工作。

第二节 期货公司监管概况

2011 年，中国证监会继续认真贯彻落实党中央、国务院关于各项工作重要部署，紧紧围绕“推动期货市场实现由量的扩张到质的提升转变，更好地服务资本市场改革和经济社会发展全局”的目标，以“夯实基础、完善机制、加强监管，防范风险，服务实体经济发展”为主线开展期货公司监管工作，继续加强和改善基础性制度建设，强化依法监管，促进期货公司合规建设水平的提高和业务规模的快速发展，进一步发挥分类监管引导作用，加强净资本监管、保证金管理、营业部监管，防范和化解风险；在普遍提升行业合规运作水平基础上，继续高度重视、扎实稳妥推进业务创新。

一、完善监管体系，提升期货公司整体合规运行水平和行业诚信度

（一）完善基础性制度建设，明确营业部监管标准

在基础性制度建设方面，2011 年中国证监会重点加强了营业部监管，统一监管政策要求，引导营业部合规经营，研究制定了《期货营业部管理规定》，作为期货营业部的持续性经营规则要求，对营业部的设施条件、负责人履职、内部控制、“四统一”操作和合规管理等方面提出了明确要求；同时，研究起草《律师事务所期货法律业务执业细则（试行草案）》，继续研究完善中间介绍业务后续监管政策，研究期货公司自有资金使用政策，研究净资本监管政策，开展期货市场账户规范工作等。

（二）进一步加强期货公司日常监管，确保监管政策落到实处

在日常监管方面，2011 年 7 月至 11 月组织开展了对全部 161 家期货公司及部分营业部的全面检查，重点是关注期货公司风险控制能力、信息技术水平，摸清中介机构服务能力，力求做到找准风险点，加强研判，提高监管工作有效性和针对性，增强监管工作的科学性和预见性。

（三）加强期货公司信息安全工作，强化技术监管

在前两年落实《期货公司信息技术管理指引》的检查和整改验收工作的基础上，2011 年，中国证监会指导中国期货业协会开展信息技术升级的检查评审工作，共有 39 家期货公司信息技术达到升级标准，并有一家公司成为行业首家符合信息技术管理四类标准的公司。通过检查，督促期货公司加大了信息技术系统建设，加强了信息技术系统运行维护，有效地提高了行业信息技术保障水平。

（四）进一步加强行业诚信建设

中国证监会指导中国期货业协会研究发布《期货业诚信建设实施指导意见》（以下简称《指导意见》），同时向各证监局下发了《关于进一步加强期货业诚信建设的通知》，协调各方监管力量，加强监管协作，督促辖区期货公司诚信经营，支持并协助实施《指导意见》。

二、坚持创新发展理念，提升期货公司服务能力

（一）推出期货公司投资咨询业务

2011 年 5 月，中国证监会正式发布了《期货公司期货投资咨询业务管理办法》，标志着期货公司告别单一的期货经纪业务模式，开始面向客户提供专业化期货投资咨询业务。这一业务立足于服务国民经济需要，以实体企业、产业客户和机构投资者为主要服务对象。截至 2011 年年底，中国证监会共核准了 46 家期货公司的投资咨询业务资格。

（二）积极研究推进期货公司境外期货经纪业务等试点创新工作

为落实《期货交易管理条例》相关规定，满足国内现货企业参与境外商品期货风险管理的实际需要，2011 年 5 月，中国证监会启动期货公司境外期货经纪业务试点筹备工作，组织相关单位成立筹备工作组，开始对境外期货经纪业务试点所涉及的境外商品期货品种、客户参与条件、外汇额度、资金监控及监管制度等重大问题进行深入研究论证，讨论并制定试点工作方案，并持续就有关政策问题与相关部委开展沟通协调；同时，继续稳步推动期货公司客户资产管理业务试点研究工作。

（三）适时修订期货公司分类监管制度，进一步引导期货公司增强服务国民经济能力

2009 年，中国证监会制定了期货公司分类监管制度并完成了期货公司首次评价工作，从该项制度的实施效果看，经过两年分类监管，期货公司合规意识显著提高，自我约束机制不断强化，逐步出现从“要我合规”到“我要合规”的转变，

分类监管制度的实施无论是在提高监管效能，还是在促进期货行业功能发挥、增强期货公司抗风险能力、扶持优质期货公司做大做强方面都取得了预期的效果，对期货行业发展产生了深远影响。2011 年，在系统总结两年来期货公司分类监管实践经验的基础上，中国证监会对分类监管制度进行了修订，重点加入了市场竞争力、培育和发展机构投资者状况等指标，进一步引导期货公司深化中介职能定位。鼓励优质期货公司通过兼并重组方式做强，全面提升期货行业服务国民经济能力。2011 年年底有两家行业领先期货公司成功通过收购兼并发展壮大。

三、注重防范风险，保护投资者合法权益，确保期货市场平稳运行

（一）有效应对风险事件

2011 年，受国际国内复杂多变的经济形势影响，期货行业风险增多。曼氏全球金融公司破产对国内个别期货公司的香港子公司和少数境外期货持证企业产生影响。这些风险事件虽然是零星、个别发生的，但中国证监会高度重视，第一时间出台应对方案，积极开展工作，采取有力措施，持续跟踪事件进展，确保投资者资金安全和公司自有资金安全，风险得到有效控制或妥善处理。

（二）规范期货配资公司业务

自 2011 年 7 月份开始，为保护投资者合法权益，落实国务院领导指示，防范配资业务扰乱期货市场秩序，中国证监会及时发布《关于防范配资业务风险的通知》，强化监管，严防配资业务扰乱期货市场秩序，对网络上有宣传信息的配资公司相关情况进行调查，重点检查了配资公司业务规模、盈利模式、业务流程及其进入期货市场的方式等，同时对期货公司参与配资业务情况进行了摸底检查，在完成对配资公司及期货公司全面检查的基础上，与工商总局就前期检查情况进行沟通协调，并对配资业务的相关处置采取配合行动。

四、坚持以投资者为本，做好期货投资者保护与教育工作

（一）系统研究总结 2010 年股指期货投资者调查工作

2011 年 1 月组织召开 2010 年股指期货投资者调查总结会，总结了 2010 年股指期货投资者调查工作的情况，形成了《关于股指期货投资者调查工作的总结报告》等调查研究报告。

（二）开展 2011 年投资者教育与调查工作

组织期货投资者保障基金开展 2011 年期货投资者调查工作，组织召开了 2011 年期货投资者调查工作启动会，制定投资者调查方案，组织期货投资者调查的实施

工作和开展股指期货潜在投资者的调查工作，研究制定了《关于进一步加强期货投资者教育工作的通知》，提出了期货投资者教育工作的目的和要求，规定了投资者教育工作的组织与职责，明确了投资者教育工作的主要内容和形式等。

第三节　期货保证金监控中心监管工作情况

2011 年，中国期货保证金监控中心的各项基础性工作进一步完善，重点工作有序推进，防范和化解市场风险的能力进一步提升。

一、期货市场账户规范工作获实质性进展

账户规范工作涉及期货市场 20 年沉淀的历史遗留问题，共涉及 80 多万名客户，约占期货市场客户总量的 62%，情况复杂。2011 年，账户规范工作取得实质性进展。

首先，期货保证金监控中心顺利完成账户规范系统建设前期准备工作，在督促期货交易所和期货软件商按时完成系统改造及内部测试的基础上，组织期货交易所、期货软件商及 8 家期货公司进行了 4 轮联合测试，累计处理各类测试申请 71 万余条，陆续发现并跟踪快速解决疑难重大问题 10 多项，各类系统问题 100 多件，为期货公司升级正式开户系统做了有保障的、充分的前期准备。

其次，全面做好在全国期货公司推广账户规范工作。经过充分准备，各期货交易所和期货公司正式的统一开户系统全部进行了同步升级，标志着账户规范工作将进入实质性操作环节。为提高期货交易所、期货公司等相关业务人员熟悉账户规范工作业务流程和系统操作水平，35 家证监局、4 家期货交易所、163 家期货公司的业务骨干 600 余人分批进行了业务及技术培训。为引导市场各方特别是广大投资者积极配合该项工作，正确认识和理解账户规范工作，期货保证金监控中心还在《期货日报》和监控中心的网站上开辟专栏，刊登了系列宣传文章及各类问题解答。在账户规范工作正式进入实施阶段后，督促期货公司开展历史账户自查、分类、联系客户补充资料等工作基础上，进一步做好每日统计分析，跟踪督促，答疑解惑工作。截至 2011 年年底，账户休眠及期货市场权益在 100 万元以上大客户账户规范工作顺利完成。

二、市场运行的预研预判和监测监控逐步系统化和体系化

期货保证金监控中心守住不发生系统性风险的底线，及时发现、报告股指期货市场异常行为及运行状况。进一步优化股指期货监测事项、监测数据及指标，进一步完善了股指期货压力测试系统，建立了跨股市与股指、跨股指与商品的客户、资金监测体系。随着证券公司、基金公司等机构的参与，股指期货投资者结构、交易模式越来越复杂，通过密切跟踪、及时发现股指期货市场的异常行为，并进一步完善快速、量化的股指期货监控报告机制。

通过强化商品期货的监测监控配合监管部门稳定商品价格。受全球经济衰退、美债危机、欧债危机等冲击，2011 年商品价格波动比 2010 年更加明显，蕴含着较大的市场风险。通过全方位的实时监控，密切跟踪，期货保证金监控中心及时发现、报告了重点客户市场风险，有力地配合了监管部门稳定商品价格的举措。

三、履行保证金监控职责，拓展保证金监控新工作

认真完成保证金监控工作。认真开展数据催收、基础信息维护、系统运营维护和预警信息分析处理等日常监控工作；认真解答分析客户在使用查询系统过程中反映的问题，做好服务的同时，充分发挥查询系统的监督功能；及时准确地发送预警通知，发挥监控中心的应有作用。

保证金监控工作有了新拓展。一是根据基金公司拟以期货公司客户的方式参与股指期货，完成了证券投资基金公司参与股指期货后的结算单组合查询系统建设；二是正在研究国内客户参与境外期货的保证金监控模式。初步设计了监控系统的工作程序、核对逻辑及客户查询系统账单的项目和内容。

四、跟踪研究重要问题

保证金监控中心坚持多视角、多层次关注全球衍生品市场的最新发展，报送《季度中美及全球期货市场分析》4 期，为监管部门了解国际期货市场提供参考；报送有关监管动态《专报》12 篇，及时反映监管新动向；改版原每日编辑发送的《国际国内财经晨讯》为《衍生品市场晨讯》。

研判宏观和行业的新热点，突出“规律性”研究。以《专报》形式撰写宏观研究分析文章 3 篇；编发对宏观和农产品市场热点进行分析的《宏观及产业研究动态》13 期，为监管部门把握宏观和金融形势、了解农产品市场动态提供了参考。完成“监控中心综合大宗商品指数”的开发工作，商品期货指数的研究也在进行

当中。

五、开展投资者调查和教育工作

开展期货市场调查工作，了解投资者的动机和行为，弥补市场功能评估工作中定量研究的不足。期货保证金监控中心搭建了期货市场在线调查平台，组织网络技术公司开发了期货市场在线调查平台。调查平台由样本库管理系统、题库管理系统、问卷生成系统、数据统计分析系统等模块组成。完善期货市场调查样本选取，结合每个品种的机构客户数量，最终已开户机构投资者的样本选取数量确定为3600多个，投资者在线答题率达到57%。

稳步推进投资者教育活动。举办了期货投资者教育活动——辽宁辖区国有企业风险管理与套期保值培训班，正式启动了期货投资者保障基金投资者教育巡讲活动；同时着手编制《投资者教育手册》作为投资者教育的基础资料，以风险教育为特色，从监控中心业务出发，充分展现保障基金、保证金监控、投资者账单查询、统一开户等在风险防范和处置及保障投资者合法权益方面的功能，并从风险教育角度提示投资者应注意事项。

六、完善监管职能

落实统一开户工作。认真做好开户资料的检查验证工作，严格落实实名制、一户一码、市场禁入和投资者适当性制度。做好日常运维，进一步优化统一开户系统性能。2011年全年为近70万客户办理开户，拦截身份信息错误的开户申请4万余次，拦截开户资料内容格式错误的申请7万余次。

管好用好保障基金。截至2011年年底，期货保证金监控中心已筹集基金21.5亿元。同时，通过积极配合、沟通，财政部、国家税务总局同意了期货投资者保障基金有关税收优惠政策继续执行至2012年年底。

提高查询系统访问率。对部分期货公司的客户登录比例较低的原因进行深入调查研究，针对不同原因制定针对性措施，逐月对自动登录查询系统比例较低的期货公司进行督促。

第四节　期货交易所工作概况

一、上海期货交易所工作概况

（一）会员数量及结构

截至2011年年底，上海期货交易所共有会员209家，其中期货公司164家，非期货公司45家。

（二）交易情况

2011年，上海期货交易所保持平稳运行，交易量出现下滑后出现企稳回升，全年累计成交期货合约3.08亿手、同比下降50.44%，成交额43.45万亿元、同比下降29.62%。全年成交量占全国市场份额的29.24%，全年累计成交总额占全国份额31.6%。

（三）品种与制度创新

在品种和制度创新方面，上海期货交易所推动开放创新，注重统筹兼顾。

一是积极推动品种创新，完善产品序列。按照“高标准、稳起步”的要求，上海期货交易所在铅期货的合约规模、限仓制度、套期保值制度、交割环节4个方面进行了试点创新，铅期货品种于2011年3月24日成功上市交易，运行平稳，风险可控；稳步推进白银期货上市准备工作，并已正式向中国证监会上报白银期货上市申请；与国家发改委、外管局、财政部、税务总局、商务部、海关总署和四大石油公司等共同推进原油期货品种研发工作，就市场框架、标的物选择、报价模式、交易交割和结算模式、结售汇模式等达成共识；进一步加强碳排放权期货、相关期货品种的期权、商品指数期货的研究开发；比较国内外新品种计入条件的差异，研究设计上海期货交易所有色金属指数新品种计入规则，并对后备品种铅期货的市场交易情况进行了定量分析。

二是拓展研究广度和深度，推进研究创新。上海期货交易所全面推进《期货法》立法研究，完成了期货交易基本制度法律问题研究与期货市场对外开放法律问题研究两项专题课题研究任务；与中央党校在教学管理、课题研究和模拟操作平台方面的合作有所突破，“2011～2015年中央党校经济学部调研基地”顺利挂牌；与中国浦东干部学院合作进一步深入，合作开发具有交互功能的多媒体教学课件。

三是积极探索，稳妥推进国际化。试点推动保税交割业务，影响逐步提升。2011 年 8 月底，第一笔期货保税仓单到期交割，标志着保税交割涉及的 7 大环节全部顺利走通，为保税交割在各品种全面开展铺平了道路。通过“制定标准”和“输出标准”，“中国标准”的全球地位进一步确立。

（四）信息技术创新与发展

2011 年上海期货交易所严格执行管理规范，提高技术管理水平。一是完成了质量保障体系（ISO9001）和 IT 服务管理体系（ISO20000）建设和认证工作。二是从实战出发加强应急管理，2011 年完成 4 次全市场参与的交易系统切换至北京数据中心的应急演练。开展了首次模拟网络攻击情景的应急演练，通过演练完善了应急预案和流程，增强了应急协同能力。三是北京数据中心正式启用。行业领先的“两地三中心”的运维模式全面建成，交易所灾难应变能力大大提高，数据处理能力和市场信息化水平得到全面提升。四是大力推进新一代交易所系统第三阶段项目建设，实现稳妥上线。完成互联网系统安全加固、统计信息系统、期权模拟交易系统、网络监测系统的开发和风险监控系统、交易系统及数据灾备系统的优化升级，顺利启用张江中心二期机房。五是发挥行业引领作用，牵头组织行业 15 家机构人员开展证券期货业信息系统运营维护管理标准的制定，完成草案第一稿。

（五）自律管理

2011 年上海期货交易所通过“向强势监管转变，向服务产业转变，向稳中求新转变，向精益管理转变”，促进市场从量向质的转化，在推进期货市场改革发展和交易所自身建设方面取得了新的成效。

一是强化风险控制措施，严控系统风险。针对市场不同阶段运行情况，适时预调微调。上半年坚决遏制过度交易，市场运行符合宏观政策总体要求；下半年及时调整，降低投资者交易成本，法人客户和套期保值交易量同步回升，市场服务产业经济的功能进一步深化。完善风险控制机制，制订了动态化调整涨跌停板幅度和保证金比例的新三个停板制度。优化套保、结算与交割管理，制定了全品种统一的新套保办法。继续从品种合约、风险控制、结算、交割等规则体系和业务流程方面进行梳理，以增强品种功能发挥和提高风险控制的有效性。对燃料油、天然橡胶品种的标准合约、《风险控制管理办法》、《套期保值管理办法》、《交割细则》、《结算细则》、持仓公布标准等方面进行修订完善。做好应急预案，确保风险处置安全有效，完善了市场风险紧急处置流程和工作步骤，对资金可能不足的会员迅速提示，连续 52 个月未发生因资金不足导致的强行平仓。

二是加大改革力度，优化监管手段。以实际控制关系账户管理为基础，进一步理清监管脉络；充实监管力量，打造专业监管队伍。

三是增强舆论引导，强化风险警示。把握日常、重大、应急三条主线，全力营造和谐的舆论环境。主动收集舆情形势新情况、新特点，上报中国证监会相关部门，协调统一宣传口径，整合系统内新闻资源，完善舆论应急机制建设，进一步提高舆论宣传工作的针对性、主动性和有效性。

四是加大改革力度，优化监管手段。主要包括升级监管系统，完善监管手段；深入落实指引，强化异常交易行为管理；充实监管力量，打造专业监管队伍；加强协同监管，防范跨市场风险。

五是加强组织建设，探索精细管理，包括：优化人力资源建设，营造有利于人才成长的体制机制；巩固制度修订成果，深化执行力建设；推动创先争优活动，抓好党风廉政建设；全面推进文化建设，增强核心价值观的认同理解。

（六）市场服务

在产业服务方面：一是做深做精品种，着力推进功能发挥；二是全面落实品种评估，更好地服务实体经济；三是深化投资者教育，做到内容丰富、形式多样、覆盖面广；四是密切联系会员，提升市场服务质量。

上海期货交易所着力提升产业服务质量，不断加大对产业客户的服务、宣传和采取相关鼓励措施，增强了产业客户参与市场的信心，同时深化对全部品种功能发挥情况的评估，改进方式提高会员服务工作质量。借助铅期货上市的契机，上海期货交易所对铅和燃料油合约套期保值管理办法进行了修订，获得了会员和产业客户的广泛认同，也促进了现有其他品种产业客户参与套保交易的热情和积极性，申请套期保值的法人投资者数量和交易规模都获得了增长。

（七）国际交流与合作

交易所在推进国际化的过程中，积极探索多种渠道和途径。一是启动保税交割业务；二是申请加入国际交易所联合组织（WFE）和美国期货业协会亚洲分会（FIA ASIA），提升交易所的国际影响力；三是探索革新“上海衍生品市场论坛”的办会模式，向市场化、专业化和国际化方向发展；四是推进境外品牌注册，进一步完善流程、加强管理。

二、大连商品交易所工作概况

（一）会员数量及结构

截至2011年年底，大连商品交易所共有会员185家，其中经纪会员170家，非经纪会员15家。

（二）交易情况

从2011年市场表现来看，在国家稳定物价总水平、全国期货市场成交同比大幅下降的背景下，大连商品交易所市场交易规模有所下降，全年累计成交2.89亿手、同比下降28.31%，低于全国降幅，成交额16.88万亿元、同比下降19.07%。全年成交量占全国市场份额27.42%，全年累计成交总额占全国份额的12.27%。在市场交易量下降的同时，大连商品交易所年日均持仓量182万手，同比增长7.64%，占全国期货市场的45.8%；年日均保证金233.76亿元，同比增长33%，表明大连商品交易所市场发展基础仍然比较厚实，市场的广度、深度在继续增加，市场功能稳步提升。

（三）品种与制度创新

在品种创新上，大连商品交易所稳步推进新品种研发和新老品种交易交割制度的改进。一是焦炭期货成功上市。焦炭期货上市以来运行平稳，焦炭合约规则经受住了各种考验。二是焦煤期货上市预审工作已经完成，有关铁矿石等重点期货品种研究取得重要突破。三是探索进行品种事业部制改革，设立交割部综合组、农产品组、化工产品组、能源产品组和品种部战略品种组，对原来相对割裂的品种开发、培育、维护工作进行整合，为进一步改革积累了经验。

在制度创新上，大连商品交易所进一步对各项业务与规则进行完善。一是推进业务发展的规划和管理，初步梳理了交易、结算、交割和监察业务发展历程，通过开展交割地体系设置、合约单位设计、最小变动价位设计、品种上市机制等研究挖掘业务创新点。二是制度建设和立法研究取得新成果。加强套期保值、实际控制关系账户管理等业务制度建设，完成了11个规则、33项内容共131个条款的修改论证工作。按照中国证监会统一部署，积极开展《期货法》相关立法课题研究，取得了阶段性成果。

（四）信息技术创新与发展

一是系统建设取得新进展。加强了新一代交易系统规划和灾备系统建设工作，同城灾备二期机房建设、自建同城数据中心金融园区选址、异地灾备中心选址和功能规划等稳步推进。

二是推进业务优化项目建设。对41项业务和配套技术进行升级，新数据查询系统（一期）和电子仓单系统上线运行，盘后出金、增量行情系统、容错总线性能优化、资金检查系统优化等重点项目基本完成，现货数据库建设全面启动。

（五）自律管理

在对市场秩序的管理上，确保业务和系统运行平稳。2011年，大连商品交易所7次调整交易保证金标准和涨跌停板幅度，适时防范和化解市场运行风险，对15家会员、67家交割仓库（分品种计算）进行了现场检查，进行盘中资金风险测算6612次，盘中通知会员追加保证金179次，累计追加金额18.05亿元。通过加强系统运营维护工作，确保了交易系统和同城灾备系统安全稳定无故障运行，这在当前防范技术风险事故压力巨大的背景下显得尤为可贵。

在对市场风险的防控上，加强市场监管和违规处理。按要求认真做好程序化交易、异常交易、实际控制账户报备等管理工作，对30起市场异动行为展开调查并及时处理，对5家会员高管进行了约见谈话，筛查违规线索3000余条，发现涉嫌对敲（盗码）违规交易行为60起，对其中10起符合大连商品交易所立案调查标准的行为进行了调查，移交中国证监会稽查局处理3起。

在信息宣传与舆论引导上，大连商品交易所新闻、信息、网站等工作取得新成绩，交易所影响力进一步提升。2011年9月，大连期货大厦演播室暨中央电视台财经频道大连分演播室正式落成，大连商品交易所与中央电视台合作打造东北期货新闻中心取得实质性进展，同时积极开展以市场功能发挥宣传为主线的新闻宣传工作，促成央视新闻联播三次报道粮食期货助力国家调控。

（六）市场服务

一是有序推进品种维护工作。完成了全部农产品的市场功能评估和黄大豆1号、玉米等两个品种的交割评估，提出了棕榈油等品种合约和交割制度的改进优化方案。

二是推进业务发展的规划和管理。初步梳理了交易、结算、交割和监察业务发展历程，通过开展交割地体系设置、合约单位设计、最小变动价位设计、品种上市机制等研究挖掘业务创新点。

三是推进业务优化项目建设。对41项业务和配套技术进行升级，新数据查询系统（一期）和电子仓单系统上线运行，盘后出金、增量行情系统、容错总线性能优化、资金检查系统优化等重点项目基本完成，现货数据库建设全面启动。

四是成功举办了塑料、玉米和油脂油料三个产业大会，吸引853个企业的1334位企业代表参会，产业参与度、国际化程度明显提升。理事会组织召开了6次理事会议、7次专门委员会会议，审议并通过焦炭期货合约及相关规则等11项报告或文件。

五是深入开展市场服务工作。依托千村万户和千厂万企市场服务工程，组织180个产业链培训班，培训产业客户19395人次。期货学院培训期货公司高管人员87人。十大研发团队评选吸引了100家期货公司的193个研发团队、约890名分析师参与，活动持续3个月，公开发布深度研发报告共计1000余篇，市场服务品牌影响力进一步扩大。

（七）内部建设

一是加强思想政治学习，继续深入开展创先争优活动。2011年6月底，大连商品交易所举办纪念建党90周年暨先进表彰大会。12月中下旬，围绕郭树清主席提出的“三个如何”深入开展大讨论活动，进一步把思想统一到会党委的决策部署上来。

二是加强人才队伍和企业文化建设。组织对全所中层干部进行了考核续聘。公开招聘了36名新员工，充实了监察、技术和其他业务部门工作力量。开展了全所员工个性化培训，推进中高层干部提升管理能力。开展部门文化上墙活动，举办职工运动会和十八周年所庆征文比赛等丰富多彩的企业文化活动。

三是切实加强内部管理和廉政建设。全年新制定或修订21项工作制度，梳理撰写部门工作流程140多个。加强财务管理，完善财务委员会工作、推动财务公开化和民主化，加强资产采购管理，成立综合采购审核委员会。加强内部审计监督，完善重大采购项目纪检、审计监督工作机制，组织了下属行政公司财务收支审计、期货大厦建设项目2011年度重大付款情况专项审计等重要审计。积极配合中国证监会巡视组开展工作，认真梳理了全所廉政风险点，深入开展了《廉政准则》自查工作，制定了《工作人员任职回避和公务回避规定（试行）》。

四是创新完善管理体制。设立独立法人性质的研究中心，推进大连商品交易所战略和实务研究。成立国际合作部，积极拓展国际交流与合作。加强对子公司的财务管理，促进子公司独立经营。

（八）国际交流与合作

大连商品交易所积极拓展国际国内合作，继续发挥品牌服务优势，加强舆论引导和对外交流，市场服务能力和市场影响力得到明显提升。此外，大连商品交易所成功举办系列重要会议，与期货期权世界（FOW）联合举办中国及全球衍生品市场发展论坛，国内外17家交易所高层和行业专业人士共358人出席论坛。

三、郑州商品交易所工作概况

（一）会员数量及结构

截至2011年年底，郑州商品交易所共有会员213家，其中期货公司会员171家，非期货公司会员42家。

（二）交易情况

2011 年，郑州商品交易所全年累计成交合约 4.1 亿手，同比下降 18.04%，成交金额 33.41 万亿元，同比上升 8.17%。全年成交量占全国市场份额的 38.55%，全年累计成交总额占全国份额 24.3%。根据美国期货业协会（FIA）2011 年交易数据统计，郑州商品交易所位居全球 81 家期货期权交易所第 11 位，比 2010 年上升 1 位。

（三）品种与制度创新

2011 年，郑州商品交易所加强品种和业务创新，提供服务实体经济的能力。一是依据市场需求，积极推出甲醇期货。甲醇期货成功上市后运行平稳，势头良好，并于 3 月顺利完成首次交割。二是深入开展新品种的研究工作。玻璃、乙二醇、短纤、动力煤、尿素等新品种研发工作继续深入开展，商品指数、期权等研究工作稳步推进。三是以贴近现货市场需求、顺应市场发展趋势，扩大交割标的范围、创新车船板交割方式为主要内容的小麦期货合约修改方案获中国证监会批准。

（四）信息技术创新与发展

郑州商品交易所继续加大技术投入，深化交易信息技术系统建设。探索研究出了新的定单排序算法，彻底解决了交易系统运行效率随着定单数量的增加而快速直线下降的问题。根据前期交易系统技术咨询项目成果和确定的技术路线，探索通过改变通信方式解决目前交易主机和前置机之间的负载不均衡问题，提高数据传输效率和系统整体性能，研究基于先进通信中间件技术的交易系统架构。

此外，大连商品交易所还继续完善了运维管理制度。梳理主要的信息技术运维管理流程 44 项，新编制 4 个专项管理流程，基本建立比较完善的运维管理流程体系。建立运营维护人员 24 小时值守监控制度，不断完善以视频监控、温湿度监控、UPS 监控、技术监控、网络监控和运维人员值守监控为主要内容的技术监控体系，并将技术监控管理网与业务网分离，强化了技术监控管理网的安全措施，实现了对各服务器系统信息、网络设备、数据库实时有效监控。与深圳证券交易所正式签署了《异地灾备中心建设协作框架协议》，启动深圳异地灾备中心建设一期工程，提高容灾能力。实施通信光缆改造工程，继续优化主中心和同城灾备中心的基础设施，改造和建设主中心的技术监控和管理网络。优化交易业务系统组网结构，将会员服务、统一开户、银期通等业务系统的组网整合为业务内网，并完成对会员服务和统一开户的网络改造。

（五）自律管理

2011 年，大连商品交易所围绕业务规则完善、投资者风险教育、加强异常交易行为监管、丰富监管手段和完善会员服务系统等工作，依法依规开展自律监管。

一是完善规则体系，提高市场监管工作的规范程度与透明度。重点完善了风险监管规则细则，丰富自律监管制度体系。加强对实际控制关系账户的管理，进一步明确监管标准，细化监管程序。遵循期货市场规律，完善业务规则，巩固提高自律监管基础。甲醇期货规则制度设计科学合理，得到了广大产业链企业和投资者的认可。小麦合约改造工作，扩大交割标的范围，创新车船板交割方式，根本解决了风险控制问题。发布实施了新修订的《交割细则》、《仓单管理办法》、《指定商品交割仓库管理办法》、《期货交易风险控制管理办法》和《甲醇套期保值管理办法》5项期货业务实施细则。

二是加强投资者风险教育，开展会员合规检查，督促会员提升规范化管理水平。加强了规则培训和投资者风险教育工作，从源头防范市场风险。除多次开展针对会员或投资者的风险教育和市场监管规则宣讲工作外，还针对会员的交割、结算、出市代表等从业人员和广大投资者进行基础业务培训。开展了会员合规运作检查，督促会员提升客户管理水平。郑州商品交易所采取书面（问卷）检查与现场检查相结合的方式，对北京地区19家会员单位在开户、交易、结算、交割、风险控制、实际控制关系账户报备、投资者教育、账户规范管理等工作制度的建立及执行情况进行了合规运作检查。针对存在的一些问题，检查组要求会员及时整改，确保合规运作。

三是加强异常交易行为监管，严厉打击违规交易行为，对违规行为保持“零容忍”。主要加大对异常交易行为的监控力度，防范和制止市场违规行为。通过采取预提醒、窗口指导、风险提示、警示谈话、首席风险官座谈会、风险防范视频会等方式，及时传达监管思路和要求，有效遏制了过度交易行为。进一步加大对涉嫌违法违规交易行为的查处力度，提升市场规范化运作水平。

四是丰富监管手段，实现对重点交割仓库和交易订单实时监控，提升监管效能。建设交割仓库远程视频监控系统，对交割商品数量和质量从申请到出库实行全过程远程监控，提高了交割仓库监管效率。

（六）市场服务

郑州商品交易所举办期货服务“三农”系列活动，深入开展“走近产业，贴近行业，服务企业”的主题活动。2011年举办和协助会员举办各类活动217场，78.5%以上的会员均参与了“走进产业、贴近行业、服务企业”主题活动。此外，郑州商品交易所还成功举办首届期货市场服务实体经济30人论坛和第二届郑州农产品（粮油）期货论坛，凝聚社会各界对发展期货市场的共识，营造良好的市场环境。

2011 年，郑州商品交易所进一步优化会员服务系统功能，提高服务会员与投资者能力。在会员服务系统中，新增实际控制关系账户报备、甲醇套期保值网上申请与审批、程序化交易报备、厂库仓单处理等功能。增加强制复核功能，避免会员在办理仓单注销业务过程中出现差错。增加仓储费试算功能，方便会员对客户预交、预扣仓储费的管理。优化仓单注册注销系统，实现了网上无纸化提货、交割预报网上提交与回复功能。完善交易编码管理系统，增加一户多码查询功能，有助于郑州商品交易所和会员对实际控制关系账户的管理。

（七）内部建设

2011 年，郑州商品交易所强化内部管理，深化基础性制度建设和人才培养机制，努力建设一流人才队伍。一是召开人力资源工作专题会议，研究完善岗职体系，实行岗位任职年限、岗位任期管理及轮换制度，明确员工职衔晋升规定和激励机制。二是按照岗位需要、强化技能、拓宽视野、提升素质的人才队伍持续培养思路，稳步推进以境外高端培训、专项技能培训、交易所 EDP 培训、集中培训、个人自选培训和新入职人员培训为主要内容的多层次培训体系建设。为更好地吸引人才，留住人才，弥补相对区域劣势，增强吸引力、凝聚力，完善劳动保障机制，郑州商品交易所制订了企业年金实施计划。2011 年引进技术人才 14 人，市场开发人才 3 人和博士后科研人员 1 人。三是对现有内部管理制度进行了认真梳理。废止制度 34 项，修订制度 33 项，新制定制度 10 项，继续执行的制度 92 项。加强人力资源管理，修订完善《郑州商品交易所劳动人事管理制度》、《郑州商品交易所绩效管理办法》等人力资源管理制度。完善绩效考核，在绩效考核中，开展工作日志管理，增加过程评价。开展工程建设领域和“小金库”专项治理工作。继续加强内部审计。

四、中国金融期货交易所工作概况

（一）会员数量及结构

2011 年股指期货市场会员数量稳步增长。截至 2011 年年底，中国金融期货交易所会员共计 146 家。其中，全面结算会员 15 家，交易结算会员 61 家，交易会员 70 家。

（二）交易情况

2011 年，沪深 300 股指期货市场总体运行平稳，一线监管严格，市场功能逐步发挥。中国金融期货交易所投资者数量保持稳步增长，沪深 300 股指期货市场交易活跃，截至2011年12月31日，共244个交易日，全年总成交5041.19万手，总成交金额43.77万亿元，日均成交20.66万手，日均成交金额1793.68亿元。全年成交量占全国市场份额的4.78%，全年累计成交总额占全国份额的31.83%。持仓量稳步增长，日均持仓量3.94万手，较2010年日均持仓2.81万手增长40.21%，市场持仓总体呈稳步增长之势。

（三）品种与制度创新

中国金融期货交易所以服务于实体经济为基本发展定位，在股指期货平稳、规范运行的基础上，不断完善现有市场规则，提高规则的系统性、前瞻性、合规性和有效性；加快推进国债期货开发和股权类、外汇类品种研发储备，品种创新有序推进。

1. 不断完善金融期货市场规则体系。为更好地满足各类机构投资者的风险管理需求，2011年，中国金融期货交易所先后两次修订完善《特殊法人机构交易编码管理业务指南》，制定《中国金融期货交易所套期保值与套利交易管理办法》及其指南，套保套利业务全面展开。

2. 继续加强研究与开发工作，全力做好新品种战略储备。中国金融期货交易所从服务于资本市场发展的大局出发，战略思考我国金融衍生品市场的发展，积极谨慎地谋划新品种研究和开发，科学建构交易所产品体系。2011年，中国金融期货交易所组织专门力量，开展对国债期货、股权类期货及期权，以及外汇期货及期权的品种研发工作，加强新品种战略储备。在深入研究和广泛调研的基础上，完成国债期货、国债指数期货产品方案设计、合约设计和业务规则，启动国债期货仿真交易。

（四）信息技术创新与发展

中国金融期货交易所高度重视技术安全，将其视为交易所安身立命之根本，坚决确保“交易不断、数据不乱”，努力做好技术为业务的服务工作。

1. 不断加强运营维护规范化管理。完成ISO20000认证，运营维护规范化水平不断提升。不断加强系统上线和业务变更管理，顺利完成全年重大业务系统上线。积极开展技术的业务技能培训和风险教育，提高系统操作人员风险防范意识。

2. 完善应急制度，加强应急演练。制定应急演练计划，开展同城应急切换演练，增强风险防范能力。

3. 启用上海外高桥数据中心，实现生产系统同城双中心运行。双中心启用后，可通过热备份模式在短时间内实现生产系统切换，显著提高IT基础设施防御局部灾难、确保交易的连续性。

4. 自主完成交易系统升级，交易系统性能显著提升，技术开发能力不断增强。

5. 积极开展新一代业务咨询项目，为构建多市场、多产品的新一代业务管理系统打下基础。

（五）自律管理

2011 年，中国金融期货交易所坚持强势监管理念，牢牢守住不发生系统性风险的底线，不断总结前期工作经验，通过完善监管规则体系、强化实时监控、推进强化跨市场监管合作、重点打击异常交易行为、开展会员公司合规培训等手段，大力提高交易所监查工作效力，实现了股指期货市场健康规范运行。

一是以严格落实中国证监会相关整改意见为重点，切实推动监查工作规范化。及时进行部门设置调整，分离法律和内审工作职能，促进监管工作规范化。启动信息监控系统建设，加强和深化信息监控。完善工作机制和流程，明确稽查案件处理方式，对监控中发现的可能形成重大违规的案例，以数据挖掘、非现场排查分析为主，对构成涉嫌违反行政法规的，切实按照稽查办案直通车的工作要求，及时移送中国证监会稽查局处理。

二是以规则制定修订为抓手，完善监管制度体系。根据中国证监会期货一部的要求，制定发布《实际控制关系账户报备指引（试行）》，制定《关于〈期货异常交易监控指引（试行）〉有关监管标准及处理程序的补充通知》，完善实际控制关系账户投机持仓合并计算的规则，明确“大量或者多次申报并撤销申报行为”的认定标准。修改完善业务规则，深化套利业务的理解，研究起草《套期保值与套利交易管理办法》。制订期货市场手续费制度完善方案。

三是完善监控系统，加强实时监控，强化快速反应，形成“及时发现、及时报告、及时处置”的监控工作机制。继续加强盘前预判、盘中监控与及时处理，全面做好风险实时监控。及时深入分析排查异常交易情况，积极采取盘中监管措施，防范违规风险。充实系统功能，提升监管效率效果。不断补充完善系统功能，顺利实现新风险实时监控系统（二期）的上线，进一步优化跨市场系统。

四是全面贯彻落实监管指引要求，严肃查处异常交易行为监管，实现实际控制关系账户与程序化交易报备常态化。对异常交易行为保持强势监管态势，通过各类监管措施，收到良好警示和教育效果。通过报备管理、市场监查和技术等手段，加强对程序化交易的监管，初步形成一套行之有效的工作机制。督促会员及时上报实际控制账户，及时查处实际控制账户合并持仓超限行为。

五是持之以恒开展适当性制度督导检查。通过适当性制度督导检查促进会员合规运作，累计检查客户 1600 个左右。股指期货开户至今，累计检查客户 10000

多个。

六是加强沟通协作，完善跨市场监管协作机制。积极落实并完善跨市场协调监管机制，建立例会制度，加强信息沟通与协作配合，定期做好跨市场数据和信息交换，共同实施跨市场联合监管，为防范和及时监查跨市场操纵及其他违规行为发挥了重要作用，为股指期货的平稳运行提供了有力保障。

七是创新监管思路，通过举办合规培训班传递合规意识，强化会员自律监管责任。中国金融期货交易所举办股指期货合规管理培训班，邀请中国证监会期货一部、期货二部及地方证监局参与授课，包括全部会员公司、首席风险官及部分分管合规的副总经理及合规人员在内的200余人参加培训交流。

八是不断强化风险控制措施，努力提升抵御市场大幅波动风险的能力。一是继续维持较高保证金标准，降低杠杆，提高安全保障水平。股指期货近月、远月合约保证金标准分别为15%和18%，远高于合约最大日间和日内波幅水平。二是加强结算资金风险监控。盘中严格进行实时资金监控，通过向会员拨打警示电话等手段及时引导会员化解潜在的资金风险。每日进行盘后资金压力测试，提前做好风险防范。三是加强代理结算业务管理，代理结算日趋精细化。四是加强结算担保金管理，有效提高交易所整体抗风险能力。五是完善期货保证金存管业务管理。不断加强与期货保证金存管银行的沟通交流，切实推动存管银行提升保证金存管业务能力和服务水平。2011年市场资金量较为充裕，市场资金占用率基本维持在60%以内，未发生一起结算会员资金不足的风险事件。

（六）市场服务

在加强市场监管的同时，中国金融期货交易所始终着眼于市场功能发挥，注重引导机构投资者入市，积极采取多项措施，提升对机构投资者的服务水平，拓展服务资本市场的广度和深度。

一是协调推动特殊法人机构参与股指期货交易的政策出台。中国金融期货交易所紧密保持与中国证监会、银监会、保监会、外管局等部门的沟通协调，跟踪了解特殊法人机构参与股指期货交易的政策制定情况。先后配合中国证监会、银监会举办43场专项研讨会，讨论机构参与政策，介绍股指期货运行情况，沟通业务管理细节，全力协调推动特殊法人机构入市政策的出台。截至目前，证券公司、基金公司各类业务参与政策已颁布实施，证券公司自营和资产管理业务已申请开户，基金公司专户已开通交易编码，公募基金参与有关问题正在积极协调解决之中。合格境外机构投资者（QFII）参与指引和实施细则已发布。信托公司参与指引和实施细则已发布实施。保监会正密切关注股指期货上市后市场运行情况，准备出台保险机构金融衍生品业务管理办法。

二是完善规则、优化管理、加强培训，引导机构投资者有序参与。中国金融期货交易所结合市场运行经验，及时根据市场发展需要，不断优化完善套期保值业务管理，简化流程，加强监管，努力为机构投资者尤其是特殊法人机构参与股指期货交易提供便利。继续加强对机构投资者的专项培训，组织各种形式套保、套利专题交流会、座谈会，引导机构投资者有序参与。

（七）国际交流与合作

中国金融期货交易所积极开拓国际交往渠道，深入开展国际交流与合作，服务于交易所总体发展战略和业务发展要求，逐步提升中国金融期货交易所的国际影响力。

一是通过来访、出访和参加国际会议开拓了对外交往渠道，密切与境外机构的关系。2011 年接待来访 65 批 215 人次，并派员参加重要行业会议。

二是围绕中国金融期货交易所工作重心，组织员工与境外专家开展业务交流，与境外机构合作开展员工岗位培训，有力支持了新一代技术系统项目与国债、外汇、股权等新产品的开发工作。

三是积极与境外交易所协商合作，探索实现互利共赢的合作模式。2012 年 1 月 11 日，中国金融期货交易所与香港交易及结算所签署合作谅解备忘录，共同推进在信息共享、人员培训、业务交流、研究开发方面的合作。

四是加入国际行业组织，增加我国在金融市场的话语权和影响力。中国金融期货交易所目前正与世界交易所联合会（WFE）进行沟通和联系，未来还将进一步拓展其他国际行业组织，提高交易所的国际影响力，为未来开拓国际市场打好基础。

（八）投资者教育

投资者教育是中国金融期货交易所的重要常规工作。2011 年中国金融期货交易所根据市场发展新变化、舆情新特点和市场新需求，不断巩固以往成果，加速推进投资者培训体系建设，积极探索投资者教育工作新形式、新思路，努力推动投资者教育工作向机制化、常态化的纵深发展。

一是以会员合作培训为基础，不断巩固针对初级投资者和一线从业人员的市场普及培训。截至 2011 年 11 月底，中国金融期货交易所先后与 84 家会员、318 家期货营业部联合举办培训 371 场，平均每周 6 场，覆盖全国 105 个城市，先后派 74 位员工参与授课，培训人数达 7 万余人。

二是以套保研修班为重点，不断深化针对机构投资者的业务专题培训。2011

年共开展35期套保研修班，累计培训超过1.1万人次，参训人员覆盖70多家证券、40多家基金，以及期货、银行、保险、信托、上市公司等各类机构1000多家。借助高校力量开展联合培训，帮助机构和行业培养一批金融期货的中坚力量，推动机构投资者合理有效运用金融期货对冲工具。

三是开展丰富多样的培训服务，深化市场参与者对股指期货产品的正确认识。培训既有针对普通投资者和一般从业人员的基础知识班、业务基础班、业务进阶班和提高班，也有针对证券、基金、私募、商业银行、信托等机构的高级投资策略班和套保业务培训班；既有交易所主办的培训班，也有与地方证监局、协会、会员公司合办的培训班，还有根据市场机构需求，为股指期货市场主要参与者或潜在参与者提供的定向培训服务。自2006年以来，中国金融期货交易所投资者教育累计培训人员近50万人。2011年，中国金融期货交易所主办或合办的投资者培训活动平均每周将近8~10场，为行业的健康发展和人才的培训发挥了积极作用，提高了社会各界对期货市场的正确认识。

第五节　期货行业协会工作概况

一、中国期货业协会工作概况

2011年，中国期货业协会（以下简称协会）坚持以党的十七大和十七届五中、六中全会精神为指引，全面贯彻落实科学发展观和证券期货监管工作会议精神，以提升期货市场服务国民经济发展的能力为中心，深入开展了诚信建设、会员服务、人才培养、投资者教育，以及内部建设等各项工作，自律、服务和传导职能进一步得到了发挥。

协会按照“重点工作有突破、日常工作上台阶”的工作思路，积极推进了期货业诚信建设、提升行业服务实体经济能力、期货高管人员培训三项重点工作，同时围绕会员服务、从业人员管理、人才培养、信息技术建设、投资者教育，以及自身建设等内容深入开展了相关工作。

（一）着力推进诚信建设，全面加强从业人员监督检查，进一步健全自律规则，行业自律管理机制更加完善

2011年，协会在完善自律规则、加强自律监督检查的基础上，将诚信建设作

为自律管理的重要内容和主要抓手，按照统筹安排、分步实施的工作原则，积极推进了诚信建设工作，对于全行业深入学习贯彻十七届六中全会精神和中国证监会《中国证券期货市场诚信建设实施纲要》，增强市场发展的"软实力"，形成诚实守信的行业文化与社会氛围，产生了重要而积极的影响。

一是着力推进了期货业诚信建设。发布实施了《期货业诚信建设实施指导意见》，明确了"十二五"期间期货行业诚信建设的指导思想、总体目标、工作原则、主要任务、方法措施、步骤安排及组织保障，是期货行业落实中国证监会关于诚信建设要求的重要指导性文件，对于全行业开展诚信建设起到了有力的推动作用；研究制定了《期货行业诚信建设工作方案》，探索建立了期货诚信评价约束机制，并将抑制手续费恶性竞争和规范从业人员流动作为现阶段诚信建设工作的重点；开展了"诚信宣传月"活动，组织会员单位签署了《期货行业诚信宣言》，在全国各地开展了形式多样的宣传活动，大力倡导合规诚信的行业文化；组织编写了《期货行业警示录》，通过各类违规和纠纷案例警示会员和从业人员遵法守纪、合规经营；加强会员信息披露，开展了诚信档案数据库的建设，完善合法期货经营机构信息公示。初步建立了期货行业上下联动、整体推进诚信建设的有效工作机制，强化了会员对于诚信建设重要性的认识，营造了"守信光荣、失信可耻"的行业氛围，为进一步深入推进诚信建设奠定了坚实基础。

二是切实加强了从业人员自律监督检查。在监管部门及有关单位的支持配合下，协会全面开展了期货从业人员现场检查工作，对 162 家正常经营的期货公司及其从业人员资格管理、违规开户和交易及后续培训等情况进行了深入细致的检查，并对检查出的问题及时进行自律处理。通过检查，共有 155 家公司制定了相关整改措施，140 家公司与员工签署了诚信承诺书，基本杜绝了从业人员以本人名义进行期货交易的行为，大大提升了公司合规经营意识，促进了公司内部管理的规范化和制度化。此外，召开了 2 次纪律委员会会议，对 1 家期货公司和 2 名从业人员给予了自律惩戒，对 8 家违规行为较轻的期货公司下发了警示函，进一步强化了自律管理效果，增强了自律权威，有效提升了行业自律管理意识和水平。

三是进一步完善了自律规则。配合期货公司创新业务的推出，协会起草发布了《期货投资咨询服务合同指引》，开展了《境外期货经纪业务合同指引》研究，组织召开了《〈期货经纪合同〉指引》立法评估会议，进一步提高自律规则的质量，编写了《期货行业反洗钱工作手册》，集中开展了反洗钱宣传，审查备案期货经纪合同 51 份，审查投资者信息风险信息审查 31 条，有条不紊地开展了日常自律管理工作。

（二）深化市场功能研究，提升会员服务能力，开展行业交流宣传，有效拓展了期货市场服务产业经济发展的广度和深度

期货市场的发展壮大根植于实体经济，提升期货市场服务国民经济发展的能力是全行业的重要使命。2011 年以来，协会积极转变思路，立足服务国民经济发展的大局，不断深化和拓展会员服务，深入总结研究了有色金属和大豆产业参与期货市场的经验、模式，组织召开了有色金属产业和期货市场发展座谈会，促进了期货、现货行业的沟通交流，拓展了期货市场服务实体经济的广度和深度。

一是深入研究推广期货市场服务产业发展的经验。整合行业各方资源，重点完成了有色金属产业变革与期货市场和大豆产业发展与期货市场两个专项课题的研究，全面总结了有色金属和大豆产业参与期货市场的经验，为其他企业、产业利用期货市场，以及期货公司服务产业客户提供了有益的借鉴；联合中国有色金属工业协会、上海期货交易所召开了有色金属行业发展与期货市场座谈会，中国证监会、发改委、财政部、商务部和国资委等有关部委的领导参加了会议，对于总结交流期货市场与有色金属产业发展的经验、深化政府有关部门对期货市场的认识起到了促进作用；完成了中国期货业协会联合研究计划第六期研究项目，有序推进了第七期课题研究，深入研究期货市场服务国民经济发展的有关问题，为服务实体经济提供理论支持和政策建议。

二是积极引导和服务会员提升专业化水平。协会通过调研、座谈会等多种形式，组织期货公司对变革时期期货中介机构的发展定位问题进行思考和研讨，引导公司进一步明确中介服务定位，推动期货公司立足企业、产业需求开展创新活动，切实为实体经济发展提供有针对性和专业化的服务；组织开展了期货公司发展定位、客户风险评估与管理系统、公司上市、绩效考核与激励、营销和客户服务等重要理论性和应用性课题研究，为期货公司做优做强提供理论指引。

三是积极组织和搭建行业沟通交流的平台。成功举办了第五届中国期货分析师论坛和第七届中国（深圳）国际期货大会，出版了 6 期《中国期货》，编写了《中国期货业发展报告（2011）》和《中国期货业协会联合研究计划报告集（4）》等刊物，组织行业各方对市场发展的热点问题进行深入沟通，总结和宣传市场发展的成果；积极开展国际交流与合作，接待了美国、瑞士、中国香港、加拿大、新加坡等国家和地区嘉宾的来访，加强与境外监管机构、交易所和期货经营机构的沟通，进一步密切境内外的交流与合作。

（三）加强高管人员培训，开展投资分析考试，创新后备人才培养，提升从业人员素质，进一步落实期货行业人才发展战略规划

2011 年，协会进一步落实中国证监会关于资本市场“十二五”人才发展规划和协会关于期货行业人才发展战略规划的要求，研究分析了新形势下期货市场发展对人才的需求，加强了人才培养规划，将培养期货业领军人物——期货公司高管人员作为工作的重中之重；同时，成功举办了期货投资分析考试，试点开展了期货后备人才培养，为期货市场质的提升提供了人才保障。

一是大力加强期货高管人员培训。2011 年，协会组织开展了 4 期期货高管人员培训班，共有 490 名期货公司总经理、副总经理参加了培训；为保证培训班质量，协会多方调研，精心筹备，邀请了政府相关部门、高校、证券公司和行业专家及社会知名经济学家，围绕经济形势、监管政策、财务税收、公司发展战略、产品创新、组织管理等问题进行了全面深入的解读，促进了高管人员拓展视野、深化认识、提高管理水平，得到了行业的高度评价；同时，积极开展了高管人员境外培训的筹备工作，详细调研了解了美国、加拿大等培训资源，制定了培训方案，拟于 2012 年启动培训项目；组织开展了 1 期首席风险官培训及座谈会，促进了首席风险官业务素质和尽责履职意识的提高。

二是全力保障期货投资咨询业务的人才需求。为配合期货投资咨询业务的推出，协会顺利完成了教材编写、题库建设、考务安排等工作，全年举办了 4 次期货投资分析科目考试，累计报考 45282 科次，通过考试的人员共有 5064 人，试题质量和组织管理得到了命题专家和业内的一致认可。此外，为促进行业对期货投资咨询业务的认识和理解，协会组织开展了 2 期期货投资咨询业务培训，全面解读有关制度规则、运营模式和交易策略，来自 134 家期货公司的 336 名学员参加了培训，促进了期货投资咨询业务的有效开展。

三是创新探索期货后备人才培养模式。制定了 2011 年期货人才培养专项基金使用计划，明确了后备人才培养的目标；创新人才培养模式，与高校合作，在北京试点开展了 4 期期货后备人才培训班，156 名在校大学生参加了培训，为下一步全国推广积累了经验；成功举行了首届“期望杯”高校期货论文大赛，参赛论文达到了 300 多篇，参赛学生来自全国 78 所高校，促进了大学生对期货行业的关注，充实了行业后备人才资源。

四是有序开展了从业人员资格管理和培训。进一步完善了从业人员资格考试的考务安排和工作流程，加强考试安全和保密管理，全年共举办 5 次全国期货从业人员资格考试，报考达到了 26 万余科次；举办了 1 期期货高管人员资质测试，共有

162 名期货公司现任、拟任高管参加了测试；举办了 6 场共 1348 人参加的 IB 业务专项培训，顺利完成了 8 期共 1293 余人次参加的期货营业部技术人员培训，并开展了通过网络进行 IB 业务和信息技术人员培训的准备工作；正式开通了期货从业人员网络后续培训课程，目前已有 21500 名从业人员参加了网络后续培训，培训科次达 162000 次。截至 2011 年 12 月 30 日，全行业期货从业人员共有 33995 人，其中期货公司从业人员 27225 人，证券 IB 机构期货从业人员 6770 人；获得期货投资咨询业务资格的人员共有 1525 人。

（四）推动解决行业热点问题，完善沟通交流机制，参与监管部门政策研究，协会传导职能得到了有效发挥

2011 年，协会一方面密切了与监管部门和会员单位的沟通交流，注重发挥好上传下达的桥梁纽带作用，积极推动行业热点问题的解决；另一方面，探索开展了和相关金融机构、行业协会的横向交流，积极搭建、拓展期货行业与现货产业沟通交流的平台。

一是积极推动解决行业热点问题。针对会员普遍关注的财务税收问题，协会组织召开了 2 次期货公司财务问题座谈会，推动解决期货公司风险准备金税前扣除问题；针对交易所退还手续费等热点问题，开展了深入的调查研究，起草了《完善期货市场手续费制度方案》，提出了相关政策建议，积极维护会员合法权益；针对当前市场流动性下降、期货公司经营出现滑坡的状况，调研起草了《关于当前市场关注的几个焦点问题的分析与建议》，及时向监管部门反映行业状况，推动相关政策的及时调整。

二是进一步完善沟通交流机制。加强和“五位一体”监管体系的沟通协作，逐步建立了和中国证监会相关部门、交易所、保证金监控中心等单位的定期沟通机制，在开展 IB 培训、从业人员检查、信息技术检查等工作时，积极争取上述部门的支持与配合，有效提高了工作效率；积极探索加强协会与现货行业协会等行业利益相关群体的沟通交流机制，承办了金融行业协会联席会议，与有色金属行业协会联合举办研讨会，尝试建立了期货行业与银行、证券、保险、信托、有色等相关行业的交流平台；加强了和地方协会的交流合作，组织开展了联系会员座谈会，创刊了《联系会员简报》，在自律规则制定、诚信建设、后备人才培养等方面注重发挥联系会员作用，加大了对联系会员工作的支持力度；进一步密切和会员单位的沟通交流，召开了 3 次理事会会议和 3 次专兼职会长工作会，编写了 10 期理事会通讯，在会员单位设立观测点，及时收集研究行业发展中的热点、焦点问题，定期总结、分析和反映期货公司财务经营、从业人员及信息安全情况。

三是配合参与监管政策研究。受监管部门委托，协会参与了《期货法》立法研究，参与了《证券期货监管体制研究》和《中国资本市场“十二五”规划（意见征求稿)》的起草工作；根据国际合作的统一要求，与证券业协会和德国方面共同组织开展了中德投资者适当性制度研讨会。

（五）推动行业信息技术进步，大力加强投资者教育，促进会员和投资者增强风险意识，夯实了市场发展的基础

近年来，随着市场法规制度等基础性建设的逐步加强，期货行业整体抗风险能力得到了显著增强，但行业整体信息技术水平和投资者风险意识仍有待进一步提高。为切实防范系统性风险，促进会员和投资者强化风险管理意识，协会持续开展了行业信息技术建设和投资者教育工作，进一步夯实了市场发展的基础。

一是积极推动行业信息技术进步。受中国证监会委托，协会组织开展了期货公司信息技术高级别检查，稳步推动了期货公司网上交易安全试点，成功承办了2011 年度证券期货行业科学技术进步奖的评选组织工作，积极推动会员强化信息技术建设和安全保障，切实防范系统性风险。目前，全行业已有 34 家公司达到了 3 类及以上技术等级要求，有 8 家期货公司获得了证券期货行业信息技术进步奖，行业整体信息技术水平得到了显著提升。

二是健全组织机构，大力加强了投资者教育工作。设立了投资者教育办公室，专门负责组织开展投资者教育工作；制定了投资者教育工作规划，将引导会员开展投资者教育作为工作重点，提高了工作针对性；完成了投资者教育系列丛书 19 本分册的编写，为投资者参与期货市场提供了基础读本；开展了期货市场功能发挥宣传片的拍摄，更好地宣传市场功能和发展成果，创新方式方法；开展了期货市场公益广告征集活动，共收到来自全国各地、各行各业的投稿 4000 多条，参加人数近 2000 人，有效促进了投资者及社会公众对期货市场的关注；针对市场上的配资业务和现象，积极引导投资者防范期货配资业务风险。

（六）加强内部管理，完善员工队伍建设，协会自律和服务水平进一步得到提高

期货市场的转型变革对协会职能作用的发挥提出了新的要求。2011 年，协会深入思考了新形势下“自律、服务、传导”职能的新内涵，进一步加强了党建工作和员工队伍建设，规范了内部管理，工作质量和效率得到了较大提升。

一是加强了员工队伍建设。针对中国证监会巡视组反馈的意见和建议，认真制定和落实整改方案，进一步加强了党的建设，建立健全了组织结构和工作机制，增设了支部纪检委员，积极发展党的后备力量；加强了党课教育和政治学习，开展了

"学党史、创先进，迎接建党90周年系列活动"，评选和表彰了优秀党员和党务工作者，深入推进了创先争优活动；充实了领导班子力量，调整了部门设置和人员岗位，新聘用了8名工作人员，开展了业务知识、管理知识、公文写作等内部培训，鼓励员工积极参加中国证监会、协会在北京举办的各类培训班，员工业务能力和活力进一步得到了增强。

二是加强了内部管理。全面梳理内部制度和工作流程，起草修订了14项内部管理制度，开展了对制度执行情况的检查；深入开展了对培训经费、考试经费等费用的自查工作，督促各部门认真梳理和查找风险点，邀请中国证监会相关部门对协会财务费用情况进行专项检查，进一步规范了财务管理；加强了对会议、论坛，以及公务车使用的规范管理；开展了协会信息系统4年规划调研，顺利通过了国家保密局对协会涉密内网的测评，完善了期货公司财务信息报送管理系统，开发了期货投资咨询资格申请平台，完成了协会信息平台双机热备的部署及变更跟踪工作，启动了灾备系统建设，完善了会内办公系统，切实提高了办公自动化水平。

二、地方协会工作概况

2011年，针对较为严峻的期货外部环境和复杂多变的市场状况，各地方协会继续坚持以"服务、发展、规范"为宗旨，切实履行"自律、服务、传导"的工作职责，按照"以服务会员为中心，促进期货行业全面发展"的工作思路，积极开展了以促进期货业发展、加强行业规范自律、为会员开展多项服务为重点的各项工作，为辖区市场的稳定与发展发挥了积极作用。

（一）人员培训

在人员培训方面，各地协会主要依托四个交易所和中国期货业协会，分层次有针对性地组织了包括专业技能培训、产业研究培训、管理技能培训、业务培训，以及常规后续培训等多项内容的培训。相较过去，2011年的培训层次更为丰富，培训主题更加明确，针对性更强。除提高了专业岗位员工的实际工作技能外，还提高了整个行业的法制意识、诚信意识和专业服务能力。

北京期货商会共组织五次培训，分别涉及年报审计、投资咨询业务、后续职业、营业部业务、PVC产业五项内容。此外，北京期货商会还创新开展了期货后备人才培训工作，2011年7月至10月分别在北京4所高校组织了4期期货后备人才培训班，这是期货业针对后备人才培养而创立的新型培训形式，培训对象主要是高校中即将毕业的本科生和研究生，设有理论授课、模拟实盘操作、撰写分析报告和公司实习等课程，为辖区内期货公司吸纳后备人才提供了良好机会。

广东证券期货业协会举办了期货居间人培训及考核，培训内容主要为期货法律法规和职业道德、商品期货基础知识、股指期货基础知识。

广西证券期货业协会组织期货相关会员单位，联合中国金融期货交易所分别在南宁、柳州等市举办了多期、多种股指期货套期保值研修班和股指期货交流论坛活动。

河南证券期货业协会分别与大连商品交易所和中国金融期货交易所联合，举办了第四期期货分析师培训班和河南辖区股指期货套期保值研修班，分别从 PVC 期货品种和股指期货套期保值及风险管理入手，加强了从业人员的专业学习。

黑龙江省期货业协会组织辖区内研发市场业务岗位人员培训沙龙活动及风险控制岗位人员培训活动，并建立辖区内风险控制岗位员工的交流和学习平台，还与大连商品交易所共同举办了分析师提高班。

湖南省期货业协会与湖南证监局、中国金融期货交易所联合举办股指期货套期保值研修班，与大连商品交易所举办了 2011 年度 PVC 产业培训班，还与湖南证监局联合举办了首次针对辖区期货营业部负责人的培训班。

江苏省期货业协会与大连商品交易所、郑州商品交易所合作举办了期货学院 PVC 产业培训班、新上市期货品种系列江苏推荐会等多场活动。与大连商品交易所合作，举办了辖区期货分析师考察 PVC 现货产业链调研活动，考察团成员们调研了 PVC 品种无锡地区的上、下游企业和江阴现货交割库，并就期货品种服务产业经济功能和风险管理等问题与现、期货专家进行了深入交流。

内蒙古证券期货业协会组织期货从业人员参加期货交易所、期货公司等期货业务知识培训活动。针对市场推进节奏及期货市场高风险特点，各期货营业部也积极进行期货业从业人员教育工作的学习和研讨。

宁波市证券期货业协会与宁波大学、浙江大学宁波理工学院、宁波万里学院共同举办了证券期货人才定向培养班，授课内容涵盖了期货基础知识、期货交易策略、期货从业人员基本素养等。

青岛证券期货业协会为加强高管人员和从业人员的领导和业务能力，全辖区开展了打造优秀团队、创建品牌营业部活动，对从业人员进行了教育培训考试。针对期货营业部开户与合同管理、交易风控、信息系统、财务、研发、开发、文档综合等关键岗位开展了 7 次岗位职责“应知应会”与风险防范研究会，切实提升了辖区期货从业人员的合规意识、风险意识和业务水平，夯实了辖区期货营业部合规发展的基础。

山东省期货业协会除与大连商品交易所期货学院联合举办 PVC 产业培训班外，

还举办了新品种和新业务的相关培训活动，举办了焦炭和甲醇期货学习班，还举办了期货经营机构开户与合同管理人员专业岗位培训。

上海同业公会对各期货经营机构培训需求进行了调查研究，结合需求展开针对性培训活动，包括：期货投资咨询业务培训班、针对期货行业高层管理人员中非人力资源经理的人力资源管理培训等。2011 年下半年公会开展行业职业教育比武竞赛，以诚信建设为切入口，配合“‘优质高效、诚信满意’金融服务立功竞赛——上海金融赛区”活动的开展，并结合上海市首席技师千人计划，做到全员参与职业教育，提升从业人员职业道德水平。

深圳市期货同业协会举办了两期辖区期货居间人培训班，还与大连商品交易所在深圳平安金融学院共同主办“2011 年期货营业部管理培训班”，会员单位的现任、拟任营业部经理，期货公司分管营业部的业务骨干及后备干部参加了该活动。

新疆证券期货业协会协同新疆证监局共同举办了新疆辖区证券客服人员职业素质培训班，培训班共分 3 期举行。此外，协会还联合大连商品交易所举办了期货分析师培训及 PVC 产业培训等活动。厦门证券期货业协会除组织举办了大连商品交易所 PVC 产业培训班，还举办了辖区期货居间人讲座。

（二）投资者教育

投资者教育是期货市场健康发展的基础。各地协会除与交易所及中国期货业协会等联合组织具有针对性的投资者教育活动，配合当地监管部门推进期货公司加强投资者教育活动的规范性和计划性外，还根据当地特色，与各类媒体合作，丰富投资者教育的方式方法，通过投资者教育活动树立了期货行业的正面形象，提高了期货投资者教育的实际效果。

甘肃证券期货业协会联合甘肃证监局，通过媒体公示了辖区合法经营机构名录，帮助辖区投资者识别非法机构，避免投资风险。此外，甘肃协会还倡导经营机构与电视台、广播电台、日报社等新闻媒体开展合作，开辟投资者教育专栏，普及公众投资理财相关知识；倡导经营机构通过开展进社区服务、广场展板宣传等活动，为社会公众进一步了解资本市场，树立理性投资意识打下基础。

广东证券期货业协会成立了投资者教育工作领导小组，积极组织开展投资者教育专项活动，包括举办投资者教育先进单位颁奖晚会、开展投资者教育宣传短信有奖征集活动、举行防控和打击内幕交易法规知识竞赛活动、举办以“理智·理性·理念”为主题的投资者教育公益宣讲服务活动、继续开展投资者走进上市公司调研活动等。协会还与媒体合作，拓展投资者教育工作的深度和广度。

广西证券期货业协会将投资者教育工作列为年度重点工作，成立投资者教育工作领导小组，制定并下发《广西证券期货业协会关于开展2011年投资者教育工作的意见》，对辖区开展投资者教育的工作进行部署和安排提出具体要求，并积极组织、协调和督促广大会员有层次、有重点地做好投资者教育工作，取得良好成效，包括：组织开展股指期货博弈论坛交流会；加大反洗钱宣传力度；配合广西打击和处置非法集资工作领导小组办公室在南宁市金湖广场开展主题为“拒绝高利诱惑 远离非法集资”的投资者教育广场宣传活动。

海南证券期货业协会除组织反洗钱宣传活动外，还与电视媒体合作，多渠道打击和防范内幕交易，通过播放协会温馨提示，防控内幕交易宣传资料等进行投资者教育，扩大宣传范围，达到宣传打击内幕交易等违法犯罪活动的目的。河南证券期货业协会加大了对期货配资活动的投资者教育力度，向投资者揭示期货配资活动的危害和风险。

黑龙江省期货业协会与中国金融期货交易所合作举办了股指期货套期保值研修班，提升投资者对股指期货的认识高度。此外，为加强期货市场宣传力度，同时正面宣传辖区内各期货经营机构，协会与哈尔滨电视台充分接洽，推出以《期货大讲堂》为专题的电视宣传活动，为投资者进一步了解期货提供了有效平台。

湖南省期货业协会与湖南证监局、上海期货交易所联合举办了“期货大讲堂”系列活动。活动分别在中共湖南省委党校、长沙理工大学经管学院举行。活动增强学生对期货市场的认知，也增强了各级领导干部对期货知识的认知。

江苏省期货业协会紧抓投资者教育活动的长效管理。一是协助江苏证监局、中国金融期货交易所举办了江苏地区股指期货套期保值研修班；二是与郑州商品交易所和江苏省化工协会合作举办了甲醇期货报告会；三是积极参展第三届中国（南京）金融博览会，通过博览会现场向社会投资者宣传投资者适当性制度等期货相关法律法规；四是充分发挥协会网站“诚信平台”的作用，向社会投资者宣传证券期货法律法规、交易所制度规则和协会自律规范，做好期货合法经营网点和从业人员、期货居间人信息的对外披露和公示。

内蒙古证券期货业协会分别协助大连商品交易所、中国金融期货交易所和郑州商品交易所举办了包括焦炭期货研讨会、2011年内蒙古自治区股指期货投资者教育活动之上市公司市值管理和财务管理、甲醇期货研讨会等涵盖产业客户及普通受众的投资者教育活动。

宁波市证券期货业协会在辖区内持续运作以期货投资论坛为主要形式的投资者教育活动，并配合宁波证监局组织了证券期货知识进乡镇进高校进社区活动和法制宣传活动。

青岛证券期货业协会和厦门证券期货业协会对辖区内的投资者教育工作进行检查评比。青岛协会要求辖区各期货经营机构上报年度投资者计划，并根据计划每季度上报投资者教育季度总结。2011 年，青岛证券期货业协会共组织辖区期货经营机构开展投资者教育活动 509 次。厦门协会则根据投资者教育工作情况举行评比，并组织经验交流活动。

山东省期货业协会利用网站的“投资者教育”栏目和协会刊物《看期货》杂志，帮助投资者熟悉与期货市场密切相关的方针政策，引导其更好地进行投资活动。协会还举办了山东省塑料产业企业风险管理高峰论坛，提高山东省塑料产业企业客户利用期货市场进行价格风险管理的能力。此外，山东省期货协会还加强与相关行业协会的联系，共同做好产业企业的教育与培训。

上海同业公会建立了投资者教育宣传委员会，一是制定较为翔实的投资者教育方案和工作制度；二是联合相关金融行业协会，组织举办投资者教育报告会，丰富公会网站“投资者教育园地”；三是结合辖区特点，开展有针对性的产业调研工作；四是组织出版公会季刊，制作反洗钱、合规教育等宣传海报及投资者教育宣传手册。公会与上海文广旗下 IPTV 理财频道联手推广专业视频期货教育《走进期货》专题节目，并印制了系列光盘，获得了期货投资者的广泛好评。会刊《上海期货》将投资者教育工作内容通过多种渠道，把各方有意义的经验、活动分享给整个行业，形成良性促动的整体氛围。

深圳市期货同业协会利用各种机会抓好投资者教育工作。12 月组织深圳辖区十余家期货机构参加 2011 中国（深圳）国际金融博览会。

云南省证券期货业协会结合市场动态，提升会刊《投资者园地》的宣传力度，从多角度加强投资者教育工作，有效地对投资者进行了宣传教育。

重庆市证券期货业协会组织会员单位，以大型报告会、系列培训讲座、知识竞赛、座谈交流、播放宣传片、印发宣传册等丰富多彩的形式开展投资者教育工作，包括第三届重庆金融博览会等。

（三）自律管理

2011 年，在中国证监会和中国期货业协会等有关单位的推动下，各地协会自律工作主要以规范居间人管理、避免手续费恶性竞争为出发点，采取了签署自律公约、制定自律管理规则、现场检查等手段，一方面提高了期货公司的合规经营意识，另一方面也强化了自律监管组织的管理效果，增强了自律权威，完善了自律规则，提升了行业自律管理意识和水平。

北京期货商会积极采取各项措施加强自律，促进期货机构守法经营，规范运作，健康发展。除上述自律管理工作外，北京期货商会还配合中国期货业协会和监管部门对辖区期货公司从业人员的资格、手续费返还、营业部规范经营等情况进行了检查，促进自律管理，为维护公平竞争秩序，促进市场进一步稳健运行、稳步发展提供保障。

甘肃证券期货业协会积极配合中国期货业协会对辖区内的期货公司进行现场检查，还建立了投诉受理机制，设立专岗负责投诉，完善协会制度建设，提高行业公信力。

广西自律管理工作主要包括：制定自律管理规则，推动辖区期货市场规范发展。建立居间人信息系统，包括辖区期货居间人信息平台和居间人信用风险档案，对会员单位从业人员的基本信息、奖惩信息进行记录，逐步建立辖区期货营业部从业人员的诚信信息平台。

河南证券期货业协会对期货会员手续费和居间人现状进行调研，探索期货会员自律管理。协会首先下发河南省证券期货业协会期货会员单位调查问卷，收集汇总之后，在征求辖区会员意见和借鉴其他协会经验的基础上，形成《关于加强期货会员手续费自律管理的通知》，以保护广大会员的根本利益。

湖南省期货业协会除进行制定并组织签署自律公约等常规自律管理工作外，在加强自律管理方面还进行了积极尝试，主要工作一是出台《湖南辖区手续费率等统计数据考核制度》，并将累计考评结果与优秀期货营业部评定挂钩，对排名居后三位的期货经营机构进行了谈话和提示，并要求其分析说明原因，采取措施改变现状。二是制定《湖南省期货业协会处理投诉工作规则（草案）》，完善辖区投诉工作规则。三是制定《关于规范湖南辖区期货公司“代理结算费”的方案》，规定各期货经营机构不得将代理结算费返还给客户，变相降低手续费，各期货经营机构必须按照交易所规定，每月将获减的手续费全额划入自有资金账户并计入公司财务收入，投入期货公司自身建设。四是落实取消居间业务的决定。湖南证监局于2011年7月20日作出了“取消湖南辖区居间业务”的决定，并下发《关于在湖南辖区取消居间业务的通知》。为确保将这项工作落到实处，协会组织召开了在湘全体期货经营机构负责人会议，要求辖区内各期货经营机构从2011年7月20日起全面停止发展新的居间人，原有居间合同和协议履行完毕后不再续签；落实居间人转型方案、维稳措施及其他相关配套工作，逐步落实居间人平稳退出湖南期货市场的各项工作。五是协会还协助湖南证监局及中国期货业协会分别对湖南辖区部分期货经营机构进行了投资者教育等方面的检查。

江苏省期货业协会加强自律管理，推进行业诚信经营，推进《江苏地区期货居间业务自律管理暂行规则》的进一步落实，提高居间人执业的透明度。青岛证券期货业协会、厦门证券期货业协会也以自律承诺的方式，组织辖区会员签署自律承诺等，并组织随后的检查工作，保证自律承诺能够真正落实到位。

宁波市证券期货业协会分阶段制定辖区自律规则，规范行业秩序，召开了辖区佣金自律工作会议，通过了辖区自律公约，从期货居间人的定义、培训管理、居间委托规则、居间行为规则四方面对辖区期货居间业务进行了规范。2011 年下半年，宁波市证券期货业协会建立了辖区违反证券期货交易佣金自律规则投诉举报平台，实现了投诉举报的电子化、系统化操作，弥补了证券客户平移所带来投诉举报案件增加的漏洞。同时，协会还积极开展各项检查，有效落实自律规则与措施。

山东省期货业协会主要加强了对居间人的自律管理，对居间人的任职资格、信息管理及行为规范等方面作出了明确规定，有效地防范了居间行为带来的各种市场风险。

上海同业公会修订发布手续费自律管理细则，签署自律公约。

深圳市期货同业协会为了防止手续费恶性竞争，先后两次下发相关文件，并于每个季度对手续费和居间人返佣进行调查，撰写了《期货经营机构的诚实守信和经营情况调查报告》，对手续费率低于平均值 30% 和居间人返佣高于平均值 30% 的期货经营机构进行了提醒和通报，同时对铜和螺纹钢的手续费进行专项调查。

天津市期货协会自律委员会建立健全了举报投诉接待机制和工作处理流程，制定了投诉接待流程及议事规则，认真受理举报和开展调查。

新疆证券期货业协会强化行业自律监察工作，对已制订的自律规则执行情况开展重点检查。协会要求各会员单位严格执行各项自律规章制度，并将考核情况作为诚信证券期货经营机构重要标准之一。

广东证券期货业协会发布《关于开展辖区期货经营机构成本佣金水平测算的通知》，组织辖区期货经营机构开展成本佣金水平测算工作，对遏制辖区恶性竞争行为起到积极作用，在组织签署《自律公约》的基础上，开展期货机构自律管理执业检查。

重庆市证券期货业协会强化自律管理，维护辖区市场稳定。一是全辖区实现片区自律，夯实联席会议制度。二是组织证券机构报备经营成本、佣金政策及收取标准，并对营业部执行情况进行自律检查，整肃辖区市场秩序。三是完善期货自律机制，促进辖区期货业规范发展。四是公开投诉咨询电话，设专人接待信访。

浙江期货行业协会围绕着手续费自律和居间人管理两项重点开展自律管理工作。协会再次下发了《关于要求会员单位实施交易手续费标准报备的通知》，加强手续费管理的力度，辖区手续费下滑趋势得到了及时遏制，市场竞争矛盾得到一定缓解。在居间人管理方面，协会完成了对浙江辖区从事期货居间业务的人员进行全面摸底，确保居间关系的真实性；协会网站及公司网站公示居间人基本信息以及《告投资者书》，向投资者明确居间人的职责、服务单位及报酬来源。此外，协会在修订工资制度、同业例会制度、委员会工作规则、财务制度等工作管理制度的基础上，逐步构建区域性自律管理制度，制定并下发了《浙江期货从业人员自律守则——基本守则》和《浙江期货从业人员自律守则第 1 号——涉密人员守则》，提高期货从业人员规范水平。

（四）会员服务

各地协会在会员服务方面主要以提升会员服务能力，促进期货行业服务产业经济的深度和广度为出发点，组织行业内部交流、引导会员提升专业化服务水平、搭建行业沟通交流平台等。另外，作为期货行业的自律组织，各地协会也积极促进期货行业与相关产业、政府主管部门的交流与沟通，以服务会员为宗旨，解决会员在发展过程中碰到的热点问题，充分体现传导与服务的基本职能。

北京期货商会组织了旨在提高从业人员研究水平的期货沙龙和期货高管沙龙，积极搭建行业与政府沟通的桥梁，利用会刊及网站等多种渠道为期货机构提供信息。

甘肃证券期货业协会结合 2010 年度辖区经营机构日常与专项现场检查情况等进行相关评选，评选出优秀先进期货营业部、先进期货营业部经理及投资者教育先进集体等奖项。此外，协会还通过加强协会刊物和协会网站建设，促进行业内部交流，加强从业人员管理和投资者教育工作。

广西证券期货业协会调整评优方法，鼓励辖区内经营机构创先争优。一是重新制定考核评分办法和评分标准，将指标分为经营业绩情况、合规竞争情况、商业道德情况、客户服务及投资者教育情况、社会责任情况、信息报送情况、获奖情况等八大类共 29 小项，根据每项指标的权重确定分值。二是对上一年度优秀期货营业部进行表彰，鼓励先进。

海南证券期货业协会举办了包括歌咏比赛和乒乓球赛等丰富多彩的文体活动，加强会员之间的交流与沟通。

河南证券期货业协会筹备河南省 2011 年度十佳期货营业部的评选活动，主要体现诚信经营、合规发展、创新服务、投资者教育、客户服务等。

黑龙江省期货业协会组织辖区内各会员单位负责人赴四川省期货业协会及部分期货公司进行学习考察。除与当地会员单位负责人从经营模式、市场开发、公司管理、团队建设等方面进行深度探讨和研究外，还对部分会员单位进行了实地考察，为辖区内会员单位拓展了经营思路，开阔了视野。

湖南省期货业协会通过上门拜访、电话、邮件、网站和座谈会等渠道与会员单位积极联系，了解会员的经营情况、存在的问题，以及对协会工作的建议等，并据此及时调整协会工作节奏和安排，向有关单位积极反映会员正当要求，促成问题的顺利解决。此外，协会还组织了包括“欢乐今宵”、“湖南资本市场建党90周年纪念晚会”等丰富多彩的会员文化活动。在股指期货推出一周年之际，协会组织会员单位高级管理人员赴台湾地区进行为期一周的学习与考察。

江苏省期货业协会通过组织多次学习交流活动，拓展交流平台，发挥桥梁纽带作用。同时，江苏省期货业协会还代表会员单位，反馈和呼吁期货公司普遍关心的热点问题。一是协会向中国期货业协会递交了《关于期货行业关注问题的收集反馈报告》；二是与其他地方协会联合就有关商务合作方案条款向相关资讯公司积极协调沟通。此外，协会还配合承办了江苏证券期货行业庆祝建党90周年文艺汇演和行业羽毛球比赛等大型活动，增强从业人员的荣誉感。

内蒙古证券期货业协会为加强会员沟通，组织了红色教育，赴新疆证券期货业协会、大连商品交易所的交流考察学习活动，加强了会员之间的相互了解。

宁波市证券期货业协会为督促辖区会员单位做好供电形势趋紧情况下的应急措施，配合宁波证监局对辖区各会员单位的应急电源设备情况、支持供电时间、发电机配备、油料供应、专业电工技术水平及停电应急预案等内容进行了检查；并要求各单位在当前严重缺电的情况下，做好关注宁波电业局发布的停电公告等工作。为提高会员单位在宁波辖区的知名度和影响力，协会秘书处与宁波市测绘设计研究院协商，免费为各会员单位提供了地图标注等服务。此外，协会还组织部分会员单位人员赴四川进行考察交流。

厦门证券期货业协会和青岛证券期货业协会分别组织辖区期货经营机构人员赴台湾地区和山西考察。其中，厦门协会组织会员单位参访了中国的台湾期货同业公会、台湾证券交易所，以及元富证券等券商，重点就近3年台湾地区证券期货市场发展情况、两岸证券期货合作的构想，以及该地区期货同业公会在行业自律、投资者教育、培训等方面的经验及做法等展开讨论交流，建立了“厦门证券期货行业人才交流平台”，为各机构提供了招聘人才的快速通道，切实贴心服务会员。

上海同业公会为促使上海期货IT技术走在全国前列，努力协助各期货公司反映共性需求，协调与上海证监局等监管部门的沟通，协同寻求解决方案与解决途径。公会设立了“上海市期货公司管理创新项目”奖项，并于2011年3月21日召开上海辖区期货公司创新发展工作座谈会。此外，公会发起的上海辖区期货公司IT负责人联席会已经进入常态化管理，推动了辖区期货经营机构不断提升信息技术创新能力，而且对于上海期货业各机构之间共享信息技术资源和发展成果起到了积极的促进作用。此外，公会还组织了丰富多彩的业余活动，加强了行业内的交流与合作。

深圳市期货同业协会组织会员单位相关人员赴韩国进行考察学习，组织召开《两岸期货业交流会》，深圳地区13家期货公司与中国的台湾期货业商业同业公会9家台湾地区的公司进行了充分的交流。协会还多次与深圳市地税局沟通，商讨期货行业相关税收减免政策的建议，推动《促进深圳市新兴金融业发展的财税政策分析》报告的形成。

天津市期货协会努力为辖区内其他期货机构提供信息技术服务，提高了信息系统运行稳定程度和辖区内期货机构信息技术管理水平；先后组织了京津地区信息主管的交流活动，多次协调指导并具体处理了相关机构出现的病毒感染、交易故障、银期转账中断等风险隐患。此外，协会交割仓库委员会为推动辖区内各期货交割仓库的精细化管理和合规运行作了大量的工作。

新疆证券期货业协会立足会员服务，扩大交流合作，结合市场热点问题，举办针对从业人员的专题报告会，于2011年5月组织举办了“解读《十二五规划纲要》报告会”。下半年举行了“新疆辖区2011年下半年宏观经济形势分析及资本市场展望报告会”。此外，协会还组织会员单位高管人员赴外考察，加强同业交流，举办包括羽毛球赛等在内的各类文体活动，丰富会员生活。

广东证券期货业协会分别组织会员单位考察广东证券业国情教育基地及赴云南交流，进一步完善协会网站功能，提高服务会员的能力；开发网上考试系统，辖区防控和打击内幕交易法规知识竞赛初赛采取网上答题方式；协助举办“首届金海湾金融论坛——2011中国经济金融形势分析会”，加强业界交流。

浙江期货行业协会的会员服务工作体现在全力打造“培训、培养、培育”三个工作平台上。一是培训从业人员，全面提升从业人员执业素养。二是培养后备人员，为行业提供新生力量。协会加大了与各类高校的合作，建立了浙江期货行业培训基地。三是培育市场，加强行业宣传工作。协会加强了与省政府的联系，与媒体的沟通，加强了主动宣传。为配合“打非”工作，协会在每一个长假采用“休市公告”形式，发布合法机构名单，利用最小的成本达到最好的宣传效果。此外，协会还全力构建信息技术交流平台，提高期货公司应急处置能力，开展了针对信息技术人员的专项培训，并组织了期货公司的信息系统互查工作。

（五）研究交流

在理论研究方面，各地协会不仅积极促进期货公司走进产业，深入了解产业，拓展产业服务深度和广度，还积极参与监管政策的研究，探索科学监管途径。

北京期货商会以“中国经济转型与期货中介发展”为主题，举办了第五届期货高管年会，与会高管围绕期货市场发展的内外部环境、期货业务创新和为实体经济服务等问题进行了深入的交流与研讨。为能使更多人参加会议议题研讨，会前组织了征文活动，优秀文章和大会的发言已收集编辑成书，供业内学习交流。

广西证券期货业协会针对辖区期货会员单位信息系统建设参差不齐的状况，在行业内首次研究制定了地方性期货经营机构信息技术建设和管理指引，得到了监管部门的肯定，辖区各期货会员单位根据《广西辖区期货经营机构信息系统建设及安全管理指引》（试行）的要求对单位的信息系统进行了建设和改造。

江苏省期货业协会创办内部刊物《江苏期货》，与全国重点高校合作开展辖区期货前沿理论研究，并及时报道辖区市场发展状况。

上海同业公会成立了研究中心，通过赴江铜集团调研培训，使研究中心走出了上海辖区，拓展出更广阔的行业发展研究视角，提高服务机构投资者专业能力。此外，公会以期货行业现有信息技术法规条例为基础，组织行业专家小组通过专题讨论、修改，以通俗易懂、深入浅出的方式编写了期货行业首部信息技术的普及读本。

重庆市证券期货业协会召开研究咨询委员会专项会议，组织开展相关课题的研究和业务交流，将理论研讨成果转化为《重庆资本市场》供稿来源。

浙江期货行业协会紧抓市场脉搏，顺利完成了年初制定的3个调研课题，为监管部门和期货公司提供了大量有效数据和决策建议。其中的《浙江期货公司客户结构悄然转变中——关于2008～2010年期货公司客户结构现状分析报告》被评为浙江证监局优秀调研报告。浙江期货行业协会启动投资者教育案例汇编工作并成立案例编写小组，历时半年完成了《投资者教育案例汇编》，是浙江期货行业投资者教育工作的一次全面反映。

（六）维稳工作

2011年各地协会的维稳工作平稳有序进行。

甘肃证券期货业协会始终将维稳工作作为工作重点，不定期与经营机构进行沟通交流与实地检查，尽可能地将相关隐患杜绝于萌芽。每次长假前后协会都及时组织辖内经营机构上报安防及维稳情况说明。

海南证券期货业协会持续参与了海南辖区网络舆情监控工作，负责对海南辖区证券、期货公司的门户网站以及海南辖区主要门户网站、财经网站的监控。

内蒙古证券期货业协会根据 2011 年维稳工作计划，要求各会员单位建立组织领导体系，修订完善应急预案，将各项维稳工作强化责任落实分解，做到责任到岗，责任到人，在辖区内开展维稳自查工作和应急演练，分别演练了当营业部与银行、电信、网通、交易所服务器出现链接故障及公司机房主数据服务器故障时按照应急预案流程处理突发应急事件的各种情景，以及进行了防火演习。

新疆证券期货业协会始终把维稳作为各项工作的重中之重，力求做到常抓不懈。一是加强“维稳防突”工作。按照证监局的要求全面落实一把手维稳责任制，做到维稳工作常态化。督促各证券期货经营机构认真做好经营场所的防恐处突工作。二是完善信访工作机制，畅通投资者诉求表达渠道，通过扎实细致的工作，及时稳妥地处理各项投诉事件，将风险隐患及时化解在萌芽状态，防止群访事件的发生。

广东证券期货业协会设立资本市场维稳专项资金，打击非法证券期货活动。实时监控辖区证券期货类电视节目、广播节目，发现疑点，及时核对并报广东证监局。

（七）诚信建设

为促进整个期货行业的健康发展，加强行业内部的诚信建设，督促各中介机构诚信经营，在中国期货业协会下发《期货业诚信建设实施指导意见》后，各地协会积极组织诚信宣传和诚信建设活动。各地协会除组织了“期货行业诚信宣言”签署仪式外，还倡导组织了“诚信宣传日”活动，开展了对从业人员及广大投资者的诚信教育，为推动整个期货行业的诚信行业文化和社会氛围发挥了积极作用。

北京期货商会先后组织动员大会、统一签字仪式和诚信知识讲座等一系列活动，使大家进一步增强诚信意识，提高思想认识，有力地推动了期货机构的诚信建设工作，促进期货业健康、平稳、持续发展。

甘肃证券期货业协会组织安排辖区经营机构开展从业人员为期 10 个工作日的专题学习活动，以源头教育为重点，学习项目包括：《从业人员执业行为准则》、《从业人员资格管理规则》、《投资者教育工作指引》、《证券期货业反洗钱工作实施办法》、《股指期货交易特别风险揭示》等 9 项内容。

广西证券期货业协会除组织诚信宣言签署和宣传活动外，还与柳州市金融办联合举行主题为“中国金融生态城市——证券期货诚信建设宣传日”的广场宣传活动，为辖区期货行业的发展创造良好的外部环境。

海南证券期货业协会辖区内的部分经营机构组织了以诚信建设为主题的有奖征

文活动，并在网站上刊登优秀稿件，普及诚信理念，增强员工诚信意识。

河南证券期货业协会精心策划和组织了“诚信活动宣传日”活动，加强媒体宣传，组织会员撰写关于诚信建设的心得体会或工作经验，期货日报全程跟踪报道。

湖南省期货业协会制定了《湖南省期货业协会诚信建设2012~2014年工作方案（草案）》，方案中明确了2012年诚信建设的工作目标、工作措施及工作要求。

江苏省期货业协会除组织诚信宣言签署和宣传活动外，还举办了“诚信杯”江苏期货行业摄影比赛，展示期货市场参与各方积极进取的精神风貌和诚信文化生活，制作并发放了2012年“诚信期货”宣传台历，积极宣传诚信道德规范，营造“诚为根、信为本”的行业诚信文化。

宁波市证券期货业协会围绕宁波证监局“合规文化建设年”的工作中心，组织与号召辖区证券期货经营机构积极参加证监局举办的合规文化征文比赛、演讲比赛等活动。

上海同业公会在总结上海地区期货行业诚信自律工作的基础上，讨论并达成了上海地区建立诚信评价体系方案、上海地区期货居间人管理办法、手续费自律问题等一系列行业诚信建设的活动。为了树立行业诚信氛围，上海同业公会开展了“五好”营业部创建活动，搭建网络诚信平台，设立诚信专项项目，通过该平台项目建设充分公示期货经营机构的员工管理、投资者权益保障、社会责任履行等方面的诚信状况等，促进期货公司全面履行诚信义务。

新疆证券期货业协会在辖区开展了诚信证券期货经营机构评选活动。根据《管理办法》对申报单位的资格要求，符合申报条件的单位确定为新疆辖区2011年度诚信证券期货经营机构，并授予诚信机构牌匾。

云南省证券期货业协会组织开展了“学宪法、守法律、讲诚信”有奖征文活动。征文内容以行业工作为背景，紧密结合普法宣传活动要求，全面深刻地论述了“学宪法、守法律、讲诚信”在指导各会员单位开展实际工作中的重要性。

第六部分

2011年中国期货业信息技术发展状况报告

第一节　期货交易所信息技术发展概况

一、系统建设工作情况

（一）上海期货交易所

1. 完善基础设施建设。2011年上海期货交易所完成排查上海期货大厦和交易所张江数据中心的强电线路和发电机等设备，对视频监控安保系统实施扩容，增加设备和线路的温度监测，更新部分技术系统配置，改进了巡检流程。张江数据中心机房的用电量也随着2011年设备增加而同步上涨，2011年9月张江数据中心完成UPS设备的扩容，最终使单路用电量使用率不超过30%。

2. 光传输系统和交易接入网优化项目建设。“两地三中心”的光传输平台是上海期货交易所灾备运行的基础，2011年实现了上海期货大厦与交易所张江光传输平台扩容，通过替换核心网络设备的方式，既增加了裸光纤的通信信道数量和带宽，又形成了设备的异构保障能力，完善了上海期货交易所交易专网与中国金融期货所、大连商品交易所和郑州商品交易所的网络主干线连接，顺利实现了期货大厦交易大厅接入张江数据中心和北京数据中心，有效增加了行业核心交易通讯网络的安全性、冗余性。

（二）郑州商品交易所

1. 交易所核心交易系统完善和优化。2011 年，郑州商品交易所针对交易撮合效率随定单深度的增加而明显下降的突出问题，探索研究出了新的定单排序算法。经过测试，新算法内存空间占用低，排序效率高，有效解决了交易系统运行效率的问题，针对交易前置系统进行了分析和优化，提升了系统的可靠性和运行效率，降低了系统潜在的运行风险。

2. 深圳灾备中心一期工程建设。2011 年 3 月，郑州商品交易所与深圳证券交易所就双方互建异地灾备中心事宜举行了会谈，明确了郑州商品交易所异地灾备系统建设需求。2011 年 8 月，正式启动异地灾备中心建设工程，为加快推进异地灾备系统建设，交易所异地灾备中心建设分两期进行，第一期建设计划于 2012 年 6 月底前完成。第二期计划于 2014 年下半年启动。

截至 2011 年年底，已完成一期建设项目的立项审批、设备采购、灾备中心机房环境改造，以及设备安装等工作。

3. 交割仓库视频监控系统的建设。2011 年，郑州商品交易所进行了交割仓库视频监控系统建设。监控系统实现了对交割商品的实时动态监控，小麦、早籼稻保证仓库大门任何物品的进程在监控之下，白糖、棉花、PTA 监控到了每个货位，甲醇仓库监控到了储罐液面。监控画面的任何画面变化都会触发监控报警，有效监控了交割货物的存管，控制了交割环节的风险。

（三）大连商品交易所

1. 灾备中心建设。

（1）同城灾备机房建设工作。大连商品交易所同城灾备二期机房建设包括主机房、开发测试机房、飞创托管机房、通讯运营商机房、UPS 机房、柴油发电机机房和办公及业务区域等，总面积约 1000 多平方米，在 2011 年 8 月中旬完成了灾难备份二期机房的验收工作。

（2）同城灾备系统的集成工作。按照系统部署，大连商品交易所的主、备数据中心的远程接入网络、前置服务器等功能模块在完成集成工作后可统一为市场提供服务，灾备二期系统的集成工作分为服务器、网络设备、数据库系统、安全设备及其他辅助设备等共 8 个项目，2011 年已基本完成了各项集成工作，并按计划开展了内部测试和全市场测试，在各项工作充分准备就绪后，将根据实际情况安排上线运行。

2. 测试环境建设。为了完善 IT 项目开发测试环境，提高项目质量，降低系统上线风险，大连商品交易所为市场会员、仓库和信息商等提供完整的开发测试环境，有效推进了六期系统关键技术的攻关和七期系统研发，更好地协调技术与业务发展的步伐。大连商品交易所系统性地建立了涵盖新技术研究验证、系统开发、功能和性能测试、外围系统测试以及模拟仿真等开发测试环境。2011 年年底上述测试系统的设计、集成、测试和上线等各项工作已顺利完成。

（四）中国金融期货交易所

1. 上海外高桥数据中心建设并实现同城双中心运行。2011 年中国金融期货交易所完成外高桥数据中心新一代系统基础设施的建设和上线，外高桥数据中心的正式启用，实现了交易所期货生产系统在上海同城双中心的运行能力，提高了交易所信息技术基础设施防范局部灾难的能力。

通过掌握万兆主干网络等新技术、新产品显著提高了核心生产系统的性能、容量和可靠性。

2. 完善交易系统，实现业务系统完全自主开发。2011 年，中国金融期货交易所完成对核心交易系统基础架构和功能扩展的自主优化改造工作，实现了业务连续性的实时切换，提高了交易系统的灾难备份应对能力，建立了交易系统自动化测试框架，制定并启用了交易系统开发标准化、规范化、自动化的方式。

3. 交易监控、稽查等系统的建设。中国金融期货交易所 2011 年在交易系统实时监控系统的各项功能、系统健壮性和系统安全性等方面进一步加强、完善，并在综合信息技术系统结构中新建了稽核审查管理系统。

二、运维管理工作情况

（一）上海期货交易所

1. 北京数据中心切换工作。上海期货交易所根据行业信息安全 2011 年市场核心机构重点工程项目中关于"提升北京数据中心运行级别，实现交易业务可在三个数据中心间按计划切换"的要求，于 2011 年 11 月 25 日顺利实施了交易系统切换至北京运行一天的工作。

（1）将北京灾备中心升级为北京数据中心。2011 年 6 月，期货大厦交易大厅的交易终端可同时接入上海张江数据中心和北京数据中心，为灾备切换工作做好了终端系统技术准备。

（2）组织全市场交易系统灾备切换演练。上海期货交易所交易系统 2011 年共进行了多轮全市场参加的演练测试，分别在4月16日、5月21日和8月6日进行。

（3）2011年11月25日，上海期货交易所正式将交易系统从上海主用数据中心切换至北京数据中心运行一天，所有系统运行正常，当日交易系统全天报单和成交数据指标均达到2011年日均水平，北京数据中心切换运行工作顺利完成。

2. 信息技术管理体系的完善。上海期货交易所发现在系统建设到系统运维的转型过程中，技术管理的作用日益凸显，因此于2010年启动了以ISO20000标准为核心的IT管理体系建设工作，上海期货交易所技术中心和上海期货信息技术有限公司分别于2011年4月和2011年10月通过了中国信息安全测评中心的ISO20000认证。

在2011年8月，上海期货交易所技术中心顺利通过了ISO9000质量管理体系年度现场审核。经过一年来的持续改进，技术中心整体质量管理体系得到了有效巩固，质量管理水平也稳步提升。

3. 应急演练工作。信息技术系统的发展需要经历不断的优化和完善，系统可靠性不仅依赖于合理的架构，还与其部署、管理操作流程，以及应急切换演练有着很大关系。上海期货交易所以季度为周期实施基础环境、网络通信系统、交易系统和核心业务系统的故障切换演练，根据2011年度技术工作的实际情况，重点在2011年8月份针对性地实施了网络防攻击演练。网络防攻击演练中参与方涵盖了电信运营商、安全服务商和网络集成商，且演练科目具有应急实战性质，包括抗分布式拒绝服务（DDoS）攻击和计算机蠕虫病毒防护演练。

上海期货交易所演练科目和处置措施的实施增强了交易所各部门之间的应急协同能力，也为期货行业改进技术系统、完善应急演练计划和应急处置流程积累了丰富的经验。

（二）郑州商品交易所

1. 管理制度完善和流程体系建设。2011年郑州商品交易所继续加强信息系统运行维护各岗位各环节的工作流程管理。值班操作严格遵守规范流程，认真监控系统状态，记录完整操作日志；系统变更严格执行变更管理制度，做好变更的方案制定、审核、执行、核查等各环节，消除变更引入的系统风险；发现系统异常事件，严格按照制度及时报告；从2012年8月1日起，郑州商品交易所计划开始实施交易主机房24小时值班工作。

根据交易所内部管理制度优化工作计划，运行维护部门在2010年制度建设的基础上，继续梳理、修订、拟定与运维管理相关的各主要制度，修订制度7项，废止制度6项，新拟定制度、指引、规范9项。完成《系统运行部主要工作分类》

流程，将技术及技术管理工作划分为“管理”、“运行”、“维护”和“数据存储”4大类、34项，并制作完成《事件管理流程》、《问题管理流程》和《值班管理流程》。

2. 新技术监控系统的建设。为适应技术系统的发展和行业运维管理的要求，克服原有技术监控系统在功能和性能方面的局限，2010年郑州商品交易所开始立项开发新的技术监控系统。2011年上半年，郑州商品交易所在同城灾备中心部署了新技术监控系统，完成了灾备中心网络拓扑图与监控探针的绑定，优化了展示界面和告警信息，细化了监控指标。2011年下半年，郑州商品交易所逐步实现了在主机房实现技术监控系统的变更部署工作，进一步完善了交易所系统运行的监控手段。

3. 系统测试和应急演练工作。郑州商品交易所为加强信息系统安全保障工作，提高抵御风险能力，减少突发事件所造成的损失，在2011年继续加强交易系统应急演练。2011年3月26日针对交易核心系统和核心网络进行了内部应急演练，并对灾备系统运行情况进行演练。2011年4月16日和2011年5月21日组织了由全体会员远程交易席位参加的交易系统应急演练，通过各种演练检验了交易系统的备份能力，熟悉了应急操作流程，提高了运行维护人员应急响应和现场处置能力。

（三）大连商品交易所

1. 系统运行与应急演练工作。2011年大连商品交易所将保障信息系统安全、稳定运行确定为信息安全保障工作的核心，使2011年信息技术系统全年安全稳定无事故。为预防风险，强化防范意识，提高及时、准确恢复系统故障的能力，大连商品交易所于2011年9月17日、9月24日组织开展了两次信息系统应急演练。应急演练工作制定了故障排除、系统恢复、通报以及相关处置工作的工作流程，并按照详细的演练计划开展各项演练工作。演练工作分为两次开展：交易所信息系统内部应急演练和全市场远程会员参与的应急演练，并重点对DDoS攻击、黑客恶意入侵攻击、病毒爆发等场景进行了演练。大连商品交易所通过实际切换验证了信息技术系统的保障措施有效性，在同城灾备中心之间的切换演练中，最终结果显示：切换时间为7分钟（RTO=7分钟），数据为零丢失（RPO=0）。

2. 信息技术标准化体系的推进和建设。为了科学合理规划运维部门内部及其外部管理流程，提升信息技术运维管理水平和核心竞争力，大连商品交易所启动了ITIL咨询与运维服务平台建设项目，对技术运维工作未来3~5年总体IT服务管理和运维框架进行了规划，制定了《大连商品交易所IT服务管理规划报告》。2011年大连商品交易所飞创公司完成了信息安全管理体系（ISO27001）和IT服务管理体系（ISO20000）认证工作。

3. 建立国家级软件测试实验室，提升软件质量。随着业务和技术的不断发展，信息系统复杂度越来越高，规模越来越大，软件失效带来的成本也越来越高，如何有效提高软件的质量显得尤为重要。大连商品交易所高度重视软件质量，不断探索和实践提升软件质量的新机制，软件测试是软件质量保证的重要一环。2011 年，大连商品交易所飞创公司成立了软件测试中心，建立起一支专业、独立的测试队伍，测试中心 90% 的人员通过了 ISTQB 国际认证。2011 年 8 月测试中心顺利通过了 ISO17025 国家实验室认可，成为行业内的国家级软件测试实验室。

4. 核心交易系统优化、规划和预研。

（1）信息系统优化工作。2010 年开始，大连商品交易所启动了针对现有系统的全面升级工作，交易所根据现有系统的评估结果而制定升级计划，现有系统优化升级工作计划于 2012 年年底完成，届时大连商品交易所系统的功能将更加完善，性能预计将提升为目前的 1.5 倍。

（2）新一代交易系统规划。大连商品交易所在 2011 年启动了新一代系统的建设工作，根据已经完成的新一代交易系统建设进度计划和实施计划，整个原型验证阶段工作预计将于 2012 年年底前完成，2013 年年初将进入全面建设阶段，新一代系统计划于 2015 年年底左右上线运行。

（3）新一代交易系统关键技术研发。2011 年，大连商品交易所飞创信息技术有限公司在新一代交易系统关键技术研发上取得突破性进展，完成了“两个架构、三项关键技术”的原型系统研发。其中，两个架构是：基于两层结构的双机热备架构（双机同步热备、三机“温备”）、基于消息中间件的分布式集群架构（多机热备、集群容错、集群选举算法）；三项关键技术是：消息中间件（可靠组播）、内存管理器（高性能内存数据库）、交易撮合算法（套利撮合）。

（四）中国金融期货交易所

1. 信息技术系统上线制度的完善。2011 年中国金融期货交易所在信息技术上线管理制度和规范方面，建立了上线过程的持续改进机制，提高了系统上线效率和质量，使全年实施的大型系统发布上线工作没有出现影响业务运行的技术事故。

2. 信息技术管理标准化、自动化。中国金融期货交易所通过开发上线相关的基线设置和检查、应用自动发布等工具，已初步实现上线前后各环节的检查自动化和发布自动化，在提高变更效率的同时，降低了变更操作的风险。同时，通过完善运维辅助工具和监控系统等，在提高运维自动化程度的同时，缩短了系统事件问题的发现和处置时间，提升了信息技术运维人员整体工作效率，有效提高了运维工作质量。

三、安全管理工作情况

（一）上海期货交易所

1. 等级保护测评工作。2011 年 5 月份，上海期货交易所顺利完成重要信息系统等级保护测评工作，测评项目的安全符合率较 2010 年提高了 3%，并完成了交易所证监会涉密网系统的保密测评，测评结果良好。

2. 信息安全专项自查工作。上海期货交易所依据中国证监会《关于开展信息安全专项自查工作的通知》中的要求，于 8 月份开展了安全自查工作，其中期货核心信息技术系统安全管理涉及 11 个方面 51 项内容，网站管理涉及 19 项内容，中国证监会进行了现场检查，检查情况总体良好。其中现场检查发现的标准仓单系统的 CA 发证系统存在的安全隐患，上海期货交易所已经开始整改，并计划于 2012 年完成。

（二）郑州商品交易所

1. 信息系统等级保护测评工作。根据中国证监会及公安部对信息系统安全等级保护工作的相关要求，在 2010 年测评的基础上，郑州商品交易所有针对性地进行了一系列整改工作。为进一步提高信息系统的建设和运维工作的安全性，2011 年 10 月，郑州商品交易所启动了交易业务系统（三级）的测评工作，2011 年 11 月进行现场测评，12 月中旬完成报告编制，形成了 2011 年度交易业务系统安全等级保护测评报告。

2. 信息安全专项检查工作。按照中国证监会《关于开展信息安全专项自查工作的通知》，郑州商品交易所于 2011 年 7 月对信息安全情况进行了深入的梳理和自查，通过专项自查，对交易所信息系统的安全运行情况进行了全面的回顾和总结，针对自查发现的信息安全工作中的薄弱环节进行了整改工作。

3. 证监会涉密信息系统的测评工作。中国证监会涉密信息系统郑州商品交易所部分是交易所与证监会进行信息交互的重要渠道，为机密级信息系统，该系统于 2009 年 11 月份开始建设。为接受国家保密局的涉密信息系统安全测评，郑州商品交易所对该系统从管理到技术进行了逐项的完善，并于 2011 年 6 月中旬通过国家保密局涉密信息系统安全保密测评中心河南分中心的现场测评。

4. 源代码安全审核暨软件开发安全咨询与检测。为保障应用软件开发过程中的代码安全，减少系统风险点，郑州商品交易所在应用系统开发过程中引入了源代码安全审核暨软件开发安全咨询与检测机制。2011 年，郑州商品交易所对网站系统和会员服务系统进行了源代码安全审核暨软件开发安全咨询与检测。

（三）大连商品交易所

1. 信息安全专项自查工作。大连商品交易所依据中国证监会《关于开展信息安全专项自查工作的通知》中的要求对各细项进行全面的自查，同时还请了相关软硬件设备厂商的资深专家进行更专项的关于网络、系统、数据库和安全设备的全面安全检查。

2. 保密检查和保密网测评工作。在2011年涉密信息系统安全保密测评中心系统测评（辽宁省）分中心正式对大连商品交易所进行了为期三天的涉密网测评检查工作，测评结果良好。大连商品交易所涉密内网采取了有效的技术防护措施，建立了保密管理机构并制定了安全保密制度，达到了涉密网的相关要求。

3. 信息技术风险评估工作。针对2011年国内外相关机构先后发生了多起安全事件，网上信息技术系统遭受攻击，核心计算机网络遭黑客入侵等情况。为了进一步深入排查信息系统风险隐患，大连商品交易所对期货大厦信息系统进行全面的安全检测、评估和技术加固。

（四）中国金融期货交易所

1. 信息技术管理体系的完善。2011年，中国金融期货交易所进一步完善运维管理体系，巩固运维质量，保障技术系统安全平稳运行。通过制度执行情况监督和检查，坚持人、技术、流程相结合的科学管理等措施，运维质量获得进一步提升，顺利通过中国信息安全认证中心的审核，获得ISO/IEC 20000证书。

2. 等级保护自查、整改和测评工作。按照《信息安全等级保护管理办法》的要求，根据《关于组织开展2011年度本市重要信息系统安全等级保护工作的通知》的具体部署，中国金融期货交易所认真自查，测评结果良好，各系统测评项符合率均达到90%以上，被上海市等保办评为“2011年上海市等级保护优秀单位”。

3. 应急预案的完善。2011年，在总结应急演练经验基础上，中国金融期货交易所对技术故障应急预案进行了重新梳理，完善了各类场景的应急预案和沟通机制。

四、技术服务与支持工作情况

（一）上海期货交易所

1. 张江数据中心托管服务。上海期货交易所于2011年6月完成了上海张江数据中心新增会员托管机房二期建设工作，新增机房面积约为2200平方米。机房建设施工于2011年5月完成并顺利开放启用，经过试运行阶段，6月开始启动期货经营机构的机房搬迁和系统迁移工作，截至2011年年底已有21家期货经营机构交易系统完成迁移工作，剩余的49家将在2012年内完成系统迁移。

2. 会员灾难备份能力建设的支持工作。据统计，截至2011年11月，已有6家期货经营机构完成上海期货信息技术CTP（综合交易平台）系统双活版本的上线。

在托管机房备用互联网接入平台的建设和投入方面，上海期货交易所新增加了运营商接入和接入容量带宽，形成了双运营商的多点接入（张江数据中心、期货大厦和北京数据中心）的格局，成为期货经营机构网上交易系统互联网接入的有效备份。

3. 行业信息技术扶持工作。2011年，上海期货交易所继续对信息技术工作有突出表现的期货经营机构进行技术扶持，为期货业信息技术发展的促进起到了积极作用。

（二）郑州商品交易所

1. 完善沟通机制，提高服务水平。2011年，郑州商品交易所继续完善与会员技术部门的沟通协调机制，进一步利用互联网技术手段进行交流与沟通，协助会员分析解答在系统测试及交易中遇到的问题。据统计郑州商品交易所协助会员提供远程交易测试环境，累计为131个会员、229个席位提供测试支持2181次。

为提高期货公司会员技术人员网络技术水平和应急处置能力，郑州商品交易所于2011年11月30日对全体会员单位技术人员进行了视频技术培训。

2. 开展会员专线接入支持工作。郑州商品交易所在2010年为每家期货公司建立两条分别到郑州未来大厦主中心和郑州郑东新区灾备中心的2M SDH专线基础上，2011年继续对会员进行专线支持工作，郑州商品交易所继续为各家期货公司承担2010年建设的两条专线的租用费，保证了期货公司会员接入交易所核心交易网的质量。

3. 会员托管机房建设工作。2011年初，郑州商品交易所选定河南电信生产大楼4楼进行会员托管机房建设。机房于2011年8月完成供电、空调、机柜等基础环境的建设并验收交付。2011年9月托管机房网络设备及服务器的招标采购工作完成，并进行了网络布线和视频监控系统的安装实施，以及办公区的装修施工。目前，该托管机房交易核心网络系统已调试完成，到郑州商品交易所主中心和同城灾备中心也完成多条裸光纤的部署，实现了托管机房出口路由器同时接入主中心和同城灾备中心远程交易接入网的功能。

郑州商品交易所托管机房建设于2011年已基本完成，托管机房将交由郑州商品交易所易盛公司负责会员托管机房的运营和维护。

（三）大连商品交易所

1. 技术支持服务。大连商品交易所在信息技术服务管理项目中引入成熟的管理平台，提升交易所技术服务的核心竞争力和信息技术运营维护的国际化水平，计划建立一套完整、符合交易所技术特点的信息技术服务支撑体系，并重点加强对呼叫中心和技术服务台的建设，合理利用工具平台，优化内部服务流程，提高对期货经营机构的服务质量。

2. 会员市场服务。大连商品交易所飞创公司下属北京托管中心、大连期货大厦托管中心及大连河口托管中心，为期货行业提供主机托管业务、应用托管业务、灾备托管业务及链路服务业务，设计依据及建造标准达到国家A类容错标准，满足《期货行业信息技术管理指引》三类的机房标准及等级保护和备份能力标准。目前为交易所、期货经营机构、信息商等共计50余家单位提供托管服务。

（四）中国金融期货交易所

中国金融期货交易所在不断细化自身运营维护工作，提升交易所整体运营维护能力的前提下，将运维触角延伸到期货经营机构端，加强精细化管理，提出了建立涵盖市场多个参与主体的大运维机制计划。

该机制的基本内容包括两个方面：

1. 交易所内部运营维护是整个市场平稳运行的基石，加强各业务部门间的合作，不断提升交易所业务运行管理的精细化、规范化和科学化是大运维工作的核心内容。

2. 由交易所牵头发起，联合各期货经营机构、银行及相关信息技术供应商，以服务促进经营管理，建立有效的沟通协调机制，加强交流和合作，提高期货经营机构信息技术业务系统运维工作的管理水平，保障市场平稳运行。

第二节　保证金监控中心信息技术发展概况

一、信息技术发展总体情况

（一）期货市场账户规范工作

为进一步规范期货市场账户管理，建立更加真实、准确、完整的客户资料库，加强期货市场监查和分析工作，期货市场账户规范工作于2011年上半年正式起动，保证金监控中心组织协调各阶段的具体实施工作，先后进行了软件开发、内部测试、联合测试和系统上线，并最终于2011年11月1日在期货行业内推广运行。

（二）期货市场运行监测监控系统建设

保证金监控中心在2011年上半年进行的数据接口标准制定工作，并协调各交易所完成数据报送系统技术改造，于7月搭建开发测试系统开展数据报送测试工作。2011年下半年，保证金监控中心开展网络系统、数据库系统、应用系统等系统集成，截至2011年底，硬件设备安装部署已经全部到位。在此期间，协调各交易所转签《期货数据及信息交换框架协议》，从而明确了数据交换的关键事项。

（三）洋桥数据中心正式启用

2010年年底，洋桥数据中心机房竣工验收后，保证金监控中心立即开展洋桥数据中心基础网络系统的建设和集成工作，构建了“横向分区、纵向分层”的结构清晰功能完善的网络架构，完成了新盛、洋桥数据中心间的高速互联，实现了双运营商通信线路互备。洋桥数据中心于2011年6月正式启用，并逐步承担主数据中心的职能。

（四）信息统计工作技术支持

保证金监控中心对各方数据统计需求把关、细化，设计算法，统一统计方式，完成各类统计需求。统计涉及范围广、数据大，几乎囊括了除预警信息应用系统界面已有数据之外的所有信息，在人工编程统计的同时，开发了统计系统。

（五）会内网涉密信息系统分级保护测评

2011年保证金监控中心积极开展会内网涉密信息系统分级保护测评工作，通过近5个月的测评准备，于2011年6月30日通过现场考察，2011年7月7日顺利通过涉密信息系统分级保护测评。

二、技术管理工作情况

（一）安全管理工作

1. 信息安全专项自查和信息安全等级保护相关工作。2011年保证金监控中心开展了信息安全专项自查，并接受了证监会的信息安全专项现场复查。

保证金监控中心在2009年已完成3个信息系统的等级保护定级和备案工作，2010年再次提交2个新增信息系统的等级保护定级和备案材料，2011年底已引入有资质的等级保护测评认证单位对新增三级系统进行测评。

2. 同城灾备系统设计工作。保证金监控中心同城灾备系统建设咨询服务项目在2011年已进行到到第二阶段，已完成系统风险分析、业务影响分析、主数据中心高可用设计、容灾策略制定、容灾系统设计共计5大块内容。截至2011年年底，已初步形成了《数据中心风险评估报告》等5份报告和设计方案。

（二）运营维护管理工作

1. 机房运营维护管理。保证金监控中心机房方面同时运维新盛和洋桥两地数据中心，每日通过机房环境软件，实时对两个数据中心机房环境及动力安保情况监控，并制定了《洋桥数据中心机房及监控室出入室制度》及洋桥数据中心机房巡检工作的相关规范。

2. 软硬件基础设施运维管理。硬件方面进行每日巡检，以保证及时进行硬件设备的更换、添加及维护，2011年度保证金监控中心没有发生业务系统中断情况。

系统软件方面进行每日健康检查并对相应系统日志进行深入分析，以保证整体运行情况稳定。

三、技术服务与支持工作

（一）行业信息技术标准化、信息化

2011年保证金监控中心全面参与期货业各类技术标准的初审、复审和送审稿审核等环节，其中承担《证券期货业标准化工作指南》中部分章节的写作，还参与《期货业务基金—期货间数据交换接口标准》的制订工作。

关于《期货市场开户数据交换接口标准》的制订工作，保证金监控中心制订并上报了工作计划，各项工作已陆续展开。

（二）外部机构的技术支持

为配合集中保存期货行业的历史业务数据，保证金监控中心明确数据备份的技术方案和报送方式，并组织相关软件开发工作，在2011年年底，软件开发工作顺利完成，实现向证券期货行业数据中心稳定报送数据。

第三节　中国期货业协会信息技术概况

一、技术管理工作情况

（一）证监会涉密内网测评

中国期货业协会自2009年起开始进行接入证监会机密级涉密内网的系统建设工作，并于2011年3月15日在国家保密局北京市测评中心正式启动了测评工作，2011年6月9日顺利通过了涉密内网测评。

（二）信息系统高可用性改造

中国期货业协会在2010年完成的网络基础建设和安全防护建设基础上，2011年完成了网站和信息平台两个重要系统的高可用性改造工作。截至2011年年底，期货业协会信息系统全冗余改造工作顺利结束，基本消除了单点故障隐患，实现了通讯链路、网络设备和应用系统的完全冗余，本地容灾能力得以有效提高。

二、行业支持与服务工作情况

（一）《期货行业信息技术管理指引》的检查工作

2011年，为进一步加强期货公司信息系统建设和管理工作，有效控制行业信息技术风险，有效配合期货公司分类监管工作，中国期货业协会在广泛征求市场各方意见的基础上，对2009年颁布的《期货公司信息技术管理指引》（以下简称《指引》）进行了全面修订，将期货公司的信息技术管理按等级划分为4类，每个类别均对期货公司的技术管理、机房建设、核心系统、安全、日常运行、备份、系统维护和营业部8个方面提出了具体的更加严格的技术要求。2011年技术检查工作仍分现场检查、审核和评审3个环节开展。2011年度共有50家期货公司提出检查申请。在2011年10月底，现场检查、审核和评审工作全部结束，共39家公司通过检查，达到了相应类别技术等级要求。

截至本次检查结束，全行业达到3类以上要求的期货公司较2010年年底增加79%，达到34家，占比21%，其中1家公司达到4类技术等级要求；达到2类要求的公司增加15%，达到83家，占比51%；达到1类要求的公司由70家减少为44家，占比27%；此外，仍有2家公司尚未达到1类要求。

（二）证券期货业科学技术奖评奖组织工作

2011 年度证券期货业信息技术科学技术奖由中国期货业协会承办，该奖项主要是为了展示行业科学技术水平和创新能力，促进行业科技进步，奖励在证券期货业科学技术活动中作出突出贡献的单位和个人，推动行业科技工作发展。

2011 年期货行业申报项目由上一届的 3 项大幅增至本届的 26 项。评选工作开展期间，中国期货业协会本着“公开、公平、公正”原则，从细节着手，准备全面充分，确保了科技奖励工作严谨、高效、顺利进行，最终有 8 家期货公司分别获得了三等奖和优秀奖。

（三）期货公司网上交易安全试点工作

为防范盗买盗卖等互联网不法行为带来的安全隐患，加强网上交易安全认证，保护投资者合法权益，自 2010 年 11 月起，中国期货业协会受中国证监会期货二部委托组织开展了期货经营机构网上交易安全试点工作，对通过双因素身份认证等技术手段提高网上交易安全性进行了初步探索。截至 2010 年年底，前期准备和试点单位征集工作基本完成，共 26 家期货公司提出了有效申请。在对申报材料进行初审后，于 2011 年年初召开了专家评审会，评选出 9 家单位开展试点工作，截至此次试点结束，平均每家单位推广客户数为 286 户。

（四）行业信息技术人员轮训工作

为进一步提高期货经营机构信息技术人员的技术水平和综合素质，中国期货业协会在 2011 年继续组织开展期货公司信息技术人员轮训工作。本年度对各公司营业部技术人员进行了全面轮训，此次培训立足于期货营业部技术工作特点，内容涉及行业信息技术指引、营业部运维、网络及操作系统安全、防病毒管理及常见故障处理等方面。在 2011 年，中国期货业协会共举办了 8 期培训班，培训人数达到 1293 人次，其中 1232 人通过培训考试，通过率为 95%。

（五）制定行业信息技术标准

2011 年，中国期货业协会组织信息技术委员会编写了“行业托管机房”和“应用软件产品与技术服务合同”要素指引，两个指引的征求意见稿已向全行业广泛征求了意见，同时开展了行业信息安全事故分析工作，及时收集期货行业上半年信息安全事故情况，并编制了分析报告。

第四节 期货公司信息技术发展概况

2011 年，随着期货业开始从量的扩展到质的提升的转型，信息技术的应用在保护投资者合法权益、推动市场转型发展和业务与管理创新等方面发挥着日益重要的作用。总的来看，2011 年，全行业对于信息技术的重视程度得到了进一步提高，期货公司对信息技术投入力度继续加大。同时，行业信息技术工作也开始呈现出诸多新的特点，例如：期货公司引进信息技术人才的力度加大；信息技术部门在期货公司的地位得到提高；机房托管等新型技术服务模式越来越多地受到期货公司的青睐等等。检查中也发现了一些比较典型的问题：一是信息技术治理结构还不太健全；二是信息技术规划和信息安全管理的跨部门协同的职能和作用不明显。

一、基础设施建设情况

2011 年，期货公司机房建设水平整体得到了提高，机房总面积达到 58589 平方米，总部自建机房平均面积 78 平方米，营业网点机房平均面积达到 11 平方米，全行业机柜总数达到 5257 个，服务器总数达到 13700 台，网络与安全设备总数 17956 台，PC 机总数 60874 台。此外，机房环境、面积、承重、电力保障等方面与过去相比均得到大幅改善，期货经营机构 IT 投入 2011 年达到 729271 万元，较 2010 年增长 -10.08%，IT 投入占营业收入比值达到 5.4%，期货行业 IT 资产总值创历史新高，资产总值达到 117298 万元，比 2010 年的 98513 万元增长了 19.07%。与此同时，行业机房建设逐渐显露出新的特点，即机房托管模式正逐渐为越来越多的期货公司所青睐。全行业托管机房数量达到 910 个，占全行业全部 1583 个机房的 57%。期货行业 IT 设备总体情况请见表 6-4-1。2011 年期货经营机构自建及托管机房基本情况见表 6-4-2。

表 6-4-1 2011 年期货行业 IT 设备总体情况

机柜总数（个）		服务器总数（台）		网络设备总数（台）	安全设备总数（台）	PC 机总数（台）		IT 资产总值（万元）		
2010	2011	2010	2011	2011	2011	2010	2011	2009	2010	2011
4922	5257	12074	13700	14082	3874	52928	60874	83104	98513	117298

资料来源：第三次全行业信息技术资源调查。

表 6-4-2　　2011年期货经营机构自建及托管机房基本情况

总部自建机房			营业网点机房情况			托管机房情况			机房总面积（平方米）	通过消防验收或备案的自建机房数量
机房数量	机房面积（平方米）	平均面积（平方米）	机房数量	机房面积（平方米）	平均面积（平方米）	机房数量	托管机柜数量（个）	托管主机数量（台）		
207	16043	78	1189	13251	11	910	1638	4363	29295	1366

资料来源：第三次全行业信息技术资源调查。

（一）机房建设

1. 机房设施。2011年，期货业绝大多数期货公司在机房建设方面已达到了《指引》相关要求，建立了独立封闭的机房，并设有门禁专门控制机房的出入；同时，配备了火警检测、灭火和应急照明设施。目前采用自动喷淋方式的多为营业部机房，除个别期货公司外，绝大多数期货公司的核心交易系统所在机房中已杜绝了自动喷淋的消防方式，从而避免了火灾发生后的对核心交易系统和设备的二次破坏。

此外，2类以上期货公司还相应达到了《指引》有关机房承重、防雷接地、实时录像监控等方面的要求。达到《指引》3类要求的期货公司还安装了漏水检测设施以及机房环境监控系统，对机房漏水、供配电、空调、温湿度等重要指标进行了监控，并实现了7×24小时值守以及声音、短信等自动报警功能。

2. 电力保障。2011年，期货公司机房电力保障水平得到了进一步提升，从207个期货公司机房反馈的信息技术资源情况表看，约有70.1%的公司自建机房电力系统为双路供电，与2010年行业信息技术调查数据基本相同，其余29.9%的机房仍仅具备单路供电。在具备双路供电的162个期货公司机房中，仅61个机房同时具备UPS和备用发电机；超过半数的机房仅具备UPS，但无备用发电机；在采用单路供电的45个机房中，25个同时具备UPS和备用发电机；20个机房仅有UPS，无备用发电机。期货经营机构自建机房电力系统备份情况见表6-4-3。此外，我们可以看到期货经营机构自建机房UPS总量达到1765台，UPS总功率达到43895KW，总负载11999KW，平均负载率27.3%，基本可以满足行业需求。2011年期货经营机构自建机房UPS基本情况见表6-4-4。2011年期货营业网点自建机房UPS基本情况见表6-4-5。

表 6-4-3　　2011 年期货经营机构自建机房电力系统备份情况

	总部（207）	占比（%）	营业部（1189）	占比（%）
双路供电，有 UPS，有备用发电机	61	28.40	115	9.70
双路供电，有 UPS，无备用发电机	101	41.20	703	59.10
双路供电，无 UPS，有备用发电机	0	—	0	—
仅双路供电的	0	—	0	—
汇总 1	162	70.10	818	68.80
单路供电，有 UPS，有备用发电机	25	19.60	148	12.40
单路供电，有 UPS，无备用发电机	20	9.80	223	18.80
单路供电，无 UPS，有备用发电机	0	—	0	—
仅单路供电的	0	—	0	—
汇总 2	45	29.90	371	31.20

资料来源：第三次全行业信息技术资源调查。

表 6-4-4　　2011 年期货经营机构自建机房 UPS 基本情况

UPS 数量（台）			UPS 总功率（KW）			总负载（KW）		
总部	营业网点	小计	总部	营业网点	小计	总部	营业网点	小计
382	1383	1765	30375	13520	43895	8162	3836	11999

资料来源：第三次全行业信息技术资源调查。

表 6-4-5　　2011 年期货营业网点自建机房 UPS 基本情况

续上表	平均负载率（%）			UPS 负载大于 80%		平均满载时间（小时）	
	总部	营业网点	行业平均	总部	营业网点	总部	营业网点
	26.90	28.40	27.30	0	0	4.1	4.5

资料来源：第三次全行业信息技术资源调查。

托管机房方面，与期货公司自建机房相比，由于托管机房具有更加专业和完善的环境，因而超过 90% 的期货公司托管机房均具备双路供电，且同时具备 UPS 和备用发电机，在电力保障方面明显优于期货公司自建机房。期货经营机构托管机房电力系统备份情况见表 6-4-6。

表 6-4-6　　2011 年期货经营机构托管机房电力系统备份情况

	期货（910）	占比（%）
双路供电，有 UPS，有备用发电机	824	90.50
双路供电，有 UPS，无备用发电机	78	8.60
双路供电，无 UPS，有备用发电机	1	0.10
仅双路供电的	0	—
汇总 1	903	99.20
单路供电，有 UPS，有备用发电机	7	0.80
单路供电，有 UPS，无备用发电机	0	—
单路供电，无 UPS，有备用发电机	0	—
仅单路供电的	0	—
汇总 2	7	0.80

资料来源：第三次全行业信息技术资源调查。

3. 机房监控。根据对期货公司信息技术资源情况表的统计，2011 年期货公司机房管理与过去相比日趋规范，绝大多数期货公司进一步完善了机房管理制度，加大了对机房基础设施的监控力度，严格进行人员和设备进出控制，并确保将各项制度落到实处。统计数据显示，全行业自建机房监控中，85%配备了机房视频监控设备；68%安装了机房环境监控系统；能够实现 24 小时值班约占 23%，所有机房均采取了相应的监控措施。

由于期货交易本身具有高实时性等的特点，核心交易系统的安全稳定运行日益受到各期货公司的关注。与此同时，2011 年发布的修订版《指引》也对 2 类以上（含）期货公司提出了明确的系统监控要求，即“交易期间应对核心系统和网络系统进行实时监控，并能及时、有效地报警”。为进一步加强对于核心系统的监控，2011 年各期货公司纷纷开始使用各类监控软件对主要业务指标进行实时监控，包括核心系统开发商定制的监控软件，以及第三方监控软件，从而有效地提高了日常运维工作的效率，并在此基础上为进一步开展精细化的系统管理创造了条件。

在核心交易系统监控方面，行业内普遍使用自动化监控软件，用以实时监控交易系统各个环节的运行情况，其中大多为系统开发商根据交易系统定制开发的监控软件，也有部分期货公司使用第三方监控软件对交易系统进行监控。在监控方式上，从 160 家期货公司反馈的数据来看，100%的公司在交易时间内对系统进行人工与自动化程序相结合来完成实时监控。此外，能够实现 24 小时软件监控的公司约占79%，能够实现24小时人工监控的公司约占15%，几乎所有公司均有24小时人工监控或软件监控，期货经营机构重要交易系统监控情况见表6-4-7。相对于人工监控方式来说，实时软件监控方式由于灵敏度更高、实时性更强、监控指标更明确等，且能够极大地缩短故障发现和排查时间，因而更具优势和发展潜力。

表6-4-7　　2011年期货经营机构重要交易系统监控情况

监控情况	期货（160）	
	数量（家）	占比（%）
交易时间人工监控的公司	160	100
24小时人工监控的公司	24	15
24小时软件监控的公司	126	79
无24小时人工和软件监控的公司	0	—

资料来源：第三次全行业信息技术资源调查。

（二）IT投入

期货经营机构IT投入2011年达到88004万元，较2010年增长17.17%，IT投入占营业收入比值达到7.6%。与此同时，行业机房建设逐渐显露出新的特点，即机房托管模式正逐渐为越来越多的期货公司所青睐。全行业托管机房数量达到910个，占全行业全部2306个机房的39%。采用托管模式，一方面能够避免在民用建筑中建设机房的种种限制和不足，使期货公司获得更为专业的机房环境和维护服务；另一方面，也使公司节约了一定程度的机房建设和维护开支，将有限的资源更多地投入到市场开发、品种研究等关键业务上，有助于提高企业的内在价值和核心竞争力。2006~2011年期货经营机构IT投入情况见表6-4-8。

表6-4-8　　2006~2011年期货经营机构IT投入情况

年度	IT投入（万元）	增长数（万元）	增长率（%）	净利润（万元）	IT投入占净利润比例（%）	营业收入（万元）	IT投入占营业收入比例（%）	安全投入（万元）	安全投入占IT投入比例（%）
2006年	11133	—	—	15256	73.00	176200	6.30	—	—
2007年	34093	22960	206.23	78389	43.50	421232	8.10	—	—
2008年	39124	5031	14.76	65553	59.70	570438	6.90	—	—

续表

年度	IT 投入（万元）	增长数（万元）	增长率（%）	净利润（万元）	IT 投入占净利润比例（%）	营业收入（万元）	IT 投入占营业收入比例（%）	安全投入（万元）	安全投入占 IT 投入比例（%）
2009 年	51445	12321	31.49	166437	30.90	823494	6.20	2939	5.70
2010 年	75105	23660	45.99	261204	28.80	1206505	6.20	3051	4.10
2011 年	88004	12899	17.17	223663	39.30	1158774	7.60	2834	3.20

资料来源：第三次全行业信息技术资源调查。

（三）通信链路

2011 年，交易所在实现双冗余交易链路的工作上进一步加强，并且主动承担了一部分的链路费用，绝大多数期货公司实现了交易通信链路的可靠接入和备份，有效地避免了通信链路的单点故障隐患，增强了通信链路的冗余能力，并缩短了故障响应时间和切换时间。

从具体的链路情况来看，近几年来，行业内通信链路数量上升较快。据统计，截至 2011 年，期货公司的专线通信线路总量达到 3604 条，带宽达 47315M；互联网通信线路达到 1580 条，带宽达 111074M，通信链路总体情况见表 6－4－9。期货公司与核心单位（交易所）连接的线路共 1071 条；在与灾备机房连接的地面线路为 89 条；在与分支机构连接的地面线路为 993 条；在与银行连接的线路为 1191 条；在与网上信息系统托管机房线路为 135 条；与其他机构连接线路有 117 条；与网上信息系统互联网线路有 1580 条，期货经营机构远程通信基本情况见表 6－4－10。

表 6－4－9　　2011 年通信链路总体情况

专线通信情况		互联网通信情况		
线路总数量（条）	带宽（M）	线路总数量（条）	带宽（M）	具备流量清洗的线路占比（%）
3604	47315	1580	111074	4.50

资料来源：第三次全行业信息技术资源调查。

表 6-4-10　　2011 年期货经营机构远程通信基本情况

<table>
<tr><th colspan="8">与核心单位连接的地面线路情况</th></tr>
<tr><th colspan="3">线路数量（条）</th><th colspan="5">带宽（M）</th></tr>
<tr><td colspan="3">1071</td><td colspan="5">1972</td></tr>
<tr><th colspan="3">与灾备机房的地面线路情况</th><th colspan="3">与分支机构连接的地面线路情况</th><th colspan="2">与银行连接的地面线路情况</th></tr>
<tr><th colspan="2">线路数量（条）</th><th>带宽（M）</th><th colspan="2">线路数量（条）</th><th>带宽（M）</th><th>线路数量（条）</th><th>带宽（M）</th></tr>
<tr><td colspan="2">89</td><td>11756</td><td colspan="2">993</td><td>14543</td><td>1199</td><td>2825</td></tr>
<tr><th colspan="2">与网上信息系统托管机房线路情况</th><th colspan="2">与其他机构连接线路情况</th><th colspan="2">网上信息系统互联网线路情况</th><th colspan="2">小计</th></tr>
<tr><th>线路数量（条）</th><th>带宽（M）</th><th>线路数量（条）</th><th>带宽（M）</th><th>线路数量（条）</th><th>带宽（M）</th><th>线路数量（条）</th><th>带宽（M）</th></tr>
<tr><td>135</td><td>8703</td><td>117</td><td>7516</td><td>1580</td><td>111074</td><td>5184</td><td>158389</td></tr>
</table>

资料来源：第三次全行业信息技术资源调查。

（四）托管机房

针对期货公司广泛使用托管机房的现状，为加强期货公司信息技术管理，规范期货公司核心应用软件产品与技术服务合同要素，规范期货公司托管机房管理，中国期货业协会依据《中华人民共和国合同法》、《证券期货业信息系统安全等级保护基本要求》及《期货公司信息技术管理指引》等法律法规和行业标准，起草了《期货公司核心应用软件产品与技术服务合同要素指引》，并向全行业进行了意见征求工作。

托管机房模式，一方面能够避免在民用建筑中建设机房的种种限制和不足，使期货公司获得更为专业的机房环境和维护服务；另一方面，也使公司节约了一定的机房建设和维护开支，将有限的资源更多地投入到市场开发、品种研究等关键业务上，有助于提高企业的内在价值和核心竞争力。

二、核心系统建设情况

期货公司的核心与关键设备主要是用于核心交易系统的各类服务器和存储等设备。随着行业的快速发展以及相关技术标准的出台，为保障核心交易系统的稳定、高效运行，期货公司愈加重视核心与关键设备的使用，在设备购置方面不断加大投入力度，并开始广泛采用高性能的服务器和存储设备，以提高系统的处理能力、可靠性以及扩展性。

在服务器设备的使用上，大多数期货公司倾向于选择国际知名品牌。2011 年的调查数据显示，行业内使用量排名居前三位的服务器品牌依次为 HP、DELL 和 IBM。

在存储设备使用方面，由于 SAN 存储网络采用冗余设计，且具备高可靠性、稳定性以及可扩展性等特点，能够有效避免单点故障隐患，提高整体系统的读写效率，因此，目前行业内对于磁盘阵列存储的使用以 SAN 网络结构最为典型。存储设备的选型以 HP、EMC、IBM 和 DELL 四个品牌的使用为主。

（一）交易结算系统

1. 交易结算系统类别。期货行业的业务量近年来发展迅猛，对系统的性能和容量提出了更高的要求，交易结算系统平台也随之发生较大调整，系统架构也逐步出现高性能的内存数据库应用技术，各软件商也更新成熟技术，进行系统升级，以满足日益增长的业务需求。目前，期货行业内的期货交易结算系统有以下几种：上期技术综合平台系统、金仕达 v6 期货交易结算系统、恒生期货 06 版交易系统、易盛系统等。

目前，交易结算系统的主要平台采用红帽 Linux 操作系统和 Windows 操作系统，主要使用的数据库平台有 Oracle、Sybase、MS SQL Server。成熟广泛使用的高可用数据库集群应用，以及创新的高性能内存数据库技术也使各项性能指标和容量指标都有大幅的提高。系统架构上充分利用业务通讯平台、中间件服务器、小型机服务器集群等技术，使期货交易管理系统形成多层集群结构，通过多种手段扩展系统的处理能力，适应期货公司的业务发展。

行业中主要使用的交易结算系统有：上期技术综合平台系统（RHEL + Oracle RAC + 交易核心内存数据库 + UDP 广播机制）、金仕达 v6 期货交易结算系统（RHEL + Sybase + 中间件技术 + 数据推送机制）、恒生期货 06 版交易系统（RHEL + Oracle RAC + 中间件技术 + 数据推送机制）、易盛系统（Windows + MS SQL Server + 内存数据库）。

2. 全面交易结算系统类别。借鉴国际期货市场惯例，中国金融期货交易所在制度设计中引入了分级结算制度，以强化交易所的整体抗风险能力。在分级结算制度下，期货公司分为全面结算会员、结算会员和交易会员，只有具备一定条件的期货公司才能成为全面结算会员或结算会员，而交易会员必须通过全面结算会员进行结算，从而形成多层次的风险管理体系。

在引入分级别算制度后，期货公司信息技术系统不单需完成本单位的日常交易结算，对于全面结算会员还承载着为交易会员提供代理结算的重要业务内容。目前期货行业内具备提供代理结算功能的系统有：金仕达 v6 期货交易结算系统、恒生期货06版交易系统。两套交易结算系统在原有的基础上针对相关代理结算的业务特点及业务范围，新增了代理结算功能，最大限度地保证了的代理结算业务的顺利开展。

3. 数据库系统。目前行业内使用最多的数据库系统主要有Sybase、Oracle、MS SQL Server和内存数据库等几类。行业内主要的几家交易系统开发商均有其固定使用的后台数据库系统，如上期技术综合平台系统结算平台使用Oracle，交易核心采用内存数据库；金仕达交易系统使用Sybase数据库；恒生交易系统使用Oracle数据库；易盛系统使用MS SQL Server数据库等。因此，行业内数据库系统的使用情况基本与交易系统使用情况相符。其中，金仕达交易系统的市场份额最大，因此Sybase数据库使用率最高，其次为恒生V2006期货交易系统和上期技术综合平台系统所使用的Oracle数据库，再次是易盛期货交易系统以及其他交易系统开发商所使用的微软SQL Server等数据库。

（二）行情系统

期货市场行情系统提供商在2011年没有发生较大的变化，主要还是以文华、彭博、富远3家为主。为了满足客户多样化需求，各期货公司仍然同时使用多套行情系统向客户提供行情服务。据了解，文华行情系统所占市场份额最高，超过50%；彭博行情超过40%；其他几家行情服务商，如富远、世华等，约占不到10%的市场份额。

从目前期货公司使用网上行情系统的方式来看，相当一部分公司都采用了行情托管方式，即将行情系统托管在行情商或电信IDC机房中。调查数据显示，2011年期货公司放置网上行情系统的机房达到774个，网上行情站点数量达到1332个。在行情系统承载能力方面，目前74%的行情系统实际使用客户数量低于设计数值的30%；26%的行情系统实际客户数在设计能力的20%～50%之间。

（三）银期转账系统

银期转账系统是期货公司和银行合作推出的资金汇划系统。期货投资者与期货公司和银行签订协议，将本人的期货资金账户和银行活期存款账户关联，实现资金在两个账户之间定向划转。

经中国证监会批准，目前可以办理期货资金存管业务的银行仍只有中国工商银行、中国农业银行、中国银行、中国建设银行、交通银行5家银行。5家银行均已推出了全国集中式银期转账系统。为方便全国范围内投资者的资金划转，投资者可以自行选择一家或多家银行办理银期转账业务。

（四）网上交易客户端

2011年，期货行业核心交易系统的发展继续禀承2010年以来出现的新特点，如技术路线逐步一致、小核心大外延等，此外系统安全性进一步受到各方的关注。行业内主要的几家核心交易系统开发商在推出四层架构以及高性能内存数据库的交易系统后，在2011年开始集中技术力量进一步完善已有系统的各项功能。同时，配合《指引》对于核心系统的要求，进行系统安全方面的改进，例如增加网上交易系统对于多种身份认证方式的支持等等。在系统处理能力方面，根据调查，目前行业160家期货公司所使用的284套期货交易系统中，90%以上的交易系统实际客户数和系统日处理委托笔数仍低于系统设计能力的20%，80%以上的交易系统每秒处理委托笔数小于系统设计能力的20%，未来仍具有较大的扩展空间。仅个别交易系统实际客户数、日处理委托笔数和每秒处理委托笔数超出设计能力的80%，接近系统设计能力上限。

在期货交易方式上，网上交易系统的多样化以及程序化交易方式在2011年得到了进一步发展，特别是大力发展程序化交易已成为多数期货公司的共识。据了解，目前除易盛等行业内的系统开发商进一步加大了对于程序化交易工具的研发力度外，各式各样由投资者自主开发的个性化交易终端也相继出现，并活跃在期货市场中。

在网上交易的发展规模上，据调查，2011年全行业共建有网上交易站点1740个，能够支持的客户数量共计约为1007万人，远远超过2011年有效客户总数158万人。在网上交易系统的处理能力上，目前绝大多数系统的实际客户数量基本都低于系统设计能力的20%。由此可见，未来网上交易方式仍具有较大的发展潜力和发展空间，期货经营机构网上信息系统情况见表6-4-11。

表6-4-11　　2011年期货经营机构网上信息系统情况

网上信息系统机房数量（个）		网上委托站点数量（个）		网上行情站点数量（个）		手机委托站点数量（个）		下单网页站点数量（个）		门户网站站点数量（个）	
2010年	2011年	2010年	2011年	2010年	2011年	2010年	2011年	2010年	2011年	2010年	2011年
965	1037	1464	1740	1249	1332	97	145	2	3	161	158

资料来源：第三次全行业信息技术资源调查。

在大力发展网上交易方式的同时，多数期货公司仍然保留了电话委托方式，一方面，考虑到照顾少数客户的操作习惯，另一方面，在一定程度上可作为网上交易方式的备份。调查数据显示，行业内目前共有电话委托线路3145条，电话委托签约客户数158万人，每万名客户配备电话线路数从2010年的20.9条，小幅下降到2011年的19.8条。由于电话委托方式操作步骤相对较多、速度明显慢于网上交易等，因而近几年来客户实际使用非常少，有86家期货公司提供了手机交易，手机交易比例在2011年有小幅上升，手机方式交易金额占比达到0.34%。期货经营机构电话委托情况见表6-4-12。期货经营机构交易金额情况见表6-4-13。

表6-4-12　　　　2011年期货经营机构电话委托情况

有效客户总数（万人）			电话委托线路总数（条）			每万名客户配备电话线路数（条）			峰值线路利用率		
2009年	2010年	2011年	2009年	2010年	2011年	2009年	2010年	2011年	2009年	2010年	2011年
91	136	158	282	2840	3145	3.1	20.9	19.8	—	—	—

资料来源：第三次全行业信息技术资源调查。

表6-4-13　　　　2011年期货经营机构各类交易方式交易金额情况

网上交易方式交易金额占比（%）						手机方式交易金额占比（%）					
2006年	2007年	2008年	2009年	2010年	2011年	2006年	2007年	2008年	2009年	2010年	2011年
100	100	100	99.92	99.89	95.51	—	—	—	0.08	0.11	0.34
电话委托交易金额占比（%）						现场交易方式交易金额占比（%）					
2006年	2007年	2008年	2009年	2010年	2011年	2006年	2007年	2008年	2009年	2010年	2011年
—	—	—	—	—	—	—	—	—	—	—	4.14

资料来源：第三次全行业信息技术资源调查。

安全控制方面，在网上交易安全方面，随着网上交易方式在期货行业的普遍应用以及近年来频繁出现的网络钓鱼等安全事件，网上交易身份认证问题开始受到各方关注。目前行业内几家主要的交易系统开发商已基本完成了系统功能升级，例如金仕达系统，在以往仅支持“客户号+密码”认证的基础上，新增了对于上海CA、通讯密码、金牛证书、科友令牌、林果令牌等多种认证方式的支持。但从实际使用情况来看，2011年，99.4%的期货公司仍采用低强度身份认证方式，仅提供硬件证书身份认证的公司约占14.4%，而仅提供动态口令认证方式的公司占比最少，仅为6.9%。据了解，目前仅少数期货公司开始与第三方认证机构，如上海CA等进行沟通，准备上线此类功能，此外，其他大多数公司仍然仅依赖简单的“客户号+密码”的方式进行客户身份认证。2011年期货经营机构网上交易身份认证情况见表6-4-14。

表 6-4-14　　2011 年期货经营机构网上交易身份认证情况

认证方式	期货（160）	
	数量（家）	占比（%）
账号 + 口令	160	100.00
随机验证码	123	76.90
通信码	8	5.00
密码图形键盘（软键盘）	135	84.40
客户端电脑或手机特征码绑定	13	8.10
软件证书	12	7.50
短信口令	0	0.00
硬件证书（第 1 代）	18	11.30
硬件证书（第 2 代）	5	3.10
动态口令	11	6.90
弱口令检查机制	31	19.40

资料来源：第三次全行业信息技术资源调查。

（五）呼叫中心系统

近年来，随着期货市场的高速发展和服务体系的变化，呼叫中心已经逐步成为期货金融服务的一部分。在日益激烈的市场竞争中，除了在技术先进性、产品质量、产品价格等传统方面竞争外，更多的竞争开始集中在对客户的服务质量上面。期货公司须提供更丰富的服务手段以满足客户随时随地请求服务的需要，同时需要让客户按照自己的方式来享受服务。怎样为客户提供优质的服务、怎样及时地了解客户的需要并作出及时的行动、怎样对客户关系进行科学的管理、怎样对来电客户进行分析、怎样进行全面的市场分析和及时的市场反馈，呼叫中心系统是目前新兴而有效的服务方式。

三、信息技术管理情况

（一）《期货公司信息技术管理指引》检查分类情况

为了持续促进期货公司提高信息技术保障能力，满足期货公司技术评级升级需求，中国期货业协会组织开展了 2011 年期货公司信息技术检查工作，对申请变更《期货公司信息技术管理指引》达标类别的期货公司和尚未达到相应类别要求的 50 家期货公司进行了技术检查。全国共有 49 家期货公司提出了技术评级升级申请，1 家公司提出了整改验收申请。检查申请截止后，中国期货业协会及时汇总相关信息，并根据各公司实际情况排定了检查顺序。

按照2009年制定的检查工作规则和工作流程，2011年技术检查工作仍分现场检查、审核和评审三个环节开展。检查前，中国期货业协会组织了15名检查人员，成立了5个检查组，召开了检查工作动员会及检查人员培训会，对技术检查工作进行了动员和部署，对全体检查人员进行了《指引》、检查工作要点及注意事项等内容的培训。

在升级检查工作结束后，经过严格审核和评审程序，最后确定39家公司通过升级检查，其中一类申请二类通过23家，一类申请三类通过3家，二类申请三类通过12家，三类申请四类通过1家。

1. 检查效果。

（1）行业信息技术整体水平显著提升。在2011年度检查过程中，各检查组普遍反映，被检查公司无论在检查材料准备、检查要点理解方面，还是在机房建设、系统运维和技术人员素质等方面，与2009年检查时相比均有了很大进步。这一方面源于《指引》对行业信息技术的促进作用日益明显，另一方面源于行业各方对信息技术工作的重视程度日趋提高。

（2）期货公司提高自身技术等级意愿日趋增强。《指引》的发布和检查，使部分期货公司信息系统建设和管理能力得到了较快提升，申请更高类别技术检查的意愿日趋增强，达到《指引》高级别技术等级要求的公司逐渐增多。

（二）行业信息技术人员情况

2011年，各期货公司进一步加强了信息系统运维管理工作力度，分别设置了系统管理、系统运行、网络安全、数据库等岗位，并为关键岗位设置了备岗，有效地降低了人为操作风险，提高了信息系统的安全保障能力。随着期货公司信息技术管理力度不断加大、岗位设置日趋细化，各公司对于技术人员数量的需求也日益增加。2011年，全行业160家期货公司共有技术人员2642人，较去年增长525人，平均每家公司16.5人，技术人员数量占员工数量的比例平均达到9.6%。2006～2011年期货公司IT人员情况见表6-4-15。

表6-4-15　　　　2006～2011年期货公司IT人员情况

年度	IT人数（人）	增长数（人）	增长率（%）	公司总人数（人）	IT人员占全员比（%）
2006年	713	—	—	—	—
2007年	941	228	32.00	—	—
2008年	1331	618	65.70	—	—

续表

年度	IT 人数（人）	增长数（人）	增长率（%）	公司总人数（人）	IT 人员占全员比（%）
2009 年	1707	376	28.20	16869	10.10
2010 年	2117	410	24.00	23724	8.90
2011 年	2642	525	24.80	27405	9.60

资料来源：第三次全行业信息技术资源调查。

根据有关统计数据，30 岁以下人员是构成目前行业信息技术从业人员的主要力量，约占全行业信息技术人员的 2/3，30 至 40 岁的信息技术人员约占 27.67%，40 岁以上人员仅占极低的比例。其中，期货公司总部具有信息技术相关专业大学本科以上学历的人员约占全部技术人员的 78.77%；从业年限达到 5 年以上的信息技术人员约占 14.95%。从上述统计数据来看，期货公司信息技术人员队伍相对年轻，未来行业信息技术人员在整体素质、从业经验等方面仍有待于进一步提高。

从岗位分布情况上看，期货公司信息技术人员从事系统运行及维护岗位的比例约为 82.78%；技术管理人员约为 9.84%，而由于期货公司一般采取软件外包开发的形式，因此专职从事软件开发的岗位配备较少，只占 3.14% 左右。2011 年期货公司信息技术人员情况请见表 6－4－16。

表 6－4－16　　2011 年期货公司 IT 人员岗位与年龄分布情况

IT 人员总数（人）	总体情况		岗位情况				年龄统计情况	
	总部 IT 员工占比（%）	营业网点 IT 员工占比（%）	管理岗占比（%）	专职软件开发岗占比（%）	运维岗占比（%）	信息安全岗占总部 IT 人员比（%）	30 岁以下人员占比（%）	30 至 40 岁人员占比（%）
2642	54.35	45.65	9.84	3.14	82.78	14.69	68.13	27.67

续上表	从业年限统计情况	学历统计情况	职称统计情况
	从业 5 年以上人员占比（%）	本科学历以上人员占比（%）	高级职称以上人员占比（%）
	14.95	78.77	0.64

资料来源：第三次全行业信息技术资源调查。

在扩编技术人员的基础上，2011 年各期货公司纷纷落实《指引》中关于人员培训的有关要求，包括针对公司实际情况制定相应的培训手册，对所有上岗技术人员进行岗位培训；制定信息技术人员年度培训计划，并按照计划开展各类培训；积极安排技术人员参加中国期货业协会组织的行业信息技术人员培训等。

（三）数据备份能力建设情况

随着期货市场的快速发展和成交量的持续放大，因突发性灾难可能造成的损失也将不断增大，随之而来的，期货行业对备份系统建设、业务连续性计划的需求也越来越迫切。

为了规范行业备份标准，强化备份能力，2011 年 4 月 14 日中国证监会发布了《证券期货经营机构信息系统备份能力标准》（以下简称《标准》），要求证券期货经营机构应加强备份能力建设，规范开展信息系统备份工作，提高抗风险能力，确保信息系统安全稳定运行和重要数据安全。《标准》定义了数据备份能力、故障应对能力、灾难应对能力和重大灾难应对能力四种备份能力，分别提出了不同的指标要求。数据备份能力是指发生在人为破坏、灾难灾害或突发公共安全事件等极端情况下，确保数据完整、可用的能力。故障应对能力、灾难应对能力和重大灾难应对能力是指发生软硬件故障、灾难事件和重大灾难事件时，确保信息系统及时恢复和继续运作的能力。同时，《标准》提出分等级建设备份系统的思想，明确了等级划分标准，有利于行业各机构根据不同重要信息系统的特点，以及系统和数据的重要性、业务连续性的要求，确定备份系统的建设标准。备份能力共划分了六个等级，从一级到六级逐步提高要求。

《标准》发布后，期货公司在当地证监局和期货业协会的帮助下，按照标准要求定级、设计信息系统、分步稳步的实施，力争在未来几年内，达到标准要求。但由于灾备系统建设及维护成本较高，因而目前大部分业内期货公司尚不具备灾备系统，而是较多地采用数据备份方式。根据 2011 年对期货公司重要业务系统数据离场备份情况的统计，同城数据备份的公司有 145 家，约占 91%；异地数据备份的公司有 130 家，约占 81%。2011 年期货公司重要业务系统备份情况见表 6-4-17。在交易流水备份频率方面，根据中国金融期货交易所的不完全统计，目前约 30 家期货公司能够实现实时备份；157 家公司每日备份一次；1 家公司每周备份一次。从期货经营机构和分支机构通信备份情况来看，多线路双运营商通信备份的达到 61.3%，多线路单运营商备份的达到 7.7%，单线路的占比 26.1%。2011 年期货经营机构和分支机构通信备份情况见表 6-4-18。

表 6-4-17　　2011 年期货公司重要业务系统备份情况

	备份频率（每天至少 1 次）		数据存放						有效性验证频率（每季度至少 1 次）	
			本地存放		同城存放		异地存放			
	公司数量（家）	占比（%）	公司数量（家）	占比（%）	公司数量（家）	占比（%）	公司数量（家）	占比（%）	公司数量（家）	占比（%）
期货（160）	157	98	151	94	145	91	130	81	153	96

资料来源：第三次全行业信息技术资源调查。

表 6-4-18　　2011 年期货经营机构和分支机构通信备份情况

	多线路多运营商		多线路单运营商多介质		多线路单运营商单介质		单线路单运营商	
	数量（家）	占比（%）	数量（家）	占比（%）	数量（家）	占比（%）	数量（家）	占比（%）
期货（518）	327	63.10	40	7.70	16	3.10	135	26.10

资料来源：第三次全行业信息技术资源调查。

在灾备系统建设方面，已有数据显示，2008 年以前仅有极少数期货公司进行了灾备系统规划，但尚无公司真正建成并启用了灾备系统。然而，随着行业的快速发展，市场对于技术系统的依赖程度迅速提高，客户对于交易系统的要求更是从过去仅关注系统的处理能力、效率扩展到现在的业务连续性和系统高可靠性。2011 年，行业内部分规模较大的期货公司未雨绸缪，在灾备系统建设方面进行了有益的探索和尝试。少数公司率先开始建设灾备中心，并陆续投入使用，为未来行业全面开展灾备系统建设积累了宝贵的经验。

（四）信息技术安全管理情况

2011 年 12 月 28 日，中国证监会公布了金融行业推荐性标准《证券期货业信息系统安全等级保护基本要求（试行）》（以下简称基本要求）及《证券期货业信息系统安全等级保护测评要求（试行）》（以下简称测评要求）。《基本要求》和《测试要求》的发布进一步完善、加强了期货行业信息技术安全等级的各方面管理，为期货行业提高信息技术水平指出了科学而可持续的发展方向。

2010 年 11 月，中国证监会委托中国期货业协会负责组织落实期货公司网上交易安全试点工作，即选取部分期货公司，研究通过有效的技术手段（如双因素身份认证等）加强网上交易安全认证，提高网上交易的安全性。试点单位从通过《指引》二、三类检查的期货公司中选取，由期货公司自愿提出申请，使用金仕达系统的公司不超过4家，使用恒生系统的公司不超过3家，使用其他系统的公司不超过2家。通过试点申报、材料初审以及专家评审的阶段，最终选定9家期货公司作为试点单位开展试点工作。在试点工作过程中，期货公司从管理和技术两方面开展实施安全认证工作，从技术手段选择情况来看，上述公司双因素身份认证拟采用的动态令牌、CA认证等主流技术手段，具有一定的代表性。试点工作对行业实施双因素身份认证十分必要且具有重要意义，为期货行业在网上交易安全认证工作推广方面提供了宝贵经验。

四、信息安全保障情况

（一）信息技术应急演练

2011年，行业内先后开展了多次全市场范围的应急演练工作，包括中国证监会和中国银监会联合组织的银证系统安全检查并抽查进行应急演练工作，各期货交易所组织的故障切换测试和交易系统应急演练等。在此背景下，为进一步提高风险抵御能力，减少突发性事件造成的损失，各期货公司也进一步加强了对于应急演练工作的重视程度，组织相关人员认真学习证监会发布的《证券期货业信息系统重大技术故障特别处置预案》、《证券期货业网络与信息安全事件应急预案》以及《证券公司客户交易结算资金商业银行第三方存管技术指引》，结合自身实际情况制定相应的应急处置流程，针对不同的应急场景设计不同的应急预案等。

此外，期货公司还专门成立了应急工作小组，进一步理顺应急处置工作的各个环节，较好地完成了年内各次应急演练任务。通过应急演练，各期货公司的应急处置流程得以进一步完善，同时行业信息技术人员的应急处置能力也得到了切实提高。在2011年全行业应急演练工作的促进下，期货公司风险防范意识整体得到了加强，应对风险的能力整体得到了提高。存在的问题是应急预案不够科学、不够完善，应急演练不够充分，不够到位。

（二）敏感时期维稳工作

2011年，大多数期货公司均能认真贯彻落实证监会和协会的有关要求，针对3月3日至14日“两会”维稳时期，采取了一系列安全保障措施。首先，在维稳前梳理运维流程，排查信息安全隐患，落实各项安全保障措施；其次，在维稳期间妥善安排人员值班，加大信息系统监控力度，冻结系统变更，同时按时上报网络与信息安全日报；再次，在维稳工作结束后及时总结维稳工作情况，并上报总结报告。

根据协会对于维稳期间报告情况的统计，“两会”期间，协会161家会员单位应报信息安全日报1932次，实报1500次，报告率为77.6%。其中，报告良好1498次，报告出现问题2次。平均每个报告日有125家会员单位进行了填报，坚持每日填报的会员单位有36家。

2011年，期货行业各类业务系统基本实现了稳定运行的目标，经受住了期货成交量持续放大的考验，未出现重大信息安全事故，行业信息系统抗风险能力总体得到了提高。

附　录

1. 2011 年中国期货市场大事记

1 月 5 日　上期所期货保税交割业务正式启动。上海中储临港物流有限公司、上海同盛物流园区投资开发有限公司成为上期所首批有色金属（铜、铝）指定保税交割仓库。

1 月 13~14 日　全国证券期货监管工作会议在北京召开。会议提出，积极发展期货市场，不断提升服务国民经济能力。推进条件具备的商品期货上市，稳妥推进期货品种和业务创新。继续落实国家稳定物价总水平的要求，遏制过度投机。加强股指期货跨市场监管，研究建立商品期货投资者适当性制度。健全农产品期货服务“三农”的机制和模式。做好期货公司分类监管和分类评价，支持期货公司通过兼并重组、增资扩股等方式做优做强。

1 月 17 日　最高人民法院发布了《关于审理期货纠纷案件若干问题的规定(二)》，对 2003 年发布的《关于审理期货纠纷案件若干问题的规定》进行了补充和完善。

2 月 1 日　新闻出版总署、中国证监会日前联合发布《关于加强报刊传播证券期货信息管理工作的若干规定》。

2 月 11 日　我国证券期货交易所首个异地灾备中心——上海期货交易所北京灾备中心正式启用。中国证监会副主席桂敏杰、主席助理姜洋出席启动仪式。

3 月 1 日 中国期货业协会修订的《中国期货业协会行业信息管理平台管理规则（修订）》和《中国期货业协会纪律惩戒程序（修订）》通过证监会核准，由中国期货业协会正式发布。

3 月 14 日 上海期货交易所、郑州商品交易所、大连商品交易所、中国金融期货交易所发布了期货市场实际控制关系账户的报备制度。

3 月 24 日 铅期货在上海期货交易所上市交易。中国证监会主席尚福林和上海市市长韩正共同为铅期货合约揭牌，并为开盘交易鸣锣。

3 月 25 日 “全国期货监管工作座谈会”召开，会议提出，深化改革创新，促进期货市场更好地服务经济发展方式转变。

4 月 1 日 中国证监会正式发布了《期货公司期货投资咨询业务试行办法》，于 5 月 1 日开始实施。

4 月 15 日 焦炭期货合约在大连商品交易所上市挂牌交易。中国证监会主席尚福林和辽宁省委常委、大连市委书记夏德仁共同为焦炭期货合约揭牌。

4 月 24 日 由中国期货业协会主办的“第五届中国期货分析师论坛”在杭州成功举办，本届会议主题为“服务、产品、创新”。

5 月 期货保证金监控中心与海期货交易所、郑州商品交易所、大连商品交易所、中国金融期货交易所正式签订了《期货数据及信息交换框架协议》，从制度上确立了期货交易所向期货保证金监控中心传送实时数据的有关事项。

5 月 6 日 中国证监会发布《合格境外机构投资者参与股指期货交易指引》，对 QFII 参与股指期货业务进行详细规定。

5 月 20 日 由郑州商品交易所主办的“期货市场服务实体经济 30 人论坛”在北京举办。

5 月 28 ~ 29 日 由上海期货交易所主办的“第八届上海衍生品市场论坛”在上海召开。本届论坛主题是“经济复苏与动荡中的期货市场：功能发挥与风险管理”。

5 月 29 日 第一次“期货投资分析”考试在全国 35 个城市同时进行。

6 月 1 ~ 2 日 由大连商品交易所与中国石油和化学工业联合会联合主办的“2011 中国塑料产业大会”在宁波召开。

6 月 14 日 中国期货业协会开始受理期货投资咨询业务从业资格申请。

6 月 27 日 中国银监会发布《信托公司参与股指期货交易业务指引》，对信托公司参与股指期货业务进行了规定。

6 月 ~ 10 月 中国期货业协会完成了对全国 162 家正常营业的期货公司符合条

件的从业人员资格定期检查。

7月6日 由大连商品交易所和《期货期权世界（FOW）》杂志联合主办的“中国及全球衍生品市场发展论坛”在大连成功举行。

7月6日 大连商品交易所与香港交易所（HKEx）签署合作谅解备忘录。

7月29日 由中国金融期货交易所与上海交通大学高级金融学院共同举办的“金融期货高级管理课程”开班仪式在上海交大举行。

8月6日 由中国有色金属工业协会主办，中国期货业协会和上海期货交易所协办的“有色金属产业发展与期货市场座谈会”在北京顺利举行。

8月16日 中国期货业协会发布《期货投资咨询服务合同指引》，内容包括《期货投资咨询风险揭示书》、《期货投资咨询客户须知》、《期货公司期货投资咨询合同必备条款》等3份文件。

8月19日 中国证监会宣布14家期货公司首批取得期货投资咨询业务资格。

8月31日 中国期货业协会发布《期货业诚信实施指导意见》，作为全行业诚信建设工作的指导性文件。

9月1日 大商所启动2011年十大期货研发团队评选活动。本次活动农产品研发团队有97家期货公司参与，化工研发团队有96家期货公司参与。

9月2日 中国证监会发布《关于开展期货市场账户规范工作的决定》，对期货市场账户管理进行规范。

9月5日 由郑州商品交易所主办的“郑州农产品（粮油）期货论坛”在郑州召开。中国证监会、国家农业部和河南省政府领导以及中国期货业协会等代表出席了会议。

9月22日 由大商所主办、吉林粮食局等单位协办的“第五届国际玉米产业大会”在长春举行。

10月12日 由中国证券业协会、中国期货业协会以及德国国际合作机构（GIZ）共同举办的“中德投资者适当性管理研讨会”在北京举行。

10月28日 甲醇期货合约在郑商所上市交易。中国证监会党委委员、主席助理姜洋，河南省委常委、常务副省长李克共同为甲醇期货合约揭牌。

10月29日 郭树清出任中国证监会主席。

11月11日 国务院办公厅发布《国务院关于清理整顿各类交易场所切实防范金融风险的决定》。

11月12~13日 由大连商品交易所和马来西亚大马交易所共同主办的“第六届国际油脂油料大会”在广州召开。

11月14日 郑州商品交易所、香港交易及结算所有限公司《合作谅解备忘录》签字仪式在郑州举行。

11月18日 中国国际期货收购珠江期货、中证期货收购新华期货的申请获得中国证监会核准。

11月20日 中国证监会发布了《期货营业部管理规定（试行）》，进一步明确期货公司对营业部统一结算、统一风险管理、统一资金调拨、统一财务管理及会计核算的管理制度。

12月3~4日 中国期货业协会、深圳证券交易所和深圳市人民政府共同主办的"第七届中国国际期货大会"在深圳成功举行，本次大会的主题为"转变、融合、创新——不确定环境下的风险管理"。

12月21日 国务院法制办公室、中国证券监督管理委员会共同起草的《国务院关于修改〈期货交易管理条例〉的决定（征求意见稿）》公开征求意见。

12月26日 山西省期货业协会成立。

12月29日 中国证监会发布金融行业推荐性标准《证券期货业信息系统安全等级保护基本要求（试行）》（JR/T 0060 - 2010）、《证券期货业信息系统安全等级保护测评要求（试行）》（JR/T 0067 - 2011）。

2. 中国上市期货品种一览（截至2011年12月）

品　种	交易所	代码	上市时间
铜	上海期货交易所（SHFE）	CU	1991年
铝	上海期货交易所（SHFE）	AL	1991年
锌	上海期货交易所（SHFE）	ZN	2007年3月26日
天然橡胶	上海期货交易所（SHFE）	RU	1991年
燃料油	上海期货交易所（SHFE）	FU	2004年8月25日
黄金	上海期货交易所（SHFE）	AU	2008年1月9日
螺纹钢	上海期货交易所（SHFE）	RB	2009年3月27日

续表

品　种	交易所	代码	上市时间
线材	上海期货交易所（SHFE）	WR	2009 年 3 月 27 日
铅	上海期货交易所（SHFE）	PB	2011 年 3 月 24 日
黄大豆一号	大连商品交易所（DCE）	A	1993 年 2 月 28 日
黄大豆二号	大连商品交易所（DCE）	B	2004 年 12 月 22 日
豆粕	大连商品交易所（DCE）	M	2000 年 7 月 17 日
豆油	大连商品交易所（DCE）	Y	2006 年 1 月 9 日
玉米	大连商品交易所（DCE）	C	2004 年 9 月 21 日
线型低密度聚乙烯（LLDPE）	大连商品交易所（DCE）	L	2007 年 7 月 31 日
棕榈油	大连商品交易所（DCE）	P	2007 年 10 月 29 日
聚氯乙烯（PVC）	大连商品交易所（DCE）	V	2009 年 5 月 25 日
焦炭	大连商品交易所（DCE）	J	2011 年 4 月 15 日
白糖	郑州商品交易所（CZCE）	SR	2006 年 1 月 6 日
棉花一号	郑州商品交易所（CZCE）	CF	2004 年 6 月 1 日
强麦	郑州商品交易所（CZCE）	WS	1998 年 11 月 27 日
硬麦	郑州商品交易所（CZCE）	WT	1998 年 11 月 27 日
精对苯二甲酸（PTA）	郑州商品交易所（CZCE）	TA	2006 年 12 月 18 日
菜籽油	郑州商品交易所（CZCE）	RO	2007 年 6 月 8 日
早籼稻	郑州商品交易所（CZCE）	ER	2009 年 4 月 20 日
甲醇	郑州商品交易所（CZCE）	ME	2011 年 10 月 8 日
沪深 300 股指期货	中国金融期货交易所	IF	2010 年 4 月 16 日

注：铜、铝期货最早是在深圳有色金属期货交易所交易，上海期货交易所自 1992 年开始交易。

3. 2011年中国期货市场成交情况统计

交易所名称	品种名称	今年累计成交总量（手）	去年同期成交总量（手）	同比增减（%）	今年累计成交总量占全国份额（%）	今年累计成交总额（亿元）	去年同期成交总额（亿元）	同比增减（%）	今年累计成交总额占全国份额（%）
上海期货交易所	铜	48961130	50788568	-3.60	4.64	149667.09	148218.77	0.98	10.88
	铝	9953918	17261995	-42.34	0.94	8535.17	14171.24	-39.77	0.62
	锌	53663483	146589373	-63.39	5.09	46182.75	127862.81	-63.88	3.36
	铅	293280	—	—	0.03	1280.80	—	—	0.09
	黄金	7221758	3397044	112.59	0.69	25488.04	9145.96	178.68	1.85
	天然橡胶	104286399	167414912	-37.71	9.89	165237.11	213232.41	-22.51	12.02
	燃料油	1971141	10682204	-81.55	0.19	964.39	4943.18	-80.49	0.07
	螺纹钢	81884789	225612417	-63.71	7.77	37177.51	99758.58	-62.73	2.70
	线材	3242	151702	-97.86	0.00	1.49	64.44	-97.68	0.00
	总额	308239140	621898215	-50.44	29.24	434534.36	617397.38	-29.62	31.60
郑州商品交易所	棉花	139044152	86943114	59.93	13.19	181294.14	102965.75	76.07	13.18
	早灿稻	5925454	26852240	-77.93	0.56	1518.63	6331.38	-76.01	0.11
	甲醇	316107	—	—	0.03	454.60	—	—	0.03
	菜籽油	4320115	9520645	-54.62	0.41	2249.07	4278.70	-47.44	0.16
	白糖	128193356	305254605	-58.00	12.16	88323.72	167955.76	-47.41	6.42
	PTA	120528824	61415070	96.25	11.43	58073.67	25919.78	124.05	4.22
	强筋小麦	7909755	5804642	36.27	0.75	2237.43	1497.67	49.39	0.16
	普通小麦	152901	35095	335.68	0.01	33.91	7.63	344.66	0.00
	总额	406390664	495825411	-18.04	38.55	334185.15	308956.65	8.17	24.30

续表

交易所名称	品种名称	今年累计成交总量（手）	去年同期成交总量（手）	同比增减（%）	今年累计成交总量占全国份额（%）	今年累计成交总额（亿元）	去年同期成交总额（亿元）	同比增减（%）	今年累计成交总额占全国份额（%）
大连商品交易所	黄大豆一号	25239532	37393600	-32.50	2.39	11365.29	15426.01	-26.32	0.83
	黄大豆二号	10662	14709	-27.51	0.00	5.09	6.18	-17.72	0.00
	玉米	26849738	35999573	-25.42	2.55	6304.50	7683.42	-17.95	0.46
	焦炭	1512734	—	—	0.14	3430.26	—	—	0.25
	LLDPE	95219058	62488306	52.38	9.03	49663.57	34355.49	44.56	3.61
	豆粕	50170334	125581888	-60.05	4.76	16267.91	38651.63	-57.91	1.18
	棕榈油	22593961	41799813	-45.95	2.14	20194.25	31281.04	-35.44	1.47
	聚氯乙烯	9438431	8483624	11.25	0.90	3749.62	3360.56	11.58	0.27
	豆油	58012550	91406238	-36.53	5.50	57775.73	77765.21	-25.70	4.20
	总额	289047000	403167751	-28.31	27.42	168756.19	208529.53	-19.07	12.27
中国金融期货交易所	沪深300股指	50411860	45873295	9.89	4.78	437658.55	410698.77	6.56	31.83
	总额	50411860	45873295	9.89	4.78	437658.55	410698.77	6.56	31.83
全国期货市场交易总额		1054088664	1566764672	-32.72	100.00	1375134.25	1545582.32	-11.03	100.00

注：1. 本表根据上海期货交易所、郑州商品交易所、大连商品交易所和中国金融期货交易所提供数据计算。2. 表中数据均为单边计算。3. 表中数据均不含期转现数据。

4. 2011年中国期货经营机构基本情况

机构名称	公司地址	邮编
安徽		
徽商期货有限责任公司	合肥市芜湖路258号3号楼6~7层、6号楼2层	230061
华安期货有限责任公司	安徽省合肥市长江中路419号	230061
安粮期货有限公司	安徽省合肥市芜湖路168号同济大厦11层	230001
北京		
北京中期期货经纪有限公司	北京朝阳区东三环北路38号院1号楼泰康金融大厦22层2201	100026
金鹏期货经纪有限公司	北京市西城区金融大街27号投资广场B座九层	100033
国都期货有限公司	北京市东城区东直门南大街3号国华投资大厦8层、10层	100007
中粮期货经纪有限公司	北京市东城区东直门南大街5号中青旅大厦15层	100007
北京首创期货有限责任公司	北京市西城区闹市口大街1号院长安兴融中心4号楼11层	100031
宏源期货有限公司	北京市西城区太平桥大街19号4层4B	100033
第一创业期货有限责任公司	北京市西城区平安里西大街26号新时代大厦四层南侧	100034
冠通期货经纪有限公司	北京市朝阳区朝阳门外大街甲6号万通中心4座18层	100020
国元海勤期货有限公司	北京市海淀区西三环北路89号中国外文大厦A座907、908、909室	100089
经易期货经纪有限公司	北京市西城区百万庄北街6号	100037
京都期货有限公司	北京市西城区德胜门外大街115号德胜尚城E座1层A区	100088
中衍期货经纪有限公司	北京市朝阳区光华路15号院泰达时代中心1号楼1804~1807	100026

续表

机构名称	公司地址	邮编
中钢期货有限公司	北京市海淀区海淀大街8号A座19层	100080
民生期货有限公司	北京市东城区建国门内大街28号民生金融中心A座16层	100005
银河期货有限公司	北京西城区复兴门外大街A2号中化大厦八层	100045
中国国际期货有限公司	北京市朝阳区建国门外光华路14号1幢1层、2层、9层、11层、12层	116001
英大期货有限公司	北京市朝阳区呼家楼京广中心3层301室	100005
格林期货有限公司	北京市西城区金融大街27号投资广场B座5层B1004室B2003室B2005~2008室	100033
银建期货经纪有限责任公司	北京市丰台区方庄芳古园一区29号楼3层	100078
安信期货有限责任公司	北京市东城区北三环东路36号A26	100013
大连		
大连良运期货经纪有限公司	大连市沙河口区会展路129号大连期货大厦37层3701~3706室	116023
北方期货经纪有限责任公司	大连市沙河口区中山路478-1-3	116021
渤海期货有限公司	大连市中山区玉光街11号远洋大厦B座写字间1单元9层	116001
国富期货有限公司	大连市沙河口区会展路129号大连国际金融中心A座大连期货大厦2808室	116023
福建		
兴业期货有限公司	福州市鼓楼区温泉街道湖东路268号6层（兴业证券大厦）	350001
金友期货经纪有限责任公司	福州市鼓楼区华林路93号6层	350003
甘肃		
甘肃陇达期货经纪有限公司	甘肃省兰州市静宁路308号4楼	730000
广东		
江南期货经纪有限公司	广东省东莞市南城区体育路2号鸿禧中心六层B11、B12室	523009

续表

机构名称	公司地址	邮编
华联期货有限公司	东莞市城区可园南路1号金源中心16层	523000
广发期货有限公司	广东省广州市天河区体育西路57号红盾大厦14、15楼	510620
华南期货经纪有限公司	广东省广州市天河区体育西路111号建和中心大厦15楼	510620
广晟期货有限公司	广州市海珠区新港东路1000号801、802、813、814、902、913房	510308
集成期货有限公司	广东省广州市天河区珠江新城华夏路10号富力中心11层03、04单元	510623
摩根大通期货有限公司	广东省中山市东区中山四路盛景园三期A2幢8层6卡	528403
华泰长城期货有限公司	广州市越秀区先烈中路65号东山广场东楼11、12层	510095
广永期货有限公司	广州市体育西路57号10层、12层	510620
盛达期货有限公司	广州市解放南路123号金汇大厦6楼601室	510120
广州期货有限公司	广州市天河区临江大道5号第20层06单元、第21层04、05、06单元	510623
海南		
金元期货经纪有限公司	海南省海口市南宝路36号证券大厦1楼、5楼	570206
华融期货有限责任公司	海南省海口市龙昆北路53－1号三楼	570105
海南金海岸期货经纪有限公司	海口市国贸大道45号银通中心20层	570125
中银国际期货有限责任公司	上海市浦东新区世纪大道1589号长泰国际金融大厦901室	200122
河北		
河北恒银期货经纪有限公司	石家庄市槐安东路90号国富大厦三层	050011
河南		
万达期货有限公司	郑州市郑东新区商务内环路27号楼1单元3层01号、2单元3层02号	450016

续表

机构名称	公司地址	邮编
国信期货有限责任公司	郑州市郑东新区商务外环路13号5层502、503室	450008
中原期货有限公司	河南省郑州市郑东新区商务外环路10号中原广发金融大厦四楼	450046
黑龙江		
黑龙江三力期货经纪有限责任公司	黑龙江省哈尔滨市道里区中央大街185号金谷大厦	150010
大通期货经纪有限公司	黑龙江省哈尔滨市南岗区西大直街118号1号楼6层	150001
黑龙江时代期货经纪有限公司	哈尔滨市香坊区中山路172号哈高新区富阳创业中心（常青大厦）15层	150036
湖北		
美尔雅期货经纪有限公司	湖北省武汉市江汉北路八号	430022
长江期货有限公司	湖北省武汉市汉口新华路特8号长江证券大厦8楼	430015
湘财祈年期货经纪有限公司	武汉市武珞路456号新时代商务中心写字楼20－1－（1、2）室	430022
湖南		
方正期货有限公司	湖南省长沙市芙蓉中路一段372号四楼	410008
湖南金信期货经纪有限公司	长沙市车站北路459号证券大厦5楼	410001
大有期货有限公司	长沙市开福区芙蓉中路一段478号运达国际广场写字楼21楼	410011
德盛期货有限公司	湖南省长沙市五一西路2号第一大道14楼	410005
吉林		
天富期货有限公司	长春市长春大街500号吉信大厦	130041
中融汇信期货有限公司	长春市人民大街4848号华贸国际2604～2605室	130022
天鸿期货经纪有限公司	吉林省长春市人民大街7088号伟峰国际1804～1805	130021
吉粮期货有限公司	长春市建设街1307号	130061
江苏		
江苏东华期货经纪有限公司	江苏省南京市王府大街63号5层	210004

续表

机构名称	公司地址	邮编
国联期货有限责任公司	无锡市人民中路97号10楼	214002
创元期货经纪有限公司	苏州市三香路120号万盛大厦2楼、3楼	215004
东海期货有限责任公司	江苏省常州市延陵西路23、25、27、29号	213003
新纪元期货有限公司	江苏省徐州市淮海东路153号	221005
华证期货经纪有限公司	江苏省宜兴市人民中路135号华证大厦	214206
江苏弘业期货经纪有限公司	南京市中华路50号弘业大厦	210001
江苏文峰期货经纪有限责任公司	江苏省南通市环城南路128号飞马大厦三层	226001
锦泰期货有限公司	江苏省南京市中央路258－28号锦盈大厦	210009
南证期货有限责任公司	南京市秦淮区长乐路226号长乐花园01幢1号－4，1号－7，1号－8	210006
道通期货经纪有限公司	江苏省南京市鼓楼区广州路188号苏宁环球大厦5层02座	210024
江西		
江西瑞奇期货经纪有限公司	江西省南昌市广场南路333号恒茂国际中心16号楼A座6楼	330003
辽宁		
华海期货有限公司	沈阳市沈河区团结路9号（1－9－1）	110013
江海汇鑫期货有限公司	辽宁省沈阳市沈河区青年大街51－2号12层	110014
江信国盛期货有限责任公司	辽宁省鞍山市铁东区新华街35栋－4号2层、3层	114010
内蒙古		
鑫鼎盛期货有限公司	内蒙古呼和浩特市回民区新华大街82号奥体商厦十层1019室	010030
宁波		
宁波杉立期货经纪有限公司	宁波市中山东路796号东航大厦11楼	315040
青海		
财富期货有限公司	青海省西宁市城中区西大街18号12层	810000

续表

机构名称	公司地址	邮编
山东		
鲁证期货有限公司	济南市市中区经七路86号15、16层	250001
招金期货有限公司	山东省淄博市张店区柳泉路45号甲3号5层	255039
中州期货有限公司	山东省烟台市莱山区迎春大街133-1科技创业大厦	264003
山西		
山西三立期货经纪有限公司	山西省太原市府西街69号1幢东塔楼16层	030002
和合期货经纪有限公司	山西省太原市莱园东街2号	030012
晟鑫期货经纪有限公司	山西省阳泉市德胜东街23号	045000
中辉期货经纪有限公司	山西省太原市新建路39号乡海大厦16层	030002
陕西		
西部期货有限公司	西安市东新街232号陕西信托大厦三层、九层	710004
陕西省长安期货经纪有限公司	西安市和平路99号金鑫国际大厦七层707	710001
迈科期货经纪有限公司	陕西省西安市高新区唐延路33号迈科国际大厦22层	710075
上海		
国泰君安期货有限公司	上海市静安区延平路121号26层	200042
海通期货有限公司	上海市浦东新区世纪大道1589号17楼、6楼01-04单元、25楼	200122
华鑫期货有限公司	上海市黄浦区宁海东路200号申鑫大厦28楼及2702、2703、2705、2706室	200021
光大期货有限公司	上海市新闸路1508号二楼	200040
上海金源期货经纪有限责任公司	上海市浦东新区源深路273号（1、2楼）	200135
恒泰期货经纪有限公司	上海市松林路357号19层	200122
国投中谷期货有限公司	上海市东大名路638号五层	200080
上海良茂期货经纪有限公司	上海市打浦路198号	200040
上海东亚期货经纪有限公司	上海市松林路300号2202-2205室	200122

续表

机构名称	公司地址	邮编
上海东方期货经纪有限责任公司	上海市浦东松林路300号1603室	200122
上海大陆期货有限公司	上海市凯旋路3131号明申中心大厦25、26楼	200030
东航期货经纪有限责任公司	上海市吴中路686弄3号D幢16楼	201103
上海中财期货有限公司	上海市浦东新区陆家嘴环路958号23楼	200120
上海浙石期货经纪有限公司	上海市浦东新区浦电路438号	200122
上海普民期货经纪有限公司	上海市中山北路2550号8楼C座	200063
上海通联期货有限公司	上海市浦东陆家嘴环路958号7楼	200120
上海东证期货有限公司	上海市浦电路500号上海期货大厦14层	200122
海证期货有限公司	上海市临平北路19号3楼	200086
华元期货有限责任公司	上海市浦电路500号1202—1205室	200122
上海中期期货经纪有限公司	上海市浦东新区浦电路500号11楼	200122
中信新际期货有限公司	上海市浦东大道1085号C座401室	200135
上海久恒期货经纪有限公司	上海市浦东新区世纪大道1500号12楼北座	200122
新湖期货有限公司	上海市裕通路100号36层	200070
华闻期货经纪有限公司	上海市浦东新区浦东大道720号国际航运金融大厦22楼ABCDMN室	200120
申银万国期货有限公司	上海市东方路800号7、8、10楼	200122
东兴期货有限责任公司	上海市杨树浦路248号22层	200082
东吴期货有限公司	上海市西藏南路1208号6楼、10楼EFGH	200011
深圳		
深圳瑞龙期货有限公司	深圳市福田区福中三路诺德金融中心主楼33D	518026
天琪期货有限公司	深圳市福田区深南大道4009号投资大厦	518048
广东鸿海期货经纪有限公司	深圳市福田区深南大道与金田路交界西南深圳国际交易广场2612－2616	528200
中航期货经纪有限公司	深圳市福田区深南大道2008号中国凤凰大厦2栋5层512、513、501室	518026

续表

机构名称	公司地址	邮编
中证期货有限公司	深圳市华富路海外装饰大厦B座二楼	518031
五矿期货有限公司	深圳市福田区益田路西福中路北新世界商务中心48层	518026
招商期货有限公司	深圳福田区福华一路免税商务大厦9层9－15单元及5层2、3、4、5、A单元	518048
深圳金汇期货经纪有限公司	深圳市福田区深南大道6013号有色大厦18楼	518040
乾坤期货有限公司	广东省深圳市福田区深南大道4009号投资大厦二楼01区03A区	518048
海航东银期货有限公司	深圳市福田区深南中路华能大厦中区18层	518031
神华期货经纪有限公司	广东省深圳市福田区深南大道6008号特区报业大厦西区29F	518009
金瑞期货有限公司	深圳市福田区福虹路9号世贸广场A座2401－2408室、38楼	518033
平安期货有限公司	深圳市福田区中心区东南部时代财富大厦26B、26C、26D、26E、26F房	518026
四川		
华西期货有限责任公司	成都市青羊区通惠门路3号	610015
国金期货有限责任公司	成都市锦江区东大街芷泉段229号1栋2单元28层	610061
成都倍特期货经纪有限公司	成都市青羊区青龙街51号倍特康派大厦第1幢9层1－11号及13层6号	610031
天津		
一德期货经纪有限公司	天津市和平区解放北路188号信达广场14层（标识16层）	300042
天津金谷期货经纪有限公司	天津市和平区卫津路73号嘉利大厦2704－08	300070
财达期货有限公司	天津市和平区君隆广场1，2号楼西安道2号501－503	300000
象屿期货有限责任公司	天津开发区广场东路20号E4—C—5层西侧	300457

续表

机构名称	公司地址	邮编
和融期货经纪有限责任公司	天津市河西区气象台路100号	300074
津投期货经纪有限公司	天津市河西区马场道59号国际经济贸易中心A座9层	300203
厦门		
国贸期货经纪有限公司	福建省厦门市湖滨南路国贸大厦11层、2层A1单元、5层B1单元	361004
瑞达期货经纪有限公司	福建省厦门市思明区塔埔东路169号13层	361001
新疆		
新疆天利期货经纪有限公司	乌鲁木齐市人民路33号瑞达国际大厦七楼	830002
金石期货有限公司	新疆乌鲁木齐市解放北路90号天际大厦三楼	830002
云南		
红塔期货有限责任公司	昆明市北辰财富中心商住楼A幢28楼（0801-AB-CD）	650224
云晨期货有限责任公司	云南省昆明市人民东路111号	650051
浙江		
浙江中大期货经纪有限公司	浙江省杭州市中大广场五矿大厦2层3层18层	310003
浙江新世纪期货经纪有限公司	浙江省杭州市体育场路335号	310006
宝城期货有限责任公司	杭州市求是路8号公元大厦南裙1-301、1-501室，北楼301、302、303室	310013
浙江新华期货经纪有限公司	杭州市凤起路108号3楼	310003
浙江大地期货经纪有限公司	浙江省杭州市延安路511号元通大厦12楼	310006
浙商期货有限公司	杭州市庆春路173号8-10层	310000
浙江大越期货经纪有限责任公司	浙江省绍兴市解放北路186号	312000
信达期货有限公司	杭州市文晖路108号浙江出版物资大楼12、16层	310004
南华期货有限公司	杭州市西湖大道193号二层、三层	310002

续表

机构名称	公司地址	邮编
国海良时期货有限公司	杭州市河东路 91 号	310014
浙江省永安期货经纪有限公司	杭州市潮王路 208 号浙江协作大厦 3、6－10 楼	310005
重庆		
西南期货经纪有限公司	重庆市渝中区中山三路 168 号中安大厦 9 楼	400015
中信建投期货经纪有限公司	重庆市渝中区中山三路 107 号上站大楼平街 11—B 名义层 11－A，8－B4，9－B、C	400014
大华期货有限公司	重庆市渝中区较场口 88 号得意世界 18 楼	400010
中电投先融期货有限公司	重庆市渝中区邹容路邹容广场 A 座 14 楼	400010
重庆三五九期货经纪有限公司	重庆市渝中区中山三路 131 号希尔顿商务大厦 13 楼	400015

资料来源：中国期货业协会；截止时间：2011 年 12 月 31 日。

5. 2011 年中国地方期货自律组织名录

名称	联系地址	邮编
北京期货商会	北京市朝阳区光华路 16 号中期大厦 A 座 403	100020
天津市期货协会	天津市河东区十一经路 61 号人保大厦 310 室	300171
黑龙江省期货业协会	哈尔滨市南岗区西大直接 118 号一号楼六层	150001
上海市期货同业公会	上海浦东新区浦电路 500 号上海期货大厦 2201A	200122
江苏省期货业协会	中山东路 90 号华泰证券大厦 17 层	210002
深圳市期货同业协会	深圳市福田区益田路 6003 号荣超商务中心 A 栋 16 楼 02 单元	518048
河北省期货业联席会	河北省石家庄市友谊北大街 71 号	050081
大连市证券期货业协会	大连市中山区中山路 136 号希望大厦 1505 室	116001
辽宁证券期货业协会	辽宁省沈阳市沈河区惠工街 56 号 7 楼	110013

续表

名称	联系地址	邮编
浙江期货行业协会	杭州市湖墅南路395号广通大厦8楼	310005
宁波市证券期货业协会	宁波市海曙区中山西路2号恒隆中心24楼	315000
安徽省证券协会期货业协会	安徽省合肥市蒙城路109号地税大厦17楼	230061
山东省期货业协会	济南市市中区经七路86号证券大厦11楼1103室	250001
河南省证券期货业协会	河南省郑州市经三路15号广汇国贸大厦A座10层	450008
江西省证券期货业协会	江西省南昌市东湖区紫金城紫金大厦4楼邮编：330006	330077
广东证券期货业协会	广州市天河区临江大道3号发展中心14楼1411	510623
广西证券期货业协会	南宁市金湖路52－1号东方曼哈顿大厦21楼2103	530028
福建省证券期货业协会	福州市铜盘路软件大道89号福州软件园10号楼华兴创业中心201室	350003
厦门证券期货业协会	厦门市湖滨南路388号国贸大厦6楼602室	361004
四川省证券期货业协会	成都市洗面桥街39号十楼	610000
重庆市证券期货业协会	重庆市渝中区临江支路2号合景大厦15楼	400010
甘肃证券期货业协会	甘肃省兰州市城关区秦安路105号亚盛大厦西楼808、802室	730030
新疆证券期货业协会	新疆乌鲁木齐金银路53号金融大厦1806室	830001
海南证券业协会	海南省海口市南宝路36号证券大厦7楼	570206
云南省证券业协会	昆明市北京路577号210室	650051
陕西证券期货业协会	陕西西安高新四路高科广场A座2309室	710075
青岛证券期货业协会	青岛市市南区东海西路28号龙翔广场一号楼一楼	266071
吉林省证券业协会	长春市西安大路699号中银大厦B座702室	130061
宁夏证券期货业协会	宁夏银川民族北街15号	750004
贵州证券业业协会	贵阳市中华北路18号银海大厦北楼4层	550001
湖南省期货业协会	长沙市车站北路459号证券大厦1202	410001
湖北省期货业系会	湖北省武汉市洪山区珞瑜路540号	430079
内蒙古证券期货业协会	呼和浩特市赛罕区新华东街78号华门世家大厦1单元20楼2001	******

6. 2011 年全球期货和期权市场交易所成交排名（成交量前二十名）

单位：手

排名	期货交易所	2010 年	2011 年	同比变化
1	韩国交易所（KRX）	3748861401	3927956666	4.8%
2	芝加哥商业交易所集团（CME Group），包括 CBOT 和 Nymex	3080497016	3386986678	9.9%
3	欧洲期货交易所（Eurex），包括国际证券交易所（ISE）	2642092726	2821502018	6.8%
4	纽约－泛欧交易所集团（NYSE Euronext），包括欧盟和美国市场	2154742282	2283472810	6.0%
5	印度国家证券交易所（NSE）	1615790692	2200366650	36.2%
6	巴西证券期货交易所（BM&FBovespa）	1413753671	1500444003	6.1%
7	纳斯达克－OMX 集团（NASDAQ OMX），包括欧盟和美国分所	1099437223	1295641151	17.8%
8	芝加哥期权交易所集团（CBOE Group）包括 CBOE 期货交易所（CFE）及 C2	1123505008	1216922087	8.3%
9	印度多种商品交易所（MCX）包括 MCX－SX	1081813643	1196322051	10.6%
10	俄罗斯证券交易所（RTS）	623992363	1082559225	73.5%
11	郑州商品交易所（ZCE）	495904984	406390664	－18.1%
12	洲际交易所（ICE）包括美国、英国和加拿大市场	328946083	381097787	15.9%
13	印度联合证券交易所（USE）	125360892	352318350	181.0%
14	上海期货交易所（SHFE）	621898215	308239140	－50.4%
15	大连商品交易所（DCE）	403167751	289047000	－28.3%
16	澳大利亚证券交易所集团（ASX Group）包括 ASX 及 ASX24	106385077	225353623	111.8%

续表

排名	期货交易所	2010 年	2011 年	同比变化
17	TMX 集团（TMX Group）包括波士顿期权交易所（BOX）及蒙特利尔交易所（ME）	136051028	201660687	48.2%
18	大阪证券交易所（OSE）	196350279	194176001	-1.1%
19	台湾期货交易所（TAIFEX）	139792891	182995171	30.9%
20	南非约翰尼斯堡证券交易所（JSE）	169898609	166197652	-2.2%

数据来源：FIA。

7. 2011 年全球期货和期权合约成交量排名

7-1 全球农产品期货和期权合约成交量排名（前二十名）

单位：手

排名	合约	期货交易所	2010 年	2011 年	变化率
1	1 号棉花期货 Cotton No. 1 Futures	郑州商品交易所 ZCE	86955310	139044152	59.9%
2	白糖期货 White Sugar Futures	郑州商品交易所 ZCE	305303131	128193356	-58%
3	天然橡胶期货* Rubber Futures	上海期货交易所 SHFE	167414912	104286399	37.7%
4	玉米期货 Corn Futures	芝加哥商业交易所集团 CME(CBOT)	69841420	79004801	13.1%
5	豆油期货 Soy Oil Futures	大连商品交易所 DCE	91406238	58012550	-36.5%
6	豆粕期货 Soy Meal Futures	大连商品交易所 DCE	125581888	50170334	-60.0%
7	大豆期货 Soy Futures	芝加哥商业交易所集团 CME(CBOT)	36933960	45143755	22.2%

续表

排名	合约	期货交易所	2010 年	2011 年	变化率
8	玉米期货期权 Corn Options on Futures	芝加哥商业交易所集团 CME(CBOT)	20810260	28650380	37.7%
9	玉米期货 Corn Futures	大连商品交易所 DCE	35999573	26849738	-25.4%
10	大豆 1 号期货 No. 1 Soybeans Futures	大连商品交易所 DCE	37393600	25239532	-32.5%
11	11 号白糖期货 Sugar #11 Futures	洲际交易所 ICE	29052539	24629369	-15.2%
12	小麦期货 Wheat Futures	芝加哥商业交易所集团 CME(CBOT)	23090255	24283331	5.2%
13	豆油期货 Soybean Oil Futures	芝加哥商业交易所集团 CME(CBOT)	20791164	24156509	16.2%
14	棕榈油期货 Palm Oil Futures	大连商品交易所 DCE	41799813	22593961	-45.9%
15	豆粕期货 Soybean Meal Futures	芝加哥商业交易所集团 CME(CBOT)	14052845	16920194	20.4%
16	活牛期货 Live Cattle Futures	芝加哥商业交易所集团 CME	11332739	13532554	19.4%
17	大豆期货期权 Soybean Options on Futures	芝加哥商业交易所集团 CME(CBOT)	10046345	13236367	31.8%
18	瘦猪肉期货 Lean Hogs Futures	芝加哥商业交易所集团 CME	8076535	9969961	23.4%
19	瓜尔豆期货 Guar Seed Futures	印度国家商品及衍生品交易所 NCDEX	10937797	8998515	-17.7%
20	强麦期货 Strong Gluten Wheat Futures	郑州商品交易所 ZCE	5804642	7909755	36.3%

* 自 2012 年 8 月合约挂牌开始天然橡胶合约大小由 5 吨改为 10 吨。

7-2　全球能源期货和期权合约成交量排名(前二十名)

单位:手

排名	合约	期货交易所	2010年	2011年	变化率
1	轻质低硫原油期货 Light Sweet Crude Oil Futures	纽约商业交易所 NYMEX	168652141	175036216	3.8%
2	布伦特原油期货 Brent Crude Oil Futures	ICE欧洲期货交易所 ICE	100022169	132045563	32.0%
3	天然气期货 Natural Gas Futures	纽约商业交易所 NYMEX	64323068	76864334	19.5%
4	柴油期货 Gasoil Futures	ICE欧洲期货交易所 ICE	52296582	65774151	25.8%
5	原油期货 Crude Oil Futures	印度多种商品交易所 MCX	41537053	54753722	31.8%
6	西德克萨斯原油期货 Gasoil Futures	ICE欧洲期货交易所 ICE	52586415	51097818	-2.8%
7	原油期货期权 Crude Oil Options on Futures	纽约商业交易所 NYMEX	32785267	36716805	12.0%
8	2号取暖油期货 No.2 Heating Oil Futures	纽约商业交易所 NYMEX	26970106	31838626	18.1%
9	纽约港 RBOB 汽油期货 NY Harbor RBOB Gasoline Futures	纽约商业交易所 NYMEX	27898698	31129256	11.6%
10	美国天然气基金 ETF 期权 U.S. Natural Gas Fund ETF Options	—	15191991	28881647	90.1%
11	欧式天然气期权 Natural Gas European-Style Option on Futures	纽约商业交易所 NYMEX	23957725	23773183	-0.8%
12	亨利港掉期期货 Henry Hub swap Futures	纽约商业交易所 NYMEX	20417178	20825660	2.0%

续表

排名	合约	期货交易所	2010 年	2011 年	变化率
13	布伦特原油期货 Brent Oil Futures	俄罗斯交易系统证券交易所 RTS	11127254	18707384	68.1%
14	美国天然气基金 ETF 期权 U.S. Natural Gas Fund ETF Options*	—	19180569	12818730	-33.2%
15	天然气期货 Natural Gas Futures	印度多种商品交易所 MCX	11176937	9882133	-11.6%
16	亨利港倒数第二月互换期货 Henry Hub Natural Gas Penultimate Swap Futures	纽约商业交易所 NYMEX	8995324	7384147	-17.9%
17	欧洲排放指标期货 EUA Futures	ICE 欧洲期货交易所 ICE	4263655	5444050	27.7%
18	原油期货 Crude Oil Futures	印度国家商品及衍生品交易所 NCDEX	2277091	4223480	85.5%
19	纽约迷你原油期货 miNY Crude Oil Futures	纽约商业交易所 NYMEX	3157814	3000140	-5.0%
20	1 个月原油信用价差期货期权 Crude Oil 1 Month CSO Option on Futures	纽约商业交易所 NYMEX	2049582	2886427	40.8%

注：* 表示同时在美国多个期权交易所交易。

7-3 全球金属及贵金属期货和期权合约成交量排名(前二十名)

单位:手

排名	合约	期货交易所	2010年	2011年	变化率
1	螺纹钢期货 Steel Rebar Futures	上海期货交易所 SHFE	225612417	81884789	-63.7%
2	iShares 银信托 ETF 期权 iShares Silver Trust ETF Options	*	21187121	79433438	274.9%
3	SPDR 黄金股份 ETF 期权 SPDR Gold Shares ETF Options	*	54737222	74967191	37.0%
4	铝期货 High Grade Primary Aluminum Futures	伦敦金属交易所 LME	46537180	59558330	28.0%
5	锌期货 Zinc Futures	上海期货交易所 SHFE	146589373	53663483	-63.4%
6	黄金期货 Gold Futures	纽约商业交易所 NYMEX	44730345	49175593	9.9%
7	铜期货 Copper Futures	上海期货交易所 SHFE	50788568	48961130	-3.6%
8	银 MIC 期货 Silver MIC Futures**	印度多种商品交易所 MCX	0	46865399	—
9	银 M 期货 Silver M Futures	印度多种商品交易所 MCX	21325577	46804425	119.5%
10	铜期货 Copper - Grade A Futures	伦敦金属交易所 LME	29949765	34537310	15.3%
11	铜期货 Copper Futures	印度多种商品交易所 MCX	31341022	34011417	8.5%
12	黄金花瓣期货 Gold Petal Futures, MCX***	印度多种商品交易所 MCX	—	31086737	—
13	黄金 M 期货 Gold M Futures	印度多种商品交易所 MCX	15307163	26200601	71.2%

续表

排名	合约	期货交易所	2010 年	2011 年	变化率
14	白银期货 Silver Futures	印度多种商品交易所 MCX	16440533	24434577	48.6%
15	锌期货 Special High Grade Zinc Futures	伦敦金属交易所 LME	18065641	21984302	21.7%
16	银期货 Silver Futures	纽约商业交易所 NYMEX	12826666	19608557	52.9%
17	黄金期货 Gold Futures	东京工业品交易所 TOCOM	12198340	16075145	31.8%
18	镍期货 Nickel Futures	印度多种商品交易所 MCX	17929207	15126636	-15.6%
19	黄金期货 Gold Futures	俄罗斯证券交易所 RTS	5562423	13018359	134.0%
20	黄金期货 Gold Futures	印度多种商品交易所 MCX	12052225	12655765	5.0%

注：* 表示同时在美国多个期权交易所交易。

7-4 全球股指期货和期权合约成交量排名(前二十名)

单位:手

排名	合约	期货交易所	2010 年	2011 年	变化率
1	Kospi 200 指数期权 Kospi 200 Options	韩国交易所 KRX	3525898562	3671662258	4.1%
2	标普 CNX Nifty 指数期权 S&P 500 CNX Nifty Index Options	印度国家证券交易所 NSE India	528831609	868684582	64.3%
3	SPDR 标普 500ETF 期权 SPDR S&P 500 ETF Options	*	456863881	729478419	59.7%

续表

排名	合约	期货交易所	2010年	2011年	变化率
4	电子迷你标普500指数期货 E – Mini S&P 500 Index Futures	芝加哥商业交易所集团 CME	555328670	620368790	11.7%
5	欧洲斯托克50指数期货 Euro Stoxx 50 Futures	欧洲期权与期货交易所 EUREX	372229766	408860002	9.8%
6	RTS指数期货 RTS Index Futures	俄罗斯证券交易所 RTS	224696733	377845640	68.2%
7	欧洲斯托克50指数期权 Euro Stoxx 50 Index Options	欧洲期权与期货交易所 EUREX	284707318	369241952	29.7%
8	标普500指数期权 S&P 500 Index Options	芝加哥期权交易所 CBOE	175291508	197509449	12.7%
9	安硕罗素2000ETF期权 IShares Russell 2000 ETF Options	*	118975104	167040702	40.4%
10	先锋QQQETF期权 Powershares QQQ ETF Options	*	121401264	137923379	13.6%
11	Taiex期权 Taiex Options	台湾期货交易所 TAIFEX	95666916	125767624	31.5%
12	标普CNX Nifty指数期货 S&P CNX Nifty Index Futures	印度国家证券交易所 NSE India	128392858	123144880	-4.1%
13	迷你日经225指数期货 Nikkei 225 Mini Futures	大阪证券交易所 OSE	125113769	117905210	-5.8%
14	波动率指数期权 Volatility Index Options	芝加哥期权交易所 CBOE	62452232	97988951	56.9%
15	Kospi 200指数期货 Kospi 200 Futures	韩国交易所 KRX	86214025	87274461	1.2%

续表

排名	合约	期货交易所	2010年	2011年	变化率
16	TA-25指数期权 TA-25 Index Options	以色列证券交易所 TASE	70573392	87133824	23.5%
17	道富金融行业ETF期权 Financial Select Sector SPDR ETF Options	*	69351047	81871564	18.1%
18	电子迷你纳斯达克100指数期货 E-Mini Nasdaq 100 Futures	芝加哥商业交易所 CME	79637745	75165277	-5.6%
19	安硕高盛新兴市场ETF期权 IShares MSCI Emerging Markets ETF Options	*	58287483	70577232	21.1%
20	Dax期权 Dax Options	欧洲期权与期货交易所 EUREX	75123356	67616997	-10.0%

注：* 表示可同时在美国多个期权交易所交易。

7-5 全球利率期货和期权合约成交量排名（前二十名）

单位：手

排名	合约	期货交易所	2010年	2011年	变化率
1	欧洲美元期货 Eurodollar Futures	芝加哥商业交易所 CME	510955113	564086746	10.4%
2	1天银行间存款期货 One Day Inter-Bank Deposit Futures	巴西期货交易所 BM&F	293065417	320821062	9.5%
3	10年期美国国债期货 10 Year Treasury Note Futures	芝加哥期货交易所 CBOT	293718907	317402598	8.1%

续表

排名	合约	期货交易所	2010 年	2011 年	变化率
4	3 个月 Euribor 期货 3 Month Euribor Futures	纽约泛欧交易所集团 Liffe. UK	248504960	241950875	-2.6%
5	德国欧元长期债券期货 Euro - Bund Futures	欧洲期权与期货交易所 EUREX	231484529	236188831	2.0%
6	5 年期美国国债期货 5 Year Treasury Note Futures	芝加哥期货交易所 CBOT	132149948	170563052	29.1%
7	德国欧元短期债券期货 Euro - Schatz Futures	欧洲期权与期货交易所 EUREX	140923898	165798952	17.7%
8	德国欧元中期债券期货 Euro - Bobl Futures	欧洲期权与期货交易所 EUREX	133851275	142309151	6.3%
9	Euribor 期货期权 Euribor Options On Futures	纽约泛欧交易所集团 Liffe UK	121077679	126535338	4.5%
10	3 个月英镑利率期货 Short Sterling Futures	纽约泛欧交易所集团 Liffe UK	112944490	115586702	2.3%
11	欧洲美元期货期权 Eurodollar Options On Futures	芝加哥商业交易所 CME	106893369	100855181	-5.6%
12	IDI 指数期权 IDI Index Options	巴西期货交易所－圣保罗证券交易所 BM&F	88014027	95790772	8.8%
13	欧洲美元中期利率期货期权 Eurodollar Mid - Curve Options On Futures	芝加哥商业交易所 CME	76490147	92429741	20.8%
14	30 年期美国国债期货 30 Year Treasury Bond Futures	芝加哥期货交易所 CBOT	83509754	92338638	10.6%
15	2 年期美国国债期货 2 Year Treasury Note Futures	芝加哥期货交易所 CBOT	66977168	72178803	7.8%

续表

排名	合约	期货交易所	2010 年	2011 年	变化率
16	10 年期美国国债期货期权 10 Year Treasury Note Options On Futures	芝加哥期货交易所 CBOT	55280257	50797081	-8.1%
17	3 年期国债期货 3 Year Treasury Bond Futures	澳大利亚证券交易所 ASX	34482136	41662349	20.8%
18	德国欧元长期债券期权 Options on Euro - Bund	欧洲期权与期货交易所 EUREX	39301301	38154098	-2.9%
19	英国长期债券期货 Long Gilt Futures	纽约泛欧交易所集团 Liffe UK	28525983	34362932	20.5%
20	3 年期国债期货 3 Year Treasury Bond Futures	韩国交易所 KRX	26922414	34140210	26.8%

7-6 全球外汇期货和期权合约成交量排名(前二十名)

单位:手

排名	合约	期货交易所	2010 年	2011 年	变化率
1	美元/印度卢比期货 U. S. Dollar/Indian Rupee Futures	印度多种商品交易所 MCX - SX	821254927	807559846	-1.7%
2	美元/印度卢比期货 U. S. Dollar/Indian Rupee Futures	印度证券交易所 NSE India	699042420	697825411	-0.2%
3	美元/印度卢比期货 U. S. Dollar/Indian Rupee Futures*	印度联合证券交易所 USE	124766134	340576642	173.0%

续表

排名	合约	期货交易所	2010 年	2011 年	变化率
4	美元/印度卢比期权 U. S. Dollar/Indian Rupee Options **	印度证券交易所 NSE India	6277165	252807126	3927.4%
5	美元/卢布期货 U. S. Dollar/Russian Ruble Futures	俄罗斯证券交易所 RTS	81122195	206820695	154.9%
6	美元期货 U. S. Dollar Futures	巴西期货交易所—圣保罗证券交易所 BM&F	82453621	86167955	4.5%
7	欧元期货 Euro FX Futures	芝加哥商业交易所 CME	86232358	84236825	-2.3%
8	美元期货 U. S. Dollar Futures	韩国交易所 KRX	64256678	70212467	9.3%
9	美元期货 U. S. Dollar Futures	阿根廷罗萨里奥交易所 ROFEX	61729396	54373381	-11.9%
10	欧元/美元期货 Euro/U. S. Dollar Futures	俄罗斯证券交易所 RTS	39476420	45657240	15.7%
11	澳元/日元期货 Australian Dollar /Japanese Yen Futures	东京金融期货交易所 TFX	34272436	41589199	21.3%
12	美元/日元期货 U. S. Dollar/Japanese Yen Futures	东京金融期货交易所 TFX	27551634	31441164	14.1%
13	澳元期货 Australian Dollar Futures	芝加哥商业交易所 CME	25903355	30751538	18.7%
14	欧元/印度卢比期货 Euro/Indian Rupee Futures	印度多种商品交易所 MCX - SX	46411303	29403759	-36.6%
15	英镑期货 British Pound Futures	芝加哥商业交易所 CME	30220239	29028755	-3.9%
16	日元期货 Japanese Yen Futures	芝加哥商业交易所 CME	31862793	28369147	-11.0%
17	欧元/日元期货 Euro/Japanese Yen Futures	东京金融交易所 TFX	19921565	26769174	34.4%

续表

排名	合约	期货交易所	2010 年	2011 年	变化率
18	加元期货 Canadian Dollar Futures	芝加哥商业交易所 CME	22083807	22416680	1.5%
19	美元展期期货 U. S. Dollar Rollover Futures	巴西期货交易所 BM&F	19223570	20145632	4.8%
20	欧元/印度卢比期货 Euro/Indian Rupee Futures	印度证券交易所 NSE India	17326787	18065186	4.3%

注：* 自 2010 年 9 月起交易； ** 自 2010 年 12 月起交易。

8. 2011 年度美国注册期货佣金商客户权益排名(前五十名)

排名	公司名称	数据截止时间	2011 年客户权益（百万美元）[1]	2010 年排名	2010 年客户权益[1]	2011 年调整后净资本[2]	2011 年境外交易保证金（百万美元）[3]	经纪商/交易商(Y/N)	2011 年境外客户权益（百万美元）[4]	2011 年全球清算金额（百万美元）[5]	散户(R)/机构(I)	管理基金(Y/N)
1	高盛公司(Goldman Sachs & Co.)[6]	09/30/2011	21218.01	1	20699.80	12768.18	9036.37	Y	***	***	I	N
2	新际美国公司(Newedge USA LLC)	09/30/2011	20455.38	2	20117.84	2267.91	6434.00	Y	DND	DND	I	N
3	摩根大通证券公司(J. P. Morgan Securities LLC)[7]	09/30/2011	19543.63	3	16154.21	17422.64	2882.07	Y	DND	DND	I	Y
4	德意志银行证券公司(Deutsche Bank Securities Inc.)	09/30/2011	15085.17	4	11344.53	7145.19	1156.42	Y	***	***	I	N

续表

排名	公司名称	数据截止时间	2011年客户权益（百万美元）[1]	2010年排名	2010年客户权益[1]	2011年调整后净资本[2]	2011年境外交易保证金（百万美元）[3]	经纪商/交易商（Y/N）	2011年境外客户权益（百万美元）[4]	2011年全球清算金额（百万美元）[5]	散户（R）/机构（I）	管理基金（Y/N）
5	瑞银证券公司（UBS Securities LLC）	09/30/2011	10990.73	7	9911.61	11688.87	4796.13	Y	DND	DND	I	Y
6	美林PFS公司（Merrill Lynch Pierce Fenner & Smith）[8]	09/30/2011	10599.79	6	10106.92	13638.99	3385.54	Y	DND	DND	Both	Y
7	花旗全球市场有限公司（Citigroup Global Markets Inc.）	09/30/2011	10457.45	5	10222.46	7113.06	1301.11	Y	***	***	Both	N
8	瑞信证券美国公司（Credit Suisse Securities USA）LLC	09/30/2011	6467.64	10	4962.30	6617.01	2195.33	Y	***	***	Both	Y
9	摩根斯坦利公司（Morgan Stanley & Co. LLC）	09/30/2011	6026.95	9	4704.60	7447.59	2074.13	Y	***	***	I	Y
10	巴克莱资本有限公司（Barclays Capital Inc.）	09/30/2011	5412.44	11	4497.62	5612.45	2965.64	Y	***	***	Both	N
11	杰富瑞·贝奇公司（Jefferies Bache LLC）[9]	09/30/2011	2968.81	12	2550.24	249.30	354.90	N	***	***	I	Y
12	爱德盟投资者服务公司（ADM Investor Services Inc.）	09/30/2011	2560.55	13	2244.33	262.1	153.01	N	974.02	36.04	Both	Y
13	罗杰欧公司（R.J.O' Brien & Associates）	09/30/2011	2507.11	14	1806.47	155.32	88.77	N	***	***	Both	Y
14	苏格兰皇家银行证券公司（RBS Securities Inc.）	09/30/2011	2472.66	15	1516.31	2552.56	129.91	Y	***	***	I	N
15	荷兰银行结算芝加哥公司（ABN AMRO Clearing Chicago LLC）	09/30/2011	1954.09	16	1376.14	224.71	303.13	Y	***	***	I	N

续表

排名	公司名称	数据截止时间	2011年客户权益（百万美元）[1]	2010年排名	2010年客户权益[1]	2011年调整后净资本[2]	2011年境外交易保证金（百万美元）[3]	经纪商/交易商(Y/N)	2011年境外客户权益（百万美元）[4]	2011年全球清算金额（百万美元）[5]	散户(R)/机构(I)	管理基金(Y/N)
16	巴黎银行商品期货公司（BNP Paribas Commodity Futures Inc.）	09/30/2011	1522.53	19	1147.76	374.03	523.1	N	***	***	I	N
17	盈透集团有限公司（Interactive Brokers LLC）[10]	09/30/2011	1421.17	20	1098.44	1878.11	184.76	Y	DND	DND	Both	N
18	福四通期货公司（FCStone LLC）	09/30/2011	1406.63	18	1162.42	116.57	27.19	N	DND	DND	Both	N
19	罗塞尔·科林斯集团公司（Rosenthal Collins Group LLC）	09/30/2011	1288.76	17	1335.29	66.09	17.18	N	DND	DND	Both	Y
20	汇丰证券美国公司（HSBC Securities USA Inc.）	09/30/2011	972.85	22	787.16	1041.69	122.6	Y	***	***	I	N
21	麦格理期货美国公司（Macquarie Futures USA Inc.）	09/30/2011	871.66	21	787.23	136.63	72.08	N	2900	123	Both	N
22	迈克维交易与投资公司（McVean Trading & Investments LLC）	09/30/2011	858.75	24	641.63	14.27	0	N	DND	DND	Both	Y
23	彭森金融服务公司（Penson Financial Services Inc.）	09/30/2011	815.32	25	615.88	185.43	49.86	Y	***	***	Both	Y
24	瑞穗证券美国公司（Mizuho Securities USA Inc）	09/30/2011	753.04	23	736.69	388.82	497.3	Y	DND	DND	I	N

续表

排名	公司名称	数据截止时间	2011年客户权益（百万美元）[1]	2010年排名	2010年客户权益[1]	2011年调整后净资本[2]	2011年境外交易保证金（百万美元）[3]	经纪商/交易商（Y/N）	2011年境外客户权益（百万美元）[4]	2011年全球清算金额（百万美元）[5]	散户（R）/机构（I）	管理基金（Y/N）
25	纽约梅隆结算公司（BNY Mellon Clearing LLC）	09/30/2011	561.85	NA	24.61	304.84	0.34	N	***	***	***	***
26	摩根士丹利美邦公司（Morgan Stanley Smith Barney LLC）	09/30/2011	560.41	NA	NA	1466.26	1840.71	Y	***	***	Both	Y
27	加拿大皇家银行资本市场公司（RBC Capital Markets）	09/30/2011	500.66	28	384.07	1364.87	53.06	Y	***	***	I	N
28	巴黎百富勤证券公司（BNP Paribas Securities Corp.）	09/30/2011	455.37	NA	357.45	2112.63	0	Y	***	***	Both	N
29	Tradestation证券公司（Tradestation Securities Inc.）	09/30/2011	428.05	27	387.29	59.61	9.68	Y	***	***	***	***
30	桑坦德投资证券公司（Santander Investment Securities）	09/30/2011	401.02	101	0	122.95	0	Y	***	***	***	***
31	安氏期货公司（Advantage Futures LLC）	09/30/2011	392.83	30	281.89	19.04	35.06	N	DND	273.2	Both	Y
32	斯安期货有限公司（Enskilda Futures Limited）	09/30/2011	374.98	31	275.98	30.4	0	N	***	***	I	N
33	美国百利金融集团（PFGBEST）	09/30/2011	365.59	26	444.02	35.94	26.02	N	***	***	Both	Y
34	威神金融市场公司（Vision Financial Markets LLC）	09/30/2011	329.97	29	361.39	28.62	7.83	Y	DND	6.36	Both	Y

续表

排名	公司名称	数据截止时间	2011年客户权益（百万美元）[1]	2010年排名	2010年客户权益[1]	2011年调整后净资本[2]	2011年境外交易保证金（百万美元）[3]	经纪商/交易商（Y/N）	2011年境外客户权益（百万美元）[4]	2011年全球清算金额（百万美元）[5]	散户（R）/机构（I）	管理基金（Y/N）
35	国家对冲公司（Country Hedging Inc.）	09/30/2011	286.21	35	187.14	19.53	1.70	N	DND	DND	Both	N
36	坦科公司（TENCO Inc.）	09/30/2011	225.44	32	270.92	61.54	0	N	***	***	I	N
37	瑞银金融服务公司（UBS Financial Services Inc.）	09/30/2011	165.69	NA	215.19	1366.95	0.15	Y	DND	DND	R	Y
38	OXP 公司（optionsXpress, Inc.）[11]	09/30/2011	165.31	36	161.53	77.5	5.35	Y	***	***	Both	N
39	野村证券国际公司（Nomura Securities International Inc.）	09/30/2011	117.03	37	92.67	2358.69	5.15	Y	***	***	***	***
40	兰德金融服务公司（Rand Financial Services Inc.）	09/30/2011	107.21	34	211.41	74.35	22.22	N	DND	10.95	Both	Y
41	多尔曼交易公司（Dorman Trading, LLC）	09/30/2011	105.60	38	91.31	9.38	1.83	N	2	27.5	Both	Y
42	Mid－Co 商品公司（Mid－Co Commodities Inc.）	09/30/2011	100.98	41	60.28	12.4	0.94	N	***	***	***	***
43	Velocity 期货公司（Velocity Futures, LLC）	09/30/2011	85.37	42	57.62	1.85	15.35	N	12	95	Both	N
44	TransAct 期货公司（TransAct Futures）[12]	09/30/2011	79.93	40	63.15	2.78	1.73	N	DND	DND	Both	N
45	MAREX 北美公司（MAREX North America LLC）	09/30/2011	77.94	100	0.00	8.00	2.44	N	***	***	***	***
46	克罗斯兰公司（Crossland LLC）	09/30/2011	72.81	44	47.95	11.34	18.44	N	***	***	Both	Y

续表

排名	公司名称	数据截止时间	2011年客户权益（百万美元）[1]	2010年排名	2010年客户权益[1]	2011年调整后净资本[2]	2011年境外交易保证金（百万美元）[3]	经纪商/交易商(Y/N)	2011年境外客户权益（百万美元）[4]	2011年全球清算金额（百万美元）[5]	散户(R)/机构(I)	管理基金(Y/N)
47	菲利普期货公司(Phillip Futures Inc.)	09/30/2011	62.96	NA	NA	9.72	0.00	N	***	***	***	***
48	MBF结算公司(MBF Clearing Corp.)	09/30/2011	58.85	39	74.76	8.15	6.56	N	71.24	12.738	Both	N
49	坎宁安商品公司(Cunningham Commodities, LLC)	09/30/2011	56.24	45	38.53	3.36	0.66	N	***	***	***	***
50	Ironbeam公司(Ironbeam Inc.)	09/30/2011	39.23	NA	NA	3.02	0.36	N	***	***	***	***

注释：[1] 客户权益是指客户存放于期货公司用于美国国内期货交易的保证金的总和，这是公司向CFTC报告的所有账户清算净权益的总和。

[2] 调整后净资本是指能符合期货公司最低净资本要求的监管资本。

[3] 指客户存放于期货公司的用于境外期货交易的保证金数量。

[4] 指期货公司中境外客户的权益总额。该数据由期货公司自愿提供，不向CFTC报告。

[5] 这是9月份期货公司的结算金额。

[6] 高盛公司的数据包含高盛结算有限公司。

[7] JP摩根期货公司的数据包括JP摩根结算公司和JP摩根证券公司。

[8] 美林证券的数据包含美林专业结算公司。

[9] 杰富瑞·贝奇公司前身为保德信·贝奇商品公司。

[10] 盈透集团（Interactive Brokers）有限公司包括Timber Hill公司。

[11] OXP公司现在是嘉信理财的子公司，它包括Open E Cry公司的数据。

[12] TransAct期货公司前身为纽约商业联营公司。

*** 表示没有回应信息。

DND 表示没有披露。

NA 表示2010年未进入前50名。

资料来原：美国《期货杂志》。

9. 中英期货词汇对照表

英 文	中 文
American Option	美式期权
American Stock Exchange (Amex)	美国证券交易所
Arbitrage	套利；套汇
Ask (asked) price	沽盘价；卖盘价
Asset swap	资产掉期；资产互换
Athens Derivatives Exchange	雅典衍生工具交易所
At – the – close order	收市盘
At – the – money Option	平价期权
Auction market	竞价市场
Australian Options Market	澳大利亚期权交易所
Australian Securities Exchange	澳大利亚证券交易所
Australian Stock Exchange (ASX)	澳大利亚证券交易所
Bibor	布鲁塞尔银行间拆借利率
BM&F	巴西商品期货交易所
Boston Options Exchange	波士顿期权交易所
Bourse de Montreal	加拿大蒙特利尔交易所
British Banker Associates	英国银行家协会
Budapest Stock Exchange	布达佩斯证券交易所
Call Options	看涨期权
Central Japan Commodity Exchange	日本中部商品交易所
Certificate of Deposit (CD)	可转让定期存单
CFFEX	中国金融期货交易所
CFTC	美国商品期货交易委员会
Cheapest to Deliver	最便宜可交割债券

续表

英　文	中　文
Chicago Board of Trade (CBOT)	芝加哥期货交易所
Chicago Board Options Exchange (CBOE)	芝加哥期权交易所
Chicago Mercantile Exchange (CME)	芝加哥商业交易所
Climate Exchange (includes ECX and CCFE) *	气候交易所
Closing price	收盘价
Congtract Size	合约单位
Contract Months	合约月份
Conversion Factor	转换因子
Cost of Carry	持有成本
Daily Price Limited	每日价格波动幅度限制
Dalian Commodity Exchange	大连商品交易所
Deep In - the - money Option	极度市值期权
Deep Out - of - the - money Option	极度虚职期权
Deliverable Grades	交割等级
DJ Euro STOXX 50	道琼斯欧洲 STOXX50
DJCA	道琼斯综合平均指数
DJIA	道琼斯工业平均值数
DJTA	道琼斯运输业平均指数
DJUA	道琼斯公用事业平均指数
Dubai Mercantile Exchange	迪拜商品期货交易所
EUREX	欧洲期货交易所
EURIBOR	欧元利率
Euro - BOBL	中期欧元债券期货
Euro - BOND	长期欧元债券期货
Eurodollar	欧洲美元
Eurodollar Certificate of Deposit	欧洲美元存单
Euronext	泛欧交易所

续表

英　文	中　文
Euronext - Liffe	伦敦国际金融期货交易所
European Interbank Offered Rate	欧洲银行间欧元利率
European Options	欧式期权
Euro - SCHATZ	短期欧元债券期货
Excise Price	执行价格
Extrinsic Value	外涵价值
Fair Price	合理价格
FIA	美国期货业协会
Fibor	法兰克福银行间拆借利率
FTSE 100	金融时报 100 指数期货
GNMA	政府国民抵押协会抵押凭证
High Implied Volatility	隐含价格波动率高
HKFE	香港期货交易所
Hong Kong Exchanges & Clearing	香港交易所
IBEX 35	西班牙 35 指数
IMM	国际货币市场
Intercontinental Exchange（ICE）	洲际交易所
In - the - money Option	实值期权
Italian Derivatives Exchange	意大利衍生品交易所
Ivoice Price	发票金额
Johannesburg Stock Exchange（JSE South Africa）	南非约翰内斯堡证券交易所
Kansai Commodities Exchange	关西商品交易所
Kansas City Board of Trade（KCBT）	（美国）堪萨斯商品交易所
Korea Exchange	韩国证券期货交易所
Korea Stock Exchange（KSE）	韩国证券交易所
Last Delivery Day	最后交割日
Last Trading Day	最后交易日

续表

英　文	中　文
LIBOR	伦敦银行同业拆放利率
London International Financial Futures and Options Exchange（Liffe）	伦敦国际金融期货期权交易所
London Metal Exchange（LME）	伦敦金属交易所
Long Call	买进看涨期权
Long Put	买进看跌期权
Low Implied Volatility	隐含价格波动率低
Malaysia Derivatives Exchange	马来西亚衍生工具交易所
Mercado a Termino de Buenos Aires	阿根廷商品期货交易所
Mercado a Termino de Rosario	（阿根廷）罗萨里奥期货交易所
Mexican Derivatives Exchange	墨西哥衍生工具交易所
Minneapolis Grain Exchange	明尼阿波利斯谷物交易所
MMI	主要市场指数
Moscow Interbank Currency Exchange	莫斯科银行间货币交易所
Multi Commodity Exchange of India	印度大宗商品交易所
Nasdaq OMX Group	纳斯达克—OMX 集团（由纳斯达克证券交易所并购瑞典 OMX 集团而成）
National Commodity & Derivatives Exchange	（印度）国家商品及衍生工具交易所
National Stock Exchange of India	印度国家证券交易所
New York Mercantile Exchange（NYMEX）	纽约商业交易所
New York Stock Exchange（NYSE）	纽约期货交易所
New Zealand Futures Exchange	新西兰期货交易所
NYSE Euronext	纽约—泛欧交易所集团
OneChicago	第一芝加哥交易所
Options	期权
Osaka Securities Exchange	大阪证券交易所
Oslo Stock Exchange	奥斯陆证券交易所

续表

英　文	中　文
Out - of - the - money Option	虚值期权
Overvalued	高估
Pibor	马德里银行间拆借利率
Premium	权利金
Program Trading	程式交易
Put options	看跌期权
Risk - free Interest Rate	无风险利率
Russian Trading Systems Stock Exchange（RTS）	俄罗斯证券交易所
S&P	标准普尔
SEC	美国证券交易委员会
SFE	悉尼期货交易所
Shanghai Futures Exchange	上海期货交易所
Short Call	卖出看涨期权
Short Put	卖出看跌期权
SIMEX	新加坡国际金融交易所
Singapore Exchange	新加坡交易所
Single Stock Future	个股期货
spreading	价差交易
Standard & Poor's	美国标准普洱公司
Strike Price	敲定价格
Taiwan Futures Exchange	台湾期货交易所
T - bills	短期国库券
T - bonds	长期国债
Tel - Aviv Stock Exchange（TASE）	特拉维夫证券交易所
Thailand Futures Exchange（TFEX）	泰国期货交易所
Theoretical Price	理论价格
Tick Size	最小变动价位

续表

英　文	中　文
Ticker Symbols	代码
Time Value	时间价值
T - notes	中期国债
Tokyo Commodity Exchange	东京商品交易所
Tokyo Financial Exchange	东京金融交易所
Tokyo financial exchange（TFX）	东京金融期货交易所
Tokyo Grain Exchange	东京谷物交易所
Tokyo Stock Exchange	东京股票交易所
Tracking Error	模拟误差
Trading Hours	交易时间
Turdex	土耳其衍生品交易所
Turkish Derivatives Exchange	土耳其金融衍生工具交易所
Ucerlying Asset	基础资产
Undervalued	低估
US Futures Exchange	美国期货交易所
USF	全球性股票期货
Warsaw Stock Exchange	（波兰）华沙证券交易所
Wiener Boerse	维也纳交易所
Zhengzhou Commodity Exchange	郑州商品交易所

后　　记

经过半年的努力，《中国期货业发展报告（2012）》终于完成定稿。报告从筹备、编写到出版倾注了全体编写人员的心血，凝结了众多业内人士的关心和支持。

本报告编写组由来自监管部门、行业协会、交易所和期货公司等有关方面的专家组成。本报告第一部分“2011 年中国期货市场发展总报告”由东证期货有限公司负责编写；第二部分“2011 年全球期货与场内衍生品市场发展报告”由华泰长城期货有限公司和南华期货有限公司负责编写；第三部分“2011 年中国期货市场品种运行状况报告”由上海期货交易所、郑州商品交易所、大连商品交易所和中国金融期货交易所负责编写；第四部分“2011 年中国期货中介机构发展状况报告”宏源期货有限公司负责编写；第五部分“2011 年中国期货业法制监管与自律管理情况报告”由证监会期货一部、期货二部和经易期货有限公司负责编写；第六部分“2011 年中国期货业信息技术发展状况报告”由广发期货公司负责编写；附录由经易期货有限公司负责编写。本报告的统稿工作由东证期货有限公司负责。

本报告的编写工作得到了中国证监会有关领导的关心和支持，中国证监会期货一部、期货二部为本报告提出了许多宝贵的修改意见。本报告在数据和稿件的征集过程中还得到了中国证监会信息中心、中国期货保证金监控中心、上海期货交易所、郑州商品交易所、大连商品交易所、中国金融期货交易所、各地方期货业协会，以及各期货公司的热情参与和大力支持。此外，在统稿过程中，芝加哥期权交易所郑学勤先生和迪尔伯恩资本经纪公司李玫女士提供了专业的支持和帮助。

在此，我们对所有关心和支持本报告编写工作的领导、专家、业内机构及编写人员致以诚挚的谢意。同时，也希望广大读者能够继续关注和支持我们的工作，对报告的编写提出宝贵意见。

《中国期货业发展报告（2012）》

编写组

2012年6月